Andreas Asanger

Blender 2.7

Schritt für Schritt zur eigenen 3D-Animation

Rheinwerk
Design

Liebe Leserin, lieber Leser,

wenn Sie schon immer mal in die aufregende Welt der 3D-Animationen rein-schnuppern wollten, bietet Ihnen Blender hierfür die ideale Möglichkeit. Der Funktionsumfang der Software ist wirklich beeindruckend, doch die Bedienung einer so mächtigen 3D-Software erschließt sich nicht auf Anhieb.

Daher freue ich mich, dass ich Ihnen dieses Workshop-Buch an die Hand geben kann. Hier erlernen Sie Schritt für Schritt den Einsatz von Blender in allen Bereichen: Modelling, Texturing, Animation und Rendering. Dabei zeigt Ihnen Andreas Asanger die wichtigsten Werkzeuge und Funktionen von Blender immer am praktischen Beispiel. Ob dampfende Lok, biegsamer Oktopus oder antike Amphore – die vielen anschaulichen Workshops des Buchs werden Sie begeistern! Egal, um welche Aufgabenstellung es nun auf den folgenden Seiten geht: Sie lernen immer Schritt für Schritt und Bild für Bild.

Das benötigte Beispielmaterial zum Mitarbeiten finden Sie auf der Website zum Buch unter *www.rheinwerk-verlag.de/4360*. So können Sie jeden einzelnen Schritt nachvollziehen und profitieren direkt von den zahlreichen Tipps aus der Praxis.

Und nun wünsche ich Ihnen viel Spaß bei Ihrem Streifzug durch Blender. Sollten Sie Hinweise, Lob, Kritik oder Anregungen an uns weitergeben wollen, freue ich mich über Ihre E-Mail.

Ariane Podacker
Lektorat Rheinwerk Design

ariane.podacker@rheinwerk-verlag.de
www.rheinwerk-verlag.de

Rheinwerk Verlag • Rheinwerkallee 4 • 53227 Bonn

Inhalt

Vorwort 9

Kapitel 1: Grundlagen

Ihr Einstieg in Blender
Wieso sollte aller Anfang schwer sein? 12

AUF EINEN BLICK: Arbeitsoberfläche
Die Hauptbedienelemente von Blender im Überblick 14

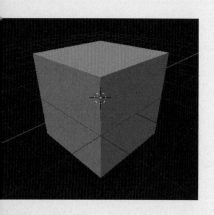

Fenster, Editoren und Panels
Die Kommunikation mit Blender 16

Navigation im Viewport
Erste Schritte im dreidimensionalen Raum von Blender 19

Arbeiten im Viewport
Objekte erstellen, definieren, positionieren und selektieren 21

GRUNDLAGENEXKURS: Datenblöcke, Links und User
Ein kurzer, aber wichtiger Blick unter die Haube von Blender 32

Datenmanagement
Daten speichern, organisieren und gezielt nutzen 34

Blender besser nutzen
Mit praktischen Helfern die Arbeit optimieren 36

Blender einrichten
Ein Streifzug durch die User Preferences 39

Kapitel 2: Modelling

Objektarten
Mesh-Primitives, Curves, Surfaces, Metaballs, Text und Empties 44

Modelling-Tools
Ein Blick in den Werkzeugkasten von Blender 52

Modifier
Nicht-destruktives Modelling und vieles mehr... 57

GRUNDLAGENEXKURS: Einheiten
Von Anfang an im richtigen Maßstab arbeiten 61

Technisches Modelling
Modelling einer Dampflokomotive 62

Modellieren des Kessels 64
Modellieren der Dome und des Schlots 74
Modellieren des Führerhauses 83
Modellieren des Antriebs 89
Modellieren der Scheinwerfer 103
Modellieren des Fahrwerks 105
Modellieren der Bremsen 110
Modellieren von Versorgungsleisten 113
Modellieren von Leitungen 114
Modellieren einer Lok-Nummer 117
Anbringen von Schrauben 119

Organisches Modelling
Modelling der Elemente einer Unterwasser-Szene 122

Modellieren eines Felsens 124
Modellieren eines Meeresschwamms 128
Modellieren einer Amphore 134

Character-Modelling
Modelling eines Comic-Oktopus-Characters 140

Erstellen des Rohmodells 142
Ausarbeiten der Augenpartie 150
Ausarbeiten der Arme 153
Ausarbeiten der Trichter 155
Erstellen der Augenlider 157
Detailarbeiten per Sculpting 159

Kapitel 3: Texturing

Materialien und Texturen
Definieren der Objekteigenschaften per Shading 166

GRUNDLAGENEXKURS: Bitmap vs. Prozedural
*Die Unterschiede zwischen nicht-prozeduralen und
prozeduralen Texturen* 173

UV-Mapping
Ein eigenes Koordinatensystem für die Texturen 174

Material-Nodes
Definition von Materialien über Nodes 177

Materialien in Cycles
Materialien für den physikbasierten Renderer 179

Texturing gefertigter Objekte
Texturing einer Dampflokomotive 182

    Material für die schwarzen Metallteile 184
    Material für die roten Räder 185
    Material für die blanken Metallteile 185
    Zuweisen der Materialien per Data-Link 186
    Material für die Dampflok-Nummer 188
    Zuweisen von Materialien über Selektionen 188
    Erweitern des Metall-Materials im Node-Editor 190
    Einfache Beleuchtung zur Material-Beurteilung 191
    Rauchspuren für den Schlot 192
    Materialien für die Scheinwerfer und Rücklichter 195
    Anbringen weiterer Details über Selektionen 199
    Material für die Pufferteller 200

Texturing natürlicher Materialien
Texturing des Felsens, der Amphore und des Meeresschwamms 206

    Texturieren des Felsens 208
    Texturieren der Amphore 212
    Texturieren des Meeresschwamms 216

Texturing mit UV-Mapping
Texturing eines Comic-Oktopus 220

    Erstellen einer UV-Abwicklung 222
    Backen des Sculptings in eine Normal-Map 227
    Einbinden der Normal-Map 228
    Diffuse-Textur für das Texture Painting 231
    Ausarbeiten der Oberflächeneigenschaften 234
    Texturieren der Augenlider und Augen 236

Kapitel 4: Ausleuchtung und Inszenierung

Lichtquellen
Kreativer Umgang mit Licht 242

GRUNDLAGENEXKURS: Szenen ausleuchten
Einige Anregungen zum Ausleuchten Ihrer Szenen 248

Kameras
Alles für das Auge des Betrachters 250

GRUNDLAGENEXKURS: Inszenierung
Einige Anregungen zum Aufbau Ihrer Szenen 252

Motion-Tracking
Die Verbindung zwischen 2D und 3D 254

Motion-Tracking und Inszenierung
Einbau der Dampflokomotive in einen Realfilm 258

Importieren des 2D-Films 260
Setzen der Marker für das Tracking 261
Tracking der gesetzten Marker 262
Rekonstruktion von Kamera und Szene 264
Einbau und Ausleuchtung der Dampflokomotive 268
Hintergrund und Schatten einrechnen 273

Aufbau einer Unterwasser-Szene
Inszenierung und Ausleuchtung der Oktopus-Szene 274

Hinzuladen und Platzieren der Amphore 276
Hinzuladen und Platzieren von Felsen 277
Hinzuladen und Platzieren von Meeresschwämmen 278
Modellieren des Meeresbodens 279
Hauptbeleuchtung für die Szene 282
Hintergrund und Umgebungsbeleuchtung 283
Material für den Meeresboden 285
Kamera ausrichten 287

Kapitel 5: Animation und Simulation

Keyframe-Animation
Animation mit Timeline, Dope Sheet und Graph-Editor 290

Character-Animation
Animation mit Bones, Armatures und Constraints 298

GRUNDLAGENEXKURS: Forward und Inverse Kinematik
Zwei kinematische Konzepte (nicht nur) für die Character-Animation 304

Simulation
Animation mit Modifiern, Partikelsystemen und Physics 306

Animation der Lokomotive
Constraints, Driver, Physics und Keyframes in der Praxis 320

Aufbau des Lok-Antriebs mit Constraints 322
Drehung der Räder per Driver 332
Dampf für die Lokomotive per Smoke 333
Animation der Lokomotive mit Keyframes 337
Simulation mit Rigid Body-Physics 340

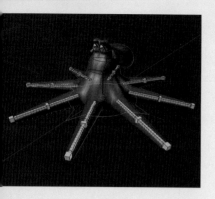

Animation einer Unterwasserwelt
Partikelsysteme, Cloth und Kraftfelder in der Praxis 344

Simulation von Luftblasen mit Partikeln 346
Simulation bewegter Pflanzen mit Cloth 350

Character-Animation des Oktopus
Mit Bones, Constraints und Shape Keys Leben einhauchen 354

Aufbau des Bone-Gerüsts 356
Constraints zuweisen und Arm-Bones duplizieren 362
Binden der Geometrie an das Bone-Gerüst 364
Shape Keys für die Animation der Stirn 367
Ausarbeiten der Kontrollelemente für die Animation 368
Einbinden des geriggten Oktopus in die Unterwasserwelt 371
Animation der Kamerafahrt 373
Character-Animation des Oktopus 374

Kapitel 6: Rendering und Compositing

Rendering
Bilder und Animationen berechnen 380

Compositing
Feintuning der Renderings mit Layern, Passes und Nodes 389

GRUNDLAGENEXKURS: Bildformate und Bildraten
Auswahl der richtigen Auflösung und Abspielgeschwindigkeit 393

Schnitt und Ton
Editing mit dem Video Sequence-Editor 394

Ausgabe der Lok-Animation
Compositing, Rendering und Vertonung der Tracking-Szene 396

Anpassen der Render-Einstellungen 398
Vorbereiten der Render-Layer 399
Compositing der Render-Layer mit dem Hintergrund 401
Bewegungsunschärfe und Schärfentiefe einbinden 404
Finale Farbanpassung per Color Management 406
Vertonung des Films 406
Finales Rendering der vertonten Animation 409

Ausgabe der Oktopus-Animation
Compositing und Rendering der Unterwasser-Szene 410

Anpassen der Render-Einstellungen 412
Nebel und Schärfentiefe einbinden 414
Finales Rendering der Animation 417

Index 418

Vorwort

Blender begleitet mich nun schon seit vielen Jahren, auch wenn dies mein bisheriges Buch-Portfolio vielleicht nicht vermuten lässt. Bis zu ihrer Komplettüberarbeitung in Version 2.5 fiel es mir allerdings auch wirklich leicht, diese freie 3D-Software, so faszinierend und kostenlos sie auch war, nie richtig zum Zug kommen zu lassen. Seither hat sich viel getan. Und damit meine ich nicht nur Blender, dessen Entwicklung wirklich rasant vorangeschritten ist. Auch meine anfängliche Skepsis hat sich mit jeder Version mehr und mehr gelegt. Statt eines »Na ja, solange das in Blender noch nicht integriert ist …« hörte ich mich plötzlich sogar ein »Das stünde aber manch anderem Programm auch gut« murmeln.

Machen wir uns nichts vor, ein wenig Kompromissbereitschaft verlangt Blender. Doch ist dies bei kommerzieller Software so viel anders? Die bekannten 3D-Programme haben zwar ein erstaunliches Niveau erreicht, trotzdem ist keines davon perfekt. Was besonders erfreulich ist: Blender hinkt dieser allgemeinen Entwicklung keineswegs hinterher. Im Gegenteil, manchen Trends folgt die Open-Source-Software im Gleichschritt, bei einigen Neuentwicklungen eilt sie der Branche sogar voraus. Dieses Buch behandelt Blender 2.7 in seinem finalen, stabilen Produktionsrelease. Sie finden auf *www.blender.org* zwar bereits erste Builds der Version 2.8, doch diese sind noch viel zu unvollständig, bugbehaftet und instabil, so dass an einen ernsthaften Einsatz dieser Vorversionen nicht zu denken ist.

Nachdem Ihnen nun die gemeinsame Geschichte von Blender und mir bekannt ist, kennen Sie auch den Ansatzpunkt, aus dem heraus dieses Buch entstanden ist. Ein Buch für Einsteiger und auch Umsteiger, geschrieben aus der Perspektive eines neugierig Suchenden, der eine genaue Vorstellung von »seiner« 3D-Software hat. Es gibt viele Wege beim Einstieg in Blender, und ich lade Sie herzlich ein, meinen Weg nachzugehen.

Wie Sie dem Buchtitel bereits entnehmen konnten, hat sich dieses Buch der Praxis verschrieben – mit vielen Workshops in ausführlichen und für Sie hoffentlich spannenden Projekten. In diesem Buch geht es also nicht darum, Ihnen jeden einzelnen Blender-Befehl vorzukauen und Sie dann mit theoretischem Knowhow im Regen stehen zu lassen. »Learning-by-Doing«, das Lernen am konkreten Projekt von der Idee bis zur fertigen 3D-Animation, ist das Grundkonzept dieses Buchs. Dadurch erhalten Sie einen fundierten, praxisorientierten Einstieg in die faszinierende Welt der mächtigen 3D-Software Blender. Mit diesem Grundstock realisieren Sie anschließend Ihre eigenen Projekte und bauen Ihr Wissen dabei immer weiter aus. Dabei wünsche ich Ihnen viel Inspiration und Freude!

Für die Unterstützung und noch mehr für ihre Geduld danke ich meiner Frau Tanja und meinem Sohn Manuel. Mein Dank gilt außerdem allen im Rheinwerk-Verlag, die an diesem Buch beteiligt waren, insbesondere meiner Lektorin Ariane Podacker. Toll, dass du einfach nicht lockergelassen hast! ;)

Andreas Asanger

Kapitel 1
Grundlagen

Keine Sorge, auch wenn dieses Kapitel etwas trocken klingt, werden wir so schnell wie möglich direkt in Blender einsteigen, um uns mit der Bedienoberfläche vertraut zu machen. Sie können (und sollten) gleich Ihre ersten Schritte in Blender wagen. Sobald Sie sich im dreidimensionalen Raum von Blender zurechtfinden und einen ersten Überblick über die verschiedenen Editoren und Panels erlangt haben, erfahren Sie alles über die Arbeit an und mit Objekten.

Unabdingbar für die erfolgreiche Arbeit mit Blender ist das Grundwissen über Datenblöcke, Links und User. Schließlich richten Sie sich die Arbeitsumgebung noch nach Ihren Vorstellungen ein.

Ihr Einstieg in Blender
Wieso sollte aller Anfang schwer sein? 12

AUF EINEN BLICK: Arbeitsoberfläche
Die Hauptbedienelemente von Blender im Überblick 14

Fenster, Editoren und Panels
Die Kommunikation mit Blender 16

Navigation im Viewport
Erste Schritte im dreidimensionalen Raum von Blender 19

Arbeiten im Viewport
Objekte erstellen, definieren, positionieren und selektieren 21

GRUNDLAGENEXKURS: Datenblöcke, Links und User
Ein kurzer, aber wichtiger Blick unter die Haube von Blender 32

Datenmanagement
Daten speichern, organisieren und gezielt nutzen 34

Blender besser nutzen
Mit praktischen Helfern die Arbeit optimieren 36

Blender einrichten
Ein Streifzug durch die User Preferences 39

Ihr Einstieg in Blender

Wieso sollte aller Anfang schwer sein?

Lassen Sie mich ein paar Worte über unseren gemeinsamen Einstieg in Blender verlieren. Blender ist letzten Endes nur ein Werkzeug und daher ganz von Ihren Ideen, Ihrer Begeisterung und natürlich auch von Ihrem Geschick abhängig.

Sich Blender nähern

Als Open-Source-Software stellt Blender keine große Hürde für den Erstkontakt dar. Vielleicht ist Blender sogar Ihr erster Gehversuch im 3D-Bereich. Möglicherweise sind Sie aber auch ein alter Hase auf diesem Gebiet, beherrschen Cinema 4D oder Maya im Schlaf und möchten einfach mal den Blick über den Tellerrand wagen. In jedem Fall hat Blender Ihre Neugier geweckt und Sie dazu bewogen, die aktuelle Version des Programms auf Ihren Rechner zu laden.

Dem ersten Start folgte dann vielleicht die Ernüchterung und eine zerschlagene Hoffnung auf ein intuitives, selbsterklärendes und trotzdem vor Funktionen überbordendes 3D-Programm. Blender mag anfangs widerspenstig sein, sich ungewohnt verhalten und anfühlen. Doch Blender hat definitiv die zweite Chance verdient, die Sie ihm mit diesem Buch einräumen.

Komplette Neulinge mögen hier vielleicht sogar etwas im Vorteil sein, denn sie müssen keine eingespielten, bewährten Abläufe über Bord werfen und neu erlernen. Versuchen Sie nicht, bekannte Arbeitsschritte und Funktionen zwanghaft »nach Blender« zu übersetzen, sondern öffnen Sie sich für neue Sichtweisen und Methoden. An manchen Stellen mag Ihnen Blender dabei kompliziert oder undurchsichtig erscheinen, an vielen anderen Stellen aber werden Sie von den praktischen Funktionen dieser freien 3D-Software überrascht sein.

Womit wir bei einem weiteren, für viele Missverständnisse verantwortlichen Punkt sind, den ich nicht unerwähnt lassen möchte. Blender ist nicht deshalb kostenlos, weil es kommerziellen Produkten hinterherstehen würde. Es ist vielmehr kostenlos, *obwohl* es einen Funktionsumfang bietet, der den Vergleich zu richtig teurer 3D-Software nicht scheuen braucht. Dass dies nicht zu den gleichen Bedingungen geschehen kann, sollte klar sein. Blender befindet sich permanent in Entwicklung, sodass sich manche funktionelle Baustellen erst im Laufe der Zeit als wirklich brauchbar erweisen. Manche Funktionen erlangen vielleicht nie eine produktionstaugliche Reife. Doch ich darf Sie beruhigen, diese Ausnahmen sind dünn gesät und meistens auch als experimentell gekennzeichnet. Im Gegenzug ist Ihnen jederzeit voller Einblick in die fortwährende Entwicklung von Blender gestattet, auf die Sie sogar selbst Einfluss nehmen können. Nicht zuletzt haben Sie mit Blender ein wirklich umfangreiches 3D-Programm an der Hand, das Ihnen einen kompletten 3D-Workflow, vom Kritzeln der ersten Idee bis zu Vertonung und Schnitt der gerenderten Filme, bietet.

Blender 3D
Bei der Entstehung dieses Buchs kamen die Versionen 2.78 und 2.79 zum Einsatz. Die aktuellste Version von Blender laden Sie sich unter *www.blender.org/download* herunter.

Begleitmaterial
Sie können sich das Begleitmaterial für die Workshops des Buchs von der Website des Verlags herunterladen.
Scrollen Sie auf der Katalogseite *www.rheinwerk-verlag.de/4360* ganz nach unten bis zum Kasten »Materialien zum Buch«.
Dort klicken Sie auf den Link »Zu den Materialien«.
Bitte halten Sie Ihr Buchexemplar bereit, damit Sie die Materialien freischalten können.

Sich in Blender wohlfühlen

Der große Vorteil eines so beliebten und bekannten Open-Source-Programms wie Blender ist die große, über die ganze Welt verteilte Usergemeinde, die Ihnen in Internetforen mit Rat und Tat sowie mit einer unüberschaubaren Zahl an Tutorials, Materialien und fertigen Blend-Files zur Seite steht. Nutzen Sie alle verfügbaren Informationsquellen, behalten Sie aber immer im Hinterkopf, dass es nie nur eine einzige Lösung für eine Aufgabe gibt.

Der Internationalität von Blender und der CG-Branche im Allgemeinen ist es dabei geschuldet, dass die englische Bedienoberfläche in den Abbildungen und auch im Text zum Einsatz kommt. Sollte dies Ihr Einstieg in diesem Bereich sein, kann ich Sie beruhigen: Sie werden sich sehr schnell daran gewöhnt haben.

Wie bereits erwähnt, besitzt Blender ein paar Eigenheiten, die Ihnen schon bei Ihren ersten Schritten begegnen. Als klassisches Beispiel sei die Objektauswahl per rechter Maustaste genannt. Auch ich möchte Sie dazu ermutigen, diese anfangs ungewohnte Standardeinstellung zu versuchen, da sie einer durchdachten Logik entsprungen ist und durchaus ihre Vorteile hat.

Sollten Sie aber partout nicht mit dieser Arbeitsweise zurechtkommen – quälen Sie sich nicht, und richten Sie sich Blender so ein, dass Sie sich darin wohlfühlen. Wenn Sie permanent ins Leere klicken oder eine ungewollte Aktion auslösen, ist Frust vorprogrammiert. Das an dieser Stelle oftmals gebrachte Argument, in allen anderen Tutorials und Anleitungen würde dies zu Konfusion führen, teile ich übrigens nicht. Denn in weiterführenden Tutorials wird mit gutem Grund überhaupt nicht mehr auf die Belegung der Maustasten eingegangen. Und sollten Sie nach der Lektüre dieses Buchs tatsächlich noch eine Anleitung zur Objektauswahl in Blender benötigen, habe ich mein Ziel klar verfehlt…

Was Sie in diesem Buch erwartet

Dieses Buch folgt mit seinen Kapiteln dem üblichen 3D-Workflow. Nach diesem Abschnitt über die Grundlagen folgen daher nacheinander das Modelling, Texturing, Ausleuchtung, Animation und Simulation sowie das Rendering und Post-Processing, praxisnah in insgesamt drei eigenständigen Projekten.

Weil in diesem Buch die Praxis im Vordergrund stehen soll, beschränken wir uns am Anfang jedes Kapitels in einer Einführung darauf, welche Editoren, Werkzeuge und Befehle für diesen Workflow-Schritt benötigt werden und wo Sie diese in Blender finden. In den anschließenden Workshops lernen Sie so viele Funktionen wie möglich in der Praxis kennen und anwenden.

Die Workshops sind so konzipiert, dass Sie alle Arbeitsschritte des jeweiligen Projektes vom 3D-Modell bis hin zum finalen Rendering parallel mitarbeiten und nachvollziehen können. Im Begleitmaterial zu diesem Buch finden Sie alle verwendeten Ausgangsdateien und wichtigen Zwischenstadien aufbereitet. Ob Sie die Workshops in voller Länge durcharbeiten oder sich auf die für Sie besonders spannenden Aufgaben konzentrieren, liegt also ganz bei Ihnen.

Nun liegt es bei mir, Ihren Einstieg in Blender so einfach und kurzweilig wie möglich zu gestalten. Falls nicht schon geschehen – starten Sie Blender, und lassen Sie uns endlich loslegen.

Blender-Community

Her eine kleine Auswahl lohnender Anlaufstellen rund um Blender:

Bücher und DVDs aus dem Rheinwerk Verlag:
www.rheinwerk-verlag.de

Dokumentation:
http://docs.blender.org
http://wiki.blender.org

Tutorials (deutsch):
www.psd-tutorials.de
www.zachariasreinhardt.de
www.blenderdiplom.de

Tutorials (englisch):
www.blender.org/support/tutorials
www.blendercookie.com
www.blenderguru.com

Forum (deutsch):
www.blendpolis.de

Foren (englisch):
www.blenderartists.org
http://forums.cgsociety.org

Download von Modellen, Szenen etc.:
www.blendswap.com

News zu Blender-Themen:
www.blendernation.com

Entwicklung:
http://code.blender.org
www.graphicall.org

Arbeitsoberfläche

Die Hauptbedienelemente von Blender im Überblick

Verschaffen wir uns nach dem Start von Blender zunächst einen groben Überblick über die Elemente der Bedienoberfläche.

Die derzeitige Aufteilung der Fenster und die Zusammenstellung der Editoren ergibt sich aus dem aktiven SCREEN LAYOUT DEFAULT. Fenster überlappen sich in Blender grundsätzlich nicht, sie passen sich stets in den vorgegebenen Raum ein. In diese Fenster sind die verschiedenen Editoren eingesetzt, entsprechend frei lassen sich die Fensterbereiche mit Editoren bestücken und arrangieren.

Um in einem Editor zu arbeiten oder eine Eingabe zu machen, reicht es, mit dem Mauszeiger im betreffenden Fenster zu sein bzw.

das gewünschte Element auszuwählen. Ein expliziter Klick zur Aktivierung eines Editors ist in Blender nicht notwendig, ebenso wenig wird Sie eine ausstehende Eingabe von der Arbeit in einem anderen Editor abhalten. Sehen wir uns die ersten Editoren kurz an.

❸ **Info-Editor:** Dieser Editor fungiert als vermeintliche Kopfleiste von Blender. Sie finden hier die Hauptmenüs zum Dateimanagement, zum Rendern, zur Organisation von Fenstern sowie über das Menü HELP direkten Zugriff auf das offizielle Blender-Manual, die Blender-Website, Entwickler- und Anwender-Communitys und einiges mehr.

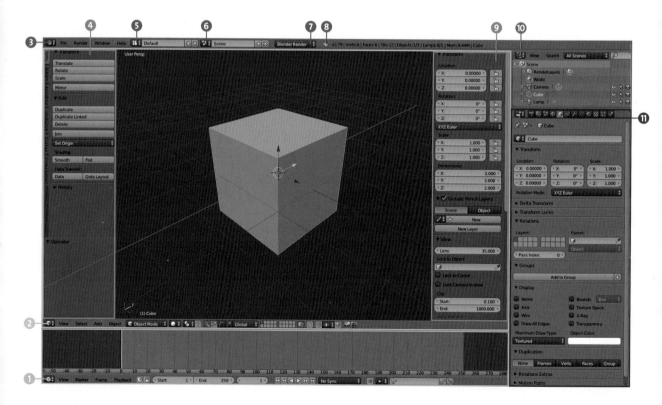

Das bereits angesprochene SCREEN LAYOUT DEFAULT können Sie über das Preset-Menü der SCREEN LAYOUTS ❺ gegen ein anderes, der bevorstehenden Aufgabe gerechtes Fensterlayout tauschen oder auch neue, eigene Screen Layouts anlegen.

Umfangreiche Blender-Projekte lassen sich in Szenen aufteilen. Zur Erstellung und zum Wechsel zwischen Szenen dient dabei das Preset-Menü SCENE ❻. Da Sie sich schon frühzeitig in der Projektphase für den gewünschten Renderer entscheiden sollten, haben Sie im Info-Editor stets ein Dropdown-Menü ❼ zur Auswahl des für die Berechnung des Bildes aktiven Renderers zur Verfügung.

Natürlich macht der Info-Editor seinem Namen alle Ehre, indem er Ihnen neben der aktuell laufenden Blender-Version ❽ auch Informationen über die auf der angezeigten Ebene bzw. in der Szene befindlichen Punkte (VERTS), Flächen (FACES), Objekte, Lichtquellen (LAMPS) zusammen mit dem dafür benötigten Arbeitsspeicher sowie dem momentan selektierten Objekt ausgibt.

❷ **3D-View-Editor:** Ihr Hauptarbeitsbereich in Blender. Mit diesem Editor blicken Sie in die Szene, platzieren und modellieren Objekte, setzen sie ins rechte Licht und vieles mehr.

Die Header-Leiste des Editors befindet sich am unteren Rand der 3D-View. In den zugehörigen Menüs stehen Ihnen Befehle zur Anpassung der Ansicht sowie zur Selektion, zur Erstellung und zur Bearbeitung von Objekten zur Verfügung. Mehr dazu in Kürze.

❸ **Timeline:** Eine Zeitleiste ist in 3D-Programmen der Standard-Editor zur einfachen Erstellung von Keyframe-Animationen, deshalb hat sie auch in Blender einen festen Platz.

Außerdem navigieren Sie mit der Timeline zu den jeweiligen Zeitpunkten, setzen Parameter für die Animation und haben mit der Abspielsteuerung alle Möglichkeiten, eine

vorliegende Animation zu starten, zu stoppen oder auch pausieren zu lassen. Mehr zur Timeline und zur Animation im Allgemeinen erfahren Sie später in Kapitel 5.

❹ **Tool Shelf** und ❾ **Properties Shelf:** Sollte eine dieser beiden Seitenleisten in Ihrer Blender-Arbeitsoberfläche fehlen, klicken Sie auf das kleine +-Symbol am linken bzw. rechten oberen Rand der 3D-View, um sie einzublenden. Beide Seitenleisten bieten Ihnen die für den jeweiligen Editor bzw. den gerade aktiven Arbeitsmodus und das Objekt relevanten Werkzeuge und Eigenschaften im Schnellzugriff an.

Um die Seitenleisten auszublenden, schieben Sie die Trennlinie der Leiste in den Fensterrand zurück. Wesentlich komfortabler erfolgt das Ein- und Ausklappen mit den ersten beiden Tastaturbefehlen, die ich Ihnen ans Herz legen möchte: Taste ⊤ für das TOOL SHELF, Taste Ⓝ für das PROPERTIES SHELF.

❿ **Outliner:** Der OUTLINER stellt Ihnen hierarchisch strukturiert alle in der Szene befindlichen Objekte sowie die zur Szene gehörenden RENDER LAYER und WORLD PROPERTIES als Elemente dar.

Sobald Ihre Szenen umfangreicher und unübersichtlich werden, lernen Sie den OUTLINER als Organisations- und Suchhilfe schnell zu schätzen.

⓫ **Properties-Editor:** Wie der Name schon vermuten lässt, kümmert sich dieser mächtige Editor um alle Parameter und Eigenschaften der Szene sowie der enthaltenen Elemente.

Dazu gehören unter anderem Einstellungen zum Rendering, zu den Objekten mitsamt Materialien und Texturen, zugewiesene CONSTRAINTS und MODIFIER, physikalische Eigenschaften und einiges mehr. Je nachdem, welches Element selektiert ist, bietet Ihnen die Leiste im Header andere Panels zum Einstellen der Parameter an.

Fenster, Editoren und Panels

Die Kommunikation mit Blender

Die Arbeitsoberfläche von Blender ist kein starres Konstrukt, sie bietet Ihnen ein Spielfeld aus Fenstern, das sich beliebig anpassen, erweitern und mit Editoren bestücken lässt.

Fenster anpassen und erweitern

Um ein Fenster an einer Seite zu vergrößern bzw. zu verkleinern, fassen Sie es an der Trennlinie zum angrenzenden Fensterbereich und ziehen es mit gedrückt gehaltener linker Maustaste in die gewünschte Größe.

Sie können ein Fenster zeitweise auf die Größe der gesamten Arbeitsoberfläche maximieren. Drücken Sie dazu ⇧+Leertaste oder auch Strg/Ctrl+↑, wenn sich der Mauszeiger im zu maximierenden Fenster befindet. Mit dem identischen Tastenkürzel setzen Sie das Fenster wieder zurück.

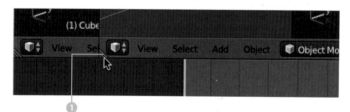

Wenn Sie Platz für einen zusätzlichen Fensterbereich schaffen oder ein Fenster mitsamt Editor duplizieren möchten, um beispielsweise eine weitere Ansicht hinzuzufügen, fassen Sie den Anfasser ❶ in der Ecke des Fensters und ziehen Sie ihn mit gedrückter linker Maustaste. Ein neues Fenster entsteht anstelle des verschobenen Bereichs, gefüllt mit einer Kopie des jeweiligen Editors.

Fenster vereinen

Fenster, die Sie in Ihrer Arbeitsoberfläche nicht mehr benötigen, lassen sich leicht ent-

fernen, indem Sie ein angrenzendes Fenster in diesen Fensterbereich erweitern und damit beide Fenster vereinen.

Dies erfolgt ebenfalls über den Anfasser in der Ecke des Fensters, indem Sie das zu erweiternde Fenster mit gedrückter linker Maustaste in den Zielbereich ziehen.

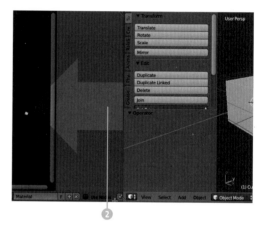

Im zu ersetzenden Bereich erscheint nun ein auffälliger Pfeil ❷, mit dem Sie kontrollieren können, ob der richtige Zielbereich gewählt ist. Nach dem Loslassen der Maustaste sind beide Fenster vereint und mit dem Editor des Ausgangsfensters gefüllt.

Zwei Befehle zum Teilen und Vereinen von Fenstern erhalten Sie übrigens auch, wenn Sie mit der rechten Maustaste auf die Trennlinie zwischen den Fenstern klicken.

Sollten Sie bei einer dieser Aktionen feststellen, dass Sie im Begriff sind, ein falsches Fenster zu teilen bzw. zu vereinen, brechen Sie den Vorgang einfach über die ⎋-Taste ab, bevor Sie die linke Maustaste loslassen.

Schwebende Fenster

Fenster, die nicht in die Arbeitsoberfläche einbettet sein, sondern darüber schweben sollen, um sie beispielsweise auf einen Zweitmonitor auszulagern, fassen Sie am Anfasser und halten beim Ziehen die ⇧-Taste gedrückt.

Ein kurzes Ziehen reicht, und Sie erhalten ein Duplikat des Editors in einem neuen schwebenden Fenster.

Editoren wählen

Die Editoren von Blender erfüllen die verschiedensten Aufgaben. Von den Voreinstellungen des Programms selbst, der Navigation im 3D-Raum über die Texturierung und Animation von Objekten bis hin zum Speichern von Dateien – all das und vieles mehr erfolgt in bzw. über die Editoren. Einige Editoren haben Sie bereits kennengelernt, da sie zur Standard-Arbeitsoberfläche gehören. Nicht weniger als 17 verschiedene Editoren stehen Ihnen in Blender zur Verfügung, die Sie alle über das Editor-Symbol ❸ in der Header-Leiste erreichen.

Auf diese Weise haben Sie nicht nur schnell alle Editoren parat. Sie können auch sehr einfach zwischen den Editoren umschalten und sich in Kombination mit der Gestaltung der Fensterbereiche eine für die jeweils anstehende Aufgabe ideale Arbeitsumgebung schaffen. Sie werden nahezu alle Editoren in den folgenden Workshops in diesem Buch kennenlernen. An dieser Stelle trotzdem ein kurzer Schnelldurchlauf.

Für Skripting und Programmierung interessant sind die PYTHON CONSOLE ⑳, der LOGIC-EDITOR ⑭ als Bestandteil der Game Engine, der TEXT-EDITOR ⑫ als kleines Textprogramm sowie – ganz versteckt – der INFO-EDITOR ⑱.

Sie sehen nämlich alle zuletzt ausgeführten Python-Befehle in diesem Editor aufgelistet, wenn Sie ihn etwas nach unten erweitern.

Statt des gewöhnlichen Öffnen-/Speichern-Dialogs Ihres Betriebssystems verwenden Sie in Blender den überaus komfortablen FILE BROWSER ⑲.

In den USER PREFERENCES ⑰ tätigen Sie alle Voreinstellungen für Blender. Noch in diesem Grundlagen-Kapitel erfahren Sie mehr dazu.

OUTLINER ⑯ sowie PROPERTIES-EDITOR ⑮ sind Ihnen bereits bekannt und werden Ihnen in diesem Buch noch öfter begegnen.

Der NODE-EDITOR ⑬ bietet einen speziellen Arbeitsbereich für alle nodebasierten Tätigkeiten beim Texturing und Compositing.

Der Analyse und Bearbeitung von Videosequenzen für Tracking und Schnitt haben sich der MOVIE CLIP-EDITOR ⑪ sowie der VIDEO SEQUENCE-EDITOR ⑩ verschrieben.

Im UV/IMAGE-EDITOR ⑨ erfolgt das Mapping von Texturen und die Bearbeitung der zugehörigen Bilddaten.

Im nächsten Abschnitt des Editor-Menüs folgen der NLA-Editor ❽, das Dope Sheet ❼ und der Graph-Editor ❻. Alle drei sind in Blender – zusammen mit der bereits bekannten Timeline ❺ – für die Erstellung und Bearbeitung von Animationen zuständig.

Der Haupteditor, die 3D-View ❹, gehört zu fast jedem Screen Layout in Blender, hier erfolgt die Arbeit am Objekt und an der Szene.

Jeder dieser 17 Editoren besitzt seine eigene Menüleiste mit allen für die typischen Aufgaben des Editors benötigten Befehlen und Werkzeugen. Wenn Sie diese Menüleiste lieber im eigentlichen Sinne eines »Headers« am oberen Rand des Fensters haben möchten, drücken Sie einfach die Taste [F5], wenn sich der Mauszeiger in der Menüleiste befindet. Über den gleichen Weg machen Sie den »Header« auf Wunsch auch wieder zum gewohnten »Footer«.

Screen Layouts

Bisher haben wir uns mit den Fenstern und Editoren des Screen Layouts *Default* beschäftigt. Für die Arbeit an den Objekten bzw. in der Szene ist dieses Basis-Layout sehr gut geeignet. Sie finden weitere vordefinierte Layouts im Menü der Screen Layouts, das Sie im Info-Editor über das Screen Layout-Symbol ❷ aufrufen.

Je nach Aufgabe bzw. Workflow-Schritt haben Sie so alle wichtigen Editoren und Werkzeuge zur Hand. Natürlich können Sie auch eigene Screen Layouts nach Ihren persönlichen Vorlieben erstellen. Dazu duplizieren Sie sich eines der Screen Layouts über den +-Button ❹ und vergeben im zugehörigen Textfeld ❸ einen passenden Namen. Beim nächsten Speichern wird anschließend auch dieses Screen Layout mit in der Datei hinterlegt. Zum Löschen eines Screen Layouts reicht ein Klick auf den X-Button ❺.

Sollte die Liste der gespeicherten Layouts wirklich einmal unübersichtlich lang werden, bietet Ihnen das Suchfeld ❶ einen schnellen Zugang zum gewünschten Screen Layout.

Panels

Um der großen Anzahl an Optionen und Parametern Herr zu werden, sind diese in Panels ❼ gruppiert, die Sie über das Dreieck auf- bzw. zuklappen. Mehrere Panels wiederum sind oft in Tabs organisiert, die wie im Tool Shelf vertikal ❻ oder, wie im Properties-Editor ❽, horizontal angeordnet sein können.

Panels lassen sich auch über die Taste [A] öffnen oder schließen, wer ganz schnell eine ganze Reihe auf- bzw. zuklappen ❾ möchte, fährt einfach mit gedrückt gehaltener Maustaste über die jeweiligen Panel-Titel.

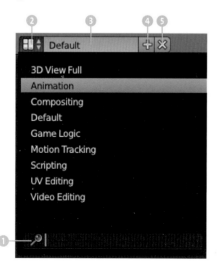

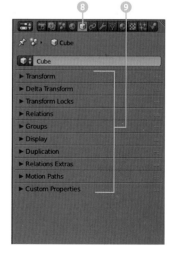

Navigation im Viewport

Erste Schritte im dreidimensionalen Raum von Blender

Da der 3D-VIEW-EDITOR den Mittelpunkt Ihrer Arbeit darstellt, ist es extrem wichtig, dass Sie sich in dieser 3D-Ansicht, dem sogenannten Viewport, zurechtfinden und problemlos im Raum navigieren können.

XYZ-Koordinatensystem

Zur Definition der Lage von Objekten im Raum dient ein dreidimensionales Koordinatensystem mit x-, y- und z-Achse. Sollten Sie später im Eifer des Gefechts einmal die Orientierung verlieren, finden Sie am linken unteren Rand des 3D-VIEW-EDITORS ⑩ ein kleines Koordinatensystem der aktuellen Lage eingeblendet. In der 3D-VIEW selbst sind diese Achsen ⑪ und ⑫ ebenfalls aufgetragen, sie treffen sich im Ursprung des Welt-Koordinatensystems, also Ihrer Szene. Um die fehlende blaue Achse ebenfalls einzublenden, öffnen Sie das DISPLAY-Panel ⑭ im PROPERTIES SHELF (Taste N) und schalten unter GRID FLOOR ⑮ die z-Achse an.

Eben dieser GRID FLOOR markiert mit zahlreichen Linien in X- und Y-Richtung den Boden unserer Szene ⑬. Wie viele Linien Ihnen im Viewport angezeigt werden und wie weit diese Linien voneinander entfernt sein sollen, legen Sie in den zugehörigen Einstellungen LINES bzw. SCALE im DISPLAY-Panel fest ⑯. Für die orthogonalen Ansichten lassen sich außerdem über SUBDIVISIONS zusätzliche Unterteilungen des Grids einstellen.

Navigation mit der Maus

Um mithilfe der Maus in die Ansicht hinein- bzw. herauszuzoomen, drehen Sie das Mausrad nach vorne bzw. hinten. Zum Drehen der Ansicht um die aktive Selektion halten Sie

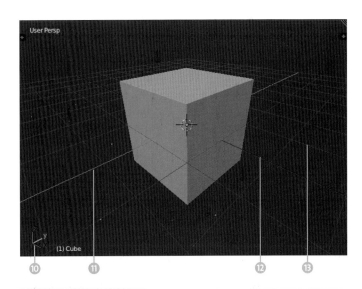

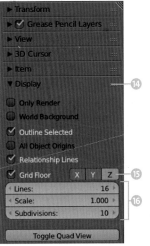

3-Tasten-Maus und Nummernblock

Für die Arbeit mit Blender ist eine 3-Tasten-Maus grundsätzlich empfehlenswert. Nicht nur bei der Navigation in der 3D-View, auch später bei der Arbeit mit den Werkzeugen haben Sie über die Mausrad-Taste eine sehr komfortable Möglichkeit, bestimmte Werkzeugeinstellungen zu verändern.

Besitzen Sie einen Laptop oder ist der Nummernblock dem schicken Design Ihrer Tastatur zum Opfer gefallen? In den USER PREFERENCES lassen sich sowohl die dritte Maustaste als auch der fehlende Nummernblock emulieren. Mehr dazu später in diesem Kapitel.

die Mausrad-Taste gedrückt, während Sie die Maus bewegen. Bei zusätzlich gedrückter ⬦-Taste verschieben Sie die Ansicht in Richtung der Maus-Bewegung.

Navigation mit der Tastatur

Wenn es um den Wechsel der Ansicht geht, sind Sie mit der Navigation per Tastatur besser bedient. Auch schrittweises Hinein- bzw. Herauszoomen in bzw. aus der Ansicht ist über die ⊞- bzw. ⊟-Taste möglich.

An dieser Stelle möchte ich Ihnen aus der großen Anzahl der Tastenkürzel die wichtigsten mit auf den Weg geben. Diese wären die ① [Num] für die Ansicht von vorne ❹, die ③ [Num] für die Ansicht von rechts ❺, die ⑦ [Num] für die Ansicht von oben ❷ sowie die ⑤ [Num] für den Wechsel zwischen dem perspektivischen ❸ sowie dem orthogonalen Ansichtsmodus.

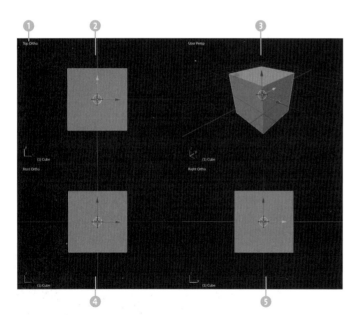

Nehmen Sie beim Ansichtswechsel die Strg- bzw. Ctrl-Taste hinzu, begeben Sie sich auf die jeweils gegenüberliegende Seite der Ansicht. Um dabei nicht die Übersicht zu verlieren, finden Sie die Bezeichnung jeder Ansicht inklusive Modus am linken oberen Rand ❶.

Während die perspektivische Ansicht der realen Ansicht aus der Kameraperspektive entspricht, fällt die Abschätzung von Proportionen und Raumlagen in den orthogonalen Ansichten leichter.

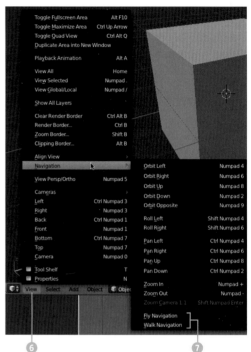

Diese und noch viel mehr Befehle und Standardansichten zur gezielten Navigation im Viewport finden Sie im Menü VIEW ❸ des 3D-VIEW-EDITORS zusammen mit den zugehörigen Tastenkürzeln. Nicht unerwähnt lassen möchte ich dabei die HOME-TASTE, mit der Sie stets zur Gesamtansicht zurück gelangen, falls Sie sich einmal im virtuellen Raum verirrt haben sollten. Sehr praktisch ist auch die ⟨,⟩-Taste des Nummernblocks, um die 3D-Ansicht direkt auf ein selektiertes Objekt auszurichten.

Eine ganz spezielle Art der Navigation im Viewport, die einem Flug bzw. einem Spaziergang durch die Szene entspricht, bieten die FLY bzw. die WALK NAVIGATION ❼. Wenig hilfreich beim Modelling, jedoch sehr effektvoll bei einer Präsentation.

Arbeiten im Viewport

Objekte erstellen, definieren, positionieren und selektieren

Nachdem Sie nun den dreidimensionalen Raum von Blender erkundet haben, sehen wir uns an, welche Objekte uns zur Verfügung stehen und wie wir mit ihnen arbeiten.

Objekte erstellen

Der zur Standardszene von Blender gehörende Würfel ist natürlich nicht Ausgangspunkt jedes Projektes. Um ihn zu löschen, selektieren Sie ihn mit der rechten Maustaste und drücken die Taste ⌴X⌴ mit Bestätigung der Nachfrage.

Um neue Objekte zu erstellen, öffnen Sie über die Taste ⌴T⌴ das TOOL SHELF sowie den Tab CREATE. Hier stehen Mesh-Objekte ⑧, Curve-Objekte ⑨, Lichtquellen ⑩ und eine Reihe anderer Objekte ⑪ zur Ausstattung Ihrer Szene per Buttonklick bereit. Die schnellere Alternative ist der Kurzbefehl ⌴⇧⌴+⌴A⌴, mit dem Sie das Menü ADD ⑫ aus der Menüleiste des 3D-VIEW-EDITORS in die Ansicht holen und das gewünschte Objekt aus den sortierten Listen auswählen. Wer die beiden Objekt-Zusammenstellungen vergleicht, bemerkt, dass uns das TOOL SHELF nicht alle, sondern meist nur die gebräuchlichsten Objekte oder auch Werkzeuge anbietet.

3D Cursor

Platziert wird das frisch erzeugte Objekt an der Position des 3D Cursors ⑬, dem rot-weiß umringten Fadenkreuz. Wie dieser dreidimensional in der Szene wirkende Cursor platziert wird, haben Sie vermutlich schon selbst herausgefunden: über die linke Maustaste.

Dabei dient Ihnen der Cursor nicht nur als Positionierungshilfe im Raum, er ist auch als temporärer Bezugspunkt beim Bearbeiten

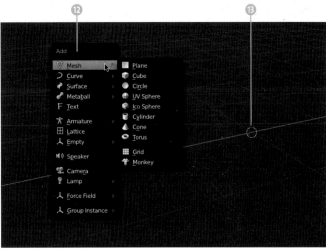

von Objekten überaus praktisch. Natürlich ist es unmöglich, die Position des Cursors im Raum über den Viewport gezielt zu setzen. Damit Sie ein Objekt mittels 3D Cursor an einer exakten Stelle erzeugen, platzieren Sie den Cursor zuvor über das PROPERTIES SHELF (Taste N) im Panel 3D CURSOR ⑤ auf die benötigten Koordinaten. Um den 3D Cursor zurück auf den Ursprung der Szene zu setzen, verwenden Sie den Kurzbefehl ⇧+C.

ein aussagekräftiger Name an das Objekt vergeben ⑥. Objekte mit identischem Namen sind in Blender zwar nicht möglich, es bleibt jedoch fraglich, ob Sie etwas später noch zwischen einem *Cube.001* und einem *Cube.007* im OUTLINER ⑦ unterscheiden können.

Das PROPERTIES SHELF deckt bereits einen wichtigen Teil der Objektparameter ab. Noch viel mehr Möglichkeiten zur Definition der Objekteigenschaften bietet Ihnen allerdings der PROPERTIES-EDITOR. Hier wenden wir uns dem Tab OBJECT ⑧ zu, bei dem sofort die Parallelen zum PROPERTIES SHELF auffallen, denn auch hier lässt sich das Objekt umbenennen ⑨, positionieren, rotieren und skalieren ⑩.

Um die Eingabefelder zu bearbeiten, klicken Sie in das jeweilige Feld und geben den gewünschten Wert per Tastatur ein. Für schrittweises Verringern oder Erhöhen der Werte klicken Sie auf den linken bzw. rechten Pfeil des Eingabefeldes.

Eine weitere Möglichkeit zum Ändern der Parameter ist das Klicken und Festhalten der linken Maustaste im Wertefeld, bei dem Sie den Wert dann wie bei einem Schieberegler durch Ziehen der Maus nach links bzw. rechts regulieren. Halten Sie dabei die ⇧-Taste gedrückt, um die Werte feiner steuern zu können. Bei gedrückt gehaltener Strg- bzw. Ctrl-Taste ändern sich die Werte schrittweise.

Zusammenhängende Wertefelder, wie beispielsweise die Objekt-Koordinaten, lassen sich gemeinsam ändern. Ziehen Sie dazu mit der linken Maustaste über alle Wertefelder, und verschieben Sie dabei die Maus, um alle Werte gemeinsam zu modifizieren.

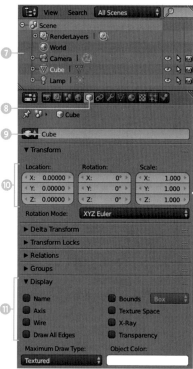

Objekte definieren

Nachdem das Objekt erzeugt ist, lässt es sich über seine Eigenschaften definieren. Wieder finden wir die wichtigsten Parameter im PROPERTIES SHELF, seine Position im Welt-Koordinatensystem als LOCATION ①, seine Drehung über die Winkel als ROTATION ② sowie seine Skalierung bzw. die daraus resultierende Größe als SCALE ③ bzw. DIMENSION ④.

Außerdem – und dies sollten Sie sich nach Möglichkeit von Anfang an angewöhnen – lässt sich bei dieser Gelegenheit auch gleich

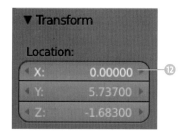

Auf diese Weise können Sie auch einen vorgegebenen Wert auf die anderen Felder übertragen. Es reicht, mit gedrückter Maustaste vom Feld des Zielwerts über alle anzupassenden Felder zu ziehen ⑫.

Die anderen Panels im Tab OBJECT nehmen wir uns zu gegebener Zeit vor. An dieser Stelle sei noch das Panel DISPLAY ⑪ erwähnt, in dem Sie die Darstellung des Objekts im Viewport anpassen oder auch verschiedene Zusatzinformationen anzeigen lassen können. Sehr hilfreich beim Rigging eines Characters für die Animation.

Objekt-Koordinaten

Damit ein Objekt überhaupt im Welt-Koordinatensystem der Szene platziert und rotiert werden kann, benötigt es einen Bezugspunkt, den Ursprung, zusammen mit den drei Koordinatenachsen X, Y und Z. Von diesem lokalen Koordinatensystem ausgehend, ist jedes Objekt mit seinen VERTICES (Punkten) aufgebaut.

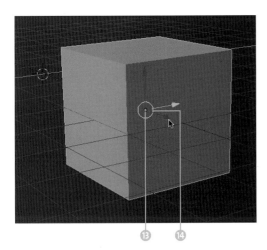

Den Ursprung eines Objekts markiert ein orangefarbener Punkt ⑬. Dieser Bezugspunkt muss nicht zwangsläufig in der geometrischen Mitte eines Objekts liegen, genau genommen muss der Ursprung nicht einmal im oder am Objekt liegen. In vielen Fällen ist es wesentlich praktischer, den Ursprung des Objekts

auf einen VERTEX (Punkt) oder auf eine FACE (Fläche) zu legen, um beispielsweise ein Objekt exakt auf der Oberfläche eines anderen Objekts zu platzieren oder einen bestimmten Drehpunkt zu erhalten.

Die dazu nötigen Befehle finden Sie im TOOL TAB des TOOL SHELFS als Menü SET ORIGIN ⑮. Hier können Sie wählen, ob Sie die Geometrie an den anliegenden Ursprung (ORIGIN) oder den Ursprung an die Geometrie, den 3D Cursor oder das ermittelte Massenzentrum anpassen möchten.

Objekte verschieben, rotieren und skalieren

Um ein Objekt in der Szene zu verschieben, selektieren Sie es mit der rechten Maustaste und bewegen die Maus ein Stück. Das Objekt hängt nun an Ihrem Mauszeiger und kann frei bewegt werden. Sie bestätigen die Translation mit der linken Maustaste, ein Klick mit der rechten Maustaste oder ein Druck auf die ⌨Esc-Taste bricht die Translation ab und macht sie rückgängig.

Alternativ können Sie das Objekt auch mit der Linkstaste innerhalb des weißen Rings um den Ursprung ⑬ greifen. In diesem Fall findet die Translation nur statt, während Sie die linke Maustaste gedrückt halten. Mit dem Loslassen der Taste bestätigen Sie die Aktion, ein Druck auf die ⌨Esc-Taste setzt sie zurück.

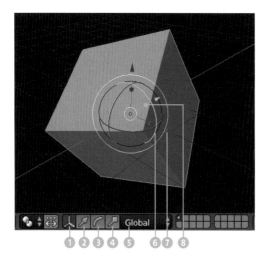

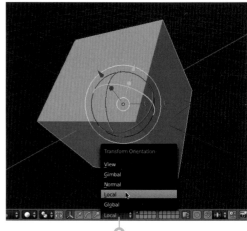

Zu diesem sogenannten 3D TRANSFORMATION MANIPULATOR gehören die drei Achsanfasser ➐, mit denen Sie das Objekt wahlweise an der X-, Y- oder Z-Achse entlang verschieben. Um ein Objekt an einer von zwei Achsen definierten Ebene entlang zu verschieben, fassen Sie das Objekt am zu sperrenden Achsgreifer und halten beim Verschieben die ⇧-Taste gedrückt.

Zusätzlich zu den gängigen Verschiebe-Anfassern können Sie den 3D TRANSFORMATION MANIPULATOR auch um Rotations- und Skalierungsanfasser erweitern. Dazu halten Sie die ⇧-Taste gedrückt, um in der Menüleiste des 3D-VIEW-EDITORS neben dem Verschiebe- ➋ auch das Rotations- ➌ und Skalierungs-Symbol ➍ zu aktivieren. Nun haben Sie zusätzlich farbige Rotationsbänder für die Drehung ➏ und Achsanfasser mit würfelförmigen Ecken für die Skalierung ➑ per Manipulator. Beschränken Sie sich aber der Übersichtlichkeit halber lieber auf die Anfasser, die Sie wirklich benötigen. Sollte Sie der 3D TRANSFORMATION MANIPULATOR bei der Arbeit stören, deaktivieren Sie ihn in der Zwischenzeit über das Manipulator-Symbol ➊.

Wie Ihnen vielleicht aufgefallen ist, hat sich der 3D TRANSFORMATIONS MANIPULATOR nicht mit dem Objekt ausgerichtet, sondern steht weiterhin am Welt-Koordinatensystem aus-

gerichtet. Dies liegt daran, dass im Menü der TRANSFORMATION ORIENTATION ➎ die Einstellung GLOBAL, also das globale Koordinatensystem der Szene, hinterlegt ist.

Um die Transformation stattdessen im lokalen Koordinatensystem des Objekts durchzuführen, wechseln Sie auf die Einstellung LOCAL ➒. Jetzt ist auch der 3D TRANSFORMATION MANIPULATOR zum Objekt ausgerichtet, und alle Transformationen erfolgen im Objekt-Koordinatensystem. Neben diesen Orientierungsoptionen stehen Ihnen die Ausrichtung an das Fenster (VIEW), die Ausrichtung über Euler-Winkel (GIMBAL) sowie die Ausrichtung über den Durchschnitt der Flächennormalen (NORMAL) zur Verfügung.

Objekte per Tastatur verschieben, rotieren und skalieren

Vielleicht ist Ihnen bereits aufgefallen, dass wir uns für diese drei Basis-Werkzeuge weder in das TOOL SHELF noch in ein Menü begeben haben. Diese drei Befehle sind so grundlegend, dass hier einfach die Tastatur zum Einsatz kommen muss, um den Arbeitsfluss nicht zu behindern. Dazu kommt, dass Sie mittels Tastatur nicht nur das gewünschte Werkzeug wählen, sondern die komplette Translation, Rotation oder Skalierung durchführen können inklusive Vorgabe der Achse(n), der Werte und auch dem dafür zu verwendenden lokalen oder globalen Koordinatensystem. Doch eines nach dem anderen.

Zunächst geht es bei allen drei Werkzeugen um die Transformationsart, das wäre die Taste G für die Translation (GRAB), die Taste R für die Rotation sowie die Taste S für die Skalierung. Nach diesem Schritt ändern Sie mit jeder Maus-Bewegung das selektierte Objekt.

Um die Transformation einzuschränken, beispielsweise um die Translation in Z-Richtung durchzuführen oder die Rotation um die Z-Achse, geben Sie danach die entsprechende Achse X, Y bzw. Z per Tastendruck vor.

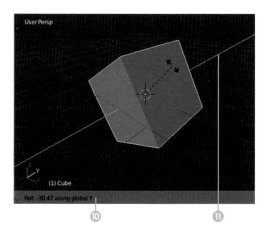

(1) Cube

Die Transformationsangaben finden Sie dabei links unten in der Menüzeile des 3D-VIEW-EDITORS eingeblendet ⑩. Im vorliegenden Fall wurde die globale Y-Achse für eine Rotation freigegeben. Im Viewport ist deshalb auch zusätzlich die grüne Y-Achse hervorgehoben ⑪. Durch nochmaligen Tastendruck auf die Achse ist ein Wechsel auf die lokale Y-Achse des Objekt-Koordinatensystems möglich. Halten Sie die ⇧-Taste gedrückt, um die Transformation feiner steuern zu können. Bei gedrückt gehaltener Strg- bzw. Ctrl-Taste erfolgt die Transformation stufenweise in Schritten.

Für die exakte Angabe der Transformation ist die Eingabe per Tastatur wesentlich komfortabler. Nach der Eingabe von Transformationsart und Achse hängen Sie einfach den gewünschten Wert für die Translation, Rotation oder Skalierung an. Über die Eingabe von R, Y, Y und 3 0 beispielsweise rotieren Sie die Selektion um die lokale Y-Achse um 30°. Wenn Sie Transformationen für mehrere Koordinatenachsen in einer einzelnen »Befehlszeile« abhandeln möchten, springen Sie mit der →-Taste zur nächsten Achse.

Sie bestätigen die Transformation schließlich über die ↵-Taste, der Abbruch einer Aktion ist jederzeit über die Esc-Taste möglich.

Achsen sperren

Ein angenehmer Nebeneffekt der Transformation per Tastatur ist der Umstand, dass Sie Achsen explizit zur Bearbeitung freigeben, anstatt sie vor ungewollter Modifikation schützen bzw. sperren zu müssen.

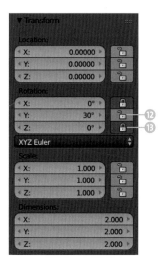

Egal, ob für die Arbeit mit Maus, Tastatur oder beidem, im PROPERTIES SHELF (Taste N) können Sie für jede Transformationsart und für jede Achse die Bearbeitung über die Buttons mit den Schloss-Symbolen erlauben ⑫ oder verbieten ⑬.

Pivot-Punkt

Während der Ursprung eines Objekts der Bezugspunkt für die Geometrie darstellt, beschreibt der Pivot-Punkt den Bezugspunkt für die Transformation des bzw. der Objekte im Raum. Sie finden das Menü zur Auswahl des gewünschten Pivot-Punkts in der Menüleiste des 3D-VIEW-EDITORS.

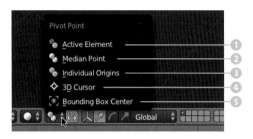

Den Anfang macht die Einstellung ACTIVE ELE-MENT ❶, mit der Sie den Ursprung des aktiven Objekts bzw. Elements für die Transformation vorgeben. Einen gemeinsamen, da gemittelten Ursprung verwenden Sie mit MEDIAN POINT ❷. Damit der jeweilige Ursprung jedes einzelnen Objekts für die Transformation gilt, wählen Sie INDIVIDUAL ORIGINS ❸. Natürlich kann auch der an einer bestimmten Stelle platzierte 3D CURSOR ❹ über die gleichnamige Einstellung als PIVOT POINT fungieren. Zu guter Letzt sorgt BOUNDING BOX CENTER ❺ mittels einer alle selektierten Objekte umfassenden Hülle für einen gemeinsamen Bezugspunkt für die Transformation.

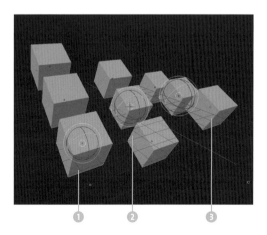

In obiger Abbildung sehen Sie drei der unterschiedlichen Pivot-Einstellungen auf drei zusammen selektierte Würfel angewandt. Die

Transformationsart ist bei allen drei Beispielen die gleiche: eine Rotation um die X-Achse um 30°, lediglich der Pivot-Punkt ist ein anderer.

Transformationen zurücksetzen bzw. übernehmen

Wir haben uns bislang im Arbeitsmodus OBJECT MODE ausgetobt und die drei Hauptwerkzeuge zur Bearbeitung von Objekten (aber auch von Vertices, Edges und Faces) kennengelernt. Um ein Objekt wieder in seinen Ausgangszustand zurückzuversetzen, drücken Sie die Alt-Taste zusammen mit der Transformation, die Sie »resetten« möchten: Alt+G, Alt+R bzw. Alt+S.

Transformationen im OBJECT MODE bedeuten auch, dass dabei nicht die enthaltene Geometrie, sondern das Übersystem des Objekts modifiziert wird. Daraus folgt beispielsweise, dass bei der Skalierung nicht die enthaltenen Punkte auseinandergezogen werden, sondern lediglich die betroffene Achse des Objekts verzerrt wird. Dies kann im späteren Verlauf des Projekts, speziell wenn es an die Animation bzw. Simulation geht, zu Problemen führen. Sie sollten deshalb, sobald Sie mit den Grundeigenschaften des Objekts zufrieden sind, die vorgenommenen Transformationen übernehmen.

Rufen Sie dazu über den Tastaturbefehl Strg/Ctrl+A das Menü APPLY auf, und wählen Sie die Transformationsarten, die das Objekt definitiv übernehmen soll. Nach diesem Schritt ist die Transformation angewandt und dient als neuer Ausgangszustand, auf den Sie das Objekt zurücksetzen können.

Arbeitsmodi

Als Hauptarbeitsfenster dient der Viewport nicht nur zum Erstellen und Positionieren von Objekten, auch die Bearbeitung der Objekte, vom Modelling über das Texturing bis hin zum Styling von Haar-Partikeln, läuft hier ab.

Sie entscheiden durch Auswahl des Arbeitsmodus über das Menü ⑥ im 3D-View-Editor, welchen Bearbeitungsschritt Sie durchführen möchten. Entsprechend anders präsentiert sich dann auch die Ansicht im Viewport. So bekommen Sie durch den Wechsel in den Edit Mode die Vertices ⑦ des aktiven Objekts zur Bearbeitung eingeblendet.

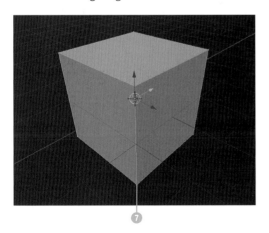

Auch die Menüleiste der 3D-View passt sich den bevorstehenden Aufgaben an, indem sie die jeweils benötigten Selektionsmodi,

Werkzeuge und Befehle bereithält. Da Object Mode und Edit Mode die meistgebrauchten Arbeitsmodi im Viewport sind, bietet Blender für den Wechsel zwischen den beiden Modi mit der ⇆-Taste einen praktischen Kurzbefehl. Wir lernen die einzelnen Arbeitsmodi im Verlauf der Workshops ausführlich kennen.

Selektionen

Wie bereits erwähnt, geht Blender bei der Selektion von Objekten bzw. Elementen per rechter Maustaste einen eigenen Weg. Halten Sie die ⇧-Taste gedrückt, um Objekte zur Selektion hinzuzufügen.

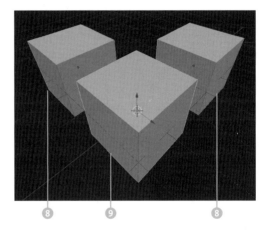

Im Unterschied zu den zuvor ausgewählten Objekten ⑧ gilt das zuletzt selektierte Objekt als aktiv ⑨, es wird im Viewport durch ein helleres Orange in der Umrandung kenntlich gemacht. Die Unterscheidung zwischen den Zuständen Selektiert und Aktiv ist unter anderem beim Thema Parenting, das wir ebenfalls im Kapitel Grundlagen behandeln, von großer Bedeutung.

Um ein anderes Objekt aus der momentanen Auswahl zum aktiven Objekt zu machen, klicken Sie mit der rechten Maustaste ein weiteres Mal auf das bereits selektierte Objekt. Nun ist dieses Objekt als aktiv gekennzeichnet. Mit einem weiteren Rechtsklick auf dieses, jetzt aktive Objekt heben Sie die Selektion komplett auf.

Es wird häufiger vorkommen, dass Sie bei einer Selektion sicherstellen möchten, dass wirklich alle Objekte bzw. Elemente ausgewählt sind. Mit einem Druck auf die Taste [A] ist dies sehr einfach möglich.

Umgekehrt ist es auch oft hilfreich, die momentane Selektion komplett aufzuheben, um mit der Auswahl von Objekten bzw. Elementen neu beginnen zu können. Ein weiterer Druck auf die Taste [A] erledigt das für Sie.

Um auf die weiteren Selektionsmöglichkeiten in Blender näher eingehen zu können, greifen wir etwas vor und wechseln kurz in den Edit Mode ❶.

Dies gibt uns die Möglichkeit, über die drei Select Mode-Buttons mit den Selektionswerkzeugen auf die Vertices ❷, Edges ❸ und Faces ❹ eines Objekts zuzugreifen. Im gezeigten Beispiel dient dazu eine Ebene (Plane) mit feiner Unterteilung.

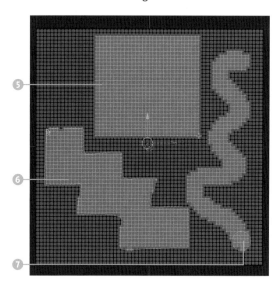

Beginnen wir mit Border Select, das Sie über die Taste [B] aktivieren. Mit der linken Maustaste ziehen Sie dabei einen Rahmen um alle Elemente, die Sie in die Selektion einschließen möchten ❺. Nach diesem Schritt ist das Selektions-Werkzeug deaktiviert, sodass Sie es erneut über die Taste [B] aufrufen müssen, wenn Sie die Auswahl erweitern möchten. Um von der bestehenden Auswahl Elemente abzuziehen, aktivieren Sie ebenfalls die Border-Selektion über die Taste [B], halten jetzt aber die mittlere Maustaste gedrückt. Im Unterschied zu anderen Programmen geht Ihre Selektion übrigens nicht verloren, sobald Sie ins Leere klicken oder keine Zusatztaste gedrückt halten. Um den Selektionsvorgang abzubrechen, drücken Sie noch währenddessen die [Esc]-Taste.

Eine ebenso gängige Selektionsart ist die Lasso-Selektion, die Sie mit der linken Maustaste unter Hinzunahme der [Strg]/[Ctrl]-Taste eigentlich immer zur Hand haben. Mit ihr zeichnen Sie eine freie Auswahlform, die alle in ihr befindlichen Elemente selektiert ❻. Sobald Sie die linke Maustaste loslassen, schließt sich die Selektion automatisch, die [Strg]/[Ctrl]-Taste muss nur zum Start der Selektion gedrückt sein. Um per Lasso-Selektion Elemente von der Auswahl abzuziehen, halten Sie zusätzlich die [⇧]-Taste gedrückt. Ein Abbruch des Selektionsvorgangs ist wieder über die [Esc]-Taste möglich.

Sehen wir uns zu guter Letzt noch Circle Select ❼ an. Bei diesem Selektionswerkzeug wandelt sich Ihr Mauszeiger nach Druck auf die Taste [C] zu einem Kreis, mit dem Sie über alle Elemente malen, die Sie in die Selektion einschließen möchten. Sie können die Größe des Auswahl-Kreises verändern, indem Sie an der Mausrad-Taste drehen. Um mit dem Circle Select-Werkzeug überfahrene Elemente von der bestehenden Selektion abzuziehen, halten Sie die mittlere Maustaste gedrückt. Auch für Circle Select gilt, dass Sie den Selektionsvorgang mit der [Esc]-Taste abbrechen. Im Unterschied zu den anderen Selektionsarten bestätigen Sie hier aber die fertige Auswahl durch Druck der Taste ⏎.

⑧

Sie finden diese und weitere praktische Selektionswerkzeuge im Menü SELECT ⑧ des 3D-VIEW-EDITORS. Je nach Arbeitsmodus unterscheiden sich dabei Umfang und Funktion.

Sollte Ihnen die Selektion aufgrund vieler Objekte bzw. einer ungünstigen Perspektive im Viewport einmal schwerfallen, können Sie sich durch mehrfaches Betätigen der rechten Maustaste der Reihe nach durch die Objekte klicken. Eine Liste ⑨ aller unter dem Mauszeiger befindlichen Objekte bekommen Sie angezeigt, wenn Sie zusätzlich zum Rechtsklick die Alt-Taste festhalten.

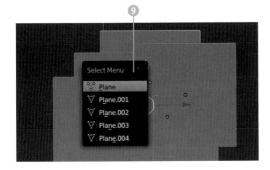

⑨

Objekte duplizieren

Um eine exakte Kopie eines Objekts zu erstellen, können Sie auch in Blender auf die altbewährte Tastenkombination Strg/Ctrl+C zum Kopieren sowie Strg/Ctrl+V zum Einfügen zurückgreifen. Das Duplikat entsteht dabei nicht etwa am 3D-Cursor, sondern auf der Position des Originals.

Einen Schritt weiter geht der Duplizieren-Befehl, den Sie über ⇧+D aufrufen. Auch hier entsteht das Duplikat an der gleichen Stelle wie das Original, zusätzlich ist aber die Translation aktiv. Sobald Sie also die Maus bewegen, verschieben Sie das Duplikat, bis Sie die endgültige Position per Klick auf die linke Maustaste bestätigen. Der Abbruch der Translation (nicht des Duplizierens!) erfolgt über die Esc-Taste; um auch das Duplikat loszuwerden, verwenden Sie den UNDO-Befehl Ctrl+Z.

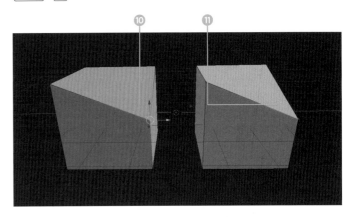

⑩　⑪

Während Sie über diese Duplikationsmethoden völlig eigenständige Objekte schaffen, bietet Blender über den Duplizieren-Befehl DUPLICATE LINKED Alt+D die Erstellung eines verlinkten Duplikats. Dabei entsteht ein neues Objekt, das seine Geometrie aus dem Mesh-Datenblock des Originals bezieht. Jede Änderung, die Sie an der Geometrie des Originals vornehmen ⑩, schlägt sich damit direkt auf das bzw. die Duplikate nieder ⑪. Wir vertiefen das Thema DATENBLÖCKE in diesem Kapitel in einem Grundlagenexkurs.

Objekte gruppieren

Je mehr Objekte Sie in Ihrer Szene haben, desto stärker dürfte der Wunsch sein, sie zu organisieren. Eine Möglichkeit, eine logische Verbindung zwischen den Objekten zu schaffen, sind die Gruppen.

Ist die Gruppe erstellt, greifen Sie am schnellsten über den Kurzbefehl ⌂+G auf sie zu ❺, eines der zur Gruppe gehörenden Objekte muss dabei selektiert sein. Anschließend lassen sich die Objekte der Gruppe gemeinsam bearbeiten.

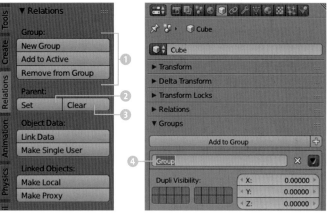

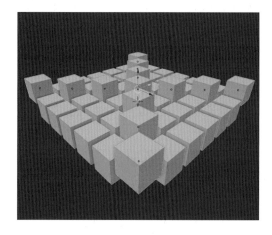

Um die Objekte einer Selektion zu einer neuen Gruppe zusammenzufassen, verwenden Sie den Kurzbefehl Strg/Ctrl+G, die gruppierten Objekte erhalten eine grüne Umrandung. Im Tab RELATIONS des TOOL SHELFS finden Sie diesen und weitere Befehle ❶, um Objekte bestehenden Gruppen hinzuzufügen bzw. um Objekte aus Gruppen zu entfernen. Ein Objekt kann natürlich mehreren Gruppen angehören, genauen Aufschluss darüber gibt Ihnen das GROUPS-Panel ❹ im OBJECT-Tab des PROPERTIES-EDITORS.

Parenting

Durch Parenting schaffen Sie eine hierarchische Verbindung zwischen den Objekten. Dabei gibt es ein Überobjekt, das PARENT, sowie untergeordnete Objekte, die CHILDREN. Ausschlaggebend ist dabei, welche Objekte dabei selektiert sind bzw. welches Objekt aktiv ist. Das aktive Objekt wird zum Parent ❻, die selektierten Objekte zu den Children ❼. Diese sogenannte Parent-Child-Beziehung erzeugen Sie über den Kurzbefehl Strg/Ctrl+P oder auch über das TOOL SHELF ❷.

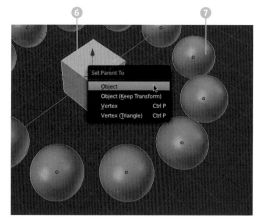

Nach Aufruf des Befehls können Sie entscheiden, ob die Children an das Objekt unter Berücksichtigung vorliegender Transformationen (OBJECT), unabhängig von Transformationen (OBJECT (KEEP TRANSFORM)), an einen VERTEX oder auch an ein Vertex-Dreieck (VERTEX (TRIANGLE)) gebunden werden.

Sie erkennen verbundene Objekte an den Verbindungslinien im Viewport ⑧. Im gezeigten Beispiel sind alle Kugeln Child-Objekte des Würfels. Alle Kugeln lassen sich weiterhin einzeln bewegen, wird aber der Würfel transformiert, folgen ihm alle Child-Objekte.

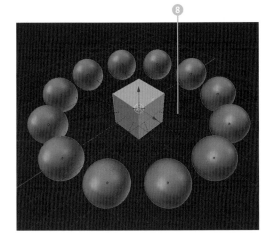

Dass Parenting hierarchisch arbeitet, lässt sich gut über den OUTLINER nachvollziehen. Über einfaches Drag & Drop ⑨ können Sie hier Objekte zu Parents oder Children machen.

Parenting wird uns in diesem Buch noch oft begegnen. Es dient nicht nur zur Organisation von Objekten, über Parenting funktioniert beispielsweise auch die Anbindung eines Knochengerüsts an einen Character für die spätere Animation.

Zum Lösen der Parent-Child-Beziehung wenden Sie den Befehl CLEAR PARENT ③ (Tasten [Alt]+[P] oder über das TOOL SHELF) auf das Child-Objekt an. Sie können dabei wieder bestimmen, ob Sie die Transformationen des Parent-Objekts übernehmen möchten (KEEP TRANSFORM). Die Option CLEAR PARENT INVERSE löst nicht die Verbindung, sondern versetzt den Ursprung des Child-Objekts, als wäre das Parent-Objekt der globale Ursprung.

Shading im Viewport

Die Darstellung der Objekte im Viewport beeinflusst nicht nur die Arbeit an den Objekten, je nach Komplexität der Szene schlägt sie sich spürbar auf die Rechnerperformance nieder. Über das Menü VIEWPORT SHADING ⑩ des 3D-VIEW-EDITORS haben Sie daher die Möglichkeit, die für Ihre momentane Aufgabe optimale Shadingart auszuwählen.

Während sich beispielsweise bei diffizilen Modelling-Aufgaben oder komplexen Animationen die Ansicht WIREFRAME empfiehlt, ist die Anzeige von Texturen bzw. Materialien bei der Texturierung von Objekten obligatorisch.

Diese Einstellung wirkt auf alle Objekte im Viewport. Um nur für bestimmte Objekte die Darstellungsart zu ändern, verwenden Sie jeweils den OBJECT-Tab im PROPERTIES-EDITOR.

Datenblöcke, Links und User

Ein kurzer, aber wichtiger Blick unter die Haube von Blender

Ein wenig Hintergrundwissen über Datenblöcke, Links und User in Blender hilft uns in dreierlei Hinsicht. Erstens werden die Arbeitsweise und die Logik verständlicher, zweitens eröffnen sich dadurch neue Möglichkeiten, wie beispielsweise zur Erstellung von Bibliotheken. Drittens, und damit sind wir beim kritischen Punkt: Schutz vor Datenverlust.

Ihre Blender-Datei besteht aus einer Unmenge an Datenblöcken, die miteinander über sogenannte Links verknüpft sind. Die Objekte können diese Datenblöcke, seien es Meshes, Materialien, Texturen etc. nutzen, wodurch sie zu einem User des Datenblocks werden. Die Trennung der verschiedenen Datenblöcke macht das ganze System so flexibel.

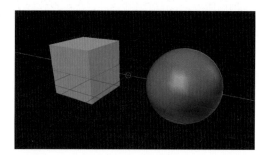

Sehen wir uns die Thematik an einem sehr einfachen Beispiel, einer Szene mit einem grünen Würfel und einer blauen Kugel, an. Jedes der beiden Objekte besitzt als Basis einen Objekt-Datenblock, verlinkt mit einem Mesh-Datenblock, der für die Geometrie zuständig ist, sowie einen Material-Datenblock, der für die Farbe sorgt. Diese Verknüpfungen sind für das Mesh im Tab OBJECT DATA ❷, für das Material im Tab MATERIAL DATA ❹ hinterlegt. Klicken wir nun auf den Button der Mesh- bzw. Material-Liste ❸, bekommen wir alle

Mesh- bzw. Material-Datenblöcke, die in unserer Blender-Datei vorliegen, in einer Liste zur Auswahl angezeigt.

Nun liegt es auf der Hand, dass wir die Verknüpfungen zum Objekt-Datenblock sehr schnell ändern können, indem wir einen anderen Mesh- bzw. einen anderen Material-Datenblock aus der Liste wählen.

Ein Objekt lässt sich also vereinfacht als User unterschiedlicher Datenblöcke ansehen. Umgekehrt kann ein Datenblock natürlich nicht nur einen, sondern zahlreiche User aufweisen. Die genaue Anzahl an Usern (solange es nicht nur einen User gibt) lesen Sie an der Zahl im jeweiligen Datenblock-Menü ab ⑤.

Der Vorteil dieser Arbeitsweise: Sie haben an genau der Stelle, an der Sie ein Material benötigen, nicht nur alle Materialien der Blender-Datei zur Hand, Sie können auch neue Material-Datenblöcke erzeugen ⑦ oder den Link zum Datenblock löschen ⑧.

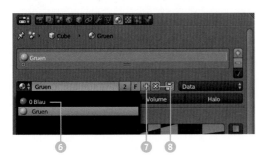

So weit also sehr erfreuliche Nachrichten. Der einzige Haken liegt darin begründet, dass es damit auch vorkommen kann, dass ein Datenblock überhaupt keinen User hat. Einen solchen Datenblock erkennen Sie an der 0 vor dem Namen ⑥. Leider darf uns das nicht egal sein, denn Datenblöcke ohne User werden beim Speichern der Blender-Datei nicht berücksichtigt und sind deshalb beim nächsten Öffnen der Datei nicht mehr vorhanden.

Doch Blender liefert auch gleich eine Lösung für dieses vermeintliche Problem. Per Klick auf den Button F ⑨ in der Datenblock-Zeile legen Sie einen sogenannten FAKE-USER an.

Durch Fake-User teilen Sie Datenblöcken einem virtuellen Nutzer zu, um sie vor der Löschung beim Speichern zu bewahren. Sie erkennen gesicherte Datenblöcke am vorgestellten F in der Datenblock-Zeile ⑪.

Um einen Datenblock, beispielsweise ein verlinktes Duplikat eines Mesh-Objekts, aus der Verknüpfung herauszunehmen und unabhängig damit weiterzuarbeiten, klicken Sie auf die Nutzer-Zahl ⑩. Damit besitzt das Objekt fortan einen individuellen Mesh-Datenblock.

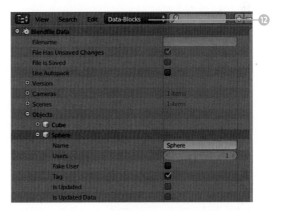

Weiteren Einblick in die Datenblöcke bietet übrigens der OUTLINER, wenn Sie den Anzeigemodus einmal auf DATA BLOCKS ⑫ setzen.

Wie Sie sich sicherlich denken, wurden in der Abbildung unten lediglich die verschiedenen Datenblöcke untereinander vertauscht...

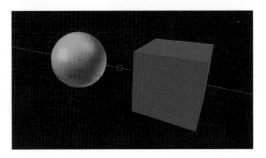

Datenmanagement

Daten speichern, organisieren und gezielt nutzen

Zu den Besonderheiten von Blender gehört, dass Sie immer nur ein Blend-File geöffnet haben können. Für den Import von Objekten, Materialien und anderen Elementen aus einem anderen Blend-File bietet Blender aber sehr komfortable Optionen.

Daten speichern

Spätestens wenn Sie Blender beenden, werden Sie mit der Nachfrage konfrontiert, ob Sie die geöffnete Datei speichern möchten. Vorsicht ist geboten, wenn Sie aus alter Gewohnheit eine zusätzliche Blender-Datei anlegen oder öffnen möchten. In diesem Fall erscheint lediglich eine Abfrage über die Ausgangsdatei bzw. der Auswahldialog – das gerade offene Blend-File wird verworfen. In der Regel haben Sie Ihr Projekt aber bereits mehrfach

über den üblichen Sichern-Befehl ⌈Strg⌋/⌈Ctrl⌋+⌈S⌋ oder den zugehörigen Varianten gespeichert ❶.

Blender besitzt einen eigenen, wirklich mächtigen FILE BROWSER, in den Sie jederzeit über die Taste ⌈F1⌋ gelangen. Den gewünschten Pfad erreichen Sie über das Dateisystem ❼, die Lesezeichen Ihres Systems ❻, blenderinterne Lesezeichen ❺ oder auch über zuletzt besuchte Verzeichnisse ❹. Für die Navigation stehen Ihnen zusätzlich Pfeilbuttons ❽ zur Verfügung. Ein neues Verzeichnis legen Sie durch Klick auf den Button ❾ an.

Zu den zahlreichen Funktionen für die Arbeit im FILE BROWSER zählt die Anzeige von Unterverzeichnissen ❿, diverse Darstellungsoptionen ⓫, die Anzeige versteckter Dateien ⓬ sowie ein Filter ⓭, mit dem Sie nach unter-

schiedlichen Dateikriterien ⑭ bzw. -namen ⑮ aussortieren. Den gewünschten Dateinamen für das Blend-File vergeben Sie in der Namenszeile ⑰ und klicken schließlich auf den Button SAVE AS BLENDER FILE ⑯. Besonders praktisch: Um Versionen einer Blender-Datei herauf- oder auch herunterzuzählen, reicht ein Klick auf den +- bzw. −-Button.

Bibliotheken – Append und Link

Lassen Sie sich vom Begriff »Bibliothek« nicht abschrecken. Es handelt sich dabei nicht um ein kompliziertes Datenmanagement-Tool, sondern schlichtweg um ein Blend-File, aus dem Sie dank Blenders raffiniertem Datenblock-System genau die Daten, die Sie benötigen, extrahieren.

Zu diesem Import aus einer Blender-Datei stehen Ihnen im Menü FILE die zwei Befehle LINK ❷ und APPEND ❸ zur Verfügung. Nachdem Sie das Bibliotheks- bzw. Blender-File gewählt haben, listet Ihnen der FILE BROWSER die Datenblock-Bestandteile ⑱ der Datei auf. Je nach Ausstattung der Szene mit entsprechend unterschiedlichen Verzeichnissen und Elementen. Wie unterscheiden sich nun die Befehle LINK und APPEND?

Wenn Sie den Befehl LINK Strg/Ctrl+Alt+O nutzen, importieren Sie lediglich eine Referenz auf die externe Datei in Ihre Szene. Das importierte Objekt befindet sich zudem auf der Position, die es in seiner Originaldatei einnimmt, und signalisiert uns mit

türkiser Umrandung ⑳, dass alle Versuche, dieses Objekt zu transformieren oder gar zu bearbeiten ⑲, zum Scheitern verurteilt sind.

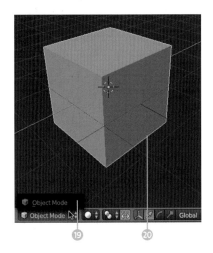 

Änderungen am Objekt sind ausschließlich in der Bibliotheksdatei möglich und werden beim nächsten Aufruf aktualisiert. Um wenigstens Transformationen am importierten Objekt vornehmen zu können, wandeln Sie es über den Befehl MAKE PROXY ㉑ (Tasten Strg/Ctrl+Alt+P) in ein Proxy-Objekt um. Erst der Aufruf des Befehls MAKE LOCAL ㉒ (Taste L) macht das importierte Objekt auf Wunsch in verschiedenen Ausprägungen (Objekt, Objektdaten, Materialien) editierbar.

Im Gegensatz zum Befehl LINK importiert der Befehl APPEND (Tasten ⇧+F1) ohne jede Verknüpfung zur Bibliotheks-Datei. Die Datenblöcke werden der Blender-Datei angefügt und sind komplett unabhängig. Ohne weiteres Zutun können Sie die importierten Datenblöcke ändern und speichern. Im Gegenzug bietet Ihnen der Befehl APPEND natürlich auch nicht die Möglichkeit, durch eine einzelne Änderung in der Bibliotheks-Datei alle importierten Datenblöcke in einem Durchgang ändern zu können.

Sie können also jede beliebige Blender-Datei als Bibliothek nutzen oder, besser noch, separate Blend-Files als Material-, Modell- oder auch Pinselbibliothek verwenden.

Blender besser nutzen

Mit praktischen Helfern die Arbeit optimieren

Um das Maximum aus einem 3D-Programm wie Blender herauszuholen, bedarf es in den seltensten Fällen eines neuen Rechners. Zum einen können wir als Anwender unsere Arbeitsweise optimieren. Zum anderen sollte auch Blender uns so weit wie möglich entgegenkommen, dazu in Kürze mehr.

Tastenkürzel

Sie haben in diesem Buch schon einige wichtige Tastenkürzel für Blender kennengelernt. Im weiteren Verlauf des Buchs werde ich Sie nicht mit Kurzbefehlen bombardieren, aber doch eine gute Basis schaffen, um die Arbeit in Blender möglichst flüssig zu gestalten.

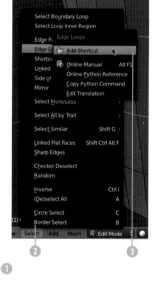

sollte eher die Ausnahme als die Regel sein. Nutzen Sie die Menüs lieber als Stichwortgeber, wenn Ihnen ein Tastenkürzel gerade nicht einfällt oder wenn Sie beim fünften Besuch eines Menüs hintereinander doch langsam auf einen praktischen Kurzbefehl umsteigen möchten. Die zugehörigen Kurzbefehle finden Sie hinter den Befehlen angegeben ❶.

Praktisch ist auch oft ein Mittelweg: Öffnen Sie das Menü, und tippen Sie den unterstrichenen Buchstaben ❷ auf der Tastatur, um das Werkzeug zu aktivieren. Bei kurzen Listen empfiehlt sich die einfache Eingabe der Zeile ①, ② etc., in der das Tool steht.

Natürlich erlaubt Ihnen Blender auch, neue Kurzbefehle zu kreieren bzw. bestehende zu ändern. Der schnellste Weg führt über einen Rechtsklick auf den Befehl in ein Kontextmenü ❸, in dem Sie einen Kurzbefehl festlegen bzw. ändern, aber zum Beispiel auch die Online-Hilfe um Rat fragen können.

Operator-Suche

Eine weitere schnelle Möglichkeit zur Suche nach einem Befehl bietet die Leertaste.

Selbstverständlich finden Sie alle Werkzeuge und Befehle auch in den einzelnen Editoren bzw. Menüs verstreut, doch der Weg dorthin

Mit ihr rufen Sie die sogenannte Operator-Suche auf, über deren Suchzeile ❹ Sie die gesamte Liste der Operatoren in Blender nach passenden Befehlen durchforsten. Meist reichen schon ein paar Anfangsbuchstaben, um die Ergebnisse ausreichend auszufiltern. Wenn vorhanden, finden Sie in der rechten Spalte ⑤ auch gleich das Tastaturkürzel dazu.

Last Operator und History

Jeder Extraschritt, den Sie vermeiden, beschleunigt Sie und Ihre Arbeit in Blender. Sofort nach der Erstellung eines neuen Objekts haben Sie im LAST OPERATOR-Panel des TOOL SHELFS die Möglichkeit, die Eigenschaften des Objekts zu modifizieren. Wie der Name LAST OPERATOR schon andeutet, funktioniert dies auch mit Werkzeugen und Befehlen.

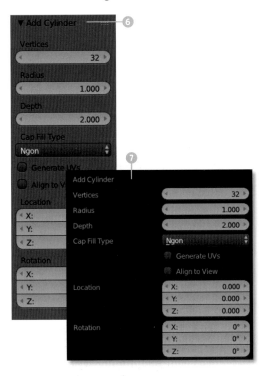

Sie können sich den Last Operator statt über das TOOL SHELF auch direkt in den Viewport ⑦ einblenden lassen – drücken Sie dafür einfach die Taste F6, nachdem Sie den Befehl ausgeführt haben.

Dass sich eine 3D-Software die letzten Arbeitsschritte merkt, ist nicht ungewöhnlich, schließlich benötigen wir diesen Verlauf, um

sorglos Undo- (Strg/Ctrl+Z) bzw. Redo-Schritte (Strg/Ctrl+⇧+Z) bei der Arbeit durchführen zu können.

In Blender lässt sich diese HISTORY nutzen, um bestimmte Schritte zu wiederholen. Sie finden die HISTORY ⑩ im gleichnamigen Panel im TOOL SHELF. Nach Klick auf den Button HISTORY… zeigt Ihnen Blender die zuletzt ausgeführten Befehle an ⑧.

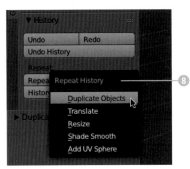

Sie könnten nun jeden einzelnen der Schritte für andere Objekte wiederverwenden. Besonders praktisch ist die History-Funktion aber in Zusammenarbeit mit dem LAST OPERATOR. Auf diese Weise lässt sich zum Beispiel ein Objekt gezielt duplizieren und dabei drehen. Für alle weiteren rotierten Duplikate reicht es, den letzten Befehl über REPEAT LAST ⑨ (Tasten ⇧+R) zu wiederholen.

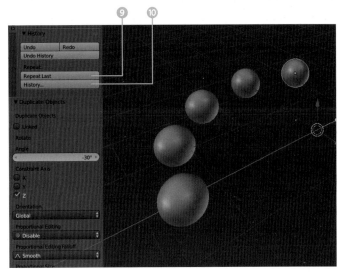

Tooltips und Manual

Eine 3D-Software zu erlernen bedeutet nicht, Befehle auswendig zu beherrschen. Wenn Ihnen der englische Begriff nicht weiterhilft, bleiben Sie mit dem Mauszeiger kurz über dem Befehl bzw. Werkzeug, um sich zunächst die TOOLTIPS ❶ und ❷ dazu anzusehen.

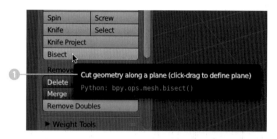

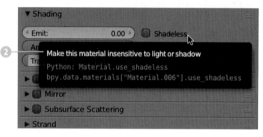

Nicht alle Tooltips sind in gleichem Maße aussagekräftig, die meisten davon helfen experimentierfreudigen Anwendern aber sicherlich weiter.

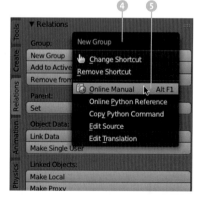

Bringt Sie auch diese schnelle Art der ersten Hilfe nicht voran, können Sie sich – eine Internetverbindung vorausgesetzt – direkt aus Blender zur vollständigen Online-Dokumentation auf *docs.blender.org* leiten lassen.

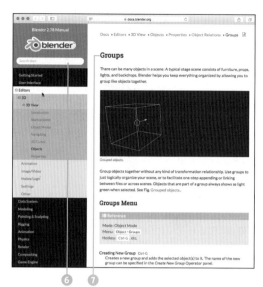

Die erste Anlaufstelle für das Online-Manual wird Ihnen schon beim Start von Blender im SPLASH SCREEN angeboten, einen weiteren Zugang bietet das Menü HELP ❸. Damit landen Sie dann auf der Einstiegsseite der umfangreichen Blender-Dokumentation, von wo Sie sich dann zum gewünschten Thema durchfinden müssen – hier empfiehlt sich ganz klar die Suchfunktion ❻.

Wesentlich zielgenauer arbeitet die kontextsensitive Hilfefunktion ❺, die Ihnen angeboten wird, sobald Sie mit der rechten Maustaste auf einen Befehls-Button klicken. Nun öffnet sich das Online-Manual direkt auf der Seite ❼, die Ihnen zum ausgewählten Thema ❹ die gewünschten weiterführenden Informationen gibt. Der vermutlich schnellste Weg führt über den Kurzbefehl [Alt]+[F1], sobald sich der Mauszeiger über dem betreffenden Befehl bzw. Werkzeug befindet.

Wie eingangs erwähnt, finden Sie in diesem Buch nicht alle Befehle von Blender im Einzelnen erklärt. Ein solches Buch existiert auch gar nicht, da es nicht nur viel zu umfangreich, sondern in kürzester Zeit hoffnungslos veraltet wäre. Das Online-Manual dagegen ist vollständig, immer auf dem neuesten Stand und natürlich kostenlos.

Blender einrichten

Ein Streifzug durch die User Preferences

Vielleicht hat Blender auf den vergangenen Seiten schon einige Sympathiepunkte bei Ihnen gesammelt. In diesem kurzen Workshop sehen wir uns die wichtigsten Voreinstellungen für unsere gemeinsame Arbeit in Blender an.

1 User Preferences

Zu den USER PREFERENCES ❶ von Blender gelangen Sie entweder über das Menü FILE oder noch schneller über den Kurzbefehl [Strg]/[Ctrl]+[,].

2 Interface

Auf der INTERFACE-Seite legen Sie unter anderem fest, wie groß die Elemente der Bedienoberfläche (Text und Buttons) erscheinen (SCALE-Wert) ❷, welche Informationen Sie im Viewport bzw. den Menüs angezeigt bekommen und wie Maus-Bewegung und Maus-Aktionen bei der Navigation im Viewport ❸ umgesetzt werden.

Hier können Sie außerdem die Größe des Manipulator-Widgets ändern und die Menüs ohne Mausklick öffnen lassen ❺. Für den Anfang sind diese Einstellungen gut gewählt, im weiteren Verlauf lohnt es sich, die CURSOR und AUTO DEPTH ❹ bei der Navigation einmal auszuprobieren.

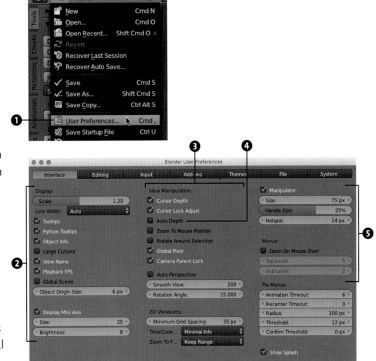

3 Editing

Diese Preferences-Seite bietet Vorgaben für die unterschiedlichen Bearbeitungs-Tools wie den GREASE PENCIL, die Keyframe-Animation oder die Duplikation von Objekten.

Interessant sind auf der EDITING-Seite in jedem Fall der automatische Sprung in den EDIT MODE ❻, die Anzahl der möglichen UNDO-SCHRITTE ❼ sowie die Option, die Transformation eines Objekts durch Loslassen der linken Maustaste zu bestätigen ❽. Das Objekt klebt dabei also nicht mehr am Mauszeiger.

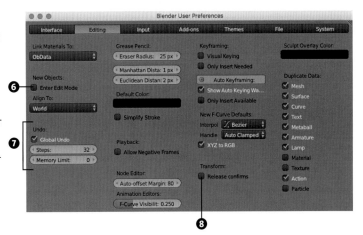

4 Input

Die INPUT-Seite beschäftigt sich mit der Art, wie Eingaben in Blender erfolgen, konkret also die Arbeit mit Maus und Tastatur.

Wer keine 3-Tasten-Maus besitzt oder auf seiner Tastatur keinen Nummernblock findet, sollte den dritten Mausbutton ❶ bzw. den Nummernblock ❸ emulieren. Für die mittlere Maustaste springt dann die ⌐Alt⌐-Taste ein, für den Nummernblock die normalen Zifferntasten. Um die Selektion von Elementen lieber per Linksklick zu erledigen, wechseln Sie auf die linke Seite ❷. Der Hauptbereich ❹ listet Ihnen alle in Blender verfügbaren Tastenkürzel auf, für uns bleibt hier alles unberührt.

5 Add-ons

Mit ADD-ONS erweitern Sie die Funktionalität von Blender über in der Programmiersprache Python entwickelte Zusatzmodule.

Blender bietet bereits mit der Standardinstallation zahlreiche interessante Add-ons, die Sie nach Herzenslust ausprobieren können, indem Sie es hinzuschalten. Klicken Sie sich einfach durch die Kategorien, meist finden sich wirklich praktische Helfer.

Sollten Sie sich ein interessantes Add-on auf den einschlägigen Blender-Webseiten besorgt haben, installieren Sie es ebenfalls hier ❺.

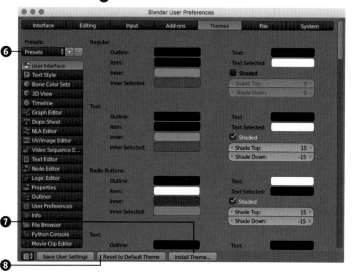

6 Themes

Auf der THEMES-Seite können Sie das Aussehen der Bedienoberfläche und allen enthaltenen Elementen Ihren Vorstellungen anpassen. Weil die Anzahl der unterschiedlichen Bedienelemente wirklich unüberschaubar ist, sollten Sie vielleicht zunächst in den PRESETS ❻ nachsehen, ob eines der Themen Ihren Geschmack trifft.

Auch hier haben Sie die Möglichkeit, ein THEME, welches Sie sich im Internet geladen haben, zu den Presets zu importieren ❼. Für dieses Buch benutze ich das Standard-Theme, zu dem Sie auch stets über den Button ❽ zurückkehren können.

7 File

Die FILE-Seite hält eine umfangreiche Liste an Pfadvorgaben parat, über die Sie Blender zu bestimmten Verzeichnissen lotsen können. Sollten Sie Ihre Schriften, Texturen, Sounds etc. in speziellen Ordnern organisiert oder einen Teil Ihrer Festplatte für temporären Speicherbedarf reserviert haben, geben Sie hier ❾ vor, wo Blender danach suchen soll.

Solange Sie Python-Skripte nur aus seriösen Quellen beziehen oder selbst programmieren, können Sie die automatische Ausführung von Skripten aktivieren ❿. Eine Sicherheitsnachfrage erfolgt dann nicht mehr.

In der rechten Spalte ⓫ finden Sie einige Voreinstellungen für das Speichern und Laden von Blender-Dateien. Unter AUTO SAVE ⓬ ist die Zeit hinterlegt, in deren Abstand Blender automatische Sicherungen für Sie erzeugt. Für Anpassungen besteht für uns kein zwingender Bedarf.

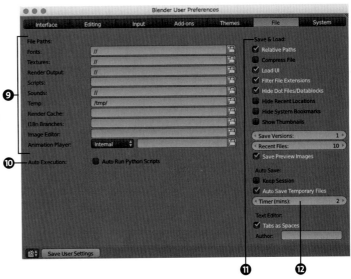

8 System

Die letzte Seite der Voreinstellungen kümmert sich um den Abgleich Ihres Systems mit den Möglichkeiten von Blender.

Die Render-Engine CYCLES kann beim Rendern auf die in den meisten Fällen schnellere GPU Ihres Computers zurückgreifen. Voraussetzung ist dabei momentan, dass die Grafikkarte von Nvidia stammt, somit CUDA unterstützt und an dieser Stelle ⓭ als Auswahlmöglichkeit GPU erscheint.

Für die Arbeit im SEQUENCER, beispielsweise bei TRACKING und VIDEO EDITING, empfiehlt es sich, bei Bedarf das MEMORY CACHE LIMIT ⓯ anzuheben, um möglichst flüssig arbeiten zu können. Nur der Vollständigkeit halber sei die Option INTERNATIONAL FONTS ⓰ erwähnt, hinter der sich die Umstellung der Bedienoberfläche in andere Sprachen verbirgt.

Egal, auf welcher der sieben Registerseiten – vergessen Sie nicht, die getätigten Änderungen vor dem Schließen abzuspeichern ⓮.

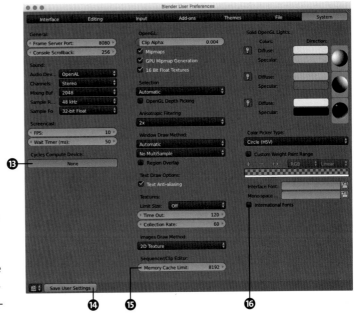

Kapitel 2
Modelling

Nachdem wir uns nun ausgiebig mit den Grundlagen beschäftigt haben, lassen Sie uns in das Modelling mit Blender einsteigen. Zunächst sehen wir uns dabei an, welche unterschiedlichen Objekte uns als Ausgangsmaterial für die späteren Modelle zur Verfügung stehen.

Anschließend nehmen wir uns die Werkzeuge vor, die wir für die kreative Arbeit am Modell verwenden. Eine Sonderrolle nimmt hier das Sculpting ein, da es nicht nur einen eigenen Arbeitsmodus, sondern einen kompletten Werkzeugkasten mit sich bringt.

Welche wichtigen Aufgaben die Modifier beim Modelling erfüllen und wie sie zum Einsatz kommen, erfahren Sie ebenso wie ein paar grundsätzliche Hinweise zum Umgang mit Einheiten. Danach gehen wir direkt in die Praxis über und beginnen mit unseren Workshop-Projekten.

Objektarten
Mesh-Primitives, Curves, Surfaces, Metaballs, Text und Empties 44

Modelling-Tools
Ein Blick in den Werkzeugkasten von Blender 52

Modifier
Nicht-destruktives Modelling und vieles mehr… 57

GRUNDLAGENEXKURS: Einheiten
Von Anfang an im richtigen Maßstab arbeiten 61

Technisches Modelling
Modelling einer Dampflokomotive 62

   Modellieren des Kessels... 64
   Modellieren der Dome und des Schlots 74
   Modellieren des Führerhauses 83
   Modellieren des Antriebs... 89
   Modellieren der Scheinwerfer.. 103
   Modellieren des Fahrwerks 105
   Modellieren der Bremsen 110
   Modellieren von Versorgungsleisten 113
   Modellieren von Leitungen.. 114
   Modellieren einer Lok-Nummer... 117
   Anbringen von Schrauben 119

Organisches Modelling
Modelling der Elemente einer Unterwasser-Szene 122

   Modellieren eines Felsens... 124
   Modellieren eines Meeresschwamms.. 128
   Modellieren einer Amphore... 134

Character-Modelling
Modelling eines Comic-Oktopus-Characters 140

   Erstellen des Rohmodells.. 142
   Ausarbeiten der Augenpartie 150
   Ausarbeiten der Arme... 153
   Ausarbeiten der Trichter 155
   Erstellen der Augenlider 157
   Detailarbeiten per Sculpting 159

Objektarten

Mesh-Primitives, Curves, Surfaces, Metaballs, Text und Empties

Alle oben genannten Objektarten lassen sich als Ausgangsbasis für das Modellieren beliebiger Objekte verwenden. Wir finden sie im Menü ADD des 3D-VIEW-EDITORS bzw. über den Kurzbefehl ⌂ + A ❶. Zunächst sehen wir uns die verschiedenen Objekte und deren Besonderheiten an und klären dann, wie uns ein leeres Objekt die Arbeit erleichtern kann.

Mesh-Primitives

Das Menü der Mesh-Primitives ❷ bietet einen Baukasten einfachster Grundkörper, die sich aus Vertices (Punkten), Edges (Kanten) und Faces (Flächen) zusammensetzen.

Diese Mesh- oder auch Polygon-Objekte besitzen eine bestimmte Anzahl an Polygon-Flächen und zeigen daher bei gekrümmten Oberflächen wie der UV Sphere ein sehr abgestuftes Erscheinungsbild ❻. Um diese unschöne Oberflächenstruktur zu beseitigen, könnte man die Auflösung durch weitere Unterteilungen erhöhen. Wir werden diese Tech-

nik später noch genauer kennenlernen. Eine andere Möglichkeit besteht in der Anpassung des Shadings, also der Schattierung der einzelnen Polygon-Flächen. Dabei entsteht die glatte Objektoberfläche mit weichen Übergängen an den Kanten durch Interpolation. Sie schalten dieses SMOOTH SHADING ❸ im OBJECT MODE über den TOOLS-Tab des TOOL SHELFS ein. Der Unterschied ist deutlich erkennbar ❺. Um wieder auf das ungeglättete FLAT SHADING umzustellen, klicken Sie auf den rechten Button FLAT ❹.

Die Polygone der Mesh-Primitive-Kugel bzw. UV Sphere waren beim FLAT SHADING bereits gut auszumachen. Für die Bearbeitung dieser Elemente des Mesh-Grundkörpers benötigen Sie stets den EDIT MODE. Zur Erinnerung: Über die ⇆-Taste können Sie stets zwischen OBJECT MODE und EDIT MODE hin- und her wechseln. Nun ist auch das Mesh ❼, die Drahtgitterstruktur des Objekts, sichtbar und editierbar.

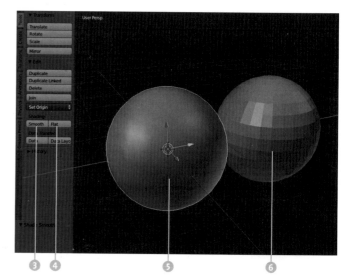

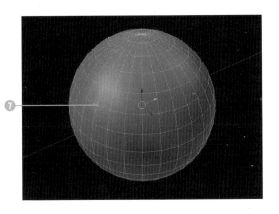

Vertices, Edges und Faces | Ein Polygon setzt sich aus seinen Punkten ❽, den zugehörigen Kanten ❾ und der von ihnen eingeschlossenen Fläche ❿ zusammen, von jetzt an in diesem Buch gemäß dem üblichen Blender-Sprachgebrauch als *Vertices*, *Edges* und *Faces* bezeichnet.

Ein Polygon besitzt immer mindestens drei, besser jedoch vier Vertices. Vierecke sind besser im Modelling zu handhaben und sparsamer im Speicherbedarf. Blender kann auch Polygone mit mehr als vier Vertices, sogenannte N-Gons, verarbeiten. N-Gons kommen eher beim konstruktiven Modelling zum Einsatz, bei organischem Modelling von Characters, die zudem noch während der Animation deformiert werden, verursachen sie Probleme.

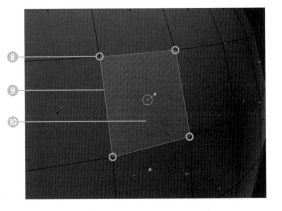

Die Bearbeitung der Vertices, Edges und Faces ist natürlich mit den uns bestens bekannten Standard-Werkzeugen TRANSLATE (Taste [G]),

ROTATE (Taste [R]) und SCALE (Taste [S]) möglich. Vorher müssen die zu transformierenden Elemente noch im entsprechenden Auswahlmodus VERTEX SELECT ⓬, EDGE SELECT ⓭ bzw. FACE SELECT ⓮ selektiert werden. Je nach Bedarf können Sie wahlweise Vertices, Edges oder Faces, aber auch zwei oder alle drei der Mesh-Elemente in die Auswahl nehmen. Halten Sie dazu die [⇧]-Taste gedrückt, während Sie auf einen weiteren SELECT MODE-Button klicken.

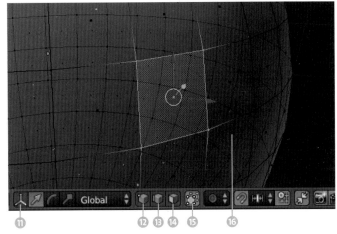

Rechts neben den SELECT MODES finden Sie den Button LIMIT SELECTION TO VISIBLE ⓯. Mit ihm schalten Sie nicht nur die Darstellung des eigentlich verdeckt liegenden Mesh-Gitters an ⓰ bzw. ab, Sie haben außerdem direkten Zugriff auf diese Komponenten, ohne dabei im Viewport dorthin navigieren zu müssen.

Da diese zusätzlichen Mesh-Linien die Ansicht während der Arbeit schnell überfrachten, sollten Sie diese Option nur bei Bedarf verwenden. Apropos Übersichtlichkeit: Sollte Ihnen das Manipulator-Widget beim Selektieren oder Transformieren der Mesh-Elemente im Weg sein, schalten Sie es doch zwischenzeitlich einfach ab ⓫.

Polygon-Normale | Polygone besitzen eine Oberseite, die im Normalfall an der Außenseite eines Mesh-Objekts liegt. Senkrecht dazu steht die Polygon-Normale bzw. FACE NORMAL. Sie können sich die NORMALS zu einem Mesh-Objekt über das Panel MESH DISPLAY ❶ des PROPERTIES SHELFS anzeigen lassen.

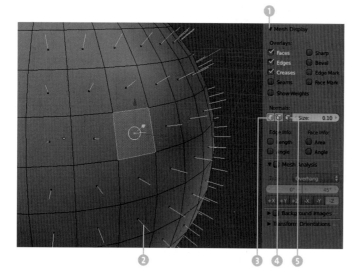

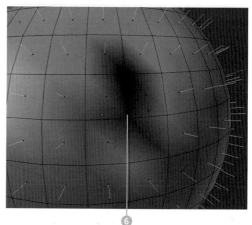

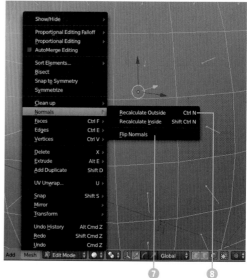

Neben einigen zuschaltbaren Zusatzinformationen für die Komponenten finden Sie hier die Optionen zur Einblendung der Normals von Vertices ❸, Edges ❹ und Faces ❺ mittels türkiser Linien ❷ im Viewport.

Für das korrekte Shading bzw. Rendering unserer Objekte ist es unabdingbar, dass diese Oberseite auch wirklich nach außen zeigt. Bei der intensiven Arbeit mit Vertices und Edges oder auch durch Anwendung bestimmter Werkzeuge kann es vorkommen, dass die FACE NORMAL versehentlich nach innen klappt und sich durch Shading-Fehler ❻ bemerkbar macht.

Ganz vermeiden lässt sich dieses Problem nicht, es ist allerdings auch relativ schnell behoben: entweder bei einer bestehenden Face-Selektion über den Befehl FLIP NORMALS ❼ aus dem Menü MESH des 3D-VIEW-EDITORS oder flächendeckend über das gesamte Mesh-Objekt durch eine Neuberechnung der Außenseiten über den Befehl RECALCULATE OUTSIDE ❽, für den Sie den Kurzbefehl Strg/Ctrl+N verwenden.

Meshes erzeugen und löschen | Die verschiedenen Mesh-Primitives bieten eine gute Ausgangsbasis für das Modelling. Dabei kann ein Mesh-Objekt auch mehrere Mesh-Datenblöcke verwalten. Sie schaffen zusätzliche Mesh-Primitives, indem Sie einfach im EDIT MODE über den Befehl ADD (⇧+A) neue Meshes erzeugen.

Wenn sich kein Mesh-Objekt als Grundmodell anbietet, ist es ebenso möglich, mit einem leeren Mesh-Objekt zu beginnen und das Mesh-Gitter von Grund auf selbst aufzubauen. In diesem Fall löschen Sie zunächst den Mesh-Datenblock eines beliebigen Mesh-

Primitives im EDIT MODE, indem Sie alles selektieren, anschließend die Taste ⊠ drücken und alle Vertices löschen. Um die Arbeit am neuen Mesh zu beginnen, wählen Sie noch den gewünschten SELECT MODE VERTICE, EDGE oder FACE. Jetzt können Sie durch Linksklicks mit gedrückt gehaltener Strg/Ctrl-Taste zusammenhängende Vertices ⑩, Edges ⑨ und auch Faces ⑪ erzeugen bzw. extrudieren.

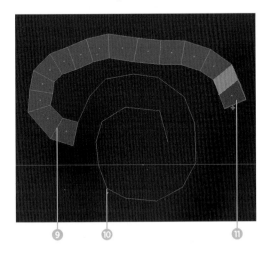

Anders als beim Löschen von Objekten haben Sie im EDIT MODE beim Aufruf des Befehls DELETE (Taste ⊠) die Wahl ⑫, welche Komponenten der Polygon-Selektion Sie löschen oder lediglich auflösen (DISSOLVE) möchten. Auf diese Weise lässt sich das Mesh gezielt umarbeiten und optimieren.

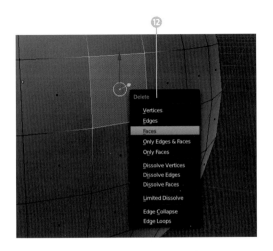

Mesh-Daten | Mesh-Objekte beinhalten nicht nur die Daten des Mesh-Gitters, sie beherbergen in ihren Mesh-Daten noch eine ganze Reihe weiterer wichtiger Objekt-Informationen, die nicht nur für das Modelling, sondern auch für das Texturing und die Animation von großer Bedeutung sind. Sehen wir uns die wichtigsten Einträge im Tab OBJECT DATA ⑬ des PROPERTIES-EDITORS an.

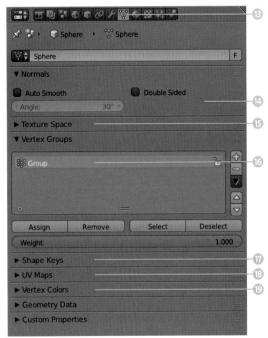

Im Panel NORMALS ⑭ befinden sich weitere Optionen zur Glättung und Darstellung im Viewport, während im Panel TEXTURE SPACE ⑮ Informationen über den generierten Textur-Raum hinterlegt sind.

Ähnlich wie Objekte lassen sich auch Vertices, Edges und Faces über den Befehl Strg/Ctrl+G zu Gruppen zusammenfassen und speichern. Im Panel VERTEX GROUPS ⑯ können Sie jederzeit auf diese Gruppen zugreifen.

Im Panel SHAPE KEYS ⑰ erzeugen und verwalten Sie transformierte Meshes für die Animation. Mehr dazu später in diesem Buch. Wie Sie die im Panel UV MAPS ⑱ gespeicherten Textur-Koordinaten zur Texturierung eines

Objekts verwenden, lernen Sie im nächsten Kapitel, »Texturing«, kennen. VERTEX PAINTING ist eine simple Art, Farben auf Objekte aufzutragen. Im Panel VERTEX COLOR ⑲ sind diese punktbasierten Farbinformationen hinterlegt.

Curves und Surfaces

Im Gegensatz zu den Mesh-Objekten basieren Curve- und Surface-Objekte nicht auf Polygonen, sondern auf durch mathematische Funktionen beschriebenen Pfaden, den Splines. Die Vorteile dieser Objekte sind der niedrigere Speicherbedarf und die problemlose Skalierbarkeit durch die beliebig hohe Auflösung.

Curves | Die verschiedenen Curve-Objekte stellen Ihnen Pfadarten mit unterschiedlichen Kontrollpunkten zur Verfügung. Wir finden sie im Menü ADD ① des 3D-VIEW-EDITORS bzw. über den Kurzbefehl ⇧+A.

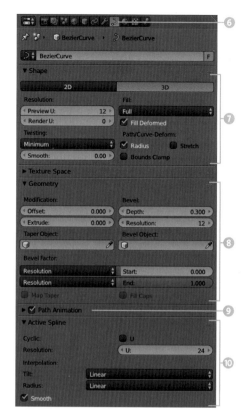

Die erzeugten Kurven ④ lassen sich anschließend über die Kontrollpunkte ③ und Anfasser ② in die gewünschte Form bringen. Wie bei den Mesh-Objekten ist es auch bei den Curves möglich, nach Löschen der Originalkurve per Linksklick mit gedrückt gehaltener Strg/Ctrl-Taste einen neuen Pfad zu zeichnen, das Löschen eines Kontrollpunkts erfolgt wie gewohnt über die Taste X. Um für die Kontrollpunkte andere Anfassertypen zu erhalten ⑤, drücken Sie die Taste V.

Im OBJECT DATA-Tab ⑥ der Curve im PROPERTIES-EDITOR offenbart sich eine Vielzahl an Möglichkeiten, den Pfad in ein dreidimensionales Objekt ⑪ zu wandeln.

Neben der Auflösung des Pfads und seiner Umhüllung ⑦ finden Sie hier Optionen zum Umfang und der Form des Profils ⑧. Einstellungen zur Verwendung der Curve als Animationspfad ⑨ sowie zur exakten Definition der

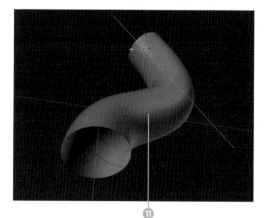

Spline-Interpolation ⑩ lassen erkennen, wie vielseitig die Curves in Blender genutzt werden können.

Surfaces | Einen Vorgeschmack auf Nurbs (Non-Uniform Rational B-Splines)-Kurven haben Sie schon bei den Curve-Objekten bekommen. Die SURFACES im gleichnamigen Menü ⑫ stellen Ihnen einige auf diese Methode erzeugte Grundformen zur Verfügung.

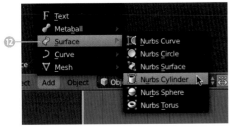

Leider sind die Nurbs-Fähigkeiten von Blender im besten Fall als rudimentär zu bezeichnen, doch als rohe Modelling-Basis können die Surfaces in manchem Fall dennoch interessant sein.

Nachdem Sie eines der Nurbs-Objekte erzeugt haben, finden Sie in den zugehörigen OBJECT DATA-Einstellungen ⑬ im PROPERTIES-EDITOR nur einige wenige Parameter zur Definition der Auflösung(en) und der Kurvenarten. Alle weiteren Modellierschritte finden im Viewport mit den zum Objekt gehörenden Kontrollpunkten ⑭ und Anfassern statt.

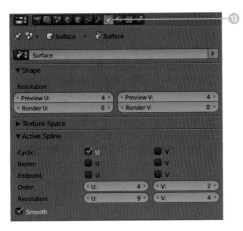

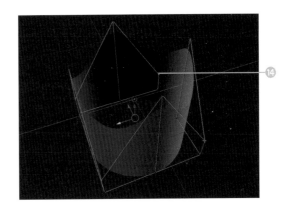

Sie werden sehr schnell feststellen, dass die Modelliermöglichkeiten an den Nurbs-Objekten stark eingeschränkt sind.

Konvertierung zu Mesh-Objekten | Sobald Ihnen das Curve- oder Surface-Objekt in einem brauchbaren Ausgangszustand für die Weiterbearbeitung als Polygon- bzw. Mesh-Objekt vorliegt, wandeln Sie es über den Befehl CONVERT TO ⑮ (Kurzbefehl Alt+C) in ein Mesh-Objekt ⑯ um. Über den gleichen Befehl ist auch die Konvertierung eines Meshs zu einer Curve möglich.

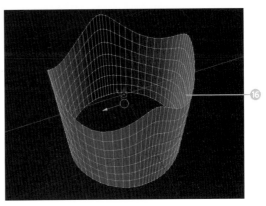

Metaballs

Alle Metaball-Objekte ❶, die Sie im Menü ADD (Kurzbefehl ⇧+A) finden, ziehen eine Hülle über sich und alle in Reichweite liegenden anderen Metaball-Objekte.

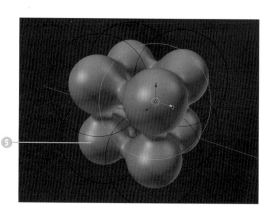

Auf diese Weise können Sie durch geschickte Platzierung von Metaballs der Typen BALL, CAPSULE, PLANE, ELLIPSOID und CUBE sehr weiche organische Formen schaffen. Komplexere Modelle sind entsprechend schwer zu kontrollieren, weshalb Metaballs eher für animierte Effekte zum Einsatz kommen.

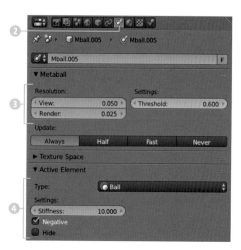

Über das OBJECT DATA-Tab ❷ im PROPERTIES-EDITOR lassen sich die Einstellungen der einzelnen Metaballs vornehmen. Die Qualität bzw. Auflösung der Objekt-Oberfläche steuern Sie über die RESOLUTION ❸, während Sie über den THRESHOLD den Schwellwert für die Verbindung zwischen den Metaballs regeln. Bei aktivem EDIT MODE finden Sie weitere Optionen ❹ für die Metaball-Eigenschaften.

So können Sie negative Metaball-Objekte zum Verdrängen der Hüllform verwenden. Mit diesen relativ überschaubaren Optionen konzentriert sich die Ausarbeitung von Metaball-Modellen ❺ auf den 3D-VIEW-EDITOR.

Text

Text-Objekte sind natürlich zur Erzeugung von dreidimensionalen Schriftzügen prädestiniert. Nachdem Sie das Objekt über das Menü ADD bzw. den Kurzbefehl ⇧+A erstellt haben, wechseln Sie in den EDIT MODE, um den gewünschten Text einzutippen.

Wie Sie an den Einstellungen im OBJECT DATA-Tab ❻ des PROPERTIES-EDITORS erkennen, ähnelt das Text-Objekt einer CURVE, wir finden wohlbekannte Parameter für die Auflösung ❼ und die dreidimensionale Extrusion und Formgestaltung. In den weiteren Panels befinden sich viele Optionen zur Einstellung der Schrift ❽, Absätze ❾ und Textrahmen ❿.

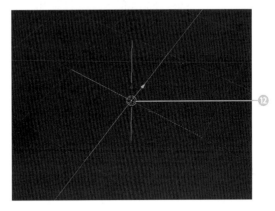

Um ein Empty als hierarchisches Überobjekt für eine Reihe anderer Objekte zu bestimmen, benötigen wir Parenting. Dazu selektieren Sie zuerst alle Child-Objekte, danach das Empty als Parent. Über den Kurzbefehl Strg/Ctrl+P gliedern Sie die Child-Objekte unter das Empty und können fortan durch Transformieren des Empty-Objekts ⑬ die Parent-Child-Gruppe gemeinsam transformieren.

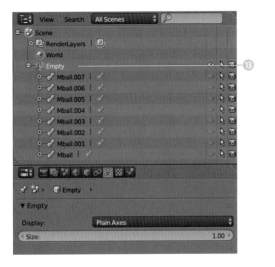

Empty

Empties besitzen außer einem Objekt-Ursprung keinerlei Geometrie. Doch es ist gerade dieser Bezugspunkt ⑫, der das Empty zur Gliederung und Anbindung von Objekten zu einem gemeinsam animierbaren Modell so unverzichtbar macht. Und dies ist nur einer der Einsatzbereiche des Empty-Objekts, für das Sie im Menü Add bzw. über den Kurzbefehl ⇧+A zwischen acht verschiedenen Darstellungstypen ⑪ wählen können.

Modelling-Tools

Ein Blick in den Werkzeugkasten von Blender

Blender besitzt eine wirklich umfangreiche Ausstattung an Modelling-Werkzeugen. Ich möchte Sie an dieser Stelle nicht mit seitenweisen Abhandlungen zu den einzelnen Werkzeugen konfrontieren, sondern einen Überblick geben, wo Blender diese Tools und Funktionen für Sie bereithält. In den Workshops am Ende dieses Kapitels lernen Sie die wichtigsten Werkzeuge in der Praxis kennen.

Vorbereitungen

Um das Mesh eines Objekts zu bearbeiten, wechseln Sie vom OBJECT MODE in den EDIT MODE ❷ (Taste ⇥) oder, wenn Sie die Sculpting-Werkzeuge benötigen, in den SCULPTING MODE ❶.

Zusätzlich bestimmen Sie über die drei SELECT MODE-Buttons ❸, welche Komponenten des Meshs (Vertices, Edges und/oder Faces) Sie selektieren und editieren möchten.

Selektion

Die wichtigsten Befehle zur Selektion von Mesh-Komponenten kennen Sie bereits: die Taste Ⓐ, um das komplette Mesh aus- bzw. abzuwählen ❹, CIRCLE SELECT ❺ (Taste Ⓑ), um die Selektion mit dem Mauszeiger aufzumalen, sowie BORDER SELECT ❻ (Taste Ⓑ), um einen Auswahlrahmen aufzuziehen.

Neben diesen Standard-Selektionswerkzeugen finden Sie eine ganze Reihe weiterer Auswahl-Tools im Menü SELECT des 3D-VIEW-EDITORS. Sie werden dieses Menü allerdings eher für die exotischeren Selektionswerkzeuge aufsuchen, da Sie mit den Tastaturkürzeln viel schneller arbeiten.

Werkzeuge

Sollte Ihr Blick schon auf die rechte Seite gewandert sein, so darf ich Sie beruhigen: Dies ist nur ein Überblick über die vielen Werkzeuge, die Ihnen beim Modelling zur Verfügung stehen. In der Praxis finden Sie schnell Ihre Favoriten, die zu Ihren Brot-und-Butter-Tools werden, andere Werkzeuge hingegen dürften in den Menüs mit der Zeit Staub ansetzen. Es ist wichtig, dass Sie Ihren eigenen Workflow finden, und dazu sollen Sie wissen, wo für Sie welche Werkzeuge bereitstehen.

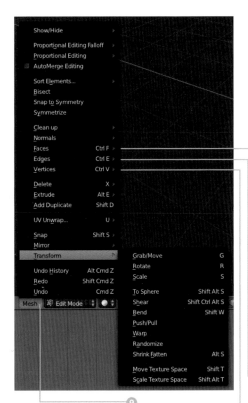

Die ersten Modelling-Werkzeuge, die Ihnen in Blender begegnen, sind die im TOOL SHELF hinterlegten Panels TRANSFORM ❼ und MESH TOOLS ❽. Hier finden sich unter anderem die allgemein gültigen Werkzeuge TRANSLATE ⌨G, ROTATE ⌨R und SCALE ⌨S.

Das Panel MESH TOOLS teilt sich in Werkzeuge zur Deformation vorhandener Geometrie (DEFORM), zur Schaffung zusätzlicher Geometrie (ADD) sowie zur gezielten Entfernung und Verschmelzung von Geometrie (REMOVE) auf.

Diese und zahlreiche weitere Modelling-Werkzeuge sind im Menü MESH ❾ des 3D-VIEW-EDITORS zusammengestellt. Was Sie im TOOL SHELF vermissen und als Tastenkürzel (gerade oder noch) nicht geläufig ist, haben Sie in diesem Menü und seinen Untermenüs komplett versammelt. Lassen Sie sich von der schieren Menge nicht einschüchtern, Sie haben hier eine volle Werkzeugkiste, mit der Sie für alle Modelling-Aufgaben gerüstet sind.

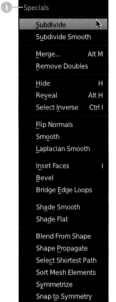

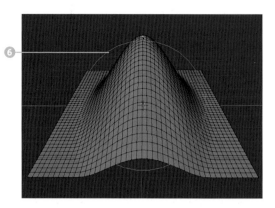

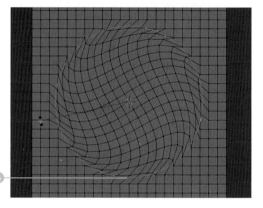

Keinesfalls vergessen möchte ich das Menü SPECIALS ❶, das Ihnen über die Taste W kontextsensitiv zur jeweiligen Arbeitssituation stets passende Werkzeuge bereitstellt.

Proportional Editing

Mit PROPORTIONAL EDITING können Sie die Anwendung einer Transformation auf einen bestimmten Einflussbereich ausweiten bzw. verfeinern. Sie aktivieren PROPORTIONAL EDITING über das zugehörige Menü im 3D-VIEW-EDITOR ❹ oder über die Taste O. Eine Transformation wirkt sich fortan nicht mehr nur auf die selektierten Vertices, sondern auf alle im Wirkungsradius ❻ liegenden Bereiche des Meshs aus. Um die Größe des Wirkungsradius

zu ändern, verwenden Sie die Mausrad-Taste. Wie sich die Wirkung des Einflussbereichs vom Ausgangspunkt bis zu den Rändern verhält, bestimmen Sie über die verschiedenen Falloff-Typen im eigenen FALLOFF-Menü ❺.

PROPORTIONAL EDITING wirkt in der Standardeinstellung kugelförmig auf alle im Einflussbereich liegenden Vertices, während die Einstellung PROJECTED (2D) ❸, die Sie über den Kurzbefehl Alt+O aktivieren, statt einer Kugel einen Zylinder verwendet. Über die Option CONNECTED ❷ beschränken Sie die Wirkung auf die miteinander verbundenen Vertices.

Transform Snapping

Snapping soll Ihnen die Arbeit erleichtern, indem der Bezugspunkt der Transformation auf ein definierbares Raster oder Zielelement einrastet. Sie aktivieren Snapping über das Magnet-Symbol ❼ im 3D-VIEW-EDITOR.

anzupassen ⑫, bei FACES die Selektion als individuelle Elemente ⑬ sowie bei VOLUME die Selektion im Ganzen zu betrachten ⑭.

Sculpting

Sculpting bietet eine Modelliertechnik, die an den Umgang mit Ton oder an die Bildhauerei erinnert. Nach einem Wechsel in den SCULPT MODE ⑲ stehen dafür zahlreiche Werkzeuge und Funktionen in der Menüzeile ⑳ des 3D-VIEW-EDITORS bzw. im TOOL SHELF ㉑ bereit.

Die simpelste Art des Snappings ist das Einrasten auf das sichtbare GRID ⑨ im Viewport. Weitere Snapping-Ziele finden Sie im Menü SNAP ELEMENT ⑧. Hier können Sie zwischen inkrementellem, also schrittweisem Snapping, dem Snapping auf Vertices ⑮, Edges ⑯ bzw. Faces ⑰ oder dem Snapping innerhalb eines Objekt-Volumens ⑱ wählen.

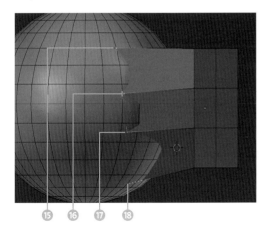

Dort finden Sie Panels zur genauen Definition des Pinsel-Werkzeugs für den Material-Auf- bzw. -Abtrag. Die Spitze des Sculpting-Pinsels lässt sich über eine Textur, Strichtypen und Formkurven ㉒ individualisieren. Zur dynamischen Erhöhung der Mesh-Auflösung an den benötigten Stellen dient die DYNTOPO-Funktion ㉓. Symmetrisches Arbeiten ㉔ und

Sobald Sie eines der Mesh-Elemente bzw. das Volumen als Snap Element gewählt haben, lässt sich daneben im Menü SNAP TARGET ⑩ der Bezugspunkt für das Einrasten wählen. ACTIVE nimmt die aktive, als Letztes selektierte Komponente, MEDIAN bzw. CENTER den Median bzw. das Zentrum der Selektion und CLOSEST den Vertex, der dem Snapping-Ziel am nächsten liegt, als Bezugspunkt.

Als wären diese Optionen noch nicht genug, bekommen Sie je nach gewähltem SNAP TARGET noch die Möglichkeit, auf das eigene Mesh einzurasten ⑪, die Rotation an das Ziel

geziettes Einschränken der Arbeit auf eine Achsrichtung ist speziell beim Modelling von Characters unverzichtbar.

Per Klick auf die Pinsel-Vorschau im BRUSH-Panel des TOOL SHELFS öffnen Sie eine Palette mit insgesamt 18 Pinselarten ❶, die Blender für Sie bereithält.

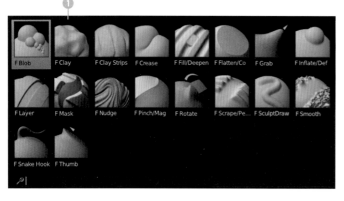

Egal, ob Sie Material auftragen, eindrücken, einkerben, abflachen, herausziehen, herausdrehen oder eine Maske erzeugen möchten – in dieser Palette sollte sich für jede Aufgabe ein Pinsel finden.

Nach der Auswahl des gewünschten Pinsels kann das Sculpting am Modell im Prinzip auch schon beginnen. Die Qualität der geformten Oberfläche ❷ ist dabei allerdings von der Auflösung des Mesh-Objekts ❸ abhängig.

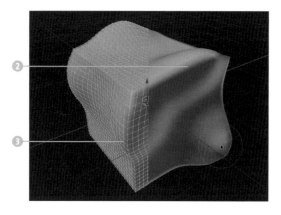

Für die grobe Formgebung an Mesh-Objekten sind die Sculpting-Werkzeuge zwar geeignet, wirklich feine Strukturen und Details benöti-

gen allerdings ein wesentlich höher aufgelöstes Polygon-Gitter. Um diese hohe Auflösung zu erreichen, müsste das Mesh-Objekt extrem hoch unterteilt werden, was sich nicht nur negativ auf die Rechnerperformance, sondern auch auf die Flexibilität der Arbeit auswirkt.

Blender hält für dieses Dilemma zwei Auswege bereit. Wie bereits kurz angesprochen, können Sie die Mesh-Unterteilung über die DynTopo-Funktion gezielt an den benötigten Stellen erhöhen. Der Nachteil dieser Methode ist ein sehr inhomogenes Mesh mit vielen Dreiecken, das sich anschließend lediglich als Modelliervorlage für das eigentliche Polygon-Modelling eignet. Ein absolut gangbarer Weg.

Eine elegantere Lösung bietet sich mit dem MULTIRESOLUTION-Modifier. Mit ihm unterteilen Sie das gesamte Mesh-Objekt virtuell und bearbeiten es in der für die jeweilige Aufgabe benötigten Detailstufe. Erst am Ende der Sculpting-Arbeit entscheiden Sie, ob Sie das virtuelle Mesh direkt auf das Objekt anwenden oder beispielsweise über eine Displacement-Textur realisieren möchten. Mehr zu diesen Themen erfahren Sie in Kürze.

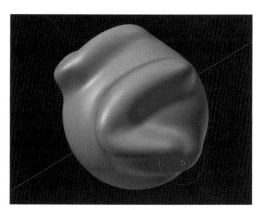

Bestückt mit diesem Modifier, können Sie sich kreativ und unbeschwert am niedrig aufgelösten Ausgangsmodell austoben. Die Größe des Pinsels ändern Sie über die Taste `F`, die Stärke über die Tasten `⇧`+`F`, die Rotation einer Textur-Werkzeugspitze über die Tasten `Strg`/`Ctrl`+`F`.

Modifier

Nicht-destruktives Modelling und vieles mehr…

Modifier sind eine ganz spezielle Gruppe von Werkzeugen, die Ihnen an jeder Stelle des 3D-Workflows in Blender begegnen können. In diesem Modelling-Kapitel gilt unser Hauptaugenmerk den GENERATE- und DEFORM-Modifiern. Modifier arbeiten nicht-destruktiv, das Objekt, das den bzw. die Modifier trägt, bleibt also unangetastet.

Um einem Objekt einen Modifier zuzuweisen, holen Sie den MODIFIER-Tab ⑤ im PROPERTIES-EDITOR hervor und klicken auf den Button ADD MODIFIER ④. Nun gilt es nur noch, den richtigen Modifier aus der großen Liste zu fischen.

Immerhin sind die Modifier in vier Gruppen unterteilt. Ganz links die auf Objekt-Attribute wie UV- und Weight-Maps spezialisierten Modifier, ganz rechts die eher zur Animation

bzw. Simulation gehörenden Modifier, auf die wir im späteren Verlauf des Buchs noch ausführlicher eingehen. Für das Modelling bieten dagegen die GENERATE- ⑥ und DEFORM-Modifier ⑦ wichtige und zum Teil unentbehrliche Funktionen.

In diesem Abschnitt sehen wir uns anhand einiger Beispiele an, wie Modifier beim Modelling funktionieren, im späteren Workshop-Projekt kommen diese Modelling-Helfer dann in der Praxis zum Einsatz.

Funktionen der Modifier

Je nach Aufgabengebiet unterscheiden sich die Modifier in ihrem Einstellungsfenster natürlich beträchtlich. Im Kopf des MODIFIER-Panels finden wir aber einige Funktionen, die für alle Modifier gelten.

Oberhalb der Kopfzeile finden wir stets den Button ADD MODIFIER ❸, mit dem wir unserem Objekt einen weiteren Modifier zuweisen können.

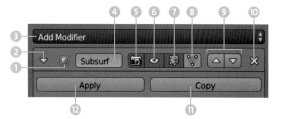

Über das kleine Dreieck ❷ klappen Sie den Inhalt des Modifiers aus bzw. ein. Da Ihnen stets der Name ❹ bzw. ein Modifier-Symbol ❶ in der Kopfzeile bleibt, verlieren Sie trotzdem nicht den Überblick. Mit vier Buttons steuern Sie die Wirkung bzw. Sichtbarkeit des Modifiers beim Rendern ❺, im Viewport ❻, im EDIT MODE ❼ sowie den deformierten Zustand eines Meshs im EDIT MODE ❽.

Da Sie für ein Objekt mehrere Modifier zu einem sogenannten *Modifier Stack* schichten können, bieten Ihnen die Pfeilbuttons die Möglichkeit, die Reihenfolge der Modifier ❾ entsprechend anzupassen. Um einen Modifier zu löschen, reicht ein Klick auf den X-Button ❿. Um ihn zu entfernen, dabei aber auf das Mesh anzuwenden, verwenden Sie den Button APPLY ⓬. Eine identische Kopie des Modifiers fügen Sie über den Button COPY ⓫ ein. Je nach Funktion besitzt jeder Modifier im

weiteren Teil des Einstellungspanels zahlreiche Parameter, mit denen Sie die Wirkungsweise des Modifiers exakt steuern und sogar animieren können.

Der beim Sculpting kurz angesprochene MULTIRESOLUTION-Modifier ⓭ beispielsweise dient nicht nur zur Unterteilung des Meshs, er ist auch gleichzeitig die Schaltzentrale für den gezielten Wechsel in die gewünschte Stufe während des Sculptings.

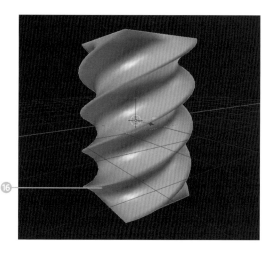

Ein klassisches Anwendungsbeispiel für einen Modifier ist SIMPLE DEFORM ⓮. Mit ihm drehen ⓰, biegen, schrägen oder dehnen Sie ein Objekt bzw. eine darin enthaltene VERTEX GROUP ⓯. Eine großzügige Unterteilung des Mesh-Objekts ist Voraussetzung, um ein für die Deformation ausreichend hoch aufgelöstes Mesh zu erhalten.

Modifier Stack

Sie können Objekten beliebig viele Modifier zuweisen. Im MODIFIER-Tab des PROPERTIES-EDITORS entsteht dann ein Stapel, der sogenannte *Modifier Stack* , den Blender grundsätzlich von oben nach unten auswertet bzw. abarbeitet.

Die Reihenfolge, respektive die Abarbeitung der Modifier kann eine große Rolle für das Endresultat spielen, Sie können diese deshalb jederzeit nach Bedarf ändern und umorganisieren.

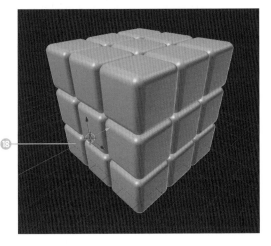

Das gezeigte MODIFIER STACK aus einem BEVEL- und drei ARRAY-Modifiern lässt aus dem Ausgangsobjekt, einem einfachen Cube , den Aufbau aus insgesamt 27 Cubes entstehen. Im ersten Schritt sorgt der BEVEL-Modifier für abgerundete Ecken und Kanten. Im zweiten Schritt dupliziert der ARRAY-Modifier den Cube auf drei Exemplare in X-Richtung.

Zwei weitere ARRAY-Modifier duplizieren dieses Ergebnis in die Y- bzw. Z-Richtung. In diesem Beispiel spielt die Reihenfolge der Modifier für das Endergebnis keine Rolle.

Modifier-Einsatzgebiete

Bei den vorangegangenen Beispielen war die Aufgabe jedes Modifiers klar definiert: zur Unterteilung, zur Deformation, zur gezielten Kantenrundung oder auch zur Duplikation des Träger-Objekts.

Sie können ein und denselben Modifier aber auch für unterschiedliche Aufgaben einsetzen, in diesem Fall ist die Reihenfolge im Modifier Stack von entscheidender Bedeutung. Wir sehen uns dazu den SUBDIVISION SURFACE-Modifier 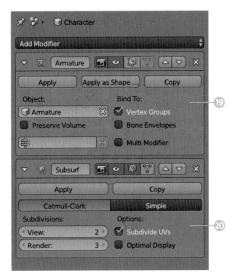, oft auch SUBSURF-Modifier genannt, etwas genauer an. Dieser Modifier ist für das organische Polygon-Modelling prädestiniert, da er das grob aufgelöste Mesh durch einen speziellen Unterteilungsalgorithmus glättet und dadurch weiche, hoch aufgelöste Oberflächen schafft.

Diese Eigenschaft macht man sich bei Character-Modelling und -Animation zunutze, um das durch Bones bzw. den ARMATURE-Modifier deformierte Mesh nachträglich zu glätten, dementsprechend liegt der SUBSURF-Modifier im Stack an unterster Stelle.

Sehen wir uns die Arbeit des SUBSURF-Modifiers noch etwas genauer an, indem wir ihn auf einen einfachen Würfel anwenden.

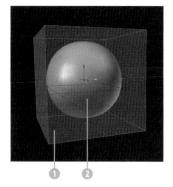 

Eine Unterteilungsstufe (SUBDIVISION) von 3 reicht, um aus dem eigentlich vorliegenden Cube aus lediglich 6 Faces ❶ eine glatte Kugel ❷ zu runden. Damit Sie das gerundete Ergebnis auch im EDIT MODE bei der Weiterbearbeitung zu Gesicht bekommen, aktivieren Sie die entsprechende Option ❹ im Modifier. Gewöhnungsbedürftig ist die Arbeit mit deformierten Mesh-Komponenten ❺, auch wenn der Viewport ❸ aufgeräumter wirkt.

Zurück zu den Einsatzmöglichkeiten des SUBSURF-Modifiers. Da sich mit ihm Objekte nicht-destruktiv unterteilen lassen, liegt es natürlich nahe, ein niedrig aufgelöstes Objekt mit einem SUBSURF-Modifier für einen nachgelagerten deformierenden Modifier vorzubereiten. In diesem Fall kann also die Unterteilung bzw. Polygonanzahl des Ausgangsobjekts im Prinzip entfallen, stattdessen bekommt der SUBSURF-Modifier eine entsprechend hohe Unterteilung ❻ zugewiesen.

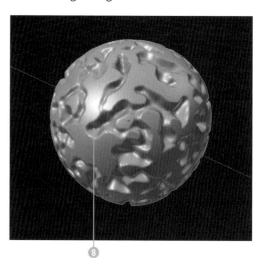

Im Modifier Stack unter dem SUBSURF-Modifier steht der auf die hohe Unterteilung angewiesene deformierende Modifier, im gezeigten Fall ein DISPLACE-Modifier ❼.

Dieser Modifier verwendet die Grauwerte einer hinterlegten Textur, um die Oberfläche des Objekts zu verformen ❽. Würde nun die Reihenfolge der beiden Modifier vertauscht, bekämen wir lediglich eine glatte Kugel zu sehen. Der DISPLACE-Modifier wüsste mit den wenigen Vertices nichts anzufangen, die nachfolgende Unterteilung und Rundung per SUBSURF-Modifier würde alles glatt bügeln.

So weit ein kurzer Ausschnitt aus der Welt der Modifier von Blender. Geben Sie Ihrem Drang zu Experimenten ruhig nach, Sie wissen ja: Modifier arbeiten nicht-destruktiv, es kann also nichts passieren …

Einheiten

Von Anfang an im richtigen Maßstab arbeiten

Sicherlich ist Ihnen bereits aufgefallen, dass in den zahlreichen Eingabefeldern von Blender keinerlei Maßeinheit angegeben ist. Speziell bei den Angaben von Koordinaten bzw. Dimensionen ist das vielleicht ungewohnt.

Für Blender ist es auch grundsätzlich egal, in welcher Einheit Sie Ihre Modelle erstellen, deshalb beziehen sich die Angaben in den Feldern auf sogenannte Blender-Einheiten (Blender-Unit = BU). Um für bestimmte Aufgaben wie physikalische Simulationen dennoch auf eine Bezugseinheit zurückgreifen zu können, entspricht eine Blender-Einheit BU einem Meter (1 BU = 1 m).

Solange Sie sich mit Ihren Modellen bzw. Ihren Szenen in diesem Maßstab aufhalten, ist hier also keine Anpassung notwendig. Wichtig ist dann nur, dass Sie diese Vorgehensweise auch in anderen Szenen und Blend-Files durchhalten, um beim Import von Objekten keine Überraschung zu erleben.

Wenn Sie es allerdings mit sehr kleinen Objekten oder großen Szenen wie Landschaften zu tun haben, ist es meist praktisch, eine andere Bezugsgröße zu wählen. Insbesondere wenn es darum geht, 3D-Modelle später in reale Aufnahmen einzupassen, macht sich eine vorausschauende Arbeitsweise schnell bezahlt. Bei der 3D-Rekonstruktion von Kamera und Szene können Sie ohne Umrechnen mit den realen Distanzen arbeiten und die zuvor erzeugten Modelle sind von Anfang an stimmig.

Um die Einheit, in der Sie in Blender arbeiten möchten, einzustellen, öffnen Sie den SCENE-Tab ⑨ im PROPERTIES-EDITOR und klappen das UNITS-Panel ⑩ auf. Sie können sich hier grundsätzlich auf die Verwendung

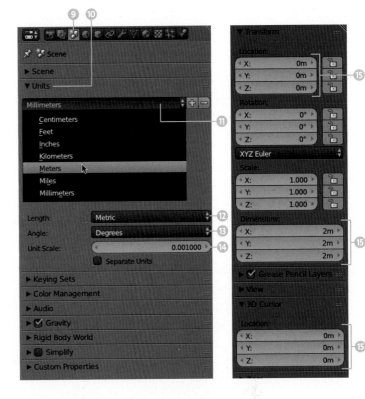

des metrischen oder imperialen Systems ⑫ für Längenangaben festlegen, von der Einheit Grad (DEGREES) für Winkelangaben ⑬ dürfte eher selten abgewichen werden. Die Alternative RADIANS kommt eher beim Skripting zum Einsatz. Zu diesen Grundeinstellungen bietet das Menü UNIT PRESETS ⑪ einige Voreinstellungen, mit denen sich schnell auf den benötigten Maßstab (Millimeter, Zentimeter etc.) umstellen lässt. Die zugehörige Skalierung wird automatisch in das Feld UNIT SCALE ⑭ eingetragen.

Sofern Sie sich für die Anzeige von Einheiten bzw. für eine Bezugsgröße entschieden haben, bekommen Sie in den entsprechenden Eingabefeldern ⑮ stets die Einheit angezeigt.

Technisches Modelling

Modelling einer Dampflokomotive

In diesem großen Modelling-Projekt lernen Sie die Arbeit mit Mesh-, Curve- und Text-Objekten kennen. Dabei kommen die unterschiedlichsten Werkzeuge und auch eine ganze Reihe von Modifiern zum Einsatz.

Vorbereitungen

Jede neue Blender-Szene besitzt aufgrund des voreingestellten START-UP FILES eine Basisausstattung mit CUBE, CAMERA und LAMP.

Da wir in den folgenden Workshops alle Elemente der Szene von Grund auf selbst erzeugen, haben wir für den Standard-Cube keine Verwendung. Löschen Sie ihn und auch das Lamp- und Camera-Objekt durch Selektion mit der rechten Maustaste und anschließender Taste ⊠.

Öffnen Sie außerdem den SCENE-Tab ❶ des PROPERTIES-EDITORS, und wählen Sie im Panel UNITS das Preset METERS, um an der Dampflok in aussagekräftigen Einheiten arbeiten zu können.

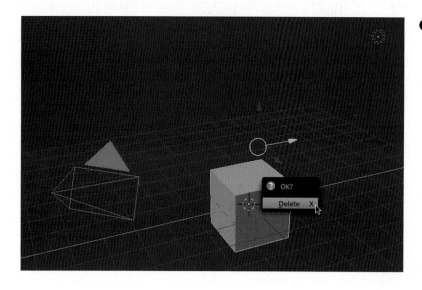

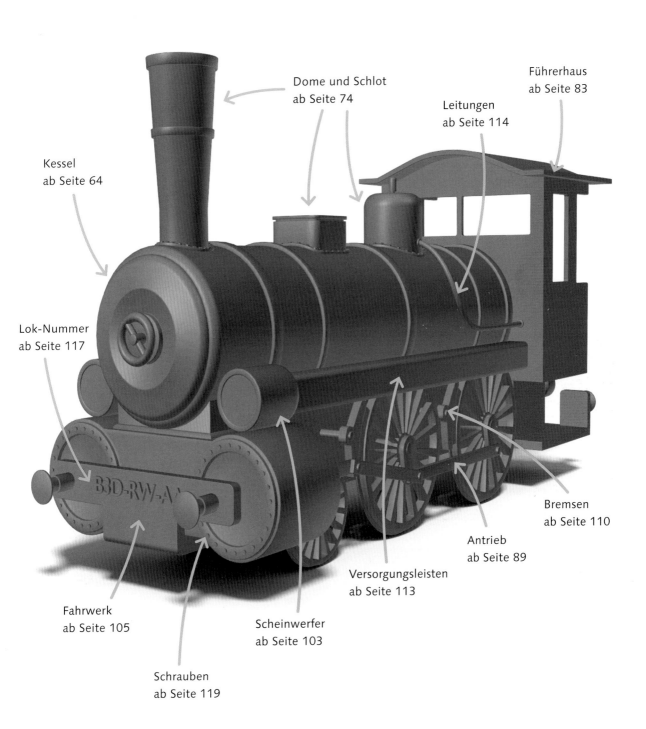

Dome und Schlot
ab Seite 74

Führerhaus
ab Seite 83

Leitungen
ab Seite 114

Kessel
ab Seite 64

Lok-Nummer
ab Seite 117

B3D-RW-A

Bremsen
ab Seite 110

Antrieb
ab Seite 89

Versorgungsleisten
ab Seite 113

Fahrwerk
ab Seite 105

Scheinwerfer
ab Seite 103

Schrauben
ab Seite 119

Modellieren des Kessels

1 Cylinder erzeugen

Als Ausgangsobjekt für den Kessel der Dampflok soll uns ein Cylinder-Objekt dienen. Drücken Sie die Tasten ⬆+A, um das Menü ADD in der 3D-VIEW aufzurufen, und wählen Sie einen Cylinder aus dem Untermenü MESH.

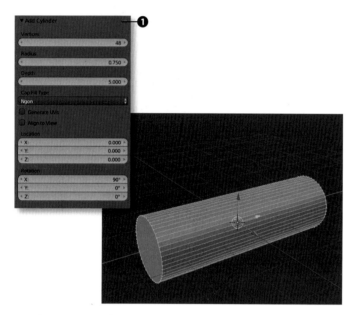

2 Cylinder definieren

Klappen Sie, falls nicht vorhanden, das TOOL SHELF über die Taste T auf, und scrollen Sie nach unten zum LAST OPERATOR-Panel ❶, in dem der von uns eben ausgeführte Befehl ADD CYLINDER noch editierbar ist.

Übernehmen Sie die Werte für RADIUS und Länge (DEPTH) des Cylinder-Objekts, und erhöhen Sie die Unterteilung bei VERTICES auf 48, damit der Cylinder eine möglichst glatte Oberfläche bekommt. Eine X-Rotation von 90° dreht den Cylinder gleich in die benötigte Richtung.

Wechseln Sie zur nun folgenden Bearbeitung des Cylinders mit der ⇆-Taste in den EDIT MODE.

3 Cylinder per Loop Cuts unterteilen

Damit wir den Cylinder in die gewünschte Form bringen können, benötigen wir zusätzliche Vertices auf der Längsseite.

Rufen Sie dazu über das TOOL SHELF im Panel MESH TOOLS bzw. über die Tasten Strg/ Ctrl+R das Werkzeug LOOP CUT AND SLIDE auf, und drehen Sie die Mausrad-Taste so lange nach oben, bis insgesamt acht pinkfarbene Ringe (CUTS) längs auf dem Cylinder verteilt liegen. Bestätigen Sie den LOOP CUT-Schnitt durch einen Linksklick, und drücken Sie Esc, um den Werkzeug-Schritt abzuschließen.

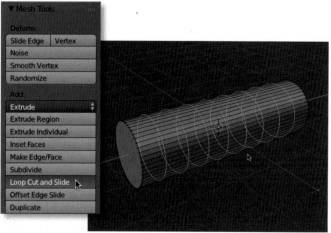

4 Edge Loops skalieren

Nach diesem Schritt sind die von uns erzeugten Loop-Unterteilungen gleichmäßig über die Länge des Cylinders verteilt ❷. Wir platzieren nun diese Edge Loops an die Stellen, an denen wir später Extrusionen erzeugen möchten. Wechseln Sie dazu über die Tasten ③ [Num] und ⑤ [Num] von der perspektivischen Standardansicht in die orthogonale Seitenansicht.

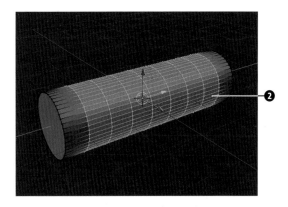

Da die neu erzeugten Vertices nach wie vor selektiert sind, können wir sie problemlos über deren Länge skalieren, um am linken und rechten Ende des Cylinders einen schmalen Rand zu bekommen.

Wir benötigen eine Skalierung in Richtung der grünen Y-Achse, also tippen wir nacheinander die Tasten ⑤ und ⓨ, um die Skalierung in diese Richtung zu beschränken. Statt die Skalierung mit einem bestimmten Zahlenwert durchzuführen, skalieren Sie die Auswahl interaktiv im Viewport durch Verschieben der Maus. Bestätigen Sie die Skalierung durch einen Linksklick, sobald links und rechts am Cylinder nur noch ein kleiner äußerer Rand übrig bleibt.

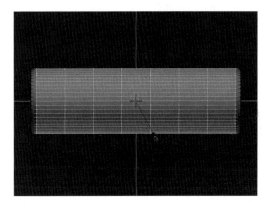

5 Edge Loops selektieren

Die weitere Bearbeitung des Cylinders möchten wir nicht an allen, sondern lediglich an bestimmten Vertices bzw. Edge Loops durchführen.

Drücken Sie zunächst die Taste Ⓐ, um alles zu deselektieren. Aktivieren Sie anschließend in der Menüzeile der 3D-View die Selektion verdeckter Elemente ❸, damit wir aus der orthogonalen Ansicht auch die Elemente auf der Rückseite des Cylinders zu fassen bekommen.

Rufen Sie über die Taste Ⓑ das Border Select-Werkzeug auf, und ziehen Sie mit gedrückter linker Maustaste einen Rahmen um den Edge Loop ❹. Um die bestehende Auswahl zu erweitern, reaktivieren Sie Border Select mit der Taste Ⓑ und selektieren Edge Loop ❺.

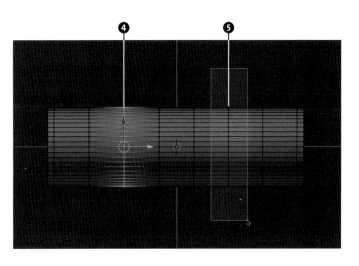

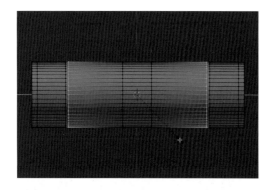

6 Edge Loops skalieren

Wie auch schon bei den beiden äußeren Edge Loops geschehen, aktivieren Sie das Skalieren-Werkzeug mit Beschränkung auf die Y-Achse, indem Sie nacheinander die Tasten ⓢ und Ⓨ drücken.

Ziehen Sie die selektierten Ringe am Cylinder mit der Maus so weit nach außen, bis der Abstand zum nächsten Edge Loop etwa die Hälfte der äußeren Ringe beträgt.

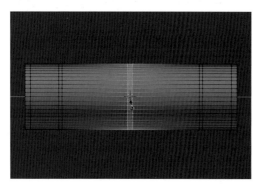

7 Edge Loops in der Mitte skalieren

Selektieren Sie wieder mit BORDER SELECT (Taste ⒷB) die beiden verbliebenen inneren Edge Loops.

Der mittlere Stahlring des Kessels soll der Breite der beiden äußeren Ringe entsprechen. Dafür skalieren Sie die beiden Edge Loops diesmal in Y-Richtung (Tasten ⓢ und Ⓨ) ein gutes Stück zur Mitte.

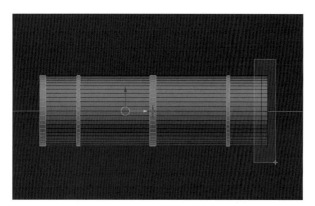

8 Edge Loops selektieren

Nun sind die von uns erzeugten und positionierten Edge Loops am Kessel für die Extrusion vorbereitet.

Für die Extrusion der Stahlringe benötigen wir zunächst die EDGE LOOPS als Auswahl. Wechseln Sie dazu über die Menüleiste der 3D-VIEW in den EDGE SELECT-Mode ❶, und selektieren Sie nacheinander mit dem BORDER SELECT-Werkzeug (Taste ⒷB) die von uns vorbereiteten Edge Loops.

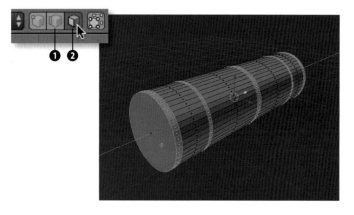

9 In Face Loops wandeln

Die Extrusion der Stahlringe erfolgt über die Faces der Selektion – im Moment sind aber Edges selektiert. Um stattdessen die zugehörigen Faces auszuwählen, wechseln wir einfach in den FACE SELECT-Mode ❷.

Halten Sie die Mausrad-Taste gedrückt, und drehen Sie sich den Kessel in der 3D-VIEW zur Seite, um die folgenden Schritte besser nachvollziehen zu können. Per Taste ⑤ [Num] erhalten Sie eine perspektivische Ansicht.

10 Face Loops extrudieren

Einen noch schnelleren Weg zur Selektion von Edge bzw. Face Loops verrate ich Ihnen in Kürze. Jetzt kümmern wir uns zunächst um die Extrusion der Face Loops für die Stahlringe.

Die gewählten Faces sollen zwar zusammenhängend, dabei aber jeweils in Richtung ihrer NORMALEN extrudiert werden. Dafür verwenden wir nicht das einfache Extrudieren-Werkzeug, sondern holen uns aus dem TOOL SHELF über das EXTRUDE-Menü das Werkzeug REGION (VERTEX NORMALS) ❸.

Nach dem Aktivieren des Werkzeugs reicht die Bewegung des Mauszeigers und ein abschließender Linksklick, um die Extrusion durchzuführen. Da wir mit exakten Werten arbeiten möchten, holen wir uns das LAST OPERATOR-Menü per Taste F6 in den Viewport ❹. Ein Wert von –0.035 extrudiert uns die Face Loops ein kleines Stück nach außen.

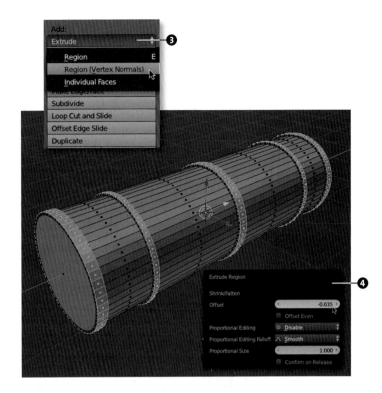

11 N-Gon selektieren

Beim Erzeugen des Cylinders für den Kessel hatten wir die CAP FILL TYPE, also die Ober- und Unterseite des Cylinders standardmäßig auf den Typ NGON belassen.

Trotz vieler Vertices handelt es sich also lediglich um ein einzelnes Face, das wir für die Extrusion der Rauchkammer auswählen müssen. Da wir uns noch im FACE SELECT-MODE befinden, reicht ein Rechtsklick auf das N-Gon auf der Frontseite des Kessels.

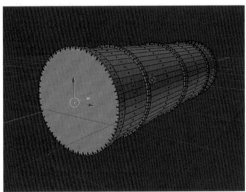

12 N-Gon extrudieren

Da für die Extrusion der Rauchkammer nur ein einzelnes Polygon betroffen ist, reicht der einfache Befehl EXTRUDE REGION, den Sie über die Taste E aufrufen.

Nach einer kurzen Extrusionsbewegung mit der Maus, die wir per Linksklick bestätigen, stellen wir über das LAST OPERATOR-Panel ❺ im TOOL SHELF den gewünschten exakten Extrusionswert von 80 cm, also 0.80 m, als Z-Wert ein.

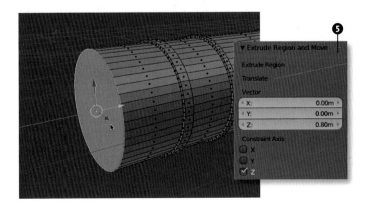

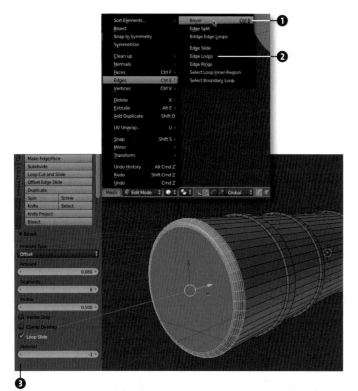

13 Kante der Rauchkammer beveln

Das BEVEL-Werkzeug dient nicht nur zur Abfasung bzw. -rundung der Kanten eines Mesh-Objekts, sondern auch zur eigentlichen Formgebung. In unserem Fall soll das BEVEL-Tool der Rauchkammer und damit dem gesamten Kessel eine breit abgerundete Vorderseite geben.

Da wir das BEVEL-Werkzeug nun einige Male verwenden werden, es aber seltsamerweise nicht zum Standard-Repertoire des TOOL SHELFS gehört, sehen wir uns auch gleich an, wo es zu finden ist. Da das vordere Polygon nach der Extrusion nach wie vor selektiert ist, können wir das BEVEL-Tool direkt anwenden. Sie finden es im Menü MESH • EDGES der 3D-VIEW ❶. Ziehen Sie die Maus wieder ein kurzes Stück, bestätigen Sie per Linksklick und verfeinern Sie anschließend die Parameter über das LAST OPERATOR-Panel ❸.

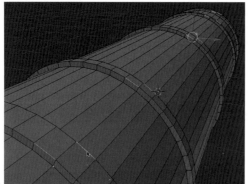

14 Edge Loops an den Stahlringen selektieren

Die nächsten Bevels bringen wir an den scharfen Kanten der extrudierten Stahlringe an. Zoomen Sie durch Drehen des Mausrads ausreichend nah an das Mesh-Objekt. Wechseln Sie dann in den EDGE SELECT-Mode, und selektieren Sie mit der rechten Maustaste und gedrückt gehaltener ⇧-Taste eine der Edges. Über das Menü MESH • EDGES der 3D-VIEW wählen Sie dann die EDGE LOOPS ❷ aus.

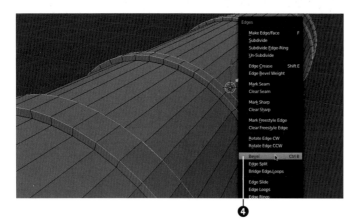

15 Bevel-Werkzeug aufrufen

Nun sollten rund um den Dampflok-Kessel alle extrudierten Kanten der Stahlringe ausgewählt sein. Überprüfen Sie dies vor dem nächsten Schritt durch Drehen der 3D-VIEW per gedrückt gehaltener Mausrad-Taste, gegebenenfalls zoomen Sie durch Drehen des Mausrads etwas aus der Ansicht heraus. Das BEVEL-Tool ❹ rufen wir diesmal über das per Kurzbefehl [Strg]/[Ctrl]+[E] zu öffnende EDGE TOOL-Menü auf.

16 Stahlring-Edge-Loops beveln

Nach dem Aufruf des BEVEL-Werkzeugs ziehen Sie die Abfasung wieder mit der Maus ein kurzes Stück auf und schließen Sie den Vorgang mit einem Linksklick ab.

Sicher ist Ihnen aufgefallen, dass das BEVEL-Tool sich die Einstellungen des letzten Bevellings gemerkt hat. Im LAST OPERATOR-Panel des TOOL SHELFS passen wir die Bevel-Werte und Unterteilungen noch an die Stahlringe an.

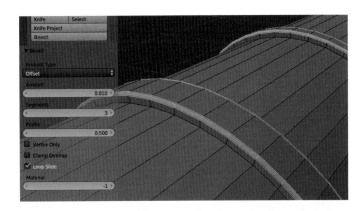

17 Smooth Shading für die Oberfläche

Das Modelling am Kessel der Dampflok ist damit eigentlich abgeschlossen, wir können über die ⇥-Taste vom EDIT MODE in den OBJECT MODE wechseln.

Die störenden Abstufungen rund um den Kessel können Sie durch das sogenannte SMOOTH SHADING, das Sie über den Button SMOOTH ❺ im TOOL SHELF aktivieren, glätten. Leider wird dabei aber auch horizontal zwischen den Stahlringen ❻ unnötig geglättet.

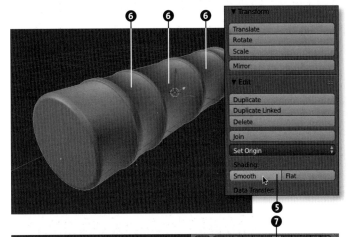

18 Edge Split-Modifier zuweisen

Beim Beheben dieses Problems lernen wir nun auch den ersten Modifier von Blender kennen.

Um das Shading für bestimmte Kantenwinkel auszuschalten und scharfe Kanten trotz SMOOTH SHADING zu ermöglichen, weisen wir dem Mesh-Objekt des Kessels über den MODIFIER-Tab ❼ im PROPERTIES-EDITOR einen EDGE SPLIT-Modifier zu.

19 Parameter des Edge Split-Modifiers einstellen

An den wenigen Parametern des EDGE SPLIT-Modifiers müssen wir für unsere Zwecke nichts ändern. Die angegebenen Standardwerte sorgen dafür, dass die Glättung nur an den gewünschten Stellen stattfindet.

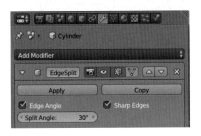

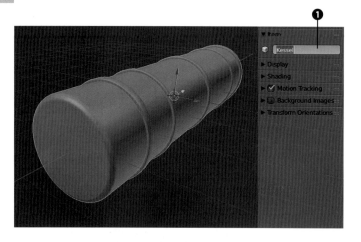

20 Fertiges Mesh-Objekt benennen

Nach diesem Schritt ist das Mesh-Objekt des Kessels endlich fertiggestellt und bekommt über das PROPERTIES SHELF (Taste N) im Panel ITEM einen zu seiner Funktion passenden Namen ❶ zugewiesen.

Da der OUTLINER mit jedem weiteren Objekt immer unübersichtlicher wird, gewöhnen Sie sich die Benennung eines fertigen Modells gleich nach seiner Fertigstellung am besten so früh wie möglich an.

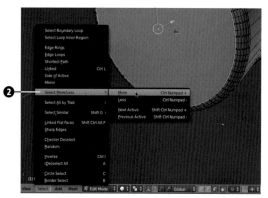

21 Selektion für den Kesseldeckel erzeugen

Am vorderen Ende des Kessels der Dampflok sitzt der Kesseldeckel, meist mit einem Griff oder Drehrad versehen. Mit dem Kessel haben wir bereits das bestmögliche Ausgangsmesh für einen passenden Deckel vor uns. Wechseln Sie wieder in den EDIT MODE (⇆-Taste), aktivieren Sie den FACE SELECT-Mode, und wählen Sie per Rechtsklick das N-Gon an der Vorderseite des Kessels aus.

Um von diesem N-Gon aus weitere angrenzende Polygone zu selektieren, bietet Blender den bequemen Befehl SELECT MORE aus dem Menü SELECT • SELECT MORE/LESS ❷ an, am schnellsten natürlich per Kurzbefehl Strg/Ctrl+[+] [Num].

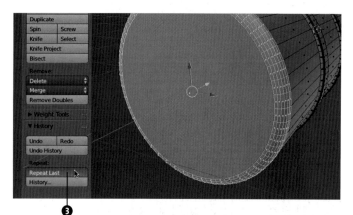

Erweitern Sie die Auswahl bis zum letzten Face Loop der Bevel-Rundung, indem Sie den Befehl SELECT MORE einfach über den Button REPEAT LAST ❸ aus dem TOOL SHELF bzw. über den Kurzbefehl ⇧+R entsprechend oft wiederholen.

22 Selektion duplizieren und separieren

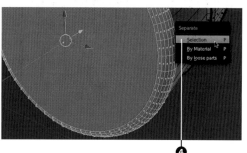

Um aus der Selektion ein eigenes Objekt zu generieren, duplizieren Sie die Selektion über den Kurzbefehl ⇧+D, den Sie per Linksklick oder Esc-Taste beenden. Anschließend rufen Sie über die Taste P das Menü SEPARATE auf, wo Sie die SELECTION ❹ wählen.

23 Separiertes Objekt umbenennen

Damit keine Verwechslungsgefahr zwischen Kessel und Kesseldeckel besteht, benennen Sie das frisch erzeugte Mesh-Objekt (»Kessel.001«) für den Kesseldeckel über das Panel ITEM im PROPERTIES SHELF passend um. Wie Ihnen sicher aufgefallen ist, besitzt das neue Objekt ebenfalls den EDGE SPLIT-Modifier.

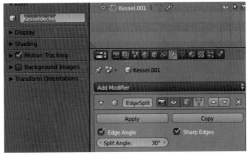

24 Origin neu setzen und Objekt platzieren

Was das neu erzeugte Objekt ebenfalls vom Ausgangsobjekt übernommen hat, ist die Position des Ursprungs, die natürlich nicht passt. Wechseln Sie kurzzeitig über die Taste ⇆ in den OBJECT MODE, und rufen Sie über das Menü SET ORIGIN im EDIT-Panel den Befehl ORIGIN TO GEOMETRY ❺ auf. Der Ursprung sitzt nun wieder in der Mitte der Geometrie.

Schieben Sie den Deckel über den grünen Y-Achsanfasser des Widgets ❻ ein Stück nach vorne, bis die Deckel-Unterseite an der Vorderseite des Kessels ansteht.

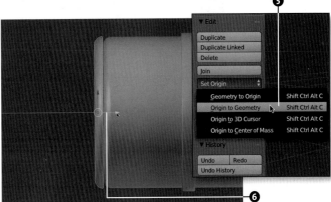

25 Kesseldeckel skalieren

Für den nächsten Schritt, das Skalieren des Kesseldeckels, wechseln Sie über die Taste 1 [Num] in die Front-Ansicht und – falls nicht bereits vorliegend – mit der Taste 5 [Num] in die orthogonale Ansicht.

Aktivieren Sie über die Taste S das SCALE-Werkzeug, und skalieren Sie den Deckel über alle Achsrichtungen bis zur Vorderkante des Kessels ❼.

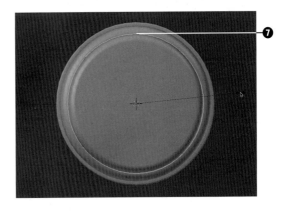

26 Selektion zur Extrusion der Deckelvorderseite erzeugen

Der Kesseldeckel wird durch einige Extrusionen seine Form bekommen. Bleiben Sie in der Front-Ansicht, und wechseln Sie über die Taste ⇆ in den EDIT MODE.

Selektieren Sie im FACE SELECT-Mode per Klick mit der rechten Maustaste das vorderste N-Gon des Kesseldeckels.

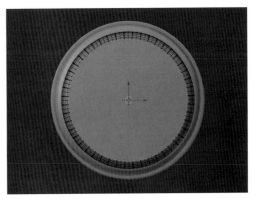

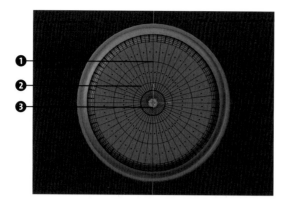

27 Per Inset Faces schrittweise skalieren

Um für die Gestaltung des Kesseldeckels noch Geometrie zu schaffen, führen wir insgesamt drei nach innen gerichtete Extrusionen durch. Sie erreichen diesen Extrusionsbefehl namens INSET FACES über die Taste $\boxed{\text{I}}$. Bestätigen Sie den ersten Schritt ❶ durch einen Linksklick, aktivieren Sie wieder INSET FACES, und bringen Sie auf die gleiche Weise die nächste innere Extrusion ❷ an. Nach einem letzten, dritten Schritt ❸ ist der Kesseldeckel für unsere weitere Bearbeitung vorbereitet.

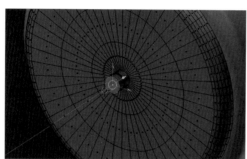

28 Extrusion für das Drehrad am Kesseldeckel erzeugen

Lassen Sie das N-Gon noch kurz selektiert, und bringen Sie noch eine kleine einfache Extrusion (Taste $\boxed{\text{E}}$) an, um für das spätere Drehrad eine Verbindung zu bekommen. Zur Beurteilung der Extrusionstiefe drehen Sie sich das Objekt im Viewport am besten durch Ziehen der Maus bei gedrückter Mausrad-Taste ein Stück nach links.

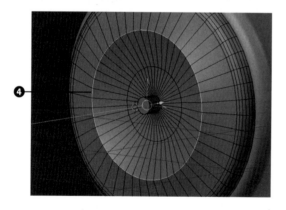

29 Edge Loop verschieben

Beginnen wir mit der Ausformung des Kesseldeckels. Wechseln Sie in den EDGE SELECT-Mode, und selektieren Sie den mittleren Edge Loop ❹, indem Sie eine der Edges per Rechtsklick bei gedrückt gehaltener $\boxed{\text{Alt}}$-Taste anklicken. Dies ist der versprochene bessere Weg zur Selektion eines Edge oder Face Loops, den Sie sich gut merken sollten.

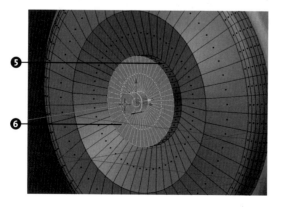

30 Faces extrudieren

Wechseln Sie in den FACE SELECT-Mode, und aktivieren Sie das CIRCLE SELECT-Werkzeug (Taste $\boxed{\text{C}}$). Selektieren Sie durch Malen bei gedrückter linker Maustaste alle Faces rund um das extrudierte Verbindungsteil sowie das Verbindungsteil selbst ❻, bestätigen Sie die Selektion per Rechtsklick, und extrudieren Sie (Taste $\boxed{\text{E}}$) diese Selektion ein Stück nach vorne ❺.

31 Edge Loops für das Bevelling selektieren

Wechseln Sie wieder in den Edge Select-Mode, damit wir einige Edge Loops für das Bevelling selektieren können. Verwenden Sie am besten den gerade kennengelernten Weg per Rechtsklick mit gedrückt gehaltener `Alt`-Taste. Damit auch die anderen Edge Loops gleichzeitig ausgewählt werden, halten Sie beim Selektieren der weiteren Edge Loops zusätzlich die `⇧`-Taste gedrückt.

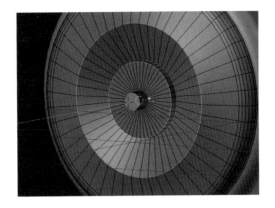

32 Edge Loops beveln

Wir können für alle selektierten Edge Loops die gleiche Bevel-Einstellung verwenden, weshalb wir auch alle Edge Loops zusammen selektiert haben.

Rufen Sie dazu über den Kurzbefehl `Strg`/`Ctrl`+`B` das Bevel-Werkzeug auf, und beginnen Sie im Viewport mit einem kleinen Bevel. Justieren Sie die Abfasung über den Last Operator-Panel im Tool Shelf, sodass Sie eine feine Rundung mit ausreichend Unterteilungen bekommen **❼**.

33 3D Cursor platzieren

Der Kesseldeckel ist damit ausmodelliert, nun fehlt nur noch ein Drehrad an der richtigen Stelle des Deckels. Um diese Stelle zu definieren, setzen wir den 3D Cursor genau dorthin. Dabei hilft uns das klein skalierte N-Gon in der Deckelmitte. Selektieren Sie es im Face Select-Mode per Rechtsklick, und rufen Sie über den Kurzbefehl `⇧`+`S` das Snap-Menü auf. Dort geben Sie an, dass der Cursor an der Selektion **❽** sitzen soll.

34 Torus erzeugen

Bleiben Sie im Edit Mode, damit der Torus, den Sie nun über das Menü Add (Tasten `⇧`+`A`) erzeugen, zur Geometrie des Kesseldeckels gehört. Wie Sie sehen, entsteht er an der gewünschten Stelle, sodass Sie nur noch die Parameter für den Torus im Last Operator-Panel **❾** anpassen müssen.

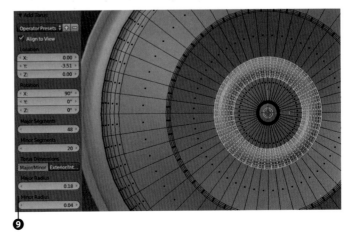

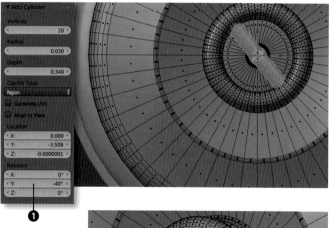

35 Cylinder erzeugen

Um den Torus mit dem extrudierten Verbindungsstück zu verbinden, belassen wir den 3D Cursor auf seiner aktuellen Position, bleiben weiter im EDIT MODE und erzeugen zusätzlich einen Cylinder über das Menü ADD (Tasten ⟨⇧⟩+⟨A⟩).

Passen Sie den Cylinder in seiner Größe über das LAST OPERATOR-Panel an den Torus an, und drehen Sie ihn über seinen Y-Rotation-Parameter ❶ ein wenig nach links.

36 Verbindung anpassen

Jetzt verlängern wir das extrudierte Verbindungsteil, sodass unser Drehrad darin Platz findet. Selektieren Sie dazu das vordere N-Gon und die umliegenden Loops vom Bevelling, beispielsweise über den SELECT MORE-Befehl ⟨Strg⟩/⟨Ctrl⟩+⟨+⟩ [Num], und ziehen Sie diese Auswahl am grünen Y-Achsanfasser entsprechend weit nach vorne.

Modellieren der Dome und des Schlots

1 Plane erzeugen

Als Erweiterung des Kessels modellieren wir zwei Dome und den Schlot. Da sich die Vorgehensweise dabei stark ähnelt, fasse ich mich später etwas kürzer. Setzen Sie den 3D Cursor über den Kurzbefehl ⟨⇧⟩+⟨C⟩ auf den Welturspung zurück, und erzeugen Sie im OBJECT MODE (Taste ⟨⇥⟩) über das Menü ADD ❷ (Tasten ⟨⇧⟩+⟨A⟩) eine Plane.

2 Plane positionieren und skalieren

Verschieben Sie die Plane durch Aktivieren des TRANSLATE-Tools in Z- bzw. Y-Richtung (Tasten ⟨G⟩+⟨Z⟩ bzw. ⟨Y⟩) ein Stück oberhalb in die Mitte der inneren Kessel-Stahlringe.

Skalieren Sie die Plane mit dem Skalieren-Werkzeug (Taste ⟨S⟩) über alle Richtungen auf etwa die Hälfte der Kesselbreite.

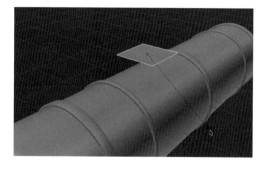

3 Vertices selektieren und beveln

Unser Ziel ist es nun, die Plane so weit vorzubereiten, dass wir sie auf das darunter liegende Mesh-Objekt des Kessels projizieren können. Dadurch liegt das Plane-Objekt und damit auch der Dom exakt auf dem gekrümmten Kessel auf. Bislang stehen uns aber nur vier Vertices zur Verfügung.

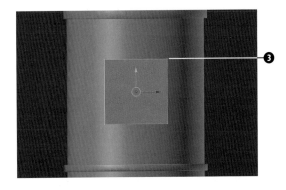

Wechseln Sie für eine bessere Übersicht in die orthogonale Ansicht von oben (Tasten ⎐ [Num] und ⎓ [Num]), und aktivieren Sie den EDIT MODE (Taste ⇆) sowie den VERTEX SELECT-Mode. Die vier Vertices der Plane ❸ sollten bereits selektiert sein, sodass wir direkt mit dem Bevelln beginnen können.

Rufen Sie dazu das Bevel-Tool über den Kurzbefehl Strg/Ctrl+B auf, und bringen Sie pro forma über eine Mausbewegung ein Bevelling an. Für ein funktionierendes Bevelln von Vertices muss die Option VERTEX ONLY ❺ angehakt sein, weshalb wir diese Option zusammen mit den anderen Werten nach Aufruf des LAST OPERATOR-Menüs ❹ (Taste F6) dort eingeben.

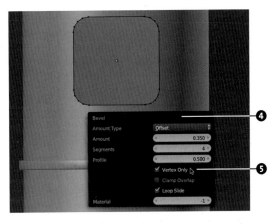

4 Unterteilung zur Erzeugung weiterer Vertices anbringen

Nach diesem Schritt findet sich an den langen Seiten noch kein zusätzlicher Vertex. Selektieren Sie die acht Vertices an den Seiten der Plane durch Rechtsklicks, und rufen Sie über die Taste W das SPECIALS-Menü auf. Den Befehl SUBDIVIDE ❻ wiederholen Sie zwei bis drei Male über REPEAT LAST (⇧+R).

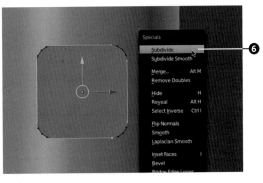

5 Plane mit dem Shrinkwrap-Modifier projizieren

Da jetzt genügend Vertices zur Verfügung stehen, können wir der Plane über das MODIFIER-Menü ❼ im MODIFIER-Tab des PROPERTIES-EDITORS einen SHRINKWRAP-Modifier zuweisen. Als Ziel (TARGET) dient natürlich der Kessel, als Richtung die negative Z-Achse und als Modus die Projektion (PROJECT). Die Plane liegt nun weich auf dem Kessel auf.

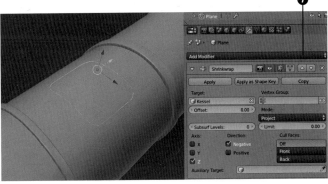

6 Deformierte Plane über Modifier anwenden

Den SHRINKWRAP-Modifier haben wir nur zur Deformation der Plane gebraucht. Für die weitere Arbeit am ersten Dom wenden wir den Modifier über den Button APPLY ❶ an, um mit dem Mesh des Objekts weitermodellieren zu können.

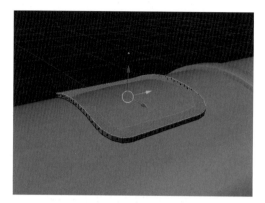

7 N-Gons der Plane extrudieren

Die deformierte Plane besteht derzeit aus einem einzelnen N-Gon und ist deshalb in diesem Zustand noch kaum zu gebrauchen. Wechseln Sie in eine perspektivische Ansicht, und wählen Sie das N-Gon im FACE SELECT-Mode aus.

Aktivieren Sie das Extrudieren-Werkzeug über die Taste E, und extrudieren Sie das N-Gon ein kleines Stück nach oben, um mit dem Rand des Doms zu beginnen.

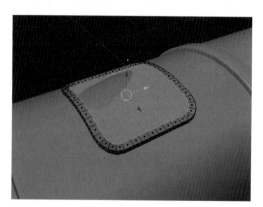

8 Rand des Doms innen extrudieren

Lassen Sie sich nicht von der immer noch recht unschönen Form des N-Gons verunsichern, wir korrigieren das in Kürze.

Aktivieren Sie das Werkzeug INSET FACES über die Taste I, und erzeugen Sie eine innere Extrusion für den späteren Rand des Doms.

9 Dom extrudieren

Wechseln Sie über die Taste E zum normalen Extrusions-Werkzeug, und erzeugen Sie die Extrusion für den Hauptanteil des Doms.

Bevor wir mit der Oberseite des Doms weitermachen können, beheben wir im nächsten Schritt die problematische Krümmung des extrudierten N-Gons.

10 N-Gons zur Abflachung skalieren

Wechseln Sie mit den Tasten ③ [Num] und ⑤ [Num] in die orthogonale Seitenansicht von rechts, um die Korrektur des N-Gons optimal vornehmen zu können.

Um das deformierte N-Gon abzuflachen, müssen wir es lediglich per Skalieren-Werkzeug in Z-Richtung auf 0 skalieren. Statt umständlich in der 3D-VIEW zu skalieren, erledigen wir dies über die Tasten ⑤, ⓩ und ⓪.

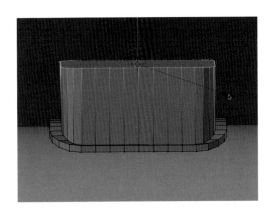

11 Dom-Oberseite ausformen

Der sogenannte Sanddom, an dem wir gerade modellieren, besitzt eine eher flache, quaderartige Form.

Mit einer Extrusion nach innen (Taste ①), einer kleinen Extrusion nach oben (Taste ⑤), einer Extrusion nach außen (Taste ①) sowie einer abschließenden Extrusion nach oben habe ich eine Art Deckel angedeutet. Sie können die Oberseite des Sanddoms aber auch ganz anders gestalten.

12 Edge Loops selektieren und Sanddom beveln

Selektieren Sie anschließend die außen liegenden Edge Loops für das folgende Bevelling. Wechseln Sie dazu in den EDGE SELECT-Mode, und selektieren Sie die Edge Loops, indem Sie jeweils eine Edge per Rechtsklick mit gedrückt gehaltener ⎇ Alt -Taste sowie der ⇧ -Taste nacheinander zusammmen anwählen.

Rufen Sie per Kurzbefehl Strg / Ctrl + B das BEVEL-Werkzeug auf, erzeugen Sie ein kleines Bevel, und justieren Sie die Bevel-Werte anschließend im LAST OPERATOR-Panel.

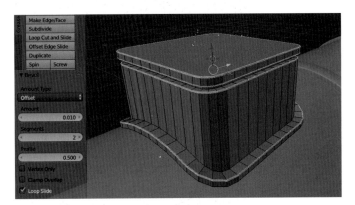

13 Smooth Shading und Edge Split-Modifier zuweisen

Der Sanddom ist fertig und entsprechend benannt ❸, aktivieren Sie für ihn im OBJECT MODE über das TOOL SHELF das SMOOTH SHADING, und weisen Sie ihm zur gezielteren Glättung noch einen EDGE SPLIT-Modifier ❷ zu.

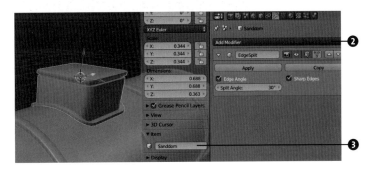

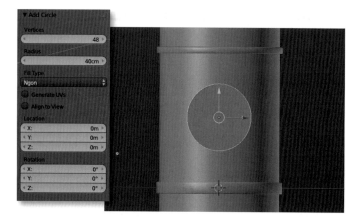

14 Circle erzeugen und platzieren

Für den zweiten Dom unserer Dampflok, den sogenannten Dampfdom, erzeugen wir im OBJECT MODE über das Menü ADD (Tasten ⇧+A) einen Circle. Stellen Sie die Werte im LAST OPERATOR-Panel ein, und platzieren Sie den Circle über TRANSLATE (Taste G) bzw. über die Achsanfasser in der Mitte des breiten Stahlring-Abstands. In der orthogonalen Ansicht von oben (Tasten 7 [Num] und 5 [Num]) justieren Sie die Position.

15 Circle per Shrinkwrap-Modifier projizieren

Der Circle besitzt insgesamt 48 Vertices, ist also für die Projektion auf den Kessel bereits bestens vorbereitet. Weisen Sie dem Circle über den MODIFIER-Tab im PROPERTIES-EDITOR einen SHRINKWRAP-Modifier zu, und verwenden Sie wie auch schon beim Sanddom den Kessel als TARGET und die negative Z-Achse für die Projektion (PROJECT).

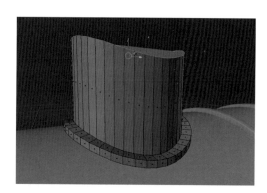

16 Shrinkwrap-Modifier anwenden und Dom extrudieren

Nachdem der Circle nun auf der Kesselhülle aufliegt, können wir den Modifier über den Button APPLY ❶ anwenden und in den EDIT MODE wechseln (Taste ⇆), um den Dom auszumodellieren.

Wie auch schon beim Sanddom verwenden Sie das N-Gon (FACE SELECT-Mode), um aus ihm durch eine kleine normale Extrusion (Taste E), eine Extrusion nach innen (Taste I) und eine weitere normale Extrusion (Taste E) die Basis des Doms auszuformen.

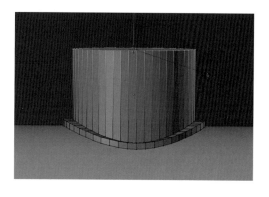

17 N-Gons zur Abflachung skalieren

Auch bei diesem Dom liegt wieder ein deformiertes N-Gon vor. Doch wie Sie wissen, ist die Abflachung des N-Gons kein Problem und wird schnell über die Tasten S, Z und 0 erledigt.

18 Doms durch Bevelling formen

Der Dampfdom einer Dampflok ist in der Regel oben stark abgerundet. Diese Abrundung ist leicht mit einem Bevelling auszuformen. Lassen Sie das N-Gon aktiviert, und rufen Sie über den Kurzbefehl [Strg]/[Ctrl]+[B] das BEVEL-Werkzeug auf. Nach einem kurzen Proforma-Bevelling rufen Sie das LAST OPERATOR-Menü ❷ (Taste [F6]) auf und erzeugen über die Parameter eine große Rundung mit ausreichender Segmentierung.

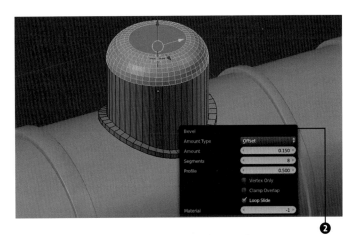

❷

19 Ventil durch Extrusionen formen

Damit Dampf entweichen kann, benötigt der Dampfdom natürlich ein Ventil. Selektieren Sie das innere, oberste N-Gon im FACE SELECT-Mode per Rechtsklick und arbeiten Sie abwechselnd mit den Extrusions-Werkzeugen INSET FACES (Taste [I]) und EXTRUDE (Taste [E]), um Schritt für Schritt ein Ventil herauszubilden.

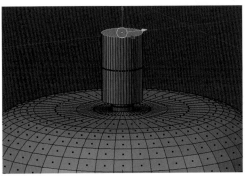

20 Ventilspitze beveln

Wenn Sie mit der Form und Größe des Ventils zufrieden sind, schließen wir die Arbeit am Dampfdom mit ein paar letzten Bevels ab.

Kümmern wir uns zunächst um die Spitze des Ventils. Rufen Sie über den Kurzbefehl [Strg]/[Ctrl]+[B] das BEVEL-Werkzeug auf, und erzeugen Sie eine ausreichend große Abrundung mit nicht zu hoher Unterteilung.

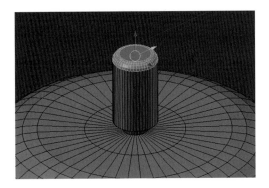

21 Dampfdom-Ring beveln

Zu guter Letzt bringen wir noch ein Bevel am unteren Ring des Dampfdoms an. Wechseln Sie in den EDGE SELECT-Mode, und selektieren Sie den Edge Loop, indem Sie eine Edge per Rechtsklick mit gedrückt gehaltener [Alt]-Taste anklicken. Rufen Sie per Kurzbefehl [Strg]/[Ctrl]+[B] das BEVEL-Werkzeug auf, und bringen Sie ein kleines Bevelling analog zu den anderen Domen an.

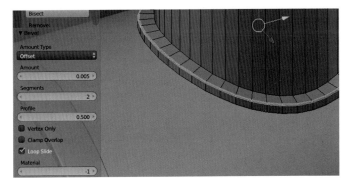

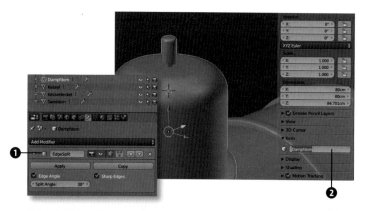

22 Smooth Shading und Edge Split-Modifier zuweisen

Damit ist auch der Dampfdom fertiggestellt. Benennen Sie ihn über das Panel ITEM im PROPERTIES SHELF (Taste N) entsprechend ❷, und aktivieren Sie für ihn im OBJECT MODE über das TOOL SHELF das SMOOTH SHADING.

Wie gewohnt weisen Sie ihm abschließend noch zur gezielteren Glättung über den MODIFIER-Tab im PROPERTIES-EDITOR einen EDGE SPLIT-Modifier ❷ zu.

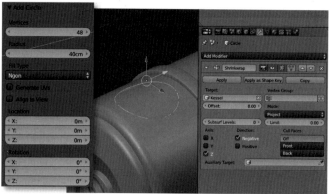

23 Circle erzeugen, platzieren und per Modifier projizieren

Um den Kessel der Dampflok zu vollenden, fehlt uns noch der Schlot. Wieder erzeugen wir im OBJECT MODE über das Menü ADD (Tasten ⇧+A) einen Circle. Stellen Sie die Werte im LAST OPERATOR-Panel ein, und platzieren Sie den Circle mittels TRANSLATE (Taste G) bzw. über die Achsanfasser am vorderen Ende des Kessels.

Weisen Sie dem Circle über den MODIFIER-Tab im PROPERTIES-EDITOR einen SHRINKWRAP-Modifier zu und verwenden Sie wie auch schon bei den anderen beiden Domen den Kessel als TARGET und die negative Z-Achse für die Projektion (PROJECT).

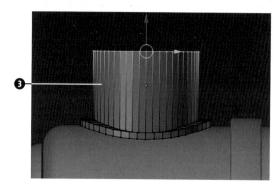

24 Modifier anwenden, extrudieren und N-Gon abflachen

Wenden Sie den Modifier über den Button APPLY an, und extrudieren (Taste E) Sie im EDIT MODE (Taste ⇆) aus dem oberen N-Gon einen Schlotansatz ❸. Da wieder ein deformiertes N-Gon vorliegt, flachen Sie es über die Tastenkombination S, Z und 0 ab.

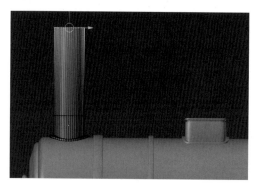

25 Höhe des Schlots extrudieren

Wechseln Sie über die Tasten 3 [Num] sowie 5 [Num] in die orthogonale Seitenansicht, um die Höhe des Schlots gut beurteilen zu können. Extrudieren Sie (Taste E) das N-Gon so weit nach oben, dass es zum Kessel bzw. den Domen passt.

26 Schlotende skalieren

Wie Sie das Ende des Schlots und damit den Rauch-Auslass Ihrer Dampflok gestalten, ist natürlich Ihnen überlassen. Ich habe mich für eine nicht zu breite Version entschieden.

Bleiben Sie dazu in der Seitenansicht, und reaktivieren Sie das Skalieren-Werkzeug (Taste ⓢ). Nun können Sie das Schlotende in die gewünschte Breite skalieren.

27 Loop Cuts anbringen

Damit der Schlot nicht zu langweilig wirkt, soll auch er zwei Stahlringe in der Mitte und am oberen Ende bekommen. Dafür benötigen wir noch ein paar zusätzliche Loop Cuts.

Aktivieren Sie über den Kurzbefehl ⌈Strg⌋/ ⌈Ctrl⌋+⌈R⌋ das Werkzeug LOOP CUT AND SLIDE, und fügen Sie durch Drehen am Mausrad insgesamt drei zusätzliche Edge Loops ein, und bestätigen Sie diese per Linksklick.

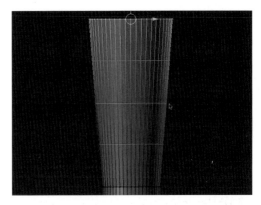

28 Edge Loops platzieren

Diese drei zusätzlichen Loop Cuts reichen aus, um die zwei Stahlringe am Schlot anzubringen. Vorher müssen wir sie nur noch an die richtige Position bringen.

Aktivieren Sie den EDGE SELECT-Mode, selektieren Sie durch Rechtsklick bei gedrückter ⌈Alt⌋-Taste nacheinander die Edge Loops, und verschieben Sie die Loops über TRANSLATE (Tasten ⌈G⌋, ⌈Y⌋) nach oben und zur Mitte.

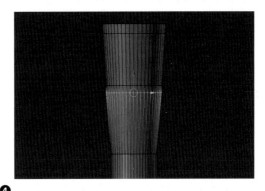

29 Stahlringe extrudieren

Sie können die praktische Selektion von Edge Loops übrigens auch zur Auswahl von Faces verwenden. Wechseln Sie in den FACE SELECT-Mode, und selektieren Sie durch Rechtsklick bei gedrückter ⌈Alt⌋+⌈⇧⌋-Taste die beiden Face Loops für die Stahlringe. Anschließend verwenden Sie das Extrudieren-Werkzeug REGION (VERTEX NORMALS) ❹, um aus den Face Loops die beiden Stahlringe zu extrudieren.

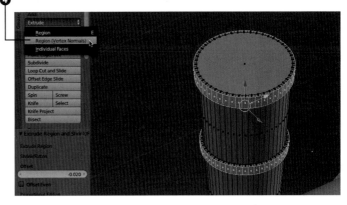

30 Den Schlot per Inset Faces innen extrudieren

Die Außengestaltung des Schlots wäre damit erledigt, nun fehlt noch ein raucherfreundliches oberes Ende. Selektieren Sie das oben liegende N-Gon im FACE SELECT-Mode, und extrudieren Sie es mit dem Werkzeug INSET FACES (Taste ⓘ) ein Stück nach innen, um die Stärke der Schlotwand festzulegen.

31 Innenraum des Schlots extrudieren

Nun müssen wir das selektierte N-Gon nur noch mit einer einfachen Extrusion (Taste Ⓔ) nach unten ziehen, um den Innenraum des Schlots freizulegen. Dabei reicht es, die Extrusion im unteren Drittel enden zu lassen. Zum einen wird der Schlot nicht von oben betrachtet, zum anderen werden wir ihn natürlich später ordentlich qualmen lassen.

32 Stahlringe und Schlotansatz beveln

Nachdem die Modellierung des Schlots nun so weit abgeschlossen ist, machen wir uns an die Feinarbeit mit ein paar Bevels.

Wechseln Sie in den EDGE SELECT-Mode und selektieren Sie durch Rechtsklick bei gedrückter Ⓐⅼⓣ+⇧-Taste die fünf Edge Loops an den beiden Stahlringen sowie dem unten liegenden Schlotansatz. Runden Sie diese Edge Loops analog zu den anderen Stahlringen ❶ mit dem BEVEL-Tool (Ⓢⓣⓡⓖ/Ⓒⓣⓡⓛ+Ⓑ) ab.

33 Obere Schlotkante beveln

Die innere Schlotkante am oberen Ende soll einen größeren Bevel bekommen. Selektieren Sie dazu den Edge Loop an der oberen Innenkante des Schlots durch Rechtsklick bei gedrückter Ⓐⅼⓣ-Taste.

Runden Sie die Kante mit dem BEVEL-Werkzeug (Ⓢⓣⓡⓖ/Ⓒⓣⓡⓛ+Ⓑ) und einem größeren Radius (AMOUNT) sowie mit mehr Unterteilungen (SEGMENTS) im LAST OPERATOR-Panel ❷ ab.

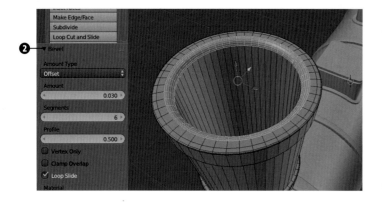

34 Smooth Shading und Edge Split-Modifier zuweisen

Nach diesem Feintuning ist nun auch der Schlot fertig. Benennen Sie ihn über das Panel ITEM im PROPERTIES SHELF entsprechend, und aktivieren Sie für ihn im OBJECT MODE über das TOOL SHELF das SMOOTH SHADING.

Weisen Sie auch ihm zur gezielteren Glättung über den MODIFIER-Tab im PROPERTIES-EDITOR einen EDGE SPLIT-Modifier zu.

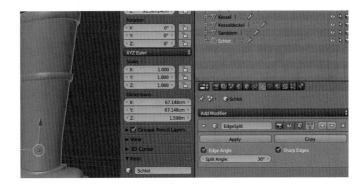

Modellieren des Führerhauses

1 Cube erzeugen, definieren und platzieren

Für das Führerhaus der Dampflok beginnen wir mit einem Cube. Setzen Sie den 3D Cursor über die Tasten ⌂+C auf den Welturprung zurück, und erzeugen Sie im OBJECT MODE über das Menü ADD (Tasten ⌂+A) einen Cube.

Bevor wir mit dem Modelling beginnen, bringen wir den Cube in einen geeigneten Ausgangszustand. Verwenden Sie die Parameter ❹ aus dem PROPERTIES SHELF (Taste N), um die Dimensionen des Cubes zu definieren. Mit diesem Schritt ändern wir die Skalierung ❸ des Objekts, dazu bald mehr. Verwenden Sie TRANSLATE (Taste G) oder die Achsanfasser, um den schmal skalierten Cube unten an das Ende des Kessels zu schieben.

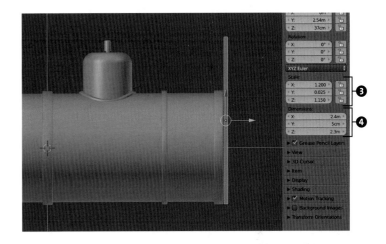

2 Wandstärke durch Extrusion nach innen festlegen

Ich habe mich für die folgenden Extrusionsschritte an möglichst glatte, realistische Werte gehalten, um möglichst konsistent zu arbeiten. Wechseln Sie in den EDIT MODE, selektieren Sie das vordere (im Bild nicht zu sehen) und das hintere Polygon per Rechtsklick bei gedrückter ⌂-Taste, und extrudieren Sie beide mit dem INSET FACES-Tool um 5 cm nach innen.

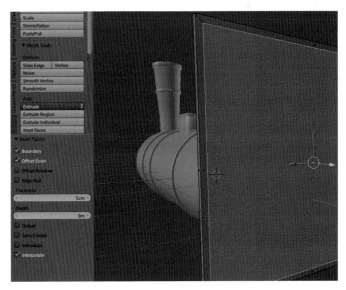

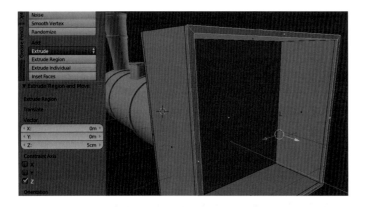

3 Vordere Führerhaushälfte extrudieren

Über die innere Extrusion haben wir die Wandstärke oben, unten und an den Seiten des Führerhauses vordefiniert. Nun extrudieren wir die Wände aus diesen Faces. Selektieren Sie im FACE SELECT-Mode die vier Faces am Rand und aktivieren Sie das EXTRUDE-Tool (Taste [E]), um zwei Extrusionen anzufügen: die erste mit 95 cm, die zweite analog zur Wandstärke mit 5 cm.

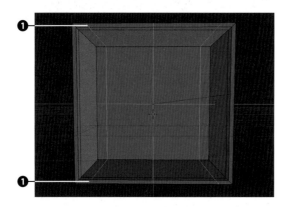

4 Loop Cuts für die vorderen Fensterausschnitte anbringen

Bevor wir mit der Modellierung des Führerhauses fortfahren, bereiten wir die vorhandene Geometrie auf die Fensterausschnitte vor. An der Vorderseite sollen zwei Fenster entstehen. Wechseln Sie in den EDGE SELECT-Mode und zum Werkzeug LOOP CUT AND SLIDE (Tasten [Strg]/[Ctrl]+[R]), und fügen Sie durch Drehen an der Mausrad-Taste insgesamt drei senkrechte Loop Cuts ein.

5 Edge Loops skalieren

Bestätigen Sie die drei Loop Cuts durch einen Linksklick, und brechen Sie das Verschieben der Loop Cuts mit der [Esc]-Taste ab. Aktivieren Sie stattdessen das Skalieren-Werkzeug in X-Richtung (Tasten [S] und [X]), und ziehen Sie die beiden äußeren Edge Loops weiter zu den Außenkanten.

Haben Sie bereits bemerkt, dass die äußeren Edge Loops nicht senkrecht, sondern zur Lage der angrenzenden Kanten ❶ verlaufen?

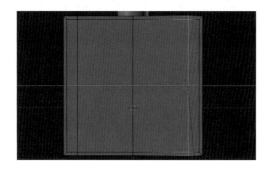

6 Edge Loops begradigen

Dies ist auch oft so gewollt, beispielsweise bei Detailarbeiten an einem Character – in unserem Fall aber sind diese verzerrten Kanten unerwünscht.

Um einen Edge Loop zu begradigen, selektieren Sie ihn durch Rechtsklick mit gedrückter [Alt]-Taste und skalieren ihn über den Kurzbefehl [S], [X] und [0].

7 Horizontale Loop Cuts für die Fensterausschnitte anbringen

Wir können dieses Verhalten bei den horizontalen Loop Cuts ❷ für die Fenster noch einmal gut nachvollziehen.

Wechseln Sie wieder zum Werkzeug LOOP CUT AND SLIDE (Tasten [Strg]/[Ctrl]+[R]), und fügen Sie durch Drehen an der Mausrad-Taste drei waagrechte Loop Cuts ein. Aus der perspektivischen Ansicht ist der angepasste Kantenverlauf gut zu sehen. Bestätigen Sie die drei Loop Cuts mit einem Linksklick, und verschieben Sie die Edge Loops so weit nach oben, dass der mittlere Edge Loop oberhalb des Kessels liegt.

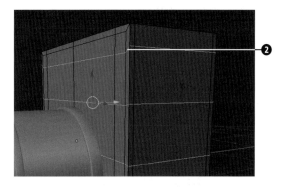

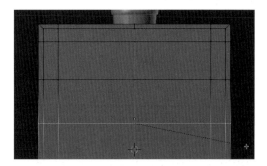

8 Edge Loops begradigen

Begradigen Sie die Edge Loops einzeln, indem Sie sie nacheinander durch Rechtsklick mit gedrückter [Alt]-Taste selektieren und über die Tasten [S], [Z] und [0] skalieren.

9 Edge Loops für die Fensterausschnitte finalisieren

Bevor wir am Führerhaus weitermodellieren, wechseln Sie, falls nicht bereits erfolgt, auch einmal über die Tasten [Strg]/[Ctrl]+[1] sowie [5] in die orthogonale Ansicht von hinten, und überprüfen Sie den Stand der Edge Loops bzw. deren Abstände zu den Seiten. Ein späteres Nacharbeiten ist mit sehr viel mehr Arbeit verbunden. Wenn Sie mit dem Stand der Ober- ❸ bzw. Unterkante ❹ des Fensters sowie der Unterkante ❺ des Führerhausausschnitts zufrieden sind, fahren wir endlich mit den Extrusionen fort.

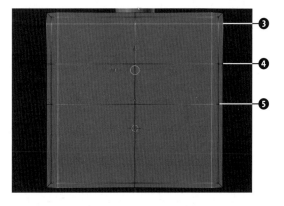

10 Hintere Führerhaushälfte extrudieren

Um den hinteren Teil des Führerhauses zu erstellen, wechseln Sie in den FACE SELECT-Mode und selektieren die Faces am hinteren Rand des Führerhauses – mit Ausnahme der vier Faces für den Ausschnitt – und extrudieren sie (Taste [E]) um 40 cm.

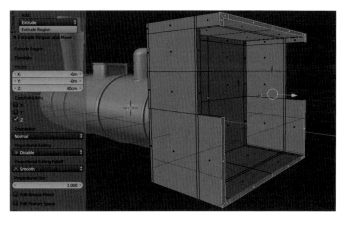

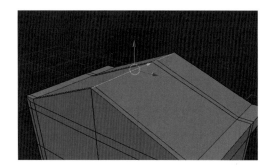

11 Kanten für das Führerhaus-dach verschieben

Die Vorarbeiten sind erledigt, wir können mit dem Ausgestalten des Führerhauses beginnen. Drehen Sie sich die Ansicht bei gedrückter Mausrad-Taste so zurecht, dass Sie die Oberseite überblicken. Selektieren Sie die Edges im EDGE SELECT-Mode in der Mitte der Oberseite, und schieben Sie die Edges durch Ziehen am blauen Z-Anfasser ein Stück nach oben.

12 Dach per Bevelling abrunden

Um dem Dach eine zur Dampflok passende abgerundete Form zu geben, lassen Sie die verschobene Dachspitze selektiert, und aktivieren Sie das BEVEL-Werkzeug (Tasten [Strg]/[Ctrl]+[B]).

Starten Sie ein kurzes Bevelling, und geben Sie anschließend im LAST OPERATOR-Panel ❶ in den einzelnen Feldern den benötigten Radius (AMOUNT) sowie die Anzahl der Unterteilungen (SEGMENTS) an. Bei diesen Bevels entstehen zwar Dreiecke und zwei Pole ❷, da diese aber jeweils auf ihrer gemeinsamen Ebene bleiben, ist dies kein Problem.

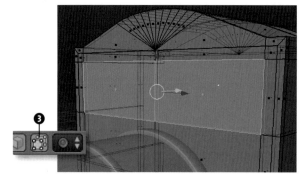

13 Faces für die Frontfenster selektieren

Aus den bereits vorbereiteten Faces für die Frontfenster sollen zwei separate Fenster entstehen. Wechseln Sie in den FACE SELECT-Mode, und selektieren Sie die beiden Faces an der Vorderseite sowie der Innenseite der Dampflok. Schalten Sie dabei (zur Kontrolle und besseren Übersicht) die Option LIMIT SELECTION TO VISIBLE ❸ aus.

14 Frontfenster-Faces durch innere Extrusion teilen

Rufen Sie nun das Werkzeug INSET FACES (Taste [I]) auf, und setzen Sie die interaktiv per Maus begonnene innere Extrusion über das LAST OPERATOR-Panel auf 3 cm ❹. Achten Sie auf die Option INDIVIDUAL, damit die Faces getrennt behandelt werden.

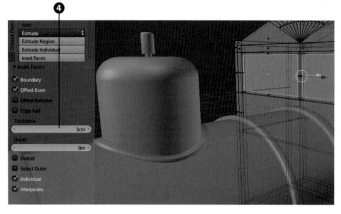

15 Frontfenster durch Bridge Edge Loops schaffen

Wie schneiden wir nun die Fenster aus dem Führerhaus? Da die dafür benötigten Faces schon dafür vorbereitet sind, müssen wir die jeweils korrespondierenden Faces lediglich miteinander verbinden. Das dafür zuständige Werkzeug BRIDGE EDGE LOOPS finden Sie im Menü der EDGE TOOLS, die Sie sich über den Kurzbefehl [Strg]/[Ctrl]+[E] einblenden. Wollen Sie beide Öffnungen gleichzeitig über diesen Befehl schaffen, aktivieren Sie im LAST OPERATOR-Panel die Option LOOP PAIRS ➎.

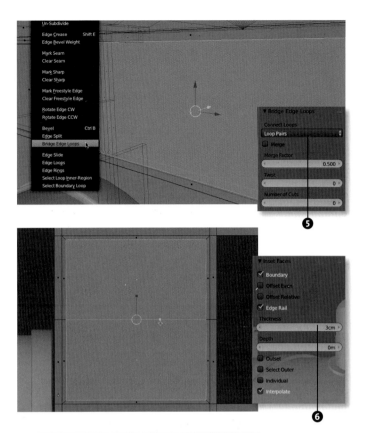

16 Seitenfenster-Faces innen extrudieren und skalieren

Für die beiden Seitenfenster sind zwar schon Vorbereitungen getroffen, die Fenster wären aber im Moment noch viel zu groß. Selektieren Sie die beiden zusammen- und gegenüberliegenden Faces auf beiden Seiten der Dampflok, und setzen Sie eine kleine innere Extrusion ➏ (Taste [I]) an. Skalieren Sie anschließend per Tasten [S] und [Y] die Faces in Y-Richtung ca. auf die Hälfte zusammen, um den Ausschnitt zu verkleinern.

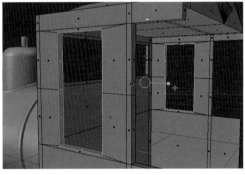

17 Seitenfenster durch Bridge Edge Loops schaffen

Jetzt sind die Faces für die Bridge-Verbindung zu Fenstern vorbereitet. Blenden Sie sich das Werkzeug BRIDGE EDGE LOOPS über den Kurzbefehl [Strg]/[Ctrl]+[E] dazu ein, und erzeugen Sie die beiden Fensteraussparungen.

18 Faces auf dem Dach selektieren

Für das Dach des Führerhauses schaffen wir uns an der Decke etwas Materialstärke und dadurch Faces an den umlaufenden Seiten. Selektieren Sie dazu mit dem CIRCLE SELECT-Tool (Taste [C]) alle Faces auf der Oberseite des Führerhauses, die Option LIMIT SELECTION TO VISIBLE ➐ sollte deaktiviert sein. Bestätigen Sie diese Selektion per Rechtsklick.

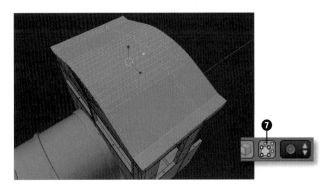

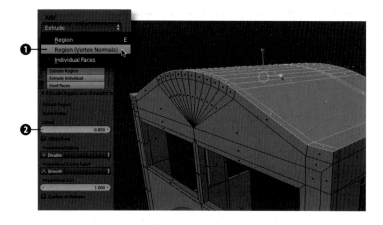

19 Faces fur das Dach extrudieren

Da die Face-Normalen unserer Selektion in unterschiedliche Richtungen weisen, benötigen wir das Extrudieren-Werkzeug EXTRUDE REGION (VERTEX NORMALS), das Sie im Menü EXTRUDE ❶ im TOOL SHELF finden.

Wenden Sie das Extrudieren-Tool kurz an, um im nächsten Schritt die Parameter über das LAST OPERATOR-Panel exakt einzustellen. Ein OFFSET-Wert von –0.050 ❷ entspricht den 5 cm Wandstärke des Führerhauses.

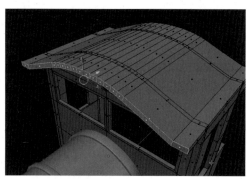

20 Frontseite des Dachs extrudieren

Wie weit Sie das Dach über die Seiten des Führerhauses überstehen lassen möchten, ist natürlich ganz Ihnen überlassen. Selektieren Sie dazu die Faces an der jeweiligen Seite im FACE SELECT-Mode, und extrudieren Sie die Faces mit dem normalen Extrudieren-Werkzeug (Taste E) so weit, wie Sie das Dach an der Front Ihrer Dampflok haben möchten.

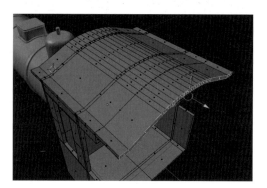

21 Rückseite des Dachs extrudieren

Auf die gleiche Weise entsteht das auf der Rückseite des Führerhauses überstehende Dach. Hier habe ich mich wieder an den klassischen Dampflokomotiven orientiert, die dem Dach hinten für die Überleitung zum Tender stets etwas mehr Überstand spendiert haben.

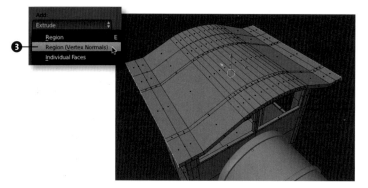

22 Seitliche Dachüberstände extrudieren

Die seitlichen Dachüberstände können Sie in einem Arbeitsgang erledigen. Selektieren Sie zunächst die Faces an der linken und rechten Seite des Führerhauses mit gedrückt gehaltener ⇧-Taste, und rufen Sie das Extrudieren-Werkzeug EXTRUDE REGION (VERTEX NORMALS) ❸ über das TOOL SHELF auf. Die Überstände dürfen hier etwas kleiner ausfallen.

23 Skalierung anwenden

Dem Führerhaus fehlen nur noch Bevels an den Kanten. Da wir mit einem stark skalierten Cube-Objekt begonnen haben, müssen wir diese Skalierung auf das Objekt anwenden, um verzerrte Bevels zu vermeiden.

Wechseln Sie mit der ⇆-Taste in den OBJECT MODE, und rufen Sie über den Kurzbefehl Strg/Ctrl+A das Menü APPLY ❹ im Viewport auf. Wählen Sie APPLY SCALE oder ROTATION & SCALE, wenn Sie auch gleich eine vorhandene Rotation anwenden möchten.

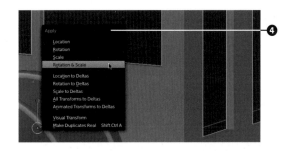

24 Kanten beveln

Kümmern wir uns zunächst um alle Kanten, die eine recht weiche Rundung bekommen sollen, also die Ecken der Fenster und die Aussparungen. Wechseln Sie dazu in den EDIT MODE, und selektieren Sie im EDGE SELECT-Mode alle Edges, die eine weiche Rundung bekommen sollen. Rufen Sie anschließend über den Kurzbefehl Strg/Ctrl+B das BEVEL-Werkzeug auf, und stellen Sie das Bevel im LAST OPERATOR-Panel ❺ auf einen AMOUNT von 0.800 bei 4 Segments.

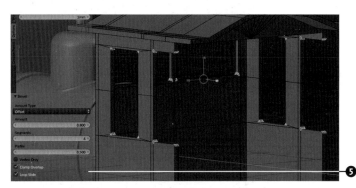

Alle anderen Bevels erledigt ein BEVEL-Modifier für uns, den wir dem Führerhaus-Objekt über den Button ADD MODIFIER ❼ im MODIFIER-Tab ❻ des PROPERTIES-EDITORS zuweisen. Verwenden Sie einen Winkel (ANGLE) von 30° als Limit.

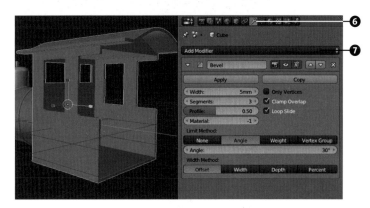

Modellieren des Antriebs

1 Lok-Teile ausblenden und Cylinder erzeugen

Mittlerweile hat sich unser Viewport gut gefüllt, sodass wir uns für das ungestörte Modelling der Räder zunächst alle unbenötigten Elemente über den OUTLINER ausblenden ❽.

Setzen Sie nun den 3D Cursor über die Tasten ⇧+C auf den Welturspung, um dort über ⇧+A einen Cylinder zu erzeugen.

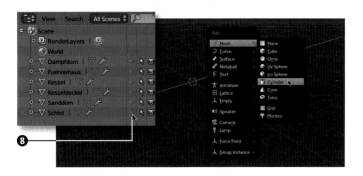

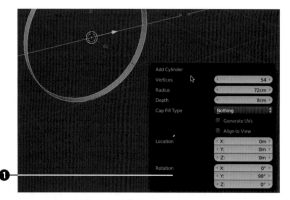

2 Cylinder vorbereiten

Rufen Sie direkt nach der Erstellung des Cylinders das LAST OPERATOR-Menü ❶ über die Taste F6 auf, damit wir den Cylinder auf unsere Bedürfnisse anpassen können.

Eine Anzahl von 54 VERTICES reicht für eine ausreichende Unterteilung. Setzen Sie außerdem den CAP FILL TYPE auf NOTHING, da wir lediglich an der Außenfläche interessiert sind. Ein Y-Wert von 90° bei der Rotation dreht den Cylinder in die benötigte Richtung.

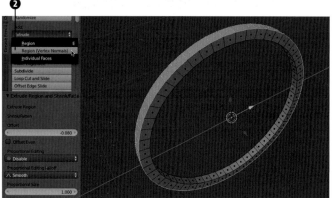

3 Lauffläche extrudieren

Wechseln Sie über die ⇆-Taste in den EDIT MODE, und aktivieren Sie zusätzlich den FACE SELECT-Mode. Sollten nicht bereits alle Faces des Cylinders selektiert sein, können Sie dies schnell über die Taste A erledigen.

Wählen Sie im TOOL SHELF das Extrudieren-Werkzeug EXTRUDE REGION (VERTEX NORMALS) ❷, damit jedes Face in seiner Normalenrichtung extrudiert wird. Für die Extrusion des Rads reicht ein OFFSET-Wert von –0.080.

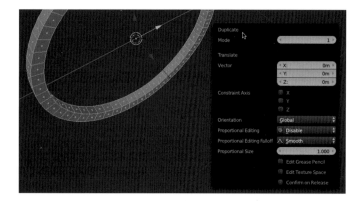

4 Rad für die Nabe duplizieren

Es bietet sich an, aus der Geometrie des Radlaufs die Nabe abzuleiten, da die gleiche Anzahl VERTICES benötigt wird. Damit die Nabe zum gleichen Mesh-Objekt gehört, bleiben Sie im EDIT MODE und wenden den Befehl DUPLICATE (Tasten ⇧+D) an. Ein Versatz ist nicht notwendig, brechen Sie also den nachfolgenden Transformationsschritt einfach mit der Esc-Taste ab.

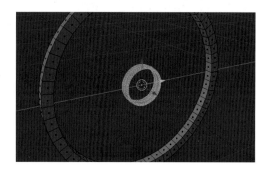

5 Faces der Nabe skalieren

Im Moment liegen die für die Nabe vorgesehenen Faces deckungsgleich auf den Faces des Radlaufs.

Um das Duplikat auf 20 % der Ausgangsgröße zu verkleinern, verwenden wir das Skalieren-Werkzeug für die Z- und Y-Achse. Tippen Sie dazu einfach hintereinander die Tasten S, Z und 0 . 2 sowie S, Y und 0 . 2.

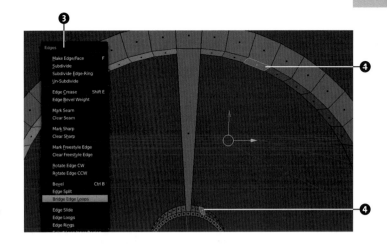

6 Speichen des Rads mit Bridge Edge Loops erzeugen

Um die Speichen des Rads zu erzeugen, müssen wir lediglich jedes dritte Face der Nabe mit dem gegenüberliegenden Face der Radlauf-Unterseite verbinden.

Das dafür geeignete Werkzeug, BRIDGE EDGE LOOPS, das Sie über das Menü der EDGE TOOLS ❸, das Sie sich über den Kurzbefehl [Strg]/[Ctrl]+[E] einblenden, kennen Sie bereits. Selektieren Sie also die beiden gegenüberliegenden Faces ❹ per Rechtsklick bei gedrückter [⇧]-Taste, und wenden Sie BRIDGE EDGE LOOPS an. Nach dieser ersten Speiche lassen Sie zwei Face-Paare als Zwischenraum unberührt. Das dritte Face-Paar nach der Speiche verbinden Sie wieder mit dem Tool BRIDGE EDGE LOOPS. Drücken Sie einfach die Tasten [⇧]+[R] für REPEAT LAST, um das Werkzeug nochmals anzuwenden.

Wenn Sie auf diese Weise alle Speichen für das Rad erzeugt haben, verbreitern Sie die Nabe des Rads noch ein wenig, indem Sie die beiden Edge Loops ❺ (oder auch den Face Loop) auf der Innenseite per Rechtsklick bei gedrückter [Alt]-Taste wählen und in Z- und Y-Richtung mit identischen Werten skalieren.

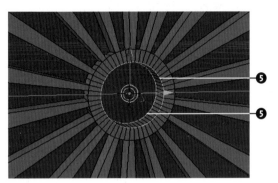

7 Faces für den Spurkranz extrudieren

Drehen Sie die Ansicht mit gedrückter Mausrad-Taste, um sich der Rückseite des Rads zuwenden zu können. Selektieren Sie im FACE SELECT-Mode alle Faces auf der Innenseite des Radlaufs (Face Loop per Rechtsklick bei gedrückter [Alt]-Taste), und wenden Sie kurz einen normalen Extrudieren-Befehl (Taste [E]) an. Über das LAST OPERATOR-Menü (Taste [F6]) ❻ legen Sie eine Extrusion von 2 cm fest. Anschließend selektieren Sie den Face Loop der neuen Faces auf dem schmalen Teil der Lauffläche ❼ per Rechtsklick bei gedrückter [Alt]-Taste und rufen über den Kurzbefehl [Alt]+[E] des EXTRUDE-Menüs den Befehl EXTRUDE REGION (VERTEX NORMALS) auf.

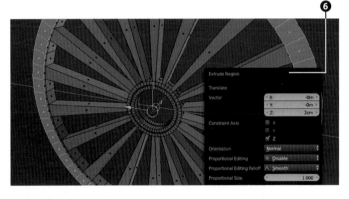

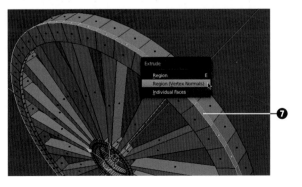

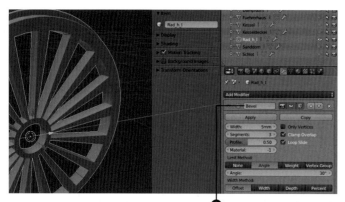

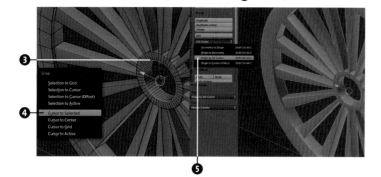

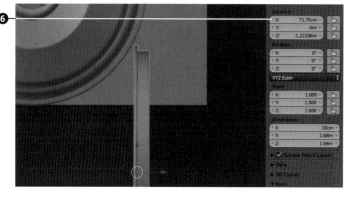

8 Spurkranz extrudieren

Wenden Sie das Extrudieren-Werkzeug kurz an, und stellen Sie über das Last Operator-Panel ❶ einen Offset von –0.040 ein. Mit diesem Wert steht der Spurkranz ringsum exakt 2 cm über der Radlauffläche.

9 Bevel-Modifier zuweisen

Das erste Rad ist fertig modelliert, sodass wir in den Object Mode wechseln und dem Rad über das Panel Item im Properties Shelf einen Namen geben. Mein Rad wird die Position hinten links einnehmen, deshalb habe ich ein »_h_l« an den Namen angehängt.

Weisen Sie dem Rad außerdem über den Modifier-Tab im Properties-Editor einen Bevel-Modifier ❷ zu, der alle Kanten mit einer Width von 5 mm mit drei Segments rundet. Die Option Clamp Overlap sorgt dafür, dass das Bevelling bei drohender Überlappung stoppt. Lassen Sie den Bevel-Modifier über die Limit Method Angle auf die anliegenden Winkel kleiner als 30° wirken.

10 Ursprung setzen und Rad positionieren

Um das Rad gleich mit der korrekten Spurweite positionieren zu können, setzen wir den Ursprung des Rads auf die innen liegende Kante der Nabe. Selektieren Sie den Edge Loop ❸ im Edge Select-Mode durch Rechtsklick mit gedrücker ⎣Alt⎦-Taste, und versetzen Sie den 3D Cursor über den Befehl Cursor to Selected ❹ aus dem Menü Snap (Tasten ⎣⇧⎦+⎣S⎦) in dessen Mitte. Im Object Mode können Sie nun über das Menü Set Origin im Tool Shelf über Origin to 3D Cursor ❺ den Ursprung auf den 3D Cursor setzen.

Verwenden Sie im Properties Shelf die Location-Werte, um das Rad in X-Richtung auf die Position 71.75 cm ❻ zu versetzen. Dies entspricht exakt der Standard-Spurweite, die sich in den meisten Ländern der Erde etabliert hat. In Z-Richtung setzen Sie das Rad so, dass es nicht an den Kessel unserer Lok anstößt.

11 Cylinder für Kurbel erzeugen

Zu jedem angetriebenen Rad gehört
eine Kurbel, die mit der Nabe verbunden ist.
Versetzen Sie den 3D Cursor über den Befehl
CURSOR TO SELECTED ❹ auf die Position des
Rads, und erzeugen Sie dort über das Menü
ADD (Tasten ⇧+A) einen CIRCLE.

Rufen Sie gleich danach das LAST OPERATOR-
Menü ❼ über die Taste F6 auf, und übernehmen Sie die Anzahl VERTICES und den
RADIUS. Der Wert für die korrekte X-Location
ergibt sich aus der Spurweite und der Dicke
des Rads. Da wir die erzeugte Fläche später
extrudieren möchten, verwenden Sie N-GON
als FILL TYPE. Der Y-Winkel von 90° dreht uns
den CIRCLE gleich in die gewünschte Richtung.

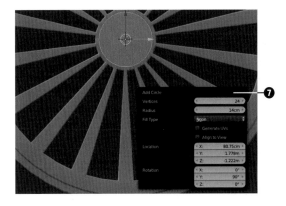

12 Vertices des Cylinders verschieben und skalieren

Wechseln Sie für einen besseren Überblick
über die Tasten 3 [Num] bzw. 5 [Num] in
die orthogonale Seitenansicht. Aktivieren Sie
den EDIT MODE über die ⇆-Taste, und wählen Sie den VERTEX SELECT-Mode. Verwenden
Sie das BORDER SELECT-Werkzeug (Taste B),
um die Vertices der unteren Hälfte des Circles
zu selektieren. Ziehen Sie diese Vertices anschließend mit dem blauen Z-Achsanfasser ❽
ein gutes Stück nach unten.

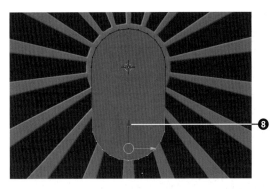

Lassen Sie die Vertices selektiert, und rufen
Sie über die Taste S das Skalieren-Tool auf.
Skalieren Sie die Vertices etwas zusammen ❾,
um so die Grundform der Kurbel zu erhalten.

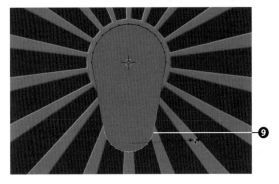

13 N-Gon des Cylinders extrudieren

Ein leichtes Drehen bei gedrückter Mausrad-
Taste genügt, um in eine für die Extrusion
bessere Perspektive zu gelangen. Wechseln
Sie in den FACE SELECT-Mode, und wählen Sie
das N-Gon der Kurbel aus. Rufen Sie über die
Taste E das Extrudieren-Werkzeug auf, und
extrudieren Sie das Face kurz, um anschließend über das LAST OPERATOR-Menü ❿ (Taste
F6) eine Extrusion von 6 cm durchzuführen.

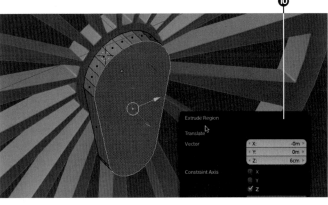

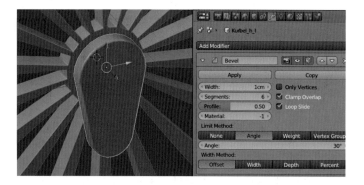

14 Benennung und Bevel-Modifier zuweisen

Mehr Arbeit müssen wir nicht in die Kurbel des Rads investieren. Wechseln Sie über die ⇆-Taste in den Object Mode, und geben Sie der Kurbel einen zum Rad passenden Namen. Weisen Sie der Kurbel über den Modifier-Tab im Properties-Editor einen Bevel-Modifier zu, und vergeben Sie dort eine Width von 1 cm mit ausreichenden Segments.

15 Achs-Cylinder erzeugen

Erzeugen wir eine gemeinsame Achse für das Rad und die Kurbel. Der 3D Cursor befindet sich noch auf der X-Position der Kurbel, für die mittige Erstellung der Achse setzen wir ihn deshalb einfach über den X-Wert im Panel 3D Cursor ❶ des Properties Shelfs auf die Nullposition zurück.

Nun erstellen Sie über das Menü Add (Tasten ⇧+A) einen neuen Cylinder, dessen Maße Sie nach Aufruf des Last Operator-Menüs (Taste F6) direkt übernehmen können. Der Y-Winkel von 90° sorgt gleich für die korrekte Ausrichtung der Achse.

16 Bevel-Modifier für die Achse zuweisen

Geben Sie der Achse über das Panel Item im Properties Shelf einen zu ihrer Position passenden Namen.

Weisen Sie der Achse über den Modifier-Tab im Properties-Editor einen Bevel-Modifier zu, und vergeben Sie dort eine Width von 3 mm mit drei bis vier Segments.

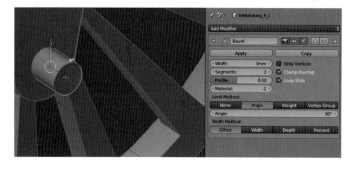

17 Achse für die Verbindung duplizieren

Für die Verbindung der Schubstange zu den Kurbeln benötigen wir ein kurzes Verbindungsstück. Sie können sich dafür einfach die eben erstellte Achse duplizieren, skalieren und positionieren. Zum Schluss geben Sie der Verbindung einen Namen und reduzieren die Einstellungen im Bevel-Modifier etwas.

18 Elemente von Rad und Achse selektieren

Nach diesem Schritt ist es nun sinnvoll, die anderen Räder durch gezieltes Duplizieren zu erzeugen.

Stellen Sie sicher, dass Sie im OBJECT MODE sind, und selektieren Sie alle Rad- und Achsen-Objekte. Verwenden Sie dazu am besten das BORDER SELECT-Werkzeug (Taste B), und ziehen Sie einen entsprechend großen Rahmen, der alle benötigten Elemente berührt.

19 Rad und Achse duplizieren und platzieren

Falls nicht bereits geschehen, sollten Sie sich nun auch wieder die anderen Objekte der Lok über den OUTLINER anzeigen lassen.

Duplizieren Sie die eben erstellte Selektion über den Kurzbefehl ⇧+D, und brechen Sie die Transformation über die Esc-Taste ab. Verwenden Sie den Y-Wert im TRANSLATE-Panel des TOOL SHELFS, um das Duplikat mit einem Versatz von –2 m ❷ zu platzieren.

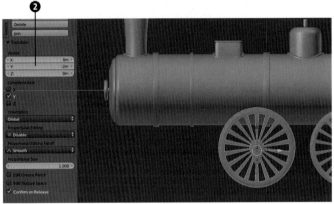

20 Vorderes Rad duplizieren

Erzeugen Sie wieder mit dem Duplizieren-Befehl ⇧+D ein weiteres Duplikat für das vordere, kleinere und nicht angetriebene Rad der Lok.

Versetzen Sie das Duplikat durch Verschieben am grünen Y-Achsanfasser ein kleines Stück nach vorne, und löschen Sie die Kurbel und die Verbindung durch Selektion und Drücken der X-Taste.

21 Vorderes Rad skalieren und platzieren

Selektieren Sie das Rad, und verkleinern Sie es mit den Skalieren-Befehlen S, Z und 0 . 6 sowie S, Y und 0 . 6 auf 60 % der Ausgangsgröße in Z- und Y-Richtung.

Prüfen Sie, ob die Achse zum Rad passt, und skalieren Sie die Achse gegebenenfalls etwas kleiner. Verschieben Sie das Rad mit der Achse auf die gemeinsame Grundlinie.

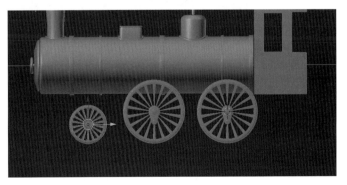

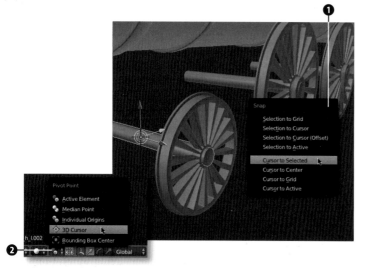

22 3D Cursor für den Pivot Point setzen

Alle Räder sind erstellt, auch die Achsen sind an ihrem Platz – nun fehlt nur noch die gegenüberliegende Seite. Um uns die Arbeit mit den Duplikaten so einfach wie möglich zu gestalten, setzen wir den 3D Cursor über das Menü SNAP ❶ (Tasten ⇧+S) auf den Ursprung der jeweiligen Achse. Legen Sie außerdem als PIVOT POINT ❷ für die Transformation den 3D CURSOR fest.

23 Rad selektieren, duplizieren und rotieren

Selektieren Sie nun das vordere Rad, und fertigen Sie über den Duplizieren-Befehl (Tasten ⇧+D) ein Duplikat davon an, dessen Transformation Sie über die Esc-Taste abbrechen. Jetzt können Sie das Duplikat über die Tastenkombination R, Z und 1 8 0 auf die gegenüberliegende Seite rotieren, denn als Drehpunkt für die 180° dient der 3D Cursor.

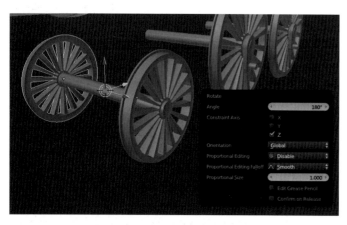

24 Weitere Räder erstellen und benennen

Verfahren Sie genauso mit den anderen Rädern: Setzen Sie den 3D Cursor auf den Ursprung der zugehörigen Achse, selektieren Sie alle Elemente, die auf die andere Seite dupliziert werden sollen (auch die Kurbel und das Verbindungsstück), und wenden Sie den Duplizieren-Befehl (Tasten ⇧+D) an. Dann rotieren Sie das Duplikat über die Tastenkombination R, Z und 1 8 0 auf die gegenüberliegende Seite. Zum Schluss setzen Sie als PIVOT POINT wieder den MEDIAN POINT ein.

Sobald alle Duplikate bzw. Räder, Kurbeln und Verbindungsstücke am vorgesehenen Ort sind, ist es an der Zeit, im OUTLINER ❸ für Ordnung zu sorgen. Die duplizierten Objekte besitzen lediglich numerische Namenserweiterungen, die uns bei der klaren Zuordnung nicht weiterhelfen. Gehen Sie durch die Objekte, und benennen Sie die Elemente entsprechend ihrer Funktion und Position.

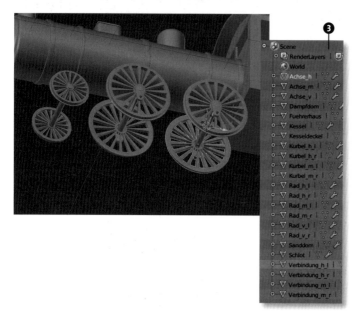

25 3D Cursor für den Schieberkasten setzen

Bevor wir die Räder der Dampflok mit Schubstangen verbinden, kümmern wir uns zunächst um die Schieberkästen – schließlich hat der Antrieb dort seinen Startpunkt.

Um eine gute Position für das Mesh-Objekt des Schieberkastens zu erhalten, selektieren wir eine Kurbel per Rechtsklick und versetzen per Menü SNAP ❹ den 3D Cursor dorthin.

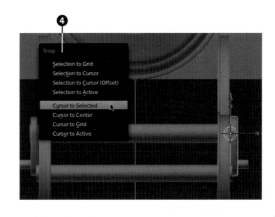

26 Cylinder für den Schieberkasten erzeugen

Erzeugen Sie über das Menü ADD (Tasten ⬡+Ⓐ) einen neuen Cylinder für den linken Schieberkasten, und rufen Sie direkt das LAST OPERATOR-Menü auf (Taste F6), um die angegebenen Maße zu übernehmen. Die LOCATION in Z-Richtung ist dank 3D Cursor schon korrekt, der X-Winkel von 90° dreht den Zylinder in die gewünschte Richtung.

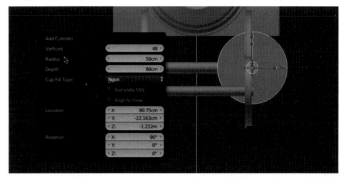

27 Schieberkasten platzieren

Um den eben erzeugten Schieberkasten gleich in die exakte Position zu bringen, wechseln Sie über die Tasten ① [Num] und ⑤ [Num] in die orthogonale Frontansicht und ziehen den Schieberkasten über den roten X-Achsanfasser ❺ auf die X-Position des Verbindungsstücks. Über die orthogonale Seitenansicht (Taste ③ [Num]) setzen Sie den Schieberkasten in Y-Richtung ❻ bündig mit dem Kessel.

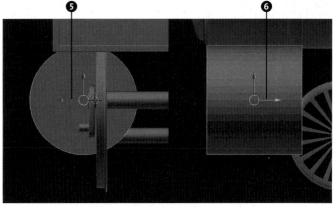

28 Vorderachse platzieren

Da mit dem Schieberkasten das vordere Ende des Antriebs festgelegt ist, können wir die beiden vorderen Räder zusammen mit der Vorderachse auf ihre endgültige Position bringen. Selektieren Sie die drei Mesh-Objekte der Räder und der Achse, und verschieben Sie die Selektion in Y-Richtung, beispielsweise durch Ziehen am Y-Achsanfasser ❼, so weit nach hinten, dass die Räder nicht mehr am Schieberkasten anstehen.

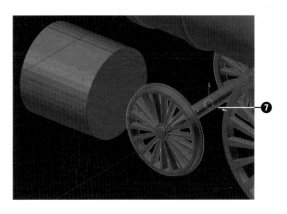

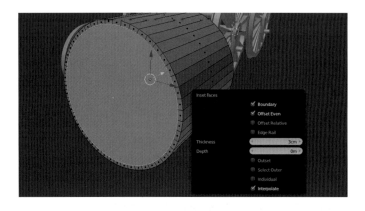

29 Vorderes und hinteres N-Gon innen extrudieren

Nachdem der Schieberkasten platziert ist, kümmern wir uns um dessen Ausmodellierung. Wechseln Sie per ⇆-Taste in den Edit Mode, und selektieren Sie im Face Select-Mode per Rechtsklick das vordere und hintere Face des Cylinders. Aktivieren Sie anschließend das Inset Faces-Werkzeug (Taste I), und wenden Sie eine innere Extrusion an, die Sie per Last Operator-Menü auf 3 cm setzen.

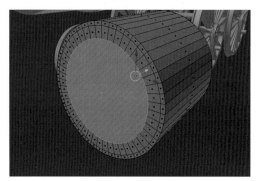

30 Stahlring innen extrudieren

Natürlich benötigt ein Schieberkasten (zumindest angedeutete) Öffnungen. Ähnlich wie bei den Stahlringen am Kessel erstellen wir dazu leicht extrudierte Ringe, die später mit angedeuteten Schrauben verziert und dadurch ein glaubwürdiges Aussehen bekommen. Fügen Sie als Erstes eine weitere innere Extrusion in der gewünschten Breite des Rings an.

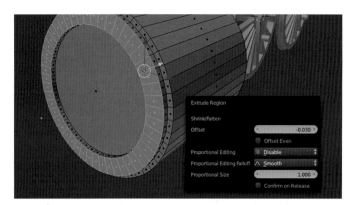

31 Stahlring selektieren und extrudieren

Bleiben Sie im Face Select-Mode, und selektieren Sie die durch die zweite innere Extrusion geschaffenen Face Loops auf beiden Seiten des Schieberkastens durch Rechtsklick mit gedrückt gehaltener Alt- und ⇧-Taste.

Aktivieren Sie das normale Extrudieren-Werkzeug (Taste E), und fügen Sie eine leichte Extrusion an, die Sie nach Aufruf des Last Operator-Menüs auf −0.030 setzen. Der Stahlring soll ja nicht aufdringlich wirken.

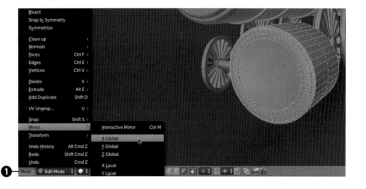

32 Schieberkasten duplizieren und spiegeln

Statt den Schieberkasten links als eigenes Objekt auf die andere Seite zu setzen, selektieren wir das Mesh durch zweifaches Drücken der Taste A, duplizieren es über die Tasten ⇧+D und spiegeln es an der globalen X-Achse über den Befehl Mirror • X Global aus dem Menü Mesh ❶ der 3D-View.

33 Gespiegelte Geometrie auf der rechten Seite

Auf diese Weise haben wir nicht nur schnellst-möglich den rechten Schieberkasten erstellt, wir haben uns auch ein zusätzliches Objekt im OUTLINER gespart. Der größte Vorteil ist aber, dass wir das Mesh der Schieberkästen später noch miteinander verbinden können, um es dann schließlich mit der Karosserie und dem Kessel zu verbauen.

34 Benennen und Bevel-Modifier zuweisen

Fertig sind die Schieberkästen noch nicht, da noch keine Schubstangen in das Gehäuse führen. Wir unterbrechen unsere Arbeit kurz, allerdings nicht, bevor wir den Schieberkäs-ten einen eindeutigen Namen spendiert und ihnen über den MODIFIER-Tab des PROPERTIES-EDITORS einen BEVEL-Modifier mit einer WIDTH von 5 mm bei 3 SEGMENTS zugewiesen haben.

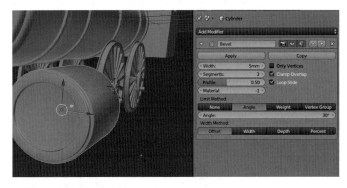

35 3D Cursor zwischen die Verbindungen setzen

Wir machen uns die Arbeit beim Erstellen der Schubstangen wieder so leicht wie möglich. Damit die erste Schubstange gleich an der richtigen Position entsteht, selektieren wir die beiden Verbindungsstücke der linken An-triebsseite im OBJECT MODE und setzen den 3D Cursor über das Menü SNAP mit CURSOR TO SELECTED ❷ auf die gemeinsame Mitte.

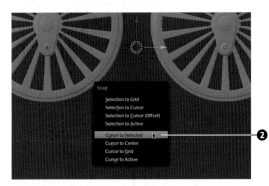

36 Cube erzeugen und skalieren

Erzeugen Sie über das Menü ADD (Tasten ⇧+A) einen Cube auf der Position des 3D Cursors. Legen Sie die Dimensionen des Cubes über das PROPERTIES SHELF fest.

Mit den angegebenen Werten ragt die Schubstange etwas über die Verbindungsstü-cke hinaus und ist nicht zu wuchtig, sodass die Kurbel und die Räder noch gut zur Gel-tung kommen. Wenden Sie die Skalierung des Cubes über das Menü APPLY • SCALE (Tasten Strg/Ctrl+A) an.

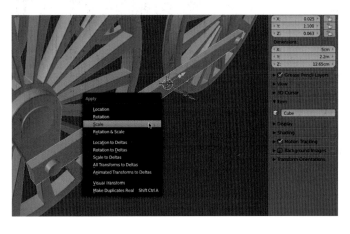

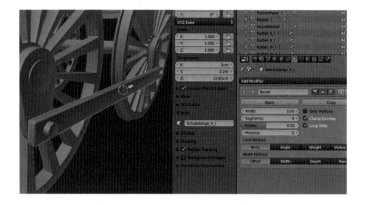

37 Benennen und Bevel-Modifier zuweisen

Nach dem Anwenden der Skalierung können wir uns darauf verlassen, dass auch die Bevels problemlos funktionieren werden. Geben Sie der ersten Schubstange zuvor noch über das Panel ITEM im PROPERTIES SHELF einen ihrer Position entsprechenden Namen, und weisen Sie ihr über den MODIFIER-Tab des PROPERTIES-EDITORS einen BEVEL-Modifier mit einer WIDTH von 1 cm bei 4 SEGMENTS zu.

38 Schubstange und Verbindungsstück selektieren

Die hintere Schubstange ist installiert, widmen wir uns den anderen beiden Schubstangen. Vorne für den Schieberkasten benötigen wir ebenfalls eine horizontale Schubstange sowie ein Verbindungsstück. Selektieren Sie beide Objekte per Rechtsklick, und fertigen Sie Duplikate (Tasten ⇧+D) davon an.

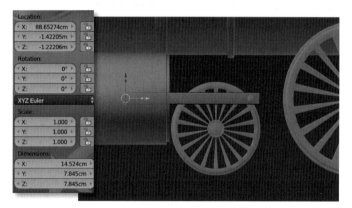

39 Schubstange platzieren und anpassen

Verschieben Sie die Schubstange zusammen mit dem Verbindungsstück nach vorne in den Schieberkasten, bis das hintere Ende mit dem vorderen Rad bündig ist. Setzen Sie die vordere Schubstange auf die gleiche Höhe wie die Nabe der großen Räder, indem Sie den Wert der Z-Koordinate von Rad und Schubstange miteinander abgleichen.

Wechseln Sie über die ⇆-Taste in den EDIT MODE, und kürzen Sie die Stange, indem Sie die Vertices am vorderen Ende selektieren und über den grünen Y-Achsanfasser etwa in die Mitte des Schieberkastens ziehen.

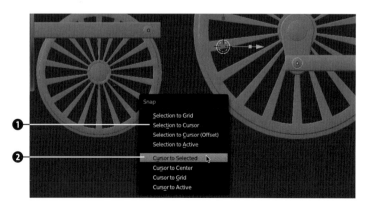

40 3D Cursor zwischen die Verbindungen setzen

Für die Position der mittleren Stange selektieren Sie die beiden Verbindungsstücke der Schubstangen im OBJECT MODE und setzen den 3D Cursor über das Menü SNAP mit CURSOR TO SELECTED ❷ auf die gemeinsame Mitte.

41 Mittlere Schubstange erzeugen und platzieren

Nun fehlt nur noch die mittlere Schubstange zwischen den Verbindungsstücken. Erzeugen Sie ein Duplikat der hinteren Schubstange (Tasten ⌂+D), das Sie über das Menü SNAP mit SELECTION TO CURSOR ❶ auf den positionierten 3D Cursor setzen. Passen Sie die Rotation der Schubstange mit dem ROTATE-Werkzeug R und X für die beiden Verbindungsstücke an, und skalieren Sie die Schubstange im EDIT MODE, um keine unerwünschte Objekt-Skalierung hervorzurufen.

Prüfen Sie, ob das Verbindungsstück weit genug aus den Schubstangen herausragt und verlängern Sie es gegebenenfalls. Nachdem nun das Gestänge des Antriebs fertiggestellt ist, vergeben Sie noch adäquate Namen an die Objekte im OUTLINER ❸.

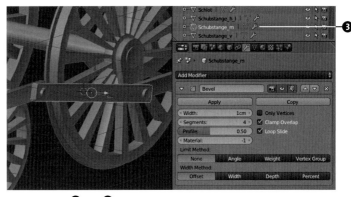

42 Öffnungen im Schieberkasten extrudieren

Um die vorderen Schubstangen über Öffnungen aus dem Schieberkasten herausragen zu lassen, fügen wir Extrusionen an. Selektieren Sie das linke und rechte N-Gon im FACE SELECT-Mode auf der Rückseite des Schieberkastens, und erzeugen Sie eine innere (Taste I) ❹ sowie eine normale Extrusion (Taste E) ❺, um die Öffnung herauszuextrudieren.

Mit einer weiteren Extrusion nach innen ❻ und einer anschließenden normalen Extrusion in Richtung des Schieberkasten-Inneren ❼ erzeugen Sie schließlich die Öffnung, aus der die Schubstange herausragt.

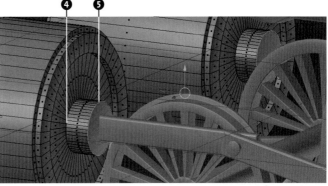

43 Schubstangen auf die andere Seite duplizieren

Die vordere und mittlere Schubstange sowie deren Verbinder sind nur auf der linken Seite vorhanden. Ergänzen Sie diese Objekte auf der rechten Seite, indem Sie einzelne Duplikate erzeugen, per Esc-Taste abbrechen und mit einem geänderten Vorzeichen beim X-Wert ❽ auf die andere Seite spiegeln.

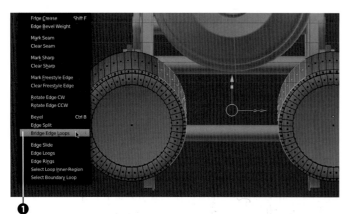

44 Schieberkästen mit Bridge Edge Loops verbinden

Um nun eine Verbindung zwischen den Schieberkästen und dem Kessel zu schaffen, selektieren wir im FACE SELECT-Mode mit dem CIRCLE SELECT-Tool (Taste C) die sich gegenüberliegenden Faces der Schieberkästen, bestätigen die Selektion per Rechtsklick und verbinden sie über BRIDGE EDGE LOOPS ❶ aus dem EDGE TOOL-Menü (Tasten Strg/ Ctrl + E).

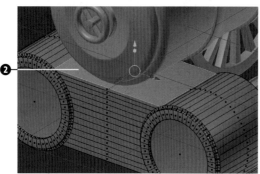

45 Schieberkasten und Kessel verbinden

Ohne eine Verbindung zwischen dem Kessel und dem Schieberkasten wäre unsere Dampflok natürlich bewegungsunfähig. Da die Verbindungsstellen später durch Lampen bzw. eine Leiste verdeckt werden, müssen wir uns nicht um einen Flansch zwischen den Bauteilen kümmern.

Um die Verbindung zu schaffen, selektieren Sie das oben in der Mitte liegende Face ❷ per Rechtsklick und aktivieren das Werkzeug INSET FACES (Taste I). Fügen Sie mit ihm eine Extrusion nach innen an ❸, und verschieben Sie das selektierte Face durch Ziehen am blauen Z-Achsanfasser ein kleines Stück nach vorne. Kontrollieren Sie aus verschiedenen Perspektiven, ob das Face unterhalb des Kessels nach oben direkt auf den vorderen Kesselabschnitt zeigt, und extrudieren Sie es (Taste E) entsprechend weit nach oben ❹.

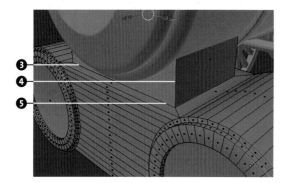

46 Übergang beveln

Um einen Übergang zwischen dem horizontalen Schieberkasten und der senkrechten Verbindung zum Kessel zu schaffen, wechseln Sie in den EDGE SELECT-Mode und selektieren den umlaufenden Edge Loop ❺ durch Rechtsklick mit gedrückt gehaltener Alt-Taste. Rufen Sie das BEVEL-Werkzeug (Tasten Strg/Ctrl + B) auf, und gestalten Sie einen gerundeten Übergang, in meinem Fall ein nach außen gewölbtes Profil ❻.

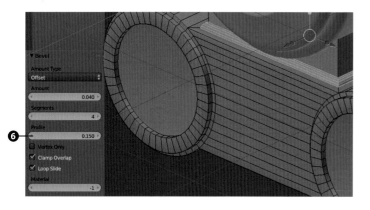

Modellieren der Scheinwerfer

1 Cylinder erzeugen

Damit wir uns auf das Modellieren des Scheinwerfers konzentrieren können, blenden Sie alle bislang erzeugten Objekte über den OUTLINER aus. Setzen Sie den 3D Cursor über ⌂+C auf den Welturprung, wechseln Sie in den OBJECT MODE, und erzeugen Sie über das Menü ADD (Tasten ⌂+A) einen Cylinder. Rufen Sie gleich das LAST OPERATOR-Menü ❼ auf, um dem Cylinder die richtige Größe, Segmentierung und Ausrichtung zu verleihen.

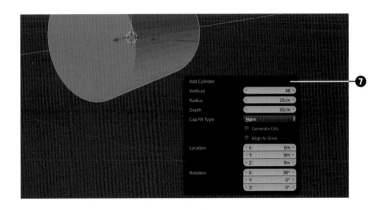

2 Für das Gehäuse innen extrudieren

Beginnen wir mit dem Gehäuse des Scheinwerfers. Wechseln Sie über die ⇆-Taste wieder in den EDIT MODE, und aktivieren Sie den FACE SELECT-Mode, um das vorne liegende N-Gon per Rechtsklick zu selektieren. Verwenden Sie INSET FACES (Taste I), um das N-Gon mit einer THICKNESS von 5 cm nach innen zu extrudieren.

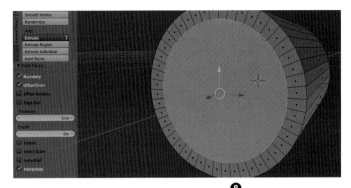

3 Innenraum extrudieren und Umrandung beveln

Wechseln Sie über die Taste E zum Extrudieren-Tool, und extrudieren Sie das N-Gon für den Innenraum ein Stück nach hinten ❽.

Beginnen wir mit dem Bevelling der Umrandung. Selektieren Sie die beiden Edge Loops auf der Vorderseite, indem Sie im EDGE SELECT-Mode die Edges bei gedrückt gehaltener Alt-Taste per Rechtsklick auswählen. Wechseln Sie zum BEVEL-Werkzeug (Tasten Strg/Ctrl+B), und geben Sie den Edge Loops eine kleine Abrundung mit ausreichend Segmenten ❾. Wesentlich mehr Abrundung ❿ und Segmente erhält der innen liegende Edge Loop im Scheinwerfer-Inneren. Selektieren Sie auch diesen Edge Loop, und vergeben Sie einen hohen Rundungsradius (AMOUNT) mit hoher Segmentierung.

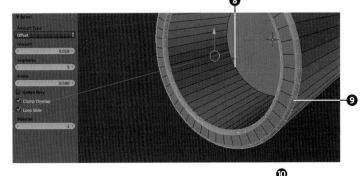

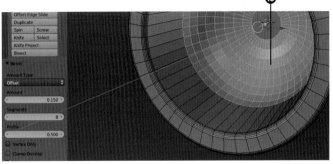

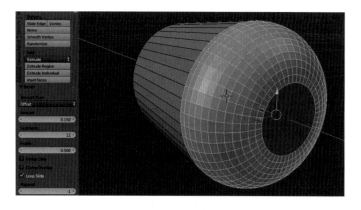

4 Formung der Scheinwerfer-Rückseite durch Bevelling

Wir haben das Bevel-Tool (Tasten `Strg`/`Ctrl`+`B`) ja bereits als praktisches Werkzeug zur Formung von Mesh-Objekten schätzen gelernt. Wenden Sie sich der Rückseite des Scheinwerfers zu, selektieren Sie den umlaufenden Edge Loop oder einfach das N-Gon, und beveln Sie die Kante mit dem Bevel-Tool mit ausreichender Segmentierung zu einer Rundung ab.

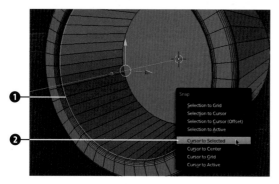

5 3D Cursor für das Scheinwerfer-Glas setzen

Nun fehlt noch die Glasscheibe im Scheinwerfer, hier reicht natürlich ein einfacher Cylinder. Zuvor platzieren wir noch den 3D Cursor an die richtige Stelle. Selektieren Sie den innersten Edge Loop am Scheinwerferrand ❶ per Rechtsklick mit gedrückter `Alt`-Taste, und setzen Sie den 3D Cursor über das Menü Snap (Tasten `⇧`+`S`) ❷ in die Mitte der Selektion.

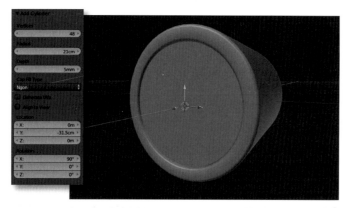

6 Cylinder für das Scheinwerfer-Glas erzeugen

Nachdem der 3D Cursor nun ideal platziert ist, können wir im Object Mode (Taste `⇆`) über das Menü Add (Tasten `⇧`+`A`) einen Cylinder für das Scheinwerfer-Glas erzeugen.

Legen Sie im Last Operator-Panel einen Radius von 21 cm und eine Depth von 5 mm fest. Rotieren Sie den Cylinder noch über den X-Winkel um 90°, damit das Glas auch korrekt ausgerichtet im Scheinwerfer sitzt.

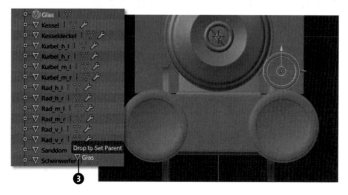

7 Glas als Child-Objekt des Scheinwerfers unterordnen

Weil Scheinwerfer und Glas zusammengehören, verknüpfen wir sie über eine Parent-/Child-Verbindung. Sehen wir uns an, wie dies über den Outliner funktioniert. Nachdem Sie beide Objekte entsprechend benannt haben, ziehen Sie das Glas per Drag & Drop einfach auf den Scheinwerfer ❸. Jetzt verschieben Sie mit dem Scheinwerfer auch immer das Glas.

8 Scheinwerfer duplizieren und platzieren

Platzieren Sie den fertigen Scheinwerfer auf die linke Seite der Lok, so nah es geht zwischen Kessel und Schieberkasten. Selektieren Sie Scheinwerfer und Glas per Rechtsklick mit gedrückter ⇧-Taste, und fertigen Sie über den DUPLICATE-Befehl (Tasten ⇧+D) ein Duplikat der beiden Objekte an. Brechen Sie die Transformation des Duplikats anschließend über die Esc-Taste ab, und setzen Sie ein Minuszeichen vor den X-Wert ❹ des Duplikats über das PROPERTIES SHELF, um den Scheinwerfer auf die andere Seite zu setzen.

Ich überlasse es gerne Ihnen, bei dieser Gelegenheit zwei weitere Duplikate für Rücklichter zu generieren. Den endgültigen Platz finden sie nämlich erst später.

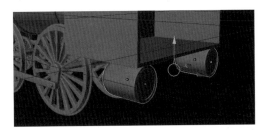

Modellieren des Fahrwerks

1 Cube für das Fahrwerk erzeugen

Die Teile unserer Dampflok sind derzeit physisch nicht miteinander verbunden. Wir benötigen also eine Art Fahrwerk, das die verschiedenen Komponenten trägt. Um sich die Arbeit dabei möglichst einfach zu gestalten, verwenden Sie einen Cube, den Sie im Welturspung erzeugen und aus der orthogonalen Seitenansicht (Tasten 3 [Num] und 5 [Num]) unter den Kessel platzieren. Die Skalierung des Cubes passen Sie interaktiv im Viewport an, indem Sie einfach die Skalieren-Anfasser ❺ verwenden, die Sie sich nach Klick mit gedrückter ⇧-Taste im Widget anzeigen lassen.

Um den Cube weiter zu bearbeiten, wechseln Sie in den EDIT MODE und fügen über das Werkzeug LOOP CUT AND SLIDE (Tasten Strg/ Ctrl+R) zwei vertikale Loop Cuts ein. Skalieren und verschieben Sie diese mit den Widget-Anfassern jeweils vor ❻ und hinter ❼ die großen Räder der Lok.

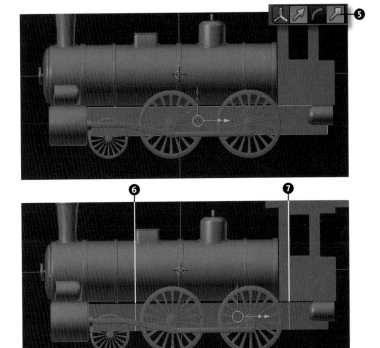

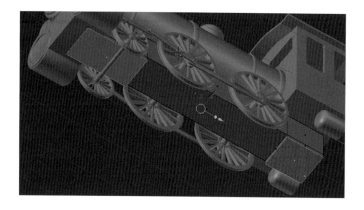

2 Faces für das Fahrwerk extrudieren

Drehen Sie sich die Ansicht im Viewport so zurecht, dass Sie gut auf die Faces auf der Unterseite des Fahrwerks zugreifen können. Selektieren Sie die beiden unten liegenden Faces vorne und hinten, und rufen Sie das Extrudieren-Werkzeug (Taste E) auf. Fügen Sie für das hintere Face eine, für das vordere Face zwei Extrusionen mit je 10 cm Versatz in X-Richtung an, die Sie per Linksklick bestätigen.

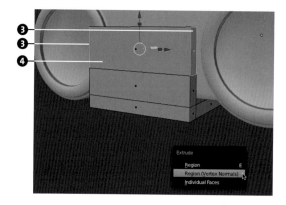

3 Faces für den vorderen Pufferträger extrudieren

Spätestens mit der zweiten Extrusion sollte die Achse der vorderen Räder umschlossen sein. Selektieren Sie anschließend das nach vorne weisende schmale Face, und extrudieren Sie es in zwei Schritten: Einen größeren Schritt bis vor den Schieberkasten ❷ sowie einen kleineren Schritt mit exakt 10 cm Versatz ❶ identisch zur Höhe des extrudierten Face.

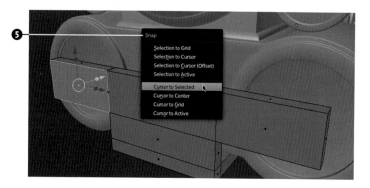

4 Faces entlang deren Normalen extrudieren

Selektieren Sie anschließend das nach oben weisende schmale Face an der Vorderseite des Fahrwerks. Es folgen zwei weitere Extrusionsschritte, um die Ausgangsbasis für den eigentlichen Pufferträger zu schaffen. Die letzte Extrusion ❹ davon entspricht der gewünschten Höhe des Pufferträgers. Selektieren Sie danach die beiden seitlichen Faces ❸ am oberen Ende, und rufen Sie über die Tasten Alt+E das Menü der EXTRUDE-Tools auf. Dort wählen Sie EXTRUDE REGION (VERTEX NORMALS), um beide Faces in deren Normalenrichtung zu extrudieren.

Extrudieren Sie die Faces in einem Schritt bis über die Mitte der Schieberkasten-Trommeln hinaus, sodass Sie genügend Pufferträger zur Verfügung haben, um dort die Puffer zu platzieren. Setzen wir also gleich unseren 3D Cursor über das Menü SNAP ❺ auf die Mitte eines Face, um eine grobe Position zu haben.

5 Cylinder für den Puffer erzeugen und platzieren

Für die korrekte Position in X-Richtung gibt es natürlich auch wieder ein Standardmaß. Zuerst aber erzeugen Sie den für den Puffer benötigten Cylinder über das Menü ADD (Tasten ⇧+Ⓐ), den Sie über das LAST OPERATOR-Panel gleich auf die richtige Größe, Ausrichtung und Position bringen. Aus den −87,5 cm des X-Werts ergibt sich der in unseren Breiten übliche Pufferabstand von 175 cm.

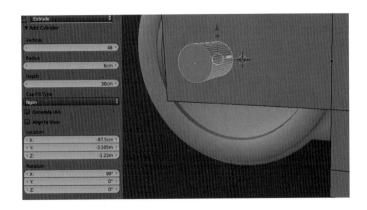

6 N-Gons für den Puffer extrudieren

Schieben Sie den Cylinder über den grünen Y-Achsanfasser so weit nach vorne, bis sein Ende direkt am Pufferträger ansteht. Wechseln Sie über die ⇆-Taste in den EDIT MODE, und selektieren Sie per Rechtsklick das vordere N-Gon. Aktivieren Sie das Extrudieren-Werkzeug (Taste Ⓔ), und extrudieren Sie das N-Gon in einem kurzen Schritt nach vorne ❻.

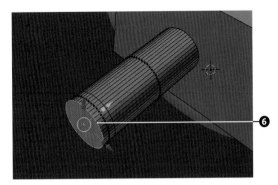

7 N-Gons für den Pufferteller skalieren und extrudieren

Aktivieren Sie über die Taste Ⓢ das Skalieren-Werkzeug, um das momentan selektierte N-Gon auf die Größe des Pufftellers zu skalieren. Wechseln Sie anschließend wieder zum Extrudieren-Werkzeug (Taste Ⓔ), um die Dicke des Pufftellers zu erzeugen.

8 Puffergehäuse extrudieren und Puffer bevelln

Für unsere Zwecke nicht zwingend erforderlich, aber doch ein schönes Detail ist das Puffergehäuse, das Sie sich über einen Loop Cut und eine Extrusion der umlaufenden Faces mit EXTRUDE REGION (VERTEX NORMALS) anfügen können.

Wählen Sie danach alle für das Bevelling benötigten Edge Loops per Klick mit gedrückt gehaltener ⒶⓁⓉ- und ⇧-Taste aus, und runden Sie die Kanten mit dem BEVEL-Werkzeug (Tasten Strg/Ctrl+Ⓑ) ein wenig ab.

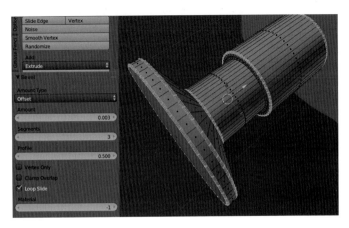

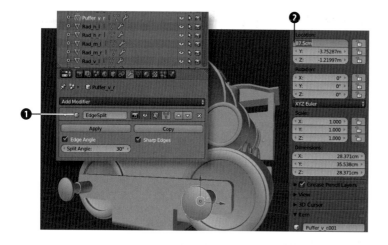

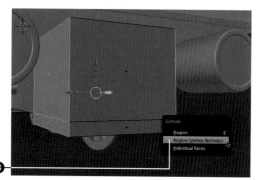

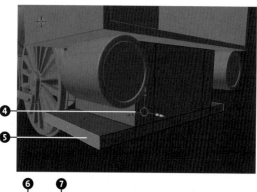

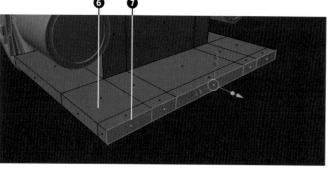

9 Edge Split-Modifier zuweisen und Puffer duplizieren

Zur Glättung der Oberfläche des fertigen Puffers verwenden wir im Object Mode das Smooth Shading aus dem Tool Shelf, das wir wie gehabt mit einem Edge Split-Modifier ❶ beschränken.

Fertigen Sie über den Duplizieren-Befehl (Tasten ⇧+D) ein Duplikat des Puffers an. Brechen Sie die Transformation des Duplikats über die Esc-Taste ab, und ändern Sie beim Duplikat das Vorzeichen des X-Werts ❷ über das Properties Shelf um.

10 Heck des Fahrwerks extrudieren

Wenden wir uns bei der Ausarbeitung des Fahrwerks dem Heck zu. Wechseln Sie über die ⇆-Taste zurück in den Edit Mode, und drehen Sie sich bei gedrückter Mausrad-Taste die Ansicht zum Heck unserer Dampflok. Verwenden Sie einfache Rechtsklicks, um die insgesamt vier links und rechts liegenden Faces im Face Select-Mode zu selektieren.

Rufen Sie anschließend über die Tasten Alt+E das Menü der Extrude-Tools auf, um das Extrudieren-Werkzeug Extrude Region (Vertex Normals) ❸ zu aktivieren. Extrudieren Sie diese vier Faces ein Stück nach beiden Seiten ❹, um danach die Selektion auf die unten liegenden Faces auf beiden Seiten zu reduzieren. Dazu führen Sie mit gedrückt gehaltener ⇧-Taste einen Rechtsklick auf die abzuwählenden Faces durch.

Wechseln Sie über das Menü der Extrude-Tools wieder zum Extrudieren-Werkzeug Extrude Region (Vertex Normals), und extrudieren Sie die beiden selektierten Faces etwa bis zur äußersten Kante des Führerhauses ❺. Sollten Ihnen die Rücklichter die Sicht versperren, blenden Sie sie vorübergehend über den Outliner aus. Selektieren Sie nun die nach hinten weisende Faces-Leiste, und führen Sie eine größere ❻ und eine kurze (5 cm) ❼ einfache Extrusion (Taste E) durch.

11 Pufferhalter extrudieren und Puffer platzieren

Aus den beiden oben links und rechts liegenden Faces können wir abschließend die Halter für die hinteren Puffer extrudieren **❾**.

Selektieren und duplizieren Sie die beiden vorderen Puffer im OBJECT MODE, und drehen Sie die Duplikate über die Tasten R, Z und 1 8 0 um 180°. Schieben Sie die hinteren Puffer über den grünen Y-Achsanfasser bündig an die Pufferhalter.

Nun ist auch klar, wo Platz für die Rücklichter der Dampflok ist. Ich habe die Länge des Gehäuses auf etwa die Hälfte reduziert und die beiden Rücklichter am Fahrwerk nach innen zwischen die Pufferhalter gesetzt **❽**.

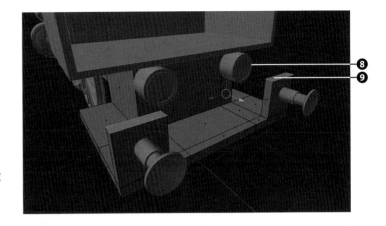

12 Skalierung des Fahrwerks anwenden

Bevor wir das Fahrwerk mit Bevels finalisieren, wenden wir dessen Skalierung über das Menü APPLY (Tasten Strg/Ctrl+A) **❿** an.

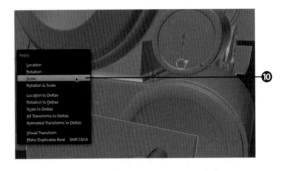

13 Manuelle Bevels anbringen

Das Rohmodell des Fahrwerks der Dampflok ist fertiggestellt, die Skalierung des Objekts angewendet. Ein paar manuelle Bevels sollen die Form noch etwas besser ausgestalten. Wenden Sie sich wahlweise zuerst der Front oder dem Heck der Dampflok zu, und stellen Sie sicher, dass Sie sich im EDIT MODE (⇆-Taste) befinden. Aktivieren Sie den EDGE SELECT-Mode, und zoomen Sie durch Drehen der Mausrad-Taste nahe genug an die Geometrie heran, bis Sie den ganzen Bereich überblicken können. Selektieren Sie per Rechtsklick mit gedrückt gehaltener ⇧-Taste nacheinander die vier an den Außenseiten liegenden Edges sowie die an der Unterkante der Front liegende Edge. Aktivieren Sie über die Tasten Strg/Ctrl+B), das BEVEL-Tool, und führen Sie ein Bevel mit AMOUNT 0.060 **⓫** bei acht SEGMENTS durch. Beveln Sie über den gleichen Weg auch die Oberkanten **⓬** des hinteren Pufferhalters.

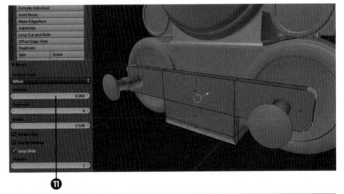

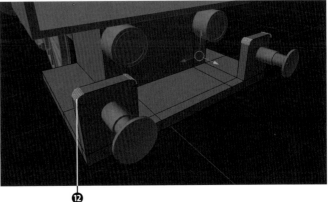

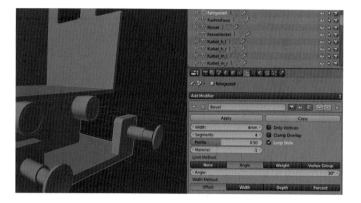

14 Bevels per Modifier anbringen

Zusätzlich zu den Rundungen, die wir eben mit dem BEVEL-Werkzeug geschaffen haben, soll ein BEVEL-Modifier all die Kanten »entschärfen«, die wir nicht in mühsamer Handarbeit gerundet haben.

Weisen Sie dem Fahrgestell über den MODIFIER-Tab des PROPERTIES-EDITORS einen BEVEL-Modifier mit einer WIDTH von 4 mm bei 4 SEGMENTS zu.

Modellieren der Bremsen

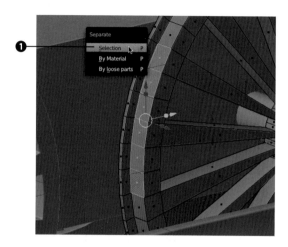

1 Geeignete Faces selektieren, duplizieren und separieren

Auch wenn wir die Bremse bei der später folgenden Animation nicht einsetzen, ist sie doch für die Glaubwürdigkeit unseres Modells ein wichtiges Detail. Da sich die Bremse an die Lauffläche des Rads anschmiegt, liegt es natrülich nahe, einige Faces des Rads als Ausgangsbasis für die Modellierung zu verwenden.

Selektieren Sie im FACE SELECT-Mode bei gedrückt gehaltener ⇧-Taste per Rechtsklick etwa sechs zusammenhängende Faces auf der Lauffläche eines Rads, und duplizieren Sie diese per Tasten ⇧+D. Brechen Sie die Transformation per Esc-Taste ab, und separieren Sie die Selektion über den Befehl SEPARATE (Taste P) ❶ in ein eigenes Objekt.

2 Faces extrudieren

Selektieren Sie das neu geschaffene Objekt, und aktivieren Sie über die Tasten Alt+E das Extrudieren-Werkzeug EXTRUDE REGION (VERTEX NORMALS) ❷. Extrudieren Sie in mehreren Schritten aus den zusammenhängenden Faces die Bremse ❸. Deuten Sie mit einer kleinen Abstufung ❹, die Sie über eine Skalierung der extrudierten Faces einbauen, Bremsklotz und -halter an.

3 Faces skalieren

Für die Aufnahme der Bremse an einen Achszylinder, den wir in Kürze erstellen, extrudieren Sie die beiden mittleren Faces am oberen Ende ein Stück.

Wechseln Sie spätestens jetzt in die TRANS-FORM ORIENTATION NORMAL ❺, und arbeiten Sie die Form der Bremse noch etwas aus, indem Sie kleine Skalierungen der Edge und Face Loops, am einfachsten durch Einblenden der Skalieren-Anfasser, durchführen.

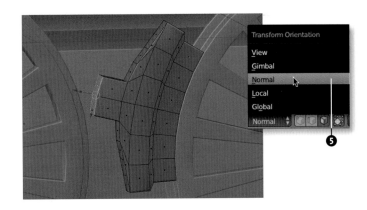

4 Edges selektieren und beveln

Damit auch das obere Teil der Bremse, in den wir eine Verbindungsachse einbauen, eine passable Form erhält, selektieren Sie die beiden Edges am oberen Ende links und rechts im EDGE SELECT-Mode und führen über das Extrudieren-Werkzeug (Taste [E]) eine Abrundung mit ausreichender Segmentierung durch.

5 Abstand der Bremse anpassen

Da wir das Objekt der Bremse aus einem kleinen Teil des Rads erzeugt haben, liegt der Bremsklotz im Moment natürlich exakt auf dem Rad auf. Um hier etwas Abstand zu schaffen, selektieren Sie die Faces oder Edges am unteren Ende des Bremsklotzes und verschieben sie durch Ziehen am blauen Z-Anfasser ❻ in NORMALENRICHTUNG zur Bremshalterung hin. Selektieren Sie, falls nötig, auch noch den Edge Loop zwischen der Bremse und dem Bremsklotz, um ebenfalls durch Verschieben in diese Richtung den Rand anzuschärfen ❼.

6 Bevelling per Bevel-Modifier anbringen

Wenn Sie mit der Form der Bremse zufrieden sind, geben Sie ihr einen zu ihrer Position an der Dampflok passenden Namen und weisen ihr über den MODIFIER-Tab des PROPERTIES-EDITORS einen BEVEL-Modifier mit einer WIDTH von 3 mm bei 3 SEGMENTS zu.

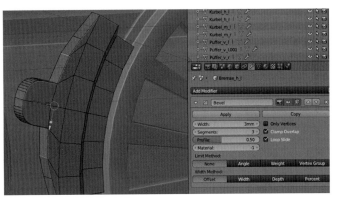

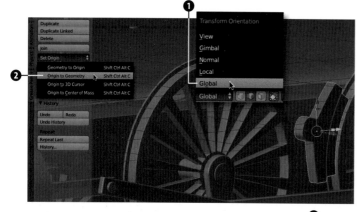

7 Ursprung der Bremse setzen

Die Bremse ist fertig modelliert, sodass wir für die anstehenden Arbeiten im Viewport wieder in die TRANSFORMATION ORIENTATION GLOBAL ❶ und per ⎇-Taste in den OBJECT MODE wechseln.

Lassen Sie die Bremse selektiert, und rufen Sie über das Menü SET ORIGIN im TOOL SHELF (Taste T) den Befehl ORIGIN TO GEOMETRY ❷ auf, um deren Ursprung in ihre Mitte zu setzen.

8 Bremse duplizieren und verschieben

Stellen wir zunächst die Bremse der gleichen Achse fertig, um sie anschließend komplett mit der zugehörigen Achse nach vorne zu duplizieren. Fertigen Sie also als Erstes ein Duplikat der Bremse über die Tasten ⎇+D an, und brechen Sie die Transformation über die Esc-Taste ab. Das noch selektierte Duplikat bringen Sie über den negativen X-Wert ❸ im PROPERTIES SHELF auf die andere Seite.

9 Cylinder als Achse für die Bremse erzeugen

Wir setzen den 3D Cursor über die Tasten ⎇+C auf den Weltursprung, um dort über das Menü ADD (Tasten ⎇+A) einen Cylinder zu erzeugen. Verwenden Sie das PROPERTIES SHELF, um die Y-Rotation von 90° und die Maße für die Achse zu setzen, und wenden Sie die Skalierung über APPLY (Strg/Ctrl+A) an. Verschieben Sie die Achse über das Widget in die Mitte der Aufnahme, und weisen Sie ihr über den MODIFIER-Tab des PROPERTIES-EDITORS einen BEVEL-Modifier zu.

10 Bremsen und Achse duplizieren und verschieben

Nun ist das Konstrukt aus den Bremsen und Achse fertig, sodass wir alle drei Elemente selektieren, duplizieren (Tasten ⎇+D) und nach Abbruch per Esc-Taste am grünen Y-Anfasser ❹ nach vorne schieben können.

Modellieren von Versorgungsleisten

1 Cube erzeugen

Eine Dampflok besitzt unzählige Kabel, Schläuche und Röhren. Wir werden in Kürze zwei wichtige Versorgungsschläuche modellieren, für alle weiteren Verbindungen behelfen wir uns mit zwei Versorgungsleisten, die zudem als Abdeckung für die Räder dienen.

Wir beginnen über das Menü ADD (Tasten ⇧+A) mit der Erzeugung eines Cubes am Weltursprung, den wir über das PROPERTIES SHELF definieren und über das Menü APPLY (Tasten Strg/Ctrl+A) ❺ auch gleich in seiner Skalierung anwenden.

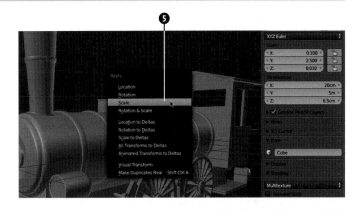

2 Cube platzieren

Verschieben Sie den langen, schmalen Cube im Viewport über seine Achsanfasser zunächst etwas oberhalb der Räder, beim Kessel an den Stahlringen sowie am Führerhaus direkt anstehend. Für die weitere Ausarbeitung wechseln Sie über die Taste ⇆ in den EDIT MODE sowie in den FACE SELECT-Mode. Selektieren Sie nun das zur Seite weisende lange Face des Cubes per Rechtsklick ❻.

3 Faces extrudieren

Mit lediglich zwei Extrusionen legen wir die Form der Leiste fest. Aktivieren Sie das Extrudieren-Werkzeug (Taste E), und fügen Sie eine Extrusion von 6.5 cm, also identisch mit der Höhe des Cubes ❼, an. Selektieren Sie anschließend das Face vorne an der Unterseite der Leiste, und extrudieren Sie es um ca. 25 cm nach unten ❽.

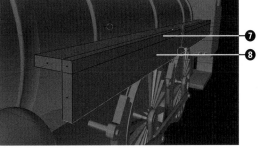

4 Kanten manuell beveln

Wechseln Sie in den EDGE SELECT-Mode, und selektieren Sie die beiden seitlichen Kanten oben und unten an der Versorgungsleiste. Mit einem manuellen Bevelling (Strg/Ctrl+B) runden Sie die beiden Kanten ausreichend weich unterteilt ab.

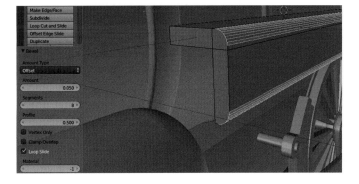

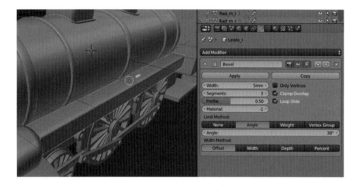

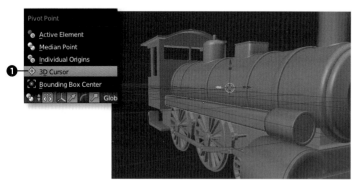

5 Bevel-Modifier zuweisen und Leiste platzieren

Weisen Sie dieser ersten Versorgungsleiste über den Modifier-Tab des Properties-Editors schließlich noch einen Bevel-Modifier mit einer Width von 5 mm bei 3 Segments zu.

Jetzt können Sie die Leiste im Object Mode durch Verschieben, zum Beispiel über die Achsanfasser, an ihre endgültige Position bringen. Achten Sie darauf, dass die Leiste an der Rückseite des Scheinwerfers ansteht, um ihn zumindest optisch mit Strom zu versorgen.

6 Leiste auf die andere Seite duplizieren und rotieren

Um auf der anderen Seite ein Duplikat (Tasten ⇧ + D) der Leiste einzubauen, stellen Sie sicher, dass als Pivot Point der im Weltursprung sitzende 3D Cursor ❶ dient. Die Tastenkombination R, Z und 1 8 0 rotiert uns das Duplikat auf die andere Seite.

Modellieren von Leitungen

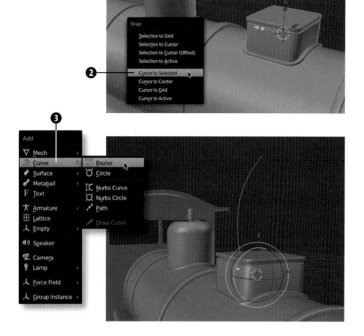

1 3D Cursor setzen

Ohne Leitungen, die zu den Domen führen, würde unser Modell unglaubwürdig wirken. Für Schläuche und Leitungen sind die sonst eher stiefmütterlich behandelten Curve-Objekte ideal. Bringen wir aber erst den 3D Cursor in Position. Selektieren Sie das Sanddom-Objekt und wählen Sie aus dem Menü Snap (Tasten ⇧ + S) Cursor to Selected ❷.

2 Bezier-Curve erzeugen

Rufen Sie das Menü Add (Tasten ⇧ + A) auf, um aus dessen Untermenü Curve ❸ eine Bezier-Curve zu erzeugen. Aktivieren Sie sich zur Abwechslung die Rotations-Anfasser am Widget, um die Curve durch Drehen mit gedrückt gehaltener Strg/Ctrl-Taste in 5 %-Schritten in die gewünschte Lage zu rotieren.

3 Bezier-Curve bearbeiten

Bleiben Sie im Moment ruhig noch in einer perspektivischen Ansicht, und aktivieren Sie den EDIT MODE (Taste [↹]), um die Bezier-Curve im ersten Schritt über deren Ankerpunkte zu bearbeiten. Verwenden Sie die rechte Maustaste, um den oberen Ankerpunkt zu selektieren, und verschieben Sie diesen Punkt wahlweise über das TRANSLATE-Werkzeug (Tasten [G] und [Z] bzw. [X]) oder über den blauen Z- bzw. roten X-Achsanfasser in diese Richtungen in das Innere des Sand-dom-Objekts ❹. Versetzen Sie auf die gleiche Weise den unteren Ankerpunkt der Bezier-Curve in das Innere der Versorgungsleitung.

Für die Bearbeitung der Bezier-Curve mit den Tangenten wechseln wir über die Tasten [1] [Num] und [5] [Num] in die orthogonale Frontansicht. Dadurch laufen wir beim Anpassen der CURVE über die Tangenten nicht Gefahr, die CURVE versehentlich in Y-Richtung zu bewegen. Sobald Sie einen der Tangenten-Anfasser per Rechtsklick auswählen, hängt er an Ihrem Mauszeiger, und Sie können die Form der CURVE im Viewport einstellen. Versuchen Sie, mit der CURVE die Rundung des Kessels weitestgehend nachzuahmen ❺. Sollten Sie feststellen, dass die Ankerpunkte doch ungünstig liegen, verschieben Sie diese einfach an eine bessere Stelle.

4 Bezier-Curve umhüllen

Bislang ist unsere Bezier-Curve lediglich ein Pfad ohne jedwede sichtbare dreidimensionale Geometrie. Um aus diesem Pfad die gewünschte Leitung zu generieren, rufen Sie über den PROPERTIES-EDITOR den OBJECT DATA-Tab ❻ der CURVE auf. Erhöhen Sie die Anzahl der Unterteilungen bei RESOLUTION auf 24, und setzen Sie im Menü FILL auf FULL ❼, um den kompletten Umfang zu umhüllen. Im Panel GEOMETRY ❽ geben Sie über die BEVEL DEPTH die Dicke der Leitung an, eine Unterteilung (RESOLUTION) sollte mindestens 3 betragen.

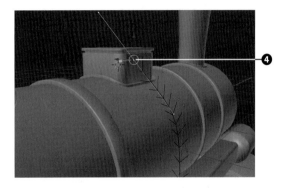

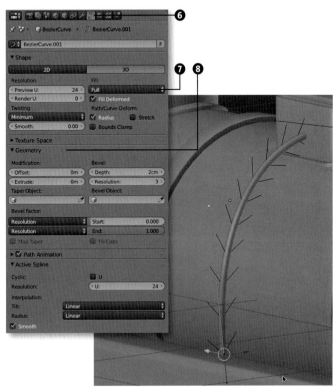

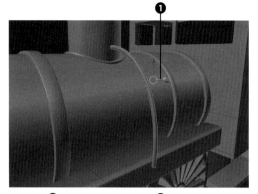

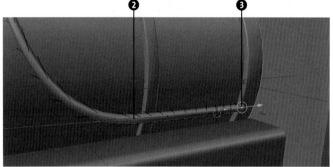

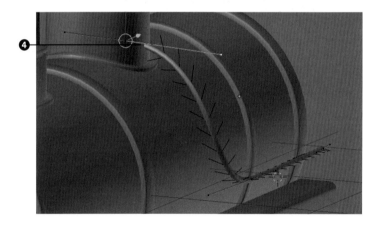

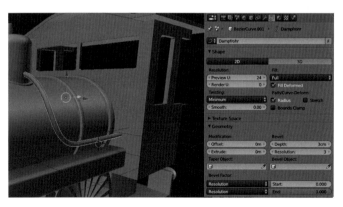

5 Bezier-Curve duplizieren, rotieren und platzieren

Während es für die Leitung am Sanddom ausreicht, sie einfach nach unten zu führen, soll die Leitung am Dampfdom am Führerhaus enden. Wechseln Sie in den OBJECT MODE, und setzen Sie den PIVOT POINT wieder auf MEDIAN POINT. Erzeugen Sie per Tasten ⟨⇧⟩+⟨D⟩ ein Duplikat der Sanddom-Leitung, das Sie nach Abbruch der freien Transformation (⟨Esc⟩-Taste) per ⟨R⟩, ⟨Z⟩ und ⟨1⟩⟨8⟩⟨0⟩ rotieren und anschließend über den grünen Y-Achsanfasser ❶ in den Dampfdom schieben.

6 Bezier-Curve bearbeiten und erweitern

Wechseln Sie über die ⟨⇆⟩-Taste zurück in den EDIT MODE, und selektieren Sie den unteren der beiden Ankerpunkte per Rechtsklick. Ziehen Sie diesen Ankerpunkt über den grünen Y-Achsanfasser ein Stück ❷ in Richtung Führerhaus, um der Bezier-Curve eine Biegung zu geben. Um die Bezier-Curve gerade bis zum Führerhaus leiten zu können, fügen wir am Ende einen zusätzlichen Ankerpunkt an. Dazu lassen Sie den Ankerpunkt selektiert, halten die ⟨Strg⟩/⟨Ctrl⟩-Taste gedrückt und klicken mit der linken Maustaste auf die Stelle, wo der neue Ankerpunkt entstehen soll ❸. Diesen Ankerpunkt können Sie nun problemlos über seine Achsanfasser in einer möglichst geraden Linie zum Führerhaus ziehen. Zoomen Sie durch Drehen am Mausrad etwas aus der Szene heraus, und kontrollieren Sie, ob die Bezier-Curve auch am oberen Ende stimmig in den Sanddom ❹ führt.

7 Bezier-Curve umhüllen

Wenn Sie mit der Leitung am Dampfdom zufrieden sind, müssen wir nur noch dem OBJECT DATA-Tab im PROPERTIES-EDITOR einen Besuch abstatten. Im Panel GEOMETRY erhöhen wir über die BEVEL DEPTH die Dicke der Leitung etwas, die Unterteilung (RESOLUTION) sollte bei 3 oder höher bleiben.

8 Cylinder als Befestigungselemente erstellen

Die beiden Leitungen zu den Domen sind gelegt, allerdings wirkt der Übergang zwischen den Bauteilen alles andere als elegant. Wir erzeugen uns ein paar einfache Cylinder, um sie an den Übergangsstellen einzusetzen. Um uns die Arbeit zu erleichtern, verwenden wir einfach den Endpunkt der jeweiligen Curve als Position für den 3D Cursor **5**. Über den Befehl Cursor to Selected aus dem Menü Snap (Tasten ⬆+S) setzen Sie ihn dort hin, bevor Sie über das Menü Add (Taste ⬆+A) den ersten Cylinder erzeugen. Richten Sie die Lage und Dimension des Cylinders gleich über das Last Operator-Panel bzw. -Menü ein, um die Skalierung nicht extra noch anwenden zu müssen.

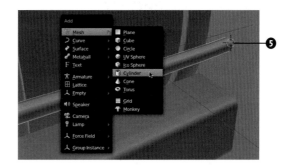

Damit die umlaufenden Kanten des Cylinders nicht zu scharf ausfallen, weisen Sie dem Cylinder über den Modifier-Tab des Properties-Editors schließlich noch einen Bevel-Modifier mit einer Width von 5 mm bei 4 Segments zu **6**. Ich habe insgesamt vier dieser Cylinder-Befestigungselemente für den Anschluss der Leitungen an die Dome bzw. an den Kessel und das Führerhaus verbaut. Sie können gerne noch weitere Leitungen, Rohre und Schläuche an unserer Dampflok anbringen, jedes zusätzliche Detail macht das Modell authentischer.

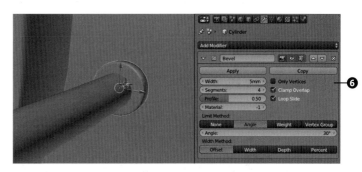

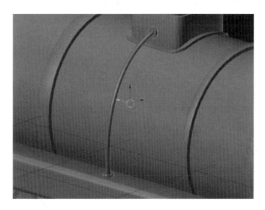

Modellieren einer Lok-Nummer

1 Text-Objekt erzeugen

Apropos Authentizität: Bei einer Lok darf eine Lok-Nummer nicht fehlen. Eine willkommene Gelegenheit, Ihnen das Text-Objekt vorzustellen. Platzieren Sie den 3D Cursor nach Selektion der beiden Puffer über das Menü Snap (Tasten ⬆+S) in deren Mitte, und erzeugen Sie dort über das Menü Add (Tasten ⬆+A) ein Text-Objekt.

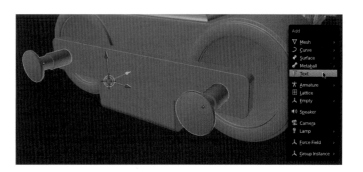

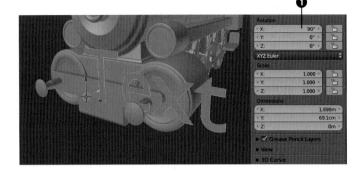

2 Text-Objekt ausrichten

Nach dem Erzeugen des Text-Objekts befindet sich ein großes, flach auf der XY-Ebene liegendes CURVE-Objekt am 3D Cursor. Bevor wir uns um den Text und dessen Größe kümmern, richten wir das Text-Objekt über eine X-Rotation ❶ von 90° in die für uns korrekte Lage aus. Die weiteren Einstellungen zum Text-Objekt finden wir im zugehörigen OBJECT DATA-Tab des PROPERTIES-EDITORS ❷.

3 Text-Objekt einrichten und Nummer platzieren

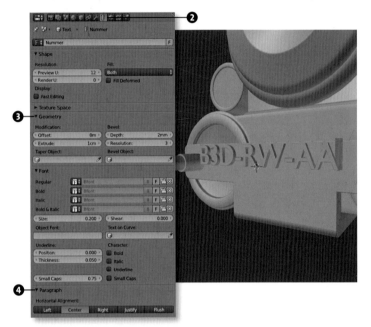

Viele Parameter sollten Ihnen bekannt vorkommen, handelt es sich doch um ein spezielles CURVE-Objekt, also um einen Pfad.

Um diesem Pfad dreidimensionale Tiefe zu verleihen, klappen Sie das Panel GEOMETRY ❸ auf und setzen den EXTRUDE-Wert auf 1 cm. Eine DEPTH von 2 mm sowie eine RESOLUTION von 3 sorgt für eine leichte Abrundung an den Kanten. Ich habe es bei der Blender-Standardschriftart belassen, weil sie aus meiner Sicht wirklich gut zur Dampflok passt. Reduzieren Sie nun noch die SIZE auf 0.200, und wählen Sie im Panel PARAGRAPH ❹ die zentrierte Ausrichtung (HORIZONTAL ALIGNMENT CENTER). Wechseln Sie in den EDIT MODE, so können Sie Ihrer Dampflok über die Tastatur eine beliebige Nummer verleihen. Kehren Sie in den OBJECT MODE zurück, um die Nummer mit den Achsanfassern bündig an das Fahrwerk zu platzieren und mittig auszurichten. Weisen Sie dem Text-Objekt zum Schluss über den MODIFIER-Tab des PROPERTIES-EDITORS einen EDGE SPLIT-Modifier ❺ zu, um die automatisch geglätteten Oberflächen zu bereinigen.

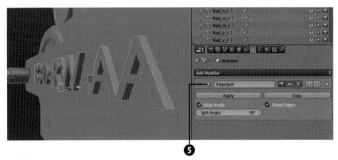

4 Dampflok platzieren

Bevor wir mit ein paar weiteren Detailarbeiten fortfahren, selektieren Sie einmal alle Bestandteile Ihrer Dampflok über zweimaliges Drücken der Taste [A] und verschieben die Lok aus der Seitenansicht mit den Rädern auf die in Grün sichtbare XY-Ebene ❻.

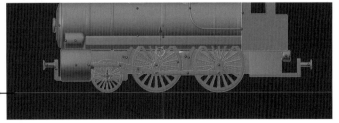

Anbringen von Schrauben

1 Faces für die Schrauben selektieren und duplizieren

Sie haben sicherlich im Laufe der letzten Teil-schritte gemerkt, dass wir uns bereits bei der Kür befinden. Als letzte Details wollen wir noch Schrauben an den zusammengebauten Elementen der Dampflok anbringen. Dabei verteilen wir natürlich nicht mühselig ein-zelne Schrauben-Objekte über das Modell, sondern lassen uns die Schrauben gezielt auf bestimmte Bereiche klonen.

Im ersten Schritt aber geht es um die Erstellung einer Selektion, um daraus ein Mesh-Objekt für die Klone zu separieren. Wir beginnen beim Schieberkasten, für den Sie den EDIT MODE sowie den FACE SELECT-Mode aktivieren.

Klicken Sie mit gedrückter [Alt]-Taste auf den rechten Face Loop des Schieberkastens, um ihn zu selektieren ❽, und wählen Sie an-schließend CHECKER DESELECT aus dem Menü SELECT ❼, um jedes zweite Face abzuwählen.

Selektieren Sie auf diese Art (und gedrück-ter [⇧]-Taste) alle drei weiteren Face Loops vorne und hinten am Schieberkasten ❿. Erzeugen Sie von der Face-Selektion über [⇧]+[D] ein Duplikat, dessen Transformation Sie über die [Esc]-Taste abbrechen. Rufen Sie über die Taste [P] den SEPARATE-Befehl auf, und erstellen Sie aus der SELECTION ❾ ein neues Objekt.

2 Schraube modellieren

Blenden Sie kurzzeitig alle Elemente der Dampflok aus, indem Sie zweimal die Taste [A] drücken und die Selektion per Taste [H] verstecken. Setzen Sie den 3D Cursor über den Befehl CURSOR TO SELECTED aus dem Menü SNAP ([⇧]+[S]) auf das zuvor separierte Objekt, und erzeugen Sie dort einen Cylinder mit lediglich 6 VERTICES, einem RADIUS von 2 cm sowie einer DEPTH von 4 cm ⓫.

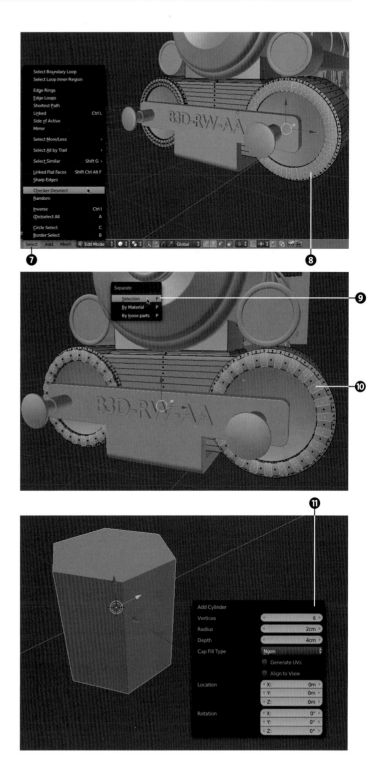

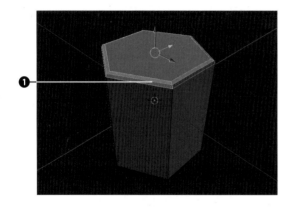

3 Kanten der Schraube beveln

Wer es mit der Kür wirklich ernst meint, versieht die kleine Schraube zumindest auf der oberen Seite mit einer kleinen Abkantung. Dazu selektieren Sie im EDIT MODE (Taste ⇥) das oben liegende Face bzw. N-Gon und fügen ein leichtes Bevelling ❶ (Strg/Ctrl+B) an. Verzichten Sie auf viele Unterteilungen (SEGMENTS), dies treibt die Polygonzahl unserer Dampflok nur unnötig in die Höhe.

4 Parenting für die Schrauben

Blenden Sie nun alle zeitweise versteckten Elemente der Dampflok über die Tasten Alt+H wieder ein. Der von uns erstellte Cylinder der Schraube soll nun geklont und zugleich auf die von uns separierten Faces des Schieberkastens verteilt werden. Um dies zu erreichen, benötigen wir PARENTING, genauer gesagt, die Schraube muss dem Trägerobjekt untergeordnet sein. Falls nicht bereits geschehen, benennen Sie die Schraube und das abgetrennte Mesh-Objekt, das als Trägerobjekt dient, aussagekräftig um.

Greifen Sie im OUTLINER die Schraube an ihrem Symbol ❸, und ziehen Sie sie auf das Symbol des Trägerobjekts ❷. Bereits während des Verschiebens bekommen Sie oberhalb des Mauszeigers »DROP TO SET PARENT« eingeblendet, nach dem Loslassen der Maustaste ist die Schraube dem Trägerobjekt wie gewünscht hierarchisch untergeordnet.

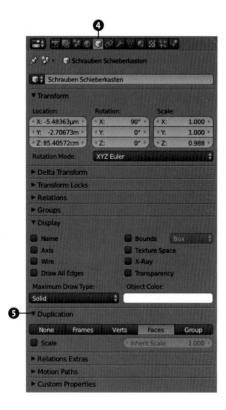

5 Duplikation definieren

Nun müssen Sie nur noch im OBJECT-Tab des Trägerobjekts ❹, genauer gesagt, unserem Schieberkasten-Duplikat für die Schrauben, das Panel DUPLICATION ❺ aufklappen und die Option FACES wählen. Schon sehen Sie eine Vielzahl an Klonen der Schraube mittig in jedem Face des Trägerobjekts platziert. Das Trägerobjekt ist ab sofort zwar noch im Viewport sichtbar, beim Rendering dagegen nur noch dessen Klone.

6 Trägerobjekt verschieben

Sollte Sie das im Viewport sichtbare Mesh-Objekt des Schraubenträgers stören, schieben Sie es mit Achsanfasser ❻ einfach in Y-Richtung ein Stück zurück. Keine Sorge, die von uns erstellte Schraube ist lang genug, um noch etwas weiter in den Schieberkasten hineinzuragen.

❻

7 Schrauben an anderen Objekten anbringen

Über den beschriebenen Weg können Sie auch andere geeignete Befestigungsbauteile der Dampflok, wie zum Beispiel den Schlot und die beiden Dome, mit Schrauben oder Nieten versehen.

8 Finalisieren und Speichern der Dampflok

Mit dieser letzten Detailarbeit sind wir am Ende dieses umfangreichen Workshops angelangt. Wenden Sie sich zuvor noch einmal dem OUTLINER zu, und prüfen Sie, ob die vielen Bauteile der Dampflok einen aussagekräftigen Namen tragen.

Speichern Sie unsere Szene über den Kurzbefehl Strg/Ctrl+S als finale Blender-Datei ab.

Organisches Modelling

Modelling der Elemente einer Unterwasser-Szene

In diesem Projekt lernen Sie das organische Modelling mit Subdivision Surfaces in Blender kennen. Dabei steht das freie Formen der Modelle im Vordergrund, damit Sie ein Gefühl für die Gestaltung mit diesen Werkzeugen entwickeln können.

Vorbereitungen

Für die einzelnen Workshops in diesem Projekt arbeiten wir mit den Standardeinstellungen von Blender.

Lamp- und Camera-Objekt kommen in den späteren Kapiteln mit Workshops zur Ausleuchtung und Inszenierung zum Zug, werden aber zu diesem Zeitpunkt noch nicht benötigt. Sie können beide Objekte deshalb getrost durch Selektion mit der rechten Maustaste selektieren und anschließender Taste ⌧ löschen.

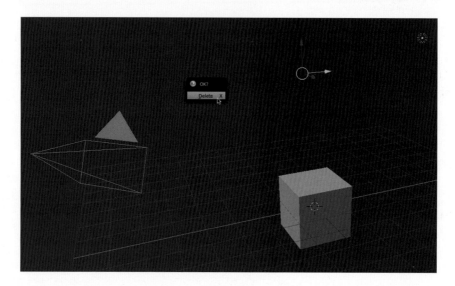

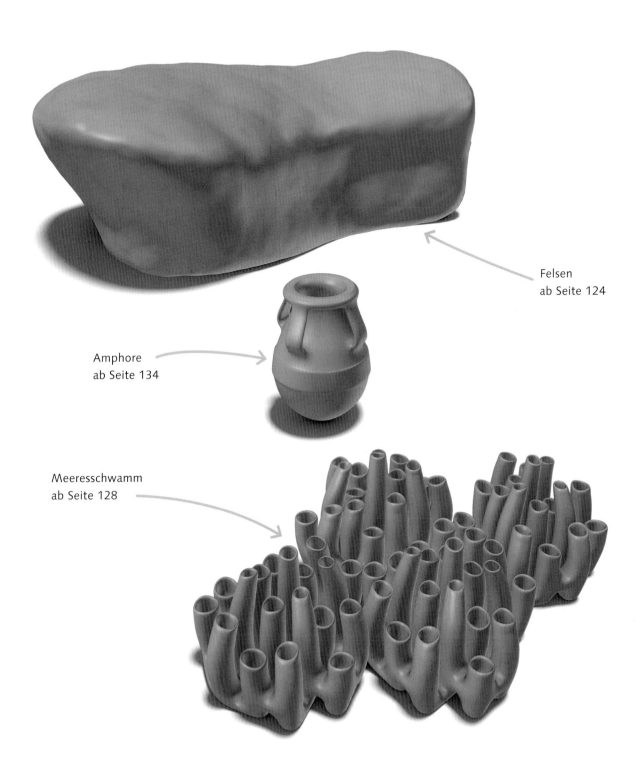

Felsen
ab Seite 124

Amphore
ab Seite 134

Meeresschwamm
ab Seite 128

Modellieren eines Felsens

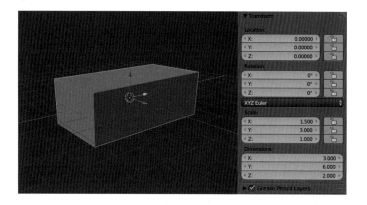

1 Cube definieren

Da uns Blender netterweise immer einen Cube als Ausgangsobjekt bereitstellt, verwenden wir ihn doch gleich als Basis für unseren Felsen.

Selektieren Sie den Cube per Rechtsklick und klappen Sie, falls nicht vorhanden, das PROPERTIES SHELF über die Taste [N] auf. Verwenden Sie die dortigen SCALE- oder DIMENSIONS-Parameter, um aus dem ursprünglichen Cube einen Quader zu formen.

2 Edit Mode und Edge Select-Mode aktivieren

Um das Cube-Objekt bearbeiten zu können, benötigen wir den EDIT MODE ❶, zu dem Sie ganz einfach über die Taste [⇥] wechseln. In der 3D-VIEW präsentiert sich der Cube nun mit seinen insgesamt acht Vertices editierbar.

Mit diesen lediglich acht Punkten sind wir bei der Modellierung natürlich arg eingeschränkt, weshalb wir uns im nächsten Schritt zusätzliche Vertices erzeugen. Aktivieren Sie dazu über die Menüleiste der 3D-VIEW den EDGE SELECT-Mode ❷.

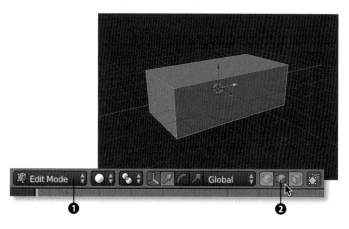

3 Vertikale Edge Loops erzeugen

Damit wir den Quader gut formen können, erzeugen wir zwei Edge Loops in der Mitte des Quaders. Aktivieren Sie dazu das LOOP CUT AND SLIDE-Tool ❸ über das TOOL SHELF bzw. die Tasten [Strg]/[Ctrl]+[R], und bewegen Sie den Mauszeiger an eine horizontale Kante. Wenn die pinkfarbene Umrandung einen vertikalen Schnitt andeutet ❹, drehen Sie am Mausrad, um nicht nur einen, sondern zwei Loop Cuts zu erzeugen, und bestätigen dies per Linksklick. Durch Verschieben der Maus könnten Sie jetzt die beiden Loop Cuts versetzen, doch wir sind mit der mittigen Position zufrieden und bestätigen dies durch einen Rechtsklick bzw. mit der [Esc]-Taste.

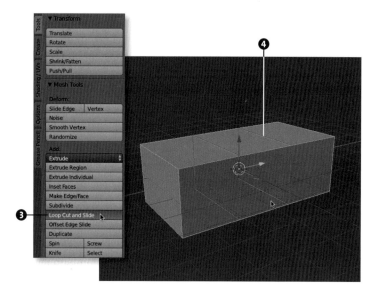

4 Horizontale Edge Loops erzeugen

Entlang den horizontalen Kanten haben wir nun zusätzliche Vertices gewonnen, an den vertikalen Kanten sollte aber zumindest ebenfalls ein zusätzlicher Edge Loop vorliegen.

Rufen Sie dazu ein weiteres Mal das LOOP CUT AND SLIDE-Werkzeug (Tasten Strg/ Ctrl + R) auf, um auch einen horizontalen Edge Loop **❺** anzufügen. Setzen Sie den Mauszeiger dazu an eine vertikale Kante, und bestätigen Sie den Schnitt per Links- und Rechtsklick.

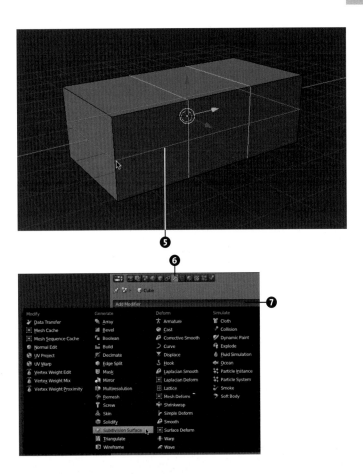

5 Per Subdivision Surface-Modifier runden

Bevor wir uns um die eigentliche Formung des Felsens kümmern, sorgen wir mit einem SUBDIVISION SURFACE-Modifier dafür, dass die bestehende Geometrie durch Unterteilung und Rundung eine organischere Form erhält.

Weisen Sie dem Cube im MODIFIER-Tab **❻** des PROPERTIES-EDITORS über das Menü ADD MODIFIER **❼** einen SUBDIVISION SURFACE-Modifier zu.

6 Subdivision Surface-Modifier einrichten

Im PROPERTIES-EDITOR ist für den SUBDIVISION SURFACE-Modifier bereits die gewünschte Rundung per CATMULL-CLARK-Unterteilung eingestellt, erhöhen Sie für VIEW und RENDER die Unterteilungen (SUBDIVISIONS) auf 3, um eine glatte Oberfläche zu erzeugen.

7 Smooth Shading für den gerundeten Quader aktivieren

Die von uns vorgegebene Unterteilung im Modifier erzeugt zwar eine schöne Rundung, dennoch wirkt die Oberfläche durch das Shading der einzelnen Faces kantig. Um das Shading der Oberfläche des Felsens weicher zu gestalten, wechseln Sie über die ⇆-Taste in den OBJECT MODE und aktivieren im TOOL SHELF (Taste T) das SMOOTH SHADING.

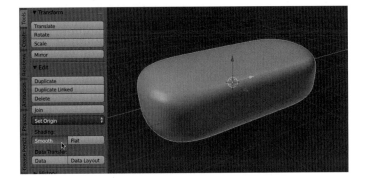

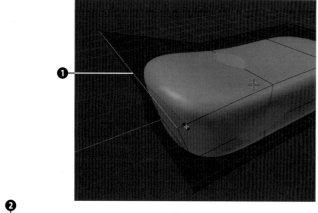

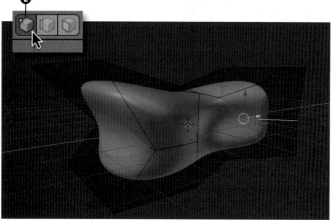

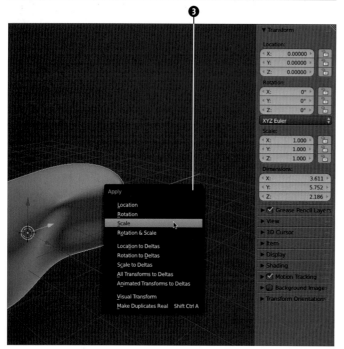

8 Formung des Felsens über Edges

Widmen wir uns der Form des Felsens. Wechseln Sie über die ⇆-Taste zurück in den EDIT MODE und aktivieren Sie für die Bearbeitung des Meshs den EDGE SELECT-Mode. Selektieren Sie eine oder auch mehrere Edges per Rechtsklick, und geben sie dem Quader durch Verschieben (Befehl TRANSLATE, Taste G) bzw. Ziehen an den Achsanfassern oder auch durch Skalieren von Edges ❶ eine beliebige felsenartige Form. Wie Sie sehen, lassen sich mit den vorhandenen Edges bereits ansehnliche Grundformen modellieren.

9 Formung des Felsens über Vertices

Um den Felsen während der Modellierung in der 3D-VIEW zu drehen, halten Sie die Mausrad-Taste gedrückt und ziehen mit der Maus im Viewport, bis Sie die gewünschte Ansicht erreicht haben. Um einzelne Vertices zu bearbeiten, aktivieren Sie den VERTEX SELECT-Mode ❷, selektieren den oder die Vertices und verschieben (Taste G) bzw. ziehen sie über die Achsanfasser an die gewünschte Stelle. Beobachten Sie, wie Sie das gerundete Mesh durch die Manipulation der Vertices und Edges formen können.

10 Skalierung anwenden

Wenn Sie mit der groben Form Ihres Felsens zufrieden sind, werden wir im nächsten Schritt die Felsen-Oberfläche weiter verfeinern. Zuvor ist es jedoch notwendig, dass wir die von uns erzeugte Skalierung (der verformte Quader war ursprünglich ja ein Cube) auf das Objekt anwenden. Unschöne Verzerrungen auf der Oberfläche wären sonst die Folge. Wechseln Sie über die ⇆-Taste in den OBJECT MODE. An SCALE-Werten ≠ 1 erkennen Sie im PROPERTIES SHELF (Taste N) sofort, ob Objekte eine nicht angewendete Skalierung besitzen. Rufen Sie über Strg/Ctrl+A das Menü APPLY ❸ auf und wenden Sie mit SCALE die Skalierung des Cubes an.

11 Struktur des Felsens per Displace-Modifier anbringen

Die grobe Form des Felsens haben wir durch Modellierung des Meshs erzeugt, die noch feinere Oberflächenverformung wollen wir dagegen einem DISPLACE-Modifier überlassen. Dieser Modifier verformt das Mesh über die Farbinformationen einer vorgegebenen Textur. Weisen Sie also dem Cube im MODIFIER-Tab des PROPERTIES-EDITORS über das Menü ADD MODIFIER ❹ einen DISPLACE-Modifier zu.

12 Subsurf-Modifier einrichten

Ein Blick in den MODIFIER-Tab zeigt, dass sich der DISPLACE-Modifier ❻ im sogenannten MODIFIER STACK unterhalb des bereits bestehenden SUBSURF-Modifiers ❺ befindet. Diese Reihenfolge ist richtig und auch wichtig, weil wir den SUBSURF-Modifier benötigen, um ausreichend Geometrie für die feineren Strukturen bereitzustellen. Erhöhen Sie dort die SUBDIVISIONS für VIEW und RENDER auf 5.

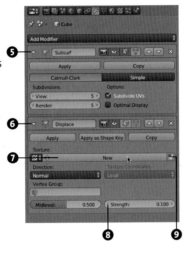

13 Displace-Modifier einrichten

Der DISPLACE-Modifier wartet auf eine Textur für die Mesh-Verformung. Klicken Sie im Modifier auf den Button NEW ❼, um einen neuen Textur-Datenblock anzulegen, und anschließend auf den Button für die zugehörigen Einstellungen ❾. Wählen Sie im Menü TYPE ❿ die CLOUDS als Displacement-Textur für den Felsen. Klappen Sie das Panel COLORS ⓫ auf, um dort den CONTRAST etwas zu erhöhen. Ein Wert von 1.3 sorgt dafür, dass die Oberflächenstruktur nicht zu weich ausfällt. Im Panel CLOUDS ⓬ entscheiden Sie sich per GRAYSCALE für die Graustufenversion der Wolkenstruktur sowie über den Button HARD für die etwas härter abgesetzte Version des NOISE. Eine SIZE von 2.00 sowie eine DEPTH von 3 geben der Wolken-Noisestruktur eine passende Größe und eine ausreichende Tiefe. Wechseln Sie über den MODIFIER-Tab zum MODIFIER STACK, und setzen Sie die Stärke (STRENGTH) ❽ des Displacements auf 0.100.

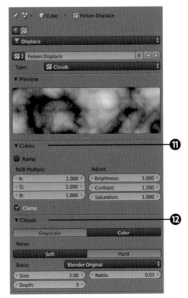

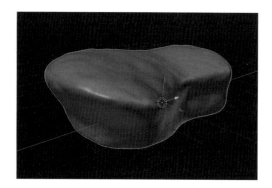

14 Finalisieren und Speichern

Mit dem DISPLACE-Modifier hat unser Felsen feinere Strukturen bekommen. Sie können den Felsen weiterhin im EDIT MODE bearbeiten, bis Sie mit seiner Form zufrieden sind. Auch das Experimentieren mit den Einstellungen der CLOUD-Textur im DISPLACE-Modifier lohnt sich. Speichern Sie schließlich den fertigen Felsen über [Strg]/[Ctrl]+[S] in einer eigenen Blender-Datei ab.

Modellieren eines Meeresschwamms

1 Plane erzeugen

Wir bleiben beim organischen Modelling und nutzen SUBDIVISION SURFACES mit erweiterten Werkzeugen, um einen Meeresschwamm zu modellieren. Wir beginnen mit einer neuen leeren Szene, setzen den 3D Cursor über die Tasten [⇧]+[A] auf deren Ursprung und erzeugen über das Menü ADD ❶ (Tasten [⇧]+[A]) eine Plane.

2 Plane anpassen

Rufen Sie direkt nach dem Erzeugen der Plane über die Taste [F6] das LAST OPERATOR-Menü ❷ auf, um dort die Größe der Plane einzustellen. Um eine Plane mit einer Länge und Breite von 0.8 Blender-Einheiten zu erhalten, tragen Sie im Feld RADIUS entsprechend einen Wert von 0.400 ein. Ansonsten sind keine Anpassungen notwendig.

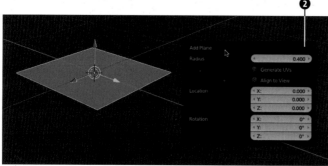

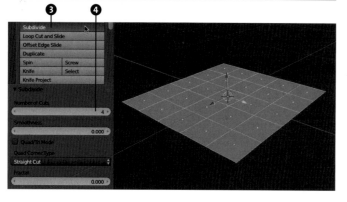

3 Plane unterteilen

Im Moment besteht unsere Plane aus einem einzigen Face. Um mehr Geometrie zu erhalten, teilen wir die Plane im ersten Schritt in insgesamt 25 Faces. Wechseln Sie dazu über die [⇄]-Taste in den EDIT MODE, und rufen Sie den Befehl SUBDIVIDE ❸ über das TOOL SHELF bzw. das Menü SPECIALS (Taste [W]) auf. Tragen Sie im Feld NUMBER OF CUTS ❹ die gewünschten 4 Schnitte für die 25 Faces ein.

4 Einzelne Faces innen extrudieren

Dank der Unterteilung haben wir nun 25 Faces zur Verfügung, diese hängen aber direkt zusammen und weisen keinen Abstand auf. Um die Faces, um die es uns später geht, mit etwas Abstand zu versehen, aktivieren wir den FACE SELECT-Mode ❼ und rufen das Werkzeug INSET FACES (Taste I) auf.

Wenden Sie eine kleine innere Extrusion über eine kleine Mausbewegung an, um anschließend über das LAST OPERATOR-Panel ❻ im TOOL SHELF eine individuelle innere Extrusion mit einer THICKNESS von 0.020 einzustellen. Dank der zusätzlichen Option INDIVIDUAL ❺ wird dabei jedes Face separat nach innen extrudiert.

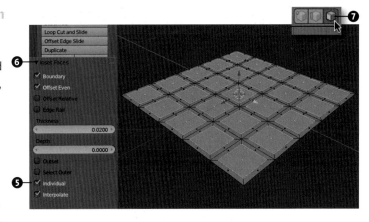

5 Invertierte Selektion löschen

Da wir nur die nach innen extrudierten Faces benötigen, löschen wir alle anderen Faces, indem wir die Selektion über Strg/Ctrl+I invertieren und die FACES über das Menü DELETE (Taste X) löschen.

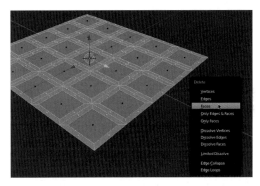

6 Nicht benötigte Faces löschen

Wir haben zwar über die anfängliche Plane und die anschließende Unterteilung eine formschöne quadratische Anordnung der Faces erzielt, in der Natur haben solche gleichförmigen Anordnungen aber Seltenheitswert. Selektieren Sie daher einige an den Ecken liegende Faces per Rechtsklick und gedrückt gehaltener ⇧-Taste, und löschen Sie auch diese über das Menü DELETE (Taste X).

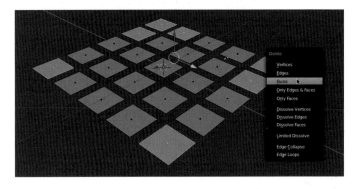

7 Faces für die Extrusion selektieren

Aus den verbliebenen immerhin 18 Faces wollen wir nun durch geschickte Extrusionen und Transformationen den bzw. die Meeresschwämme modellieren.

Selektieren Sie alle Faces durch Drücken der Taste A, und rufen Sie über die Tasten Alt+E das Menü EXTRUDE auf, aus dem Sie die normale Extrusion REGION wählen.

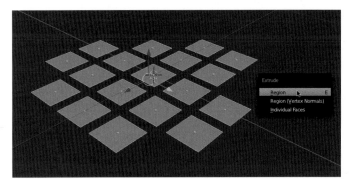

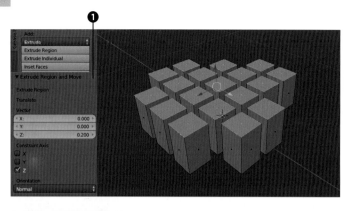

8 Faces extrudieren

Die erste Extrusion der Faces soll die Basis für die Tuben des Schwamms schaffen. Wenn gewünscht, können die einzelnen Tuben später immer noch zu einem Kanalsystem verbunden werden.

Wenden Sie für die Faces eine kleine Extrusion per Mausbewegung an, und korrigieren Sie im LAST OPERATOR-Panel ❶ den Extrusionswert auf 0.200.

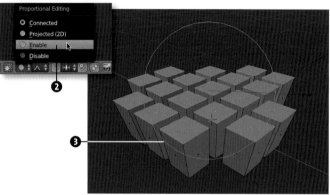

9 Tuben mit Proportional Editing skalieren

Um die Tuben des Schwamms ringsum etwas nach außen streben zu lassen, skalieren wir die eben extrudierten Tuben. Die Besonderheit: Wir verwenden PROPORTIONAL EDITING ❷, das Sie über die Menüzeile der 3D-VIEW oder einfach per Taste ⃞O aktivieren.

Wenn wir die Tuben nun mit dem Skalieren-Werkzeug (Taste ⃞S) und der rechten Maustaste bearbeiten, können wir den Wirkungsradius ❸ mit dem Mausrad kontrollieren. Lassen Sie PROPORTIONAL EDITING aktiviert, denn dies war nur ein kleiner Vorgeschmack.

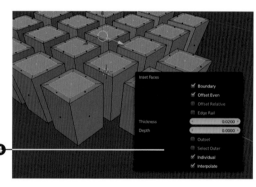

10 Obere Faces innen extrudieren

Wir konnten die Skalierung durchführen, ohne die Selektion der Faces zu verlieren. Wir bereiten diese Faces mit einer kleinen inneren Extrusion (Taste ⃞I) auf die Extrusion der Hohlräume der Tuben vor. Rufen Sie nach der Anwendung des INSET FACES-Tools das LAST OPERATOR-Menü auf (Taste ⃞F6) ❹, und setzen Sie die THICKNESS auf 0.200.

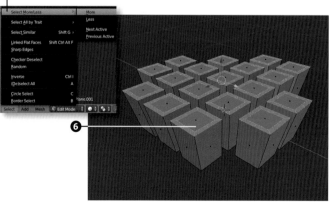

11 Faces am Rand selektieren

Da wir für die Extrusion der Hohlräume die Faces am Rand benötigen, erweitern wir die Selektion zunächst über den Befehl SELECT MORE ❺ im Menü SELECT, um anschließend die mittleren Faces ❻ durch Rechtsklicks mit gedrückt gehaltener ⃞⇧-Taste zu deselektieren.

12 Faces am Rand extrudieren

Aus der vorliegenden Selektion generieren wir nun über einzelne Schritte und Anpassungen die Hohlräume für die Tuben. Aktivieren Sie das normale Extrudieren-Werkzeug (Taste [E]), und extrudieren Sie die Faces am Rand der Tuben ein Stück nach oben.

Da wir diese Selektion in Kürze noch einmal benötigen werden, speichern wir sie uns über das Menü VERTEX GROUPS ([Strg]/[Ctrl]+[G]) ❼ mit dem Befehl ASSIGN TO NEW GROUP in einer neuen Vertex Group ab.

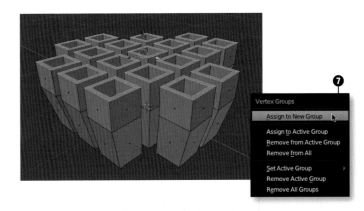

13 Faces für die Tuben extrudieren und skalieren

Damit nicht alle Tuben die gleiche Länge besitzen, nehmen Sie einige der am Rand liegenden Tuben per Rechtsklick mit gedrückt gehaltener [⇧]-Taste aus der aktuellen Selektion. Extrudieren (Taste [E]) Sie die verbliebenen Faces um etwa die gleiche Distanz wie zuvor nach oben, und wechseln Sie über die Taste [S] zum Skalieren-Werkzeug.

PROPORTIONAL EDITING ist ja nach wie vor aktiv, sodass Sie während des Skalierens über den per Mausrad einstellbaren Wirkungsradius ❽ die Skalierung noch feiner anpassen können. Beginnen Sie bei diesem Extrusionsschritt bereits, die Tuben wieder leicht zur Mitte zu orientieren.

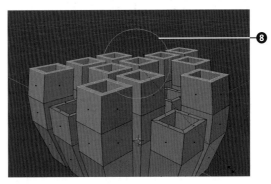

Deselektieren Sie nach diesem Schritt wieder einige Tubenspitzen, und wählen Sie sich drei oder vier Tuben aus, die am weitesten aus dem Schwamm hervorragen sollen. Wenden Sie auch hier wieder einen Extrusionsschritt an, und skalieren Sie die extrudierten Faces wieder mit dem Skalieren-Werkzeug bei aktivem PROPORTIONAL EDITING nach innen.

Nach diesem Skalierungsschritt sollten Sie PROPORTIONAL EDITING über die Menüzeile der 3D-VIEW bzw. die Taste [O] deaktivieren ❾. Wenden Sie sich den einzelnen Tubenspitzen zu, und variieren Sie deren Höhen durch Verschieben der oberen Faces, zum Beispiel mit dem blauen Achsanfasser, in Z-Richtung.

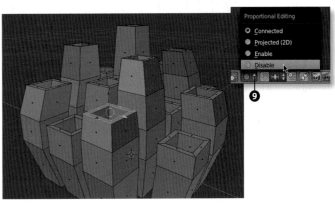

14 Per Subdivision Surface-Modifier runden und glätten

Wirklich organisch sieht unser Meeres-schwamm mit den eckigen Tuben im Moment noch nicht aus, doch für das Modelling war die Arbeit an den ungerundeten Faces durch-aus von Vorteil.

Um nun endlich eine gerundete und ge-glättete Version zu erhalten, weisen Sie dem Meeresschwamm über den MODIFIER-Tab ❶ im PROPERTIES-EDITOR einen SUBDIVISION SURFACE-Modifier zu.

Im zugehörigen Einstellungs-Panel erhöhen Sie die Anzahl der Unterteilungen (SUBDIVI-SIONS) ❷ für VIEW und RENDER auf 3. Der für das organische Modelling prädestinierte Run-dungs-Algorithmus CATMULL-CLARK ist bereits voreingestellt und auch für unsere Zwecke die richtige Wahl.

15 Smooth Shading aktivieren

Wie bereits beim Felsen gesehen, bewirkt der SUBDIVISION SURFACE-Modifier zwar eine schöne Rundung des Meshs, für wirklich glatte Oberflächen müssten wir die Unterteilung aber in unnötige Höhen schrau-ben. Wir passen stattdessen lieber das Shad-ing für den Meeresschwamm an. Wechseln Sie dazu per ⇆-Taste in den OBJECT MODE, und aktivieren Sie im TOOL SHELF das SMOOTH SHADING.

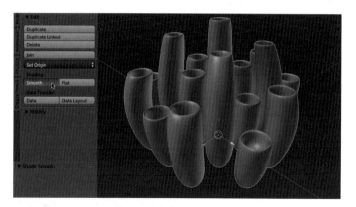

16 Tubenspitzen selektieren und extrudieren

Sicher ist Ihnen aufgefallen, dass die Kanten der Tubenspitzen sehr scharf ausfallen. Um dies zu beheben, selektieren wir alle Faces an den Tubenspitzen. Wie gut, dass wir uns diese Faces zuvor in eine VERTEX GROUP gespeichert hatten. Im OBJECT DATA-Tab ❸ finden wir im Panel VERTEX GROUP den zugehörigen Ein-trag ❹. Klicken Sie auf den Button SELECT ❺, um die Selektion zu reaktivieren, und fügen Sie für alle Faces an den Tubenspitzen eine leichte normale Extrusion (Taste E) an.

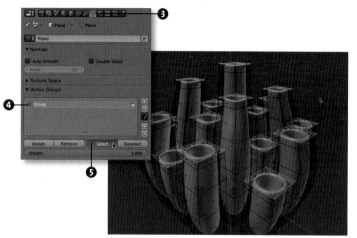

17 Tubenspitzen individualisieren

Wir hatten ja bereits einige Anstrengungen unternommen, die Anordnung und den Wuchs der Tuben des Meeresschwamms möglichst natürlich wirken zu lassen. Für den letzten Schliff können Sie sich im EDIT MODE die einzelnen Tubenspitzen vornehmen und durch leichtes Ziehen an manchen Edges und Vertices noch mehr Natürlichkeit anbringen.

18 Ebenen-Schnitt mit dem Bisect-Werkzeug anbringen

Im Prinzip sind nun alle notwendigen Modellierarbeiten abgeschlossen, lediglich eine Verbindung zwischen den Tuben besteht nicht. Zwar sind solche Kanäle nicht unbedingt erforderlich, sie geben mir aber die Gelegenheit, Ihnen das BISECT-Tool vorzustellen.

Wechseln Sie über die Tasten ⟨3⟩ [Num] und ⟨5⟩ [Num] in die orthogonale Seitenansicht, und selektieren Sie über die Taste ⟨A⟩ alle Faces des Meeresschwamms. Aktivieren Sie über das Panel MESH-TOOLS des TOOL SHELFS das BISECT-Werkzeug ❻, und ziehen Sie einen horizontalen Schnitt durch alle Tuben, indem Sie den Start- ❼ und Zielpunkt ❽ mit der linken Maustaste festlegen.

Rufen Sie direkt danach über die Taste ⟨F6⟩ das LAST OPERATOR-Menü ❾ auf, und korrigieren Sie bei PLANE NORMAL die X- und Y-Werte auf 0, um den Schnitt parallel zum Boden verlaufen zu lassen.

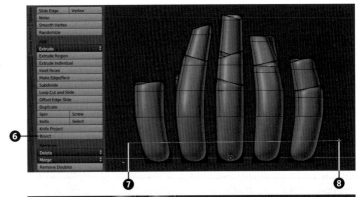

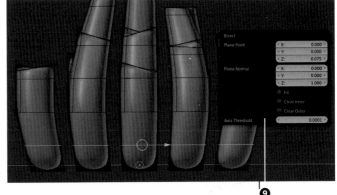

19 Faces mit Bridge Edge Loops verbinden

Durch diesen Schnitt quer durch alle Tuben haben wir zusätzliche Faces gewonnen, die wir nun ganz willkürlich über das Werkzeug BRIDGE EDGE LOOPS ❿ aus dem Menü EDGE TOOLS (Tasten ⟨Strg⟩/⟨Ctrl⟩+⟨E⟩) verbinden können. Selektieren Sie dazu zwei gegenüberliegende Faces, und wenden Sie den Befehl auf die Faces an. Schon sind die Tuben miteinander verwachsen.

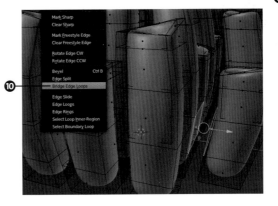

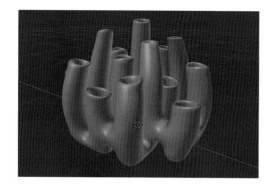

20 Finalisieren und Speichern des Meeresschwamms

Sie können die Tuben auf diese Weise in beliebiger Kombination miteinander verbinden, dabei sollte natürlich die ungeordnete und damit natürliche Form im Vordergrund stehen.

Speichern Sie anschließend Ihr Modell des Meeresschwamms über die Tasten ⌈Strg⌉/⌈Ctrl⌉+⌈S⌉) als Blender-Datei ab.

Modellieren einer Amphore

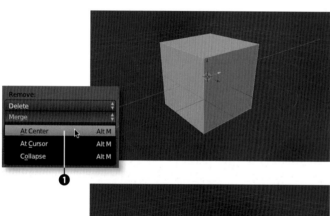

1 Cube erzeugen und zu einem einzelnen Vertex verschmelzen

Eine Amphore soll den Lieblingsplatz und die Behausung für unseren Oktopus-Character geben. Erzeugen Sie eine neue Blender-Szene, bei der Sie CAMERA und LAMP über die Taste ⌈X⌉ löschen. Den Cube verwenden wir als Ausgangsbasis für die Amphore oder, genauer gesagt, lediglich den auf die Mitte des Cubes zusammengeschmolzenen Vertex aus den acht Vertices des Cubes.

Wechseln Sie über die ⌈↹⌉-Taste in den EDIT MODE. Da die Vertices des Cubes von Beginn an selektiert sind, können Sie direkt den Befehl MERGE • AT CENTER ❶ des TOOL SHELFS aufrufen und die acht Vertices zu einem einzelnen Vertex ❷ zusammenschmelzen.

2 Vertex extrudieren

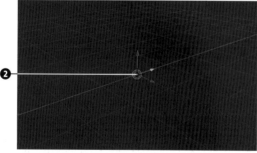

Aus diesem einen Vertex extrudieren wir nun ein Profil für die Amphore, das wir durch Rotation um seine Mittelachse in ein dreidimensionales Objekt verwandeln. Wechseln Sie über die Tasten ⌈3⌉ [Num] und ⌈5⌉ [Num] in die orthogonale Seitenansicht, aktivieren Sie den VERTEX SELECT-Mode ❸ über die Menüleiste der 3D-VIEW, und drücken Sie die Tasten ⌈E⌉ und ⌈Y⌉. Damit extrudieren Sie den Vertex entlang der Y-Achse und erzeugen dabei den zweiten Punkt für die Amphore.

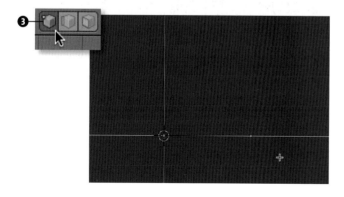

3 Weitere Vertices für das Profil extrudieren

Mit dieser ersten Extrusion wäre die Standfläche der Amphore bereits geschaffen. Nun können Sie durch wiederholtes Aufrufen des Extrudieren-Werkzeugs über die Taste [E] die nächsten Vertices für das Profil der Amphore extrudieren und positionieren. Alternativ halten Sie einfach die [Strg]/[Ctrl]-Taste gedrückt und setzen die weiteren Vertices ganz einfach per Klick mit der linken Maustaste.

Arbeiten Sie sich zunächst zum Hals der Amphore hoch, und formen Sie anschließend einen geschwungenen Rand bis in das Innere der Amphore.

4 Letzten Vertex auf den Achspunkt setzen

Erzeugen Sie das Innere der Amphore durch Setzen einer parallel verlaufenden Vertex-Kurve. Stören Sie sich nicht am eckigen Aussehen der »Kurve«, sie wird mit dem späteren Objekt geglättet. Platzieren Sie den letzten Vertex oberhalb des Startpunkts ❹, und setzen Sie seinen Y-Wert ❺ über das PROPERTIES SHELF für einen exakten Abschluss auf 0.

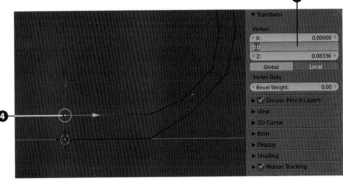

5 Profil anpassen und Spin-Befehl aufrufen

Sicher ist Ihre mit den einzelnen Vertices gesetzte Profil-Kurve wie auch bei mir noch nicht perfekt, weshalb Sie vor dem nächsten Schritt die Gelegenheit nutzen sollten, das Profil der späteren Amphore durch Korrigieren einzelner Vertices oder auch durch das Verschieben einer ganzen Reihe von Vertices zu optimieren. Schließlich haben wir im Moment lediglich die eine Hälfte der Amphore als Profil vorliegen, nach dem Rotieren der Vertices ist das Ergebnis entsprechend doppelt so ausladend.

Wenn Sie mit dem Profil Ihrer Amphore zufrieden sind, selektieren Sie über die Taste [A] alle Vertices und rufen über das TOOL SHELF im Panel MESH TOOLS den Befehl SPIN ❻ auf.

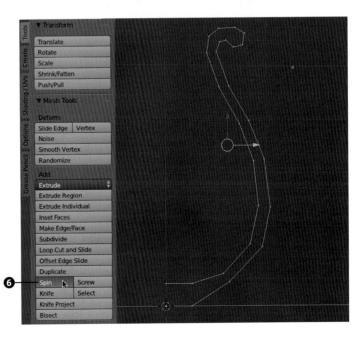

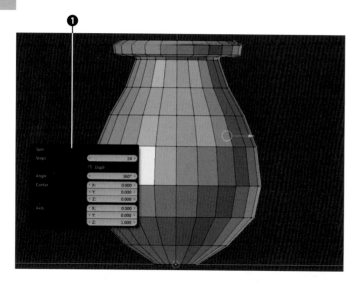

6 Spin-Befehl einstellen

Möglicherweise hat sich Ihr Viewport gleich nach dem Klick auf den Button SPIN in ein Polygonmeer verwandelt, doch dies liegt lediglich an den Parametern für die Rotation, die noch nicht angepasst sind.

Rufen Sie mit der Taste [F6] direkt das LAST OPERATOR-Menü ❶ auf, um dies zu erledigen. Da wir die Amphore später mit einem SUBSURF-Modifier runden, reichen 24 Schritte (STEPS) als Unterteilung rings um die Amphore. Um die Rotation für die Amphore vollständig zu schließen, benötigen wir natürlich volle 360° beim Winkel (ANGLE).

Besonders wichtig ist die korrekte Angabe der Rotationsachse. Da unser Profil um die blaue Z-Achse rotieren soll, setzen Sie die X- und Y-Werte bei AXIS auf 0, während Sie als Z-Wert die 1 eintragen. Nach diesen Anpassungen ist das Rohmodell unserer Amphore fast fertig. Durch die Rotation des Profils um 360° liegen die zuletzt erzeugten Vertices auf den Profil-Vertices bei 0°. An diesen Stellen besitzt unsere Amphore also doppelte übereinanderliegende Punkte ❷.

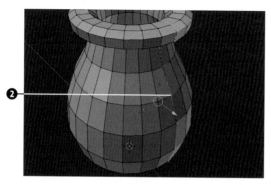

7 Doppelte Vertices erzeugen

Leider führen diese doppelten Vertices zu Problemen beim Shading. Das direkte Löschen der Vertices empfiehlt sich nicht, da wir dadurch ein Loch im Mesh erzeugen würden, das wir nur wieder schließen müssten.

Abhilfe schafft der Befehl REMOVE DOUBLES ❸ aus dem TOOL SHELF. Selektieren Sie alle Vertices (zweimal Taste [A]), und verschmelzen Sie mit ihm die doppelten Vertices.

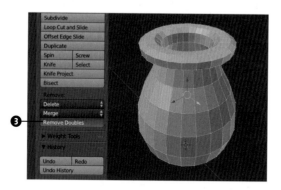

8 Per Subdivision Surface-Modifier runden

Das nun fertige Rohmodell lassen wir uns mit einem SUBDIVISION SURFACE-Modifier runden. Weisen Sie der Amphore über den MODIFIER-Tab des PROPERTIES-EDITORS einen SUBSURF-Modifier zu, und vergeben Sie für ihn bei VIEW und RENDER jeweils 2 SUBDIVISIONS.

9 Edge Loops per Loop Cut and Slide-Tool anfügen

Durch die Rundung per Subdivision Surface-Modifier ist nun auch das kantige Erscheinungsbild der Amphore verschwunden. Was unsere Amphore noch dringend braucht, sind Henkel an den Seiten. Da wir recht sparsam mit den Vertices umgegangen sind, besitzt die Amphore im mittleren Bereich recht große Faces. Damit wir für einen schmalen Henkel mit kleineren Faces arbeiten können, ziehen wir einfach einen zusätzlichen Edge Loop ein.

Aktivieren Sie dazu das Loop Cut and Slide-Tool über die Tasten Strg/Ctrl+R, und fügen Sie in der Mitte der Amphore einen horizontalen Edge Loop ein ❹, den Sie per Linksklick bestätigen. Verschieben Sie den neuen, noch selektierten Edge Loop mit der Maus etwas nach oben ❺, und bestätigen Sie die Position schließlich durch einen Rechtsklick bzw. mit der Esc-Taste.

10 Henkel über Bridge Edge Loops erzeugen

Die Faces am Rand der Amphore besitzen bereits eine passende Größe, sodass wir in den Face Select-Mode wechseln und per Rechtsklick mit gedrückt gehaltener ⇧-Taste jeweils zwei übereinanderliegende Faces am oberen Rand ❻ und in der Mitte der Amphore ❼ selektieren. Drehen Sie sich dazu die Ansicht durch Ziehen mit gedrückt gehaltener Mausrad-Taste in die richtige Perspektive. Durch Drehen des Mausrads zoomen Sie näher an die Amphore heran. Verbinden Sie die selektierten Faces über den Befehl Bridge Edge Loops ❽ aus dem Edge Tools-Menü (Tasten Strg/Ctrl+R).

Im Last Operator-Panel finden Sie Parameter, um die linearen Verbindungen der Faces zu einem geschwungenen Henkel zu machen. Erhöhen Sie die Number of Cuts auf 6, um Unterteilungen zu erhalten, und lassen Sie diese über den Blend Path mit einer Smoothness von 0.750 weich übergehen.

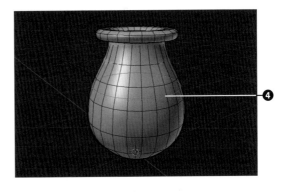

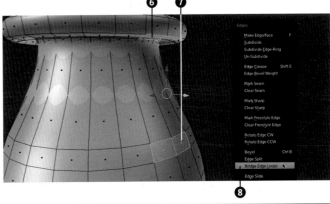

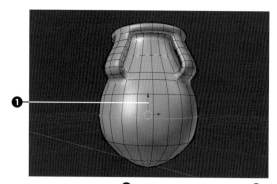

11 Weitere Henkel erzeugen

Auf die gleiche Art, wie Sie den ersten Henkel durch Selektion und Verbindung von Faces geschaffen haben, können Sie weitere Henkel anfügen. Ich habe vier Henkel mit Abstand von vier Face Loops erzeugt.

12 Zierring extrudieren

Als Vorbereitung für die Extrusion eines horizontalen Zierrings selektieren Sie den Edge Loop im unteren Drittel der Amphore im EDGE SELECT-Mode durch Rechtsklick mit gedrückt gehaltener [Alt]-Taste und schieben ihn über den blauen Z-Achsanfasser etwas nach oben ❶. Wechseln Sie danach in den FACE SELECT-Mode, und selektieren Sie durch Rechtsklick mit gedrückt gehaltener [Alt]-Taste den Face Loop in der Mitte ❸.

Mit zwei kurzen Extrusionen soll aus dem selektierten Face Loop nun ein umlaufender Ring als Verzierung für die Amphore entstehen. Wir benötigen dazu das Extrudieren-Werkzeug REGION (VERTEX NORMALS) ❹ aus dem Menü EXTRUDE (Tasten [Alt]+[E]), damit die jeweiligen Normalen der Faces für die gemeinsame Extrusion berücksichtigt werden. Setzen Sie nach einem kurzen Extrusionsschritt mit der Maus den OFFSET über das LAST OPERATOR-Panel ❷ auf –0.005, und rufen Sie danach über das TOOL SHELF im Panel HISTORY den Befehl REPEAT LAST ❺ auf, um die Extrusion noch einmal zu wiederholen.

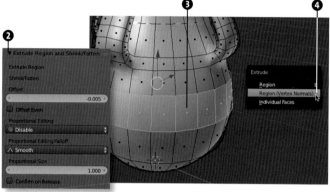

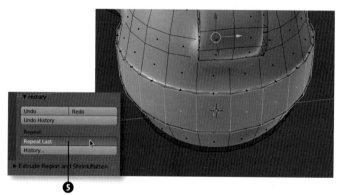

13 Oberen Rand der Amphore extrudieren

Gerade bei Gebrauchsobjekten mit organischer Form, die mit einem SUBSURF-Modifier gerundet werden, sind Detailarbeiten wie das Einarbeiten zusätzlicher Kanten wichtig. Der obere Rand unserer Amphore ist beispielsweise noch viel zu rund. Selektieren Sie den oben umlaufenden Face Loop durch Rechtsklick mit gedrückt gehaltener [Alt]-Taste, und fügen Sie nur eine leichte Extrusion (Taste [E]) an, um dort ein paar Kanten zu gewinnen.

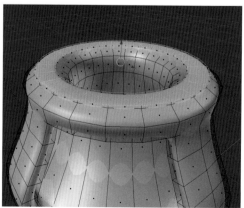

14 Probleme an den Polen beseitigen

Unsere Amphore ist eigentlich fertig modelliert, besitzt aber noch zwei Problemstellen, die zu unschöner Rundung und damit unansehnlichem Shading führen: An der Unterseite und im Inneren befinden sich in der Mitte sogenannte Pol-Vertices, die aufgrund des SPIN-Werkzeugs 24 anliegende Edges aufweisen.

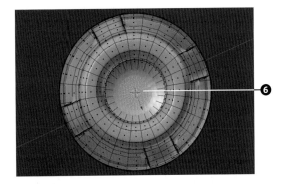

Da wir den SUBDIVISION SURFACE-Modifier auf unserer Seite haben, reicht es, die betroffenen Faces im FACE SELECT-Mode zu selektieren ❻, das Skalieren-Werkzeug (Taste ⟨S⟩) zu aktivieren und die Faces ein wenig kleiner zu skalieren. Den Rest übernimmt der SUBSURF-Modifier, in dem er die zu den Polen auf der Unterseite und im Inneren sternförmig zulaufenden Edges weich verrundet ❼.

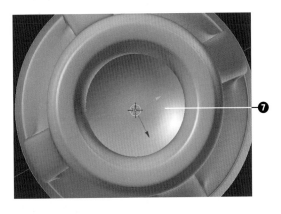

Führen Sie diese Skalierung im Inneren der Amphore auf dem Boden sowie auf der Unterseite der Amphore mit dem Pol-Vertice sowie den angrenzenden Faces durch.

15 Fertige Amphore speichern

Nach dieser kleinen kosmetischen Operation ist unsere Amphore auch schon fertiggestellt. Sie können natürlich gerne noch weitere Verzierungen mit den nun bestens bekannten Modelling-Werkzeugen anbringen. Wenn Sie schließlich mit dem Ergebnis zufrieden sind, speichern Sie die Amphore über die Tasten ⟨Strg⟩/⟨Ctrl⟩+⟨S⟩) in einer Blender-Datei ab.

Character-Modelling

Modelling eines Comic-Oktopus-Characters

Nachdem Sie nun erste Erfahrungen im organischen Modelling gesammelt haben, wenden wir uns in einem großen Workshop einem Character zu. Wir beginnen unser Modell mit Subdivision Surfaces und verleihen ihm mit Sculpting den Feinschliff.

Vorbereitungen

Auch in diesem Character-Modelling-Workshop arbeiten wir mit den Standardeinstellungen von Blender.

Da wir weder den CUBE noch das Lamp- und Camera-Objekt für diesen Workshop benötigen, können Sie alle Objekte durch doppeltes Drücken der A-Taste selektieren und anschließend gemeinsam über die Taste X löschen.

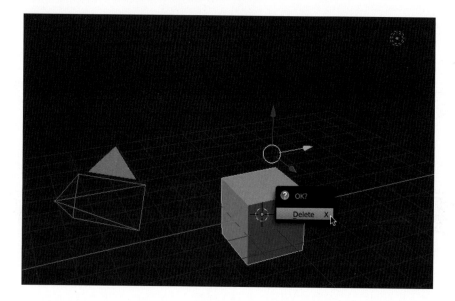

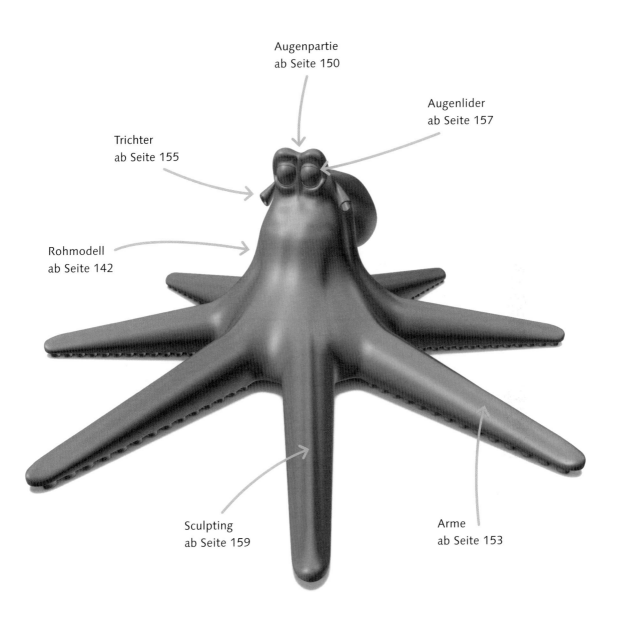

Augenpartie
ab Seite 150

Augenlider
ab Seite 157

Trichter
ab Seite 155

Rohmodell
ab Seite 142

Sculpting
ab Seite 159

Arme
ab Seite 153

Erstellen des Rohmodells

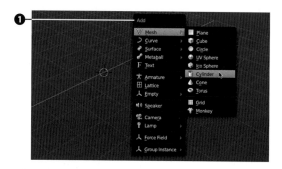

1 Cylinder erzeugen

Für das Modelling des Comic-Oktopus verwenden wir wieder eines der Mesh-Primitives, um uns aus dieser Grundform den Character herauszuarbeiten.

Stellen Sie über die Tasten ⧉+C sicher, dass der 3D Cursor im Welturprung liegt, und rufen Sie das Menü ADD (Tasten ⧉+A) ❶ auf, um einen Cylinder zu erzeugen.

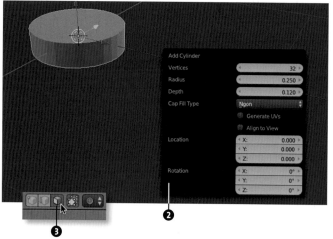

2 Cylinder definieren

Nach dem Erstellen des Cylinders holen Sie sich durch die Taste F6 das LAST OPERATOR-Menü ❷ in den Viewport, um dort die Anzahl der VERTICES und die Maße des Objekts festzulegen. Die 32 Unterteilungen (VERTICES) sorgen dafür, dass unser Oktopus anatomisch korrekte acht Arme mit je zwei nebeneinanderliegenden Faces erhält.

Für die Bearbeitung des Cylinders wechseln Sie über die Taste ⇆ in den EDIT MODE und aktivieren dabei auch gleich den FACE SELECT-Mode ❸.

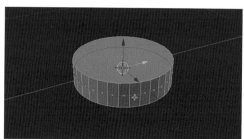

3 Horizontalen Edge Loop einfügen

Damit wir in vertikaler Richtung zwei Faces für die Ausarbeitung bekommen, ziehen Sie mit dem LOOP CUT AND SLIDE-Werkzeug (Tasten Strg/Ctrl+R) einen mittigen horizontalen Edge Loop ein, den Sie per Linksklick setzen und per Esc-Taste bestätigen.

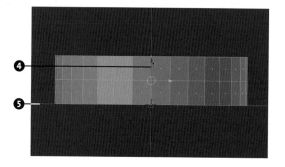

4 Ursprung verschieben

Es wäre wünschenswert, wenn sich der Ursprung des Cylinders auf der Unterseite des Mesh-Objekts befände. Verschieben Sie das komplette Mesh mit gedrückt gehaltener Strg/Ctrl-Taste aus der Seitenansicht mit dem blauen Z-Achsanfasser ❹ nach oben, bis es mit der Unterseite auf der XY-Ebene ❺ einrastet.

5 Faces für die Arme selektieren

Die Basis des Oktopus-Körpers ist so weit vorbereitet, dass wir die späteren Arme aus dem Cylinder extrudieren können. Selektieren Sie rings um den Cylinder jeweils zwei neben- und übereinanderliegende Faces mit jeweils zwei Faces Abstand dazwischen und rufen Sie anschließend den Befehl EXTRUDE REGION (VERTEX NORMALS) über die Tasten [Alt]+[E] auf.

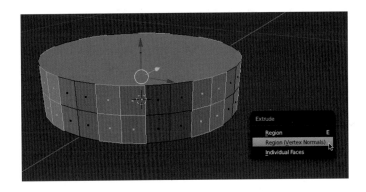

6 Arme extrudieren

Extrudieren Sie die selektierten Faces ein kleines Stück nach außen und klappen Sie gleich darauf das LAST OPERATOR-Panel im TOOL SHELF (Taste [T]) auf, um die ausgeführte Extrusion abzustimmen.

Da es sich bei unserem Character um einen Comic-Oktopus handelt, müssen wir es mit der anatomischen Genauigkeit nicht übertreiben und extrudieren alle acht Arme in eine überschaubare Länge von 0.5 Blender-Einheiten.

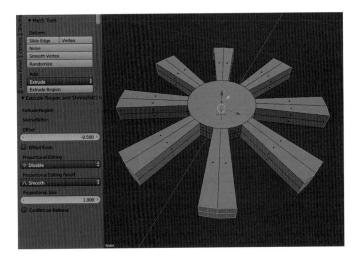

7 Pivot Point ändern

Die Faces an den Enden der extrudierten Arme lassen wir selektiert, um sie alle gemeinsam skalieren zu können. Zuvor setzen wir den PIVOT POINT über die Menüzeile der 3D-VIEW auf INDIVIDUAL ORIGINS ❻.

8 Extrudierte Enden skalieren

Mit dieser Einstellung des PIVOT POINTS werden die Faces im nun folgenden Skalieren-Schritt separat betrachtet.

Wir aktivieren das Skalieren-Werkzeug über die Taste [S] und skalieren die selektierten Faces an den Enden der Oktopus-Arme interaktiv im Viewport auf etwa ein Drittel der ursprünglichen Höhe. Wir werden in diesem Workshop noch öfter auf numerische Eingaben verzichten,wir bekommen dadurch ein besseres Gefühl für die Werkzeuge.

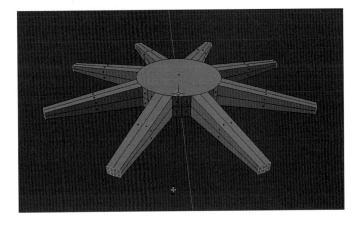

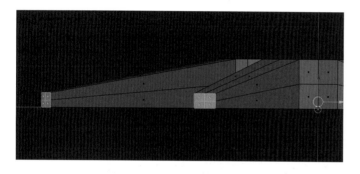

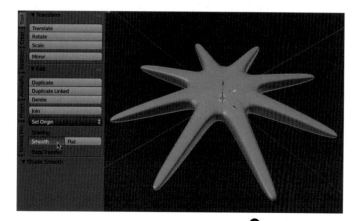

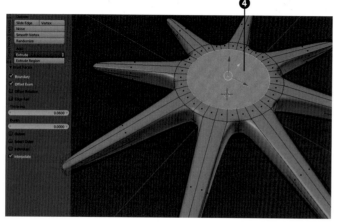

9 Skalierte Enden verschieben

Bevor wir dem kantigen Äußeren des Kraken zu Leibe rücken, verwenden wir die orthogonale Seitenansicht (Tasten ③ [Num] und ⑤ [Num]), um die noch immer selektierten Faces der Arm-Enden über den gemeinsamen blauen Z-Achsanfasser der Selektion nach unten auf Höhe der XY-Ebene des Ursprungs zu verschieben.

10 Per Subdivision Surface-Modifier runden

Wie die anderen organischen Objekte aus den Workshops bekommt auch unser Oktopus einen SUBDIVISION SURFACE-Modifier für die unterteilende Rundung zugewiesen.

Sie können den Modifier wie gewohnt über das Auswahlmenü ❶ im MODIFIER-Tab des PROPERTIES-EDITORS zuweisen. Ein weitaus schnellerer Weg führt allerdings über den Kurzbefehl Strg/Ctrl+③.

Ein Blick in die Einstellungen des SUBDIVISION SURFACE-Modifiers klärt auf, welche Funktion die Zahl am Ende des Tastenbefehls hat: Sie gibt die Anzahl der SUBDIVISIONS im Viewport ❷ an. Die Anzahl der RENDER-SUBDIVISIONS ❸ hat für uns keinen Belang, da wir den Modifier nur zum Modellieren benötigen.

Wechseln Sie außerdem über die Taste ⇆ kurz in den OBJECT MODE, um im TOOL SHELF das SMOOTH SHADING für unseren Oktopus zu aktivieren.

11 Oberes N-Gon innen extrudieren

Auf der Ober- und Unterseite des ehemaligen Cylinders befindet sich je ein N-Gon ❹, das uns bei unserer Modellierarbeit ziemlich ungelegen kommt.

Bevor wir uns aber mit diesem Problem beschäftigen, selektieren wir das N-Gon im EDIT MODE und fügen über den Befehl INSET FACES (Taste ⓘ) eine innere Extrusion an, um den Körper ein Stück von den Arm-Ansätzen des Oktopus abzusetzen.

12 Oberes N-Gon verschieben und löschen

Ziehen Sie das obere selektierte N-Gon am blauen Z-Achsanfasser ein Stück nach oben, um den Rumpf des Oktopus herauszubilden. Nun ist an den Rändern sehr gut das zur Mitte des N-Gons laufende sternförmige Shading ❺ zu sehen. Um hier ein vernünftiges Mesh zu erhalten, löschen wir zunächst das N-Gon über den Befehl DELETE • FACES (Taste ⓧ).

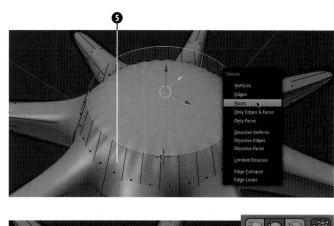

13 Edge Loop am Rand selektieren

Nach dem Löschen des N-Gons müssen wir das entstandene Loch wieder füllen. Damit aber dort auch wirklich brauchbare Faces entstehen, benötigen wir für das Schließen des Lochs den am Rand umlaufenden Edge Loop. Aktivieren Sie daher den EDGE SELECT-Mode ❻, und klicken Sie mit gedrückt gehaltener Alt-Taste auf eine Edge des Rands ❼.

14 Loch schließen

Nachdem der Rand selektiert ist, rufen Sie zur Füllung des Lochs den Befehl GRID FILL aus dem Menü MESH • FACES bzw. über das Menü FACES (Tasten Strg/Ctrl+F) auf. Sofort wird das Loch mit einer Gitterstruktur verschlossen. Rufen Sie nun noch über die Taste F6 das LAST OPERATOR-Menü auf, um über den OFFSET-Wert die durch das Grid laufende Mittellinie ❽ auf die zwischen den vorderen Armen des Oktopus liegende Mittellinie ❾ anzupassen. Die Option SIMPLE BLENDING verringert dabei die Verzerrung der Edges im Grid.

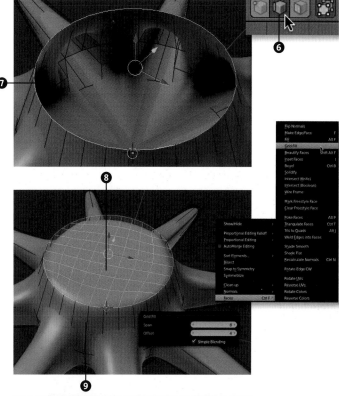

15 Erste Faces verschieben

Wir nutzen die neue Geometrie und reduzieren die Selektion im FACE SELECT-Mode um die Faces am Rand. Halten Sie dazu die ⇧-Taste gedrückt, um diese Faces per Rechtsklick abzuwählen. Verschieben Sie die inneren Faces über die Achsanfasser ein Stück nach oben und in Y-Richtung nach hinten.

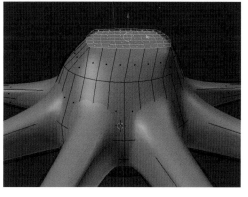

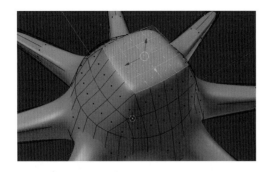

16 Weitere Faces verschieben

Wir arbeiten uns weiter nach innen und reduzieren die Selektion wieder um die am Rand liegenden Faces. Halten Sie dazu wieder die ⇧-Taste gedrückt, um diese Faces per Rechtsklick von der Selektion auszuschließen. Verschieben Sie die inneren Faces über den blauen Z-Achsanfasser ein Stück nach oben.

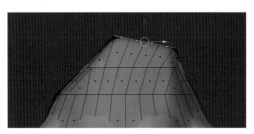

17 Selektion rotieren

Um den Körper des Oktopus leicht nach hinten zu orientieren, kippen wir die bestehende Selektion nach hinten. Aktivieren Sie über die Tasten R und X die Rotation über die X-Achse, und drehen Sie die Faces etwas nach hinten.

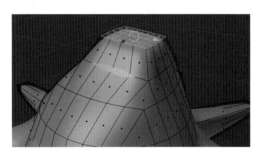

18 Selektion extrudieren

Vom ursprünglichen per GRID FILL erzeugten Mesh sind nur noch 16 Faces übrig, die wir auch für die weitere Ausgestaltung des Kopfes benötigen. Den nächsten Schritt nach oben führen wir deshalb über eine Extrusion (Taste E) durch, die wir anschließend etwas zusammenskalieren (Taste S).

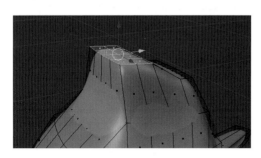

19 Faces für den Kopf verschieben

Reduzieren Sie die bestehende Selektion auf die acht vorderen Faces, um diese für die spätere Augenpartie vorgesehenen Faces durch Ziehen am blauen Z-Achsanfasser etwas nach oben zu verschieben. Damit ist die Basis für den Oktopus-Körper gelegt.

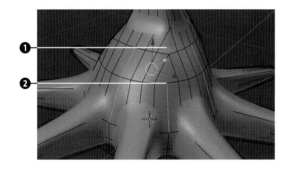

20 Edges zwischen den Armen selektieren

Der Körper des Oktopus ist trotz Orientierung nach hinten noch relativ undefiniert und wirkt dadurch plump. Aktivieren Sie den EDGE SELECT-Mode, und selektieren Sie die zwischen den Armen nach oben verlaufenden Edges per Rechtsklick mit gedrückt gehaltener ⇧-Taste ❷, wo möglich, bis zum Kopfansatz ❶.

21 Edges zwischen den Armen skalieren

Wenn Sie alle infrage kommenden Edges rund um den Oktopus-Körper selektiert haben, können wir diese Selektion etwas skalieren, um die mit den Edges vorgegebene Form herauszuschälen.

Aktivieren Sie das Skalieren-Werkzeug mit der [S]-Taste, und ziehen Sie die selektierten Edges über die Skalierung etwas zusammen.

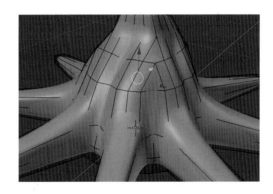

22 Erste Faces für den Mantel extrudieren

Kommen wir nun zum, anatomisch gesehen, eigentlichen Körper des Oktopus, dem Mantel. Drehen Sie sich dazu die Ansicht zur Rückseite des Oktopus, und selektieren Sie die acht Faces am Hinterkopf im FACE SELECT-Mode. Wechseln Sie über die Taste [E] zum Extrudieren-Werkzeug, und fügen Sie für die acht Faces eine Extrusion für den ersten Teil des Mantels an.

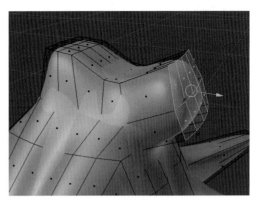

23 Extrudierte Faces rotieren und skalieren

Aufgrund ihrer Ausgangslage wurden die extrudierten Faces nach oben extrudiert, nicht ganz so, wie wir es für den Mantel benötigen. Rotieren Sie die Faces über die Tasten [R] und [X] über die X-Achse in die Vertikale, und aktivieren Sie anschließend per Taste [S] das Skalieren-Werkzeug, um die Faces ein wenig zu vergrößern.

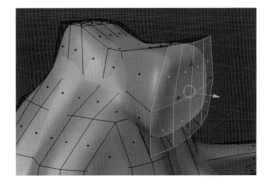

24 Faces selektieren und skalieren

Für die weitere Ausarbeitung des Mantels benötigen wir noch zusätzliche Extrusionen, zuvor wollen wir aber die Form der Faces entsprechend anpassen. Aktivieren Sie den VERTEX SELECT-Mode, und drehen Sie die Ansicht zur Rückseite des Oktopus. Selektieren Sie die vier an den Ecken liegenden Vertices, und skalieren Sie diese mit dem Skalieren-Werkzeug (Taste [S]) ein Stück nach innen.

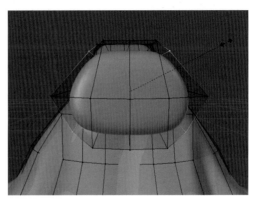

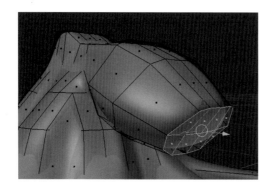

25 Faces für den Mantel extrudieren

Nach der Anpassung der Faces kehren Sie zur ursprünglichen Face-Selektion zurück und fügen mit dem EXTRUDE-Tool (Taste `E`) zwei Extrusionsschritte an. Rotieren Sie dabei jede Extrusion etwas nach unten (Tasten `R` und `X`). Während Sie die erste Extrusion etwas vergrößern, verkleinern Sie die Faces nach der zweiten Extrusion (Taste `S`).

26 Mantelspitze ausformen

Eine Mantelspitze ist durch die verbundene Extrusion der Faces nicht erkennbar, der Mantel endet derzeit eher abrupt.

Um dem Mantel ein spitz zulaufendes Ende zu verleihen, wechseln Sie in den VERTEX SELECT-Mode und ziehen die drei in der Mitte liegenden Vertices ❶ über die Achsanfasser ein Stück nach unten, zum Schluss wiederholen Sie dies für den mittleren Vertex.

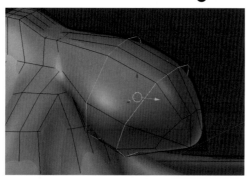

27 Mantel ausformen

Seiner Eigenschaft als Comic-Character ist natürlich geschuldet, dass unser Oktopus keinen so prägnanten Mantel erhält, da wir das Augenmerk eher auf die Animation von Augen und Armen legen. Finalisieren Sie den Mantel, indem Sie die beiden tragenden Edge Loops in ihrer Größe abstimmen und auch prüfen, ob der Mantel nicht versehentlich das Mesh des Oktopus-Rückens berührt.

28 Unteres N-Gon löschen und füllen

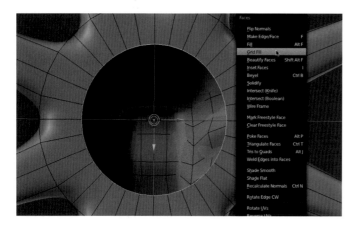

Unser Oktopus besitzt auf seiner Unterseite noch das bereits bekannte Problem des intern sternförmig zulaufenden N-Gons. Auch wenn es sich hierbei um keine exponierte Stelle handelt, ist es sinnvoll, gerade auch für das spätere Sculpting, mit einer sauberen Geometrie zu arbeiten. Extrudieren Sie das N-Gon etwas nach innen (Taste `I`), bevor Sie es löschen und per GRID FILL (Menü FACES `Strg`/ `Ctrl`+`F`) schließen.

29 Gitterstruktur des Grid Fill anpassen

Für gewöhnlich muss das per GRID FILL in das Loch des N-Gons eingesetzte Gitter noch in die umliegende Mesh-Topologie angepasst werden.

Rufen Sie dazu über die Taste [F6] das LAST OPERATOR-Menü auf, und wählen Sie den OFFSET-Wert, der das Grid mit seiner Ausrichtung optimal einpasst.

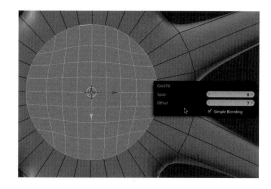

30 Eingesetztes Mesh verschieben

Das eingesetzte Mesh liegt derzeit plan auf der Ebene des Weltursprungs. Wir müssen unseren Oktopus nicht von innen ausmodellieren, doch unser Krake wirkt einfach stimmiger, wenn sein Körper-Mittelpunkt nicht den Boden berührt. Verschieben Sie die aktive Selektion dazu einfach etwas nach oben.

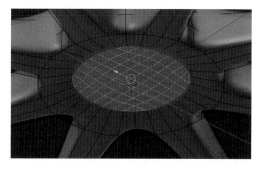

31 Mesh-Hälfte löschen

Um uns die Arbeit zu erleichtern, lassen wir alle folgenden Schritte automatisiert symmetrisch durchführen. Als Vorbereitung müssen wir dabei eine der beiden Hälften des Oktopus löschen. Wechseln Sie dazu in die orthogonale Ansicht von vorne (Tasten [1] [Num] und [5] [Num]), und deaktivieren Sie die Option LIMIT SELECTION TO VISIBLE ❷.

Rufen Sie über die Taste [B] das BORDER SELECT-Werkzeug auf, und ziehen Sie im VERTEX SELECT-Mode einen Rahmen über alle Vertices einer Oktopus-Hälfte. Über die Taste [X] gelangen Sie in das Menü DELETE, über das Sie alle selektierten Vertices löschen.

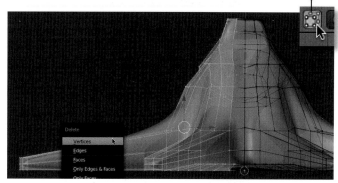

32 Per Mirror-Modifier spiegeln

Weisen Sie dem Oktopus über den MODIFIER-Tab im PROPERTIES-EDITOR einen MIRROR-Modifier zu, für den Sie die X-Achse und das CLIPPING aktivieren. Ordnen Sie den MIRROR-Modifier im Stack mittels Pfeiltaste ❸ oberhalb des SUBSURF-Modifiers an, um das Mesh erst nach dem Spiegeln zu runden.

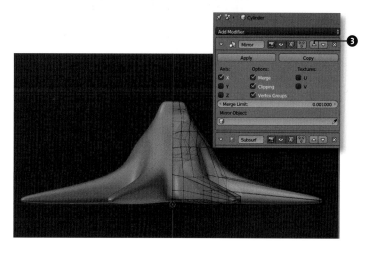

Ausarbeiten der Augenpartie

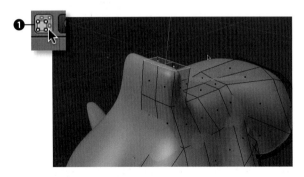

1 Faces für die Augenhöhlen extrudieren

Wir beginnen die Ausarbeitung des Oktopus bei den Augen. Achten Sie darauf, dass Sie die Option LIMIT SELECTION TO VISIBLE ❶ wieder aktivieren, bevor Sie im FACE SELECT-Mode die beiden vorderen Faces per Rechtsklick selektieren und über eine normale Extrusion (Taste [E]) nach oben extrudieren.

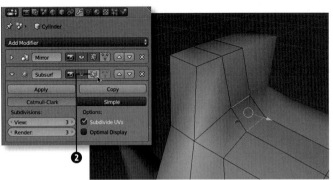

2 Übergang zum Mantel abflachen

So komfortabel die Ansicht der gerundeten Geometrie ist – manchmal erschwert sie die Einschätzung der Mesh-Topologie. Für die nächsten Schritte schalten wir diese Option ❷ im SUBSURF-Modifier temporär aus.

Drehen Sie sich die Ansicht zur Rückseite der Augenpartie, wechseln Sie in den EDGE SELECT-Mode, und verschieben Sie die beiden Edges etwas in Z-Richtung nach oben, um den Übergang zum Mantel nicht so steil ausfallen zu lassen.

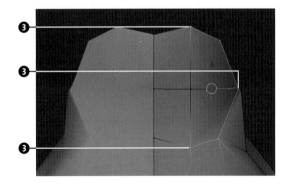

3 Vertices für die Augenhöhlen verschieben

Wechseln Sie nun in die orthogonale Ansicht von vorne (Tasten [1] [Num] und [5] [Num]), um im VERTEX SELECT-Mode die Vertices für die Augenhöhlen durch Verschieben zu leicht ovalen Augenhöhlen auszuarbeiten.

Dabei sollten die mittleren Vertices ❸ jeweils ein kleines Stück nach oben bzw. zur Seite herausragen.

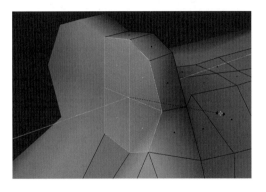

4 Vordere Faces skalieren

Um die Vertices bzw. Faces für die folgenden Schritte vorzubereiten, selektieren Sie alle Vertices bzw. die vier Faces (zur Verdeutlichung habe ich den FACE SELECT-Mode verwendet) auf der Vorderseite und skalieren sie über die Tasten [S], [Y] und [0] in die Vertikale.

5 Augenhöhlen innen extrudieren

Nachdem die Vertices bzw. Faces nach diesem Schritt auf einer Ebene liegen, schaffen wir mit einer inneren Extrusion neue Geometrie, um sie anschließend für die eigentliche Extrusion als Augenhöhle nach innen vorzubereiten.

Zunächst aber wenden wir über das Werkzeug INSET FACES (Taste [I]) eine Extrusion nach innen an.

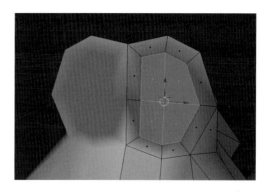

6 Nach innen extrudierte Faces skalieren

Es sei Ihnen überlassen, ob Sie mit dem ungeglätteten Mesh weiterarbeiten möchten, oder ob Sie sich die gerundete Version über die Ansichtsoption ❹ im SUBSURF-Modifier wieder anschalten. Lassen Sie die vier Faces weiter selektiert, und skalieren Sie die Faces in Z-Richtung über die Tasten [S] und [Z] in ihrer Höhe identisch zu ihrer Breite.

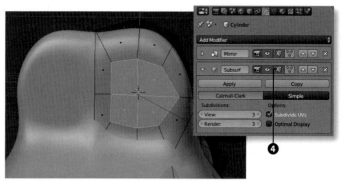

7 Vertices vor der Extrusion anpassen

Wechseln Sie spätestens jetzt kurz in den VERTEX SELECT-Mode zurück, um die insgesamt acht für die Augenhöhle vorgesehenen Vertices bearbeiten zu können.

Lassen Sie wieder die mittleren Vertices jeder Seite etwas herausragen, um durch den SUBSURF-Modifier eine ausgeglichene Rundung zu erhalten.

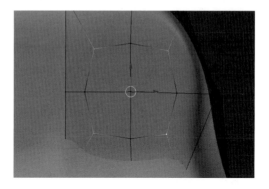

8 Augenhöhle extrudieren

Zurück im FACE SELECT-Mode selektieren Sie die vier Faces, die wir eben für die Extrusion der Augenhöhle vorbereitet haben, und aktivieren über die Taste [E] das normale Extrudieren-Werkzeug. Modellieren Sie mit der Extrusion eine Augenhöhle heraus – nicht zu tief, da Sie sonst die Rückseite der Augenpartie durchbrechen. Versetzen Sie danach den 3D Cursor über das Menü SNAP (Tasten [⇧]+[S]) auf die vorliegende Selektion ❺, damit wir dort ein Auge erzeugen können.

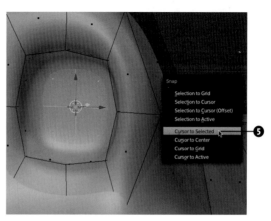

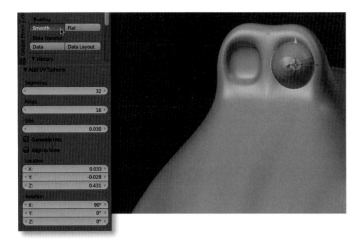

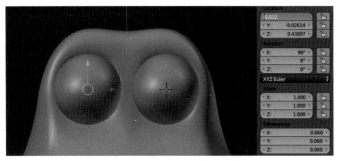

9 UV Sphere einrichten und Smooth Shading aktivieren

Wir sind zwar mit dem Ausarbeiten der Augenpartie noch nicht fertig, die Augen helfen uns aber als Orientierung für ihre Einbettung in das umliegende Mesh. Erzeugen Sie im OBJECT MODE über das Menü ADD (Taste A) eine UV Sphere für das linke Auge, und stellen Sie die Eigenschaften über das LAST OPERATOR-Panel ein. Drehen Sie die UV Sphere über den X-Wert der Rotation nach vorne, und aktivieren Sie SMOOTH SHADING.

10 Rechtes Auge duplizieren und platzieren

Da wir das Auge als unabhängiges Mesh-Objekt erzeugt haben, wird es nicht auf die rechte Seite gespiegelt. Wir kümmern uns einfach selbst darum, indem wir über den Befehl DUPLICATE (Tasten ⇧+D) ein Duplikat der UV Sphere erzeugen, die Transformation dafür abbrechen und im PROPERTIES SHELF das Vorzeichen beim X-Wert ändern.

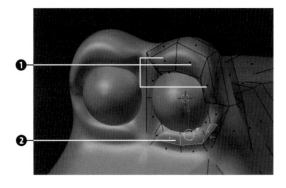

11 Faces oben und unten am Augenrand extrudieren

Um die Augen nun gut in das umliegende Mesh zu integrieren, wechseln wir wieder in den EDIT MODE und extrudieren einige zusammenliegende Faces am oberen und unteren Rand des Auges.

Selektieren Sie zunächst die drei Faces oben ❶, und fügen Sie eine normale Extrusion (Taste E) an. Auf die gleiche Weise arbeiten Sie auch zusätzliche Geometrie am unteren Rand des Auges ❷ heraus.

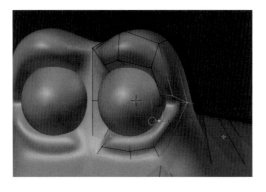

12 Vertices am Rand des Auges anpassen

Durch die einfache Extrusion ist das Mesh um die Augen natürlich noch nicht wirklich angepasst. Wechseln Sie in den VERTEX SELECT-Mode, und korrigieren Sie die Position der Vertices, damit sie gleichmäßig rund um das Auge liegen.

13 Rückseite der Augenpartie anpassen

Nach diesen umfangreichen Arbeiten auf der Vorderseite der Augenpartie sollten wir uns der Rückseite widmen und überprüfen, ob es Überschneidungen oder gar Durchbrüche (Extrusion der Augenhöhle) gibt, und gegebenenfalls korrigieren. Ziehen Sie bei dieser Gelegenheit die Vertices hinter den Augen etwas nach oben, um den Übergang abzurunden.

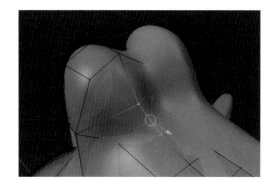

Ausarbeiten der Arme

1 Äußere Vertices an den Enden der Arme verschieben

Bevor wir die Arme des Oktopus mit den Saugnäpfen versehen können, muss das Mesh zunächst etwas vorbereitet werden, damit die Arme auch nach einer umfangreichen Unterteilung noch rund ausfallen.

Selektieren Sie dazu die beiden oberen Vertices ❸ am äußeren Ende jedes Arms per Rechtsklick mit gedrückt gehaltener ⟨⇧⟩-Taste, und verschieben Sie die Selektion über den blauen Z-Achsanfasser etwas nach unten.

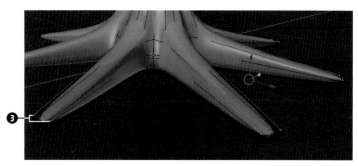

2 Obere Edges an den Armen verschieben

Wechseln Sie anschließend in den EDGE SELECT-Mode, und selektieren Sie die vier Edges ❹ auf der Oberseite der Arme. Ziehen Sie diese Edges etwas nach oben, um die Rundung oben weiter auszuformen.

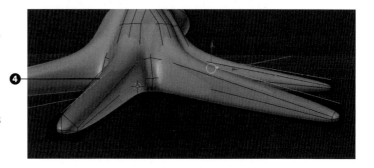

3 Vertices auf den Arm-Unterseiten verschieben

Um die Unterseite der Arme im Vergleich zur Oberseite abzuflachen, verschieben wir alle auf der XY-Ebene liegenden Vertices leicht nach oben. Erzeugen Sie dafür die Selektion aus einer geeigneten Perspektive, und verschieben Sie die Vertices aus einer orthogonalen Ansicht (Taste ⑤ [Num]) in Z-Richtung.

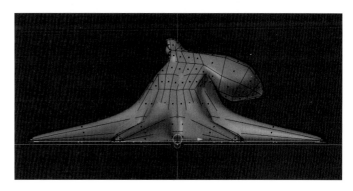

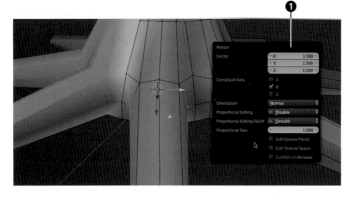

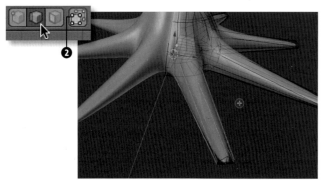

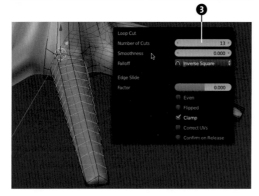

4 Vertices an den Arm-Ansätzen skalieren

Als Letztes sind die Vertices links und rechts an den Arm-Ansätzen an der Reihe. Durch eine leichte Skalierung in Y-Richtung erhalten wir einen runden Arm-Ansatz und einen weichen Übergang in den Körper. Selektieren Sie die mittigen Vertices links und rechts am Ansatz, und rufen Sie das Skalieren-Werkzeug (Tasten Ⓢ, Ⓨ, Ⓨ) unter der TRANSFORM ORIENTATION NORMAL auf. Sie können die Skalierung nach Augenmaß oder über das LAST OPERATOR-Menü (Taste F6) ❶ durchführen, ein Wert von 1.5 in lokaler Y-Richtung reicht.

5 Edges an den Armen selektieren und per Loop Cut unterteilen

Erzeugen wir uns nun eine Selektion für die gezielten Loop Cuts an den Armen. Wechseln Sie in den EDGE SELECT-Mode, deaktivieren Sie die Option LIMIT SELECTION TO VISIBLE ❷, und aktivieren Sie das CIRCLE SELECT-Tool (Taste Ⓒ). Fahren Sie mit dem Werkzeug quer über den ersten Arm, um die Edges auf der Längsseite oben und unten auszuwählen.

Rufen Sie anschließend über den Kurzbefehl Strg/Ctrl+Ⓡ das LOOP CUT AND SLIDE-Werkzeug auf. Bestätigen Sie einen senkrecht zu den selektierten Edges verlaufenden Schnitt per Linksklick, und öffnen Sie per Taste F6 das LAST OPERATOR-Menü. Erhöhen Sie die Anzahl (NUMBER OF CUTS ❸) der Schnitte auf 13, damit die erzeugten Faces möglichst gleichförmig ausfallen.

6 Faces für die Extrusion der Saugnäpfe selektieren

Das Mesh ist nun auch vorbereitet, sodass wir uns über die Tasten Strg/Ctrl+① [Num] der Unterseite des Oktopus zuwenden, um die Faces für die Saugnäpfe zu selektieren. Wechseln Sie in den FACE SELECT-Mode, aktivieren Sie die Option LIMIT SELECTION TO VISIBLE ❷, und selektieren Sie die Faces der vier Arme, an denen Saugnäpfe entstehen sollen.

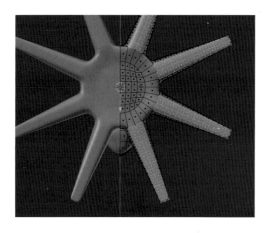

7 Faces für die Saugnäpfe innen extrudieren

Wir beginnen bei den Saugnäpfen mit einer Extrusion nach innen mit dem Werkzeug INSET FACES (Taste ⌨I). Rufen Sie nach einem kleinen anfänglichen Extrusionsschritt das LAST OPERATOR-Menü über die Taste ⌨F6 auf, um dort die THICKNESS einzustellen und außerdem die Option INDIVIDUAL zu aktivieren, um einzelne, getrennte Faces zu erhalten.

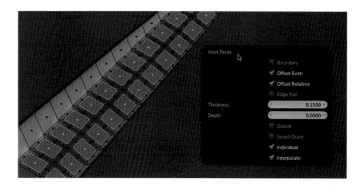

8 Saugnäpfe extrudieren

Mit insgesamt zwei Extrusionen erzeugen wir nun aus den separaten Faces die Saugnäpfe. Dass die wenigsten der Faces wirklich quadratisch sind, muss uns dabei übrigens nicht stören; in der Natur sind Oktopus-Saugnäpfe ebenso wenig perfekt.

Aktivieren Sie über die Taste ⌨E das normale Extrudieren-Werkzeug, extrudieren Sie die Saugnäpfe in der gewünschten Länge aus den Armen, und bestätigen Sie die Extrusion per Linksklick. Fügen Sie danach erneut eine Extrusion an, diesmal aber mit sehr kleinem Wert, um schärfere Kanten zu erhalten.

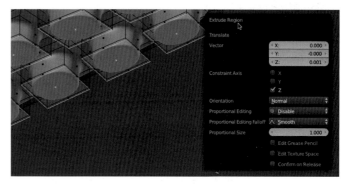

9 Arm-Enden skalieren

Als letzten Schritt für die Arme selektieren Sie noch die vier Edges an den Enden und skalieren (Taste ⌨S) sie ein Stück nach außen, um die Enden spitz zulaufen zu lassen.

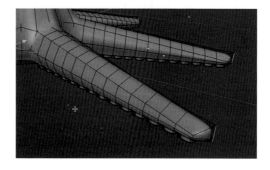

Ausarbeiten der Trichter

1 Faces für die Trichter extrudieren

Die Trichter des Oktopus sind wichtig für den Rückstoßeffekt und natürlich für den Ausstoß der Tinte. Um uns das Mesh dafür vorzubereiten, selektieren Sie das Face kurz hinter- und unterhalb des Auges und führen eine einfache Extrusion (Taste ⌨E) durch, um etwas mehr Geometrie für die Ausarbeitung zu erhalten.

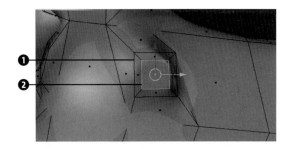

2 Vertices anpassen und innen extrudieren

Wenden Sie sich der Seite des Oktopus zu, aktivieren Sie den VERTEX SELECT-Mode, und formen Sie die vier Vertices des frisch extrudierten Faces in etwa zu einem Quadrat ❶ um. Im FACE SELECT-Mode selektieren Sie anschließend das quadratische Face und extrudieren es über das Werkzeug INSET FACES (Taste Ⅰ) ein Stück nach innen ❷.

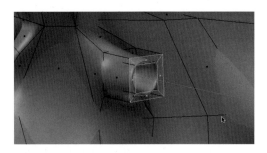

3 Trichter extrudieren

Aus der vorliegenden Geometrie können wir leicht den Trichter aus dem Körper herausformen, indem wir die vier um das mittlere Face liegenden Faces selektieren und in einem ersten Schritt extrudieren (Taste Ⅽ).

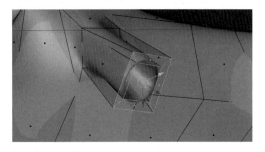

4 Faces für den Trichter skalieren und verschieben

Nach dieser Extrusion können wir daran gehen, den Trichter in die von uns gewünschte Richtung zu lenken. Wenden Sie zuvor eine leichte Skalierung (Taste Ⅾ) auf die Selektion an, und verschieben Sie die Trichteröffnung über die Achsanfasser nach vorne.

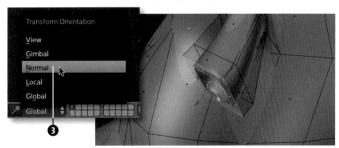

5 Faces rotieren und Trichter extrudieren

Je nach vorliegender Face-Ausrichtung kann es nötig sein, die Selektion etwas nach vorne zu drehen, bevor Sie mit einer zweiten Extrusion das Ende des Trichters abrunden. Durch die TRANSFORM ORIENTATION NORMAL ❸ können Sie sich beim Drehen die Normale der Selektion als Bezug für die Achsausrichtung bestimmen und den Trichter nach vorne führen.

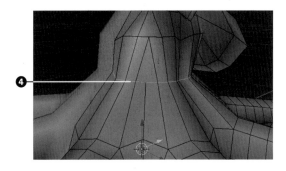

6 Edge Loop skalieren

Die Arbeiten am Mesh-Objekt des Oktopus sind tatsächlich erledigt. Bevor wir fortfahren, kontrollieren Sie den Körper des Oktopus von allen Seiten auf Stimmigkeit. Mein Oktopus bekam durch die Skalierung eines Edge Loops ❹ eine schlankere Linie verpasst.

Erstellen der Augenlider

1 3D Cursor platzieren

Unser Oktopus bekommt eigene Mesh-Objekte, genauer, halbierte UV Spheres als Augenlider spendiert.

Um diese Objekte gleich an der richtigen Stelle zu erzeugen, wechseln Sie in den OBJECT MODE (Taste ⇆), selektieren die UV Sphere des linken Auges und lassen den 3D Cursor über das Menü SNAP (Tasten ⇧+S) dort platzieren.

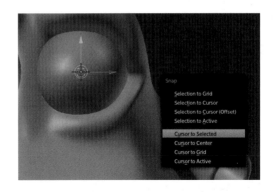

2 UV Sphere erzeugen

Selektieren Sie kurz das Mesh-Objekt des Oktopus per Rechtsklick, und blenden Sie ihn über die Taste H aus. Wechseln Sie über die Tasten 1 [Num] und 5 [Num] in die orthogonale Ansicht von vorne und erzeugen Sie über das Menü ADD (Tasten ⇧+A) eine UV Sphere. Durch anschließendes Drücken der F6-Taste rufen Sie das LAST OPERATOR-Menü auf, wo Sie die SIZE ❺ mit 0.031 minimal größer als das Auge definieren.

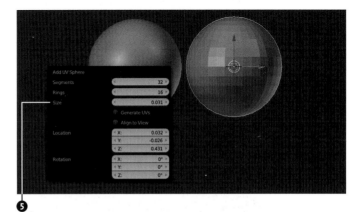

3 Untere Hälfte selektieren und löschen

Um aus der über dem Mesh-Objekt des Auges liegenden UV Sphere ein Augenlid zu machen, wechseln Sie über die ⇆-Taste in den EDIT MODE, aktivieren den FACE SELECT-Mode und deaktivieren zusätzlich die Option LIMIT SELECTION TO VISIBLE ❻, damit Sie auch die aus dieser Perspektive verdeckten Faces der UV SPHERE mit dem Selektions-Werkzeug erwischen.

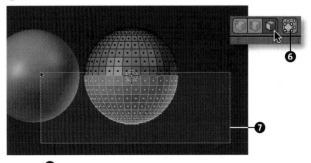

Aktivieren Sie über die Taste B das BORDER SELECT-Tool, und ziehen Sie mit diesem Werkzeug einen Rahmen um alle Faces der unteren Hälfte der UV Sphere ❼. Wenn alle Faces der unteren Hälfte selektiert sind, rufen Sie über die Taste X das Menü DELETE ❽ auf, um alle selektierten Faces der UV Sphere zu löschen.

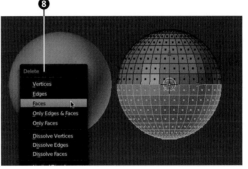

4 Offene UV Sphere schließen

Durch das Löschen der Faces der unteren Hälfte der UV Sphere weist dieses Mesh-Objekt nun natürlich eine Öffnung auf, die wir schließen müssen, wenn das Augenlid nicht aus einer hauchdünnen Schicht bestehen soll. Wechseln Sie in den EDGE SELECT-Mode, und klicken Sie mit gedrückt gehaltener ⟨Alt⟩-Taste auf eine Edge des Randes, um den Edge Loop auszuwählen ❶. Zum Schließen der Öffnung wählen Sie den Befehl MAKE EDGE/FACE, indem Sie einfach die Taste ⟨F⟩ drücken.

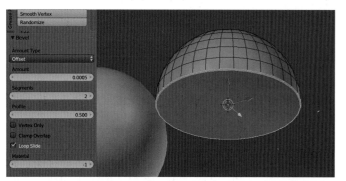

5 Kante des Augenlids beveln

Nach diesem Schritt ist die Halbkugel des Augenlids mit einem N-Gon verschlossen. Was noch stört, ist die scharfe Kante um das N-Gon.

Rufen Sie bei selektiertem Edge Loop das BEVEL-Werkzeug über den Kurzbefehl ⟨Strg⟩/ ⟨Ctrl⟩+⟨B⟩ auf, und korrigieren Sie die Werte des Bevels über das LAST OPERATOR-Panel auf 0.0005 bei 2 SEGMENTS.

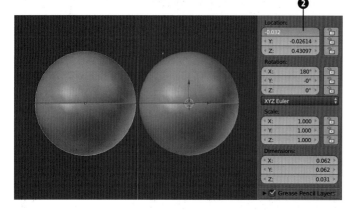

6 Augenlider duplizieren und platzieren

Das erste Augenlid ist fertig, sodass wir Duplikate davon anfertigen und platzieren können. Wechseln Sie in den OBJECT MODE, und duplizieren Sie das Augenlid über die Tasten ⟨⇧⟩+⟨D⟩. Brechen Sie die Transformation über die ⟨Esc⟩-Taste ab, und rotieren Sie das Duplikat stattdessen über die Tasten ⟨R⟩, ⟨X⟩ und ⟨1⟩⟨8⟩⟨0⟩ um 180° nach unten.

Um die Augenlider für das andere Auge zu duplizieren, selektieren Sie die Augenlider durch Rechtsklick mit gedrückter ⟨⇧⟩-Taste und fertigen über die Tasten ⟨⇧⟩+⟨D⟩ ein Duplikat an. Brechen Sie die Transformation über die ⟨Esc⟩-Taste ab, und ändern Sie stattdessen das Vorzeichen im PROPERTIES SHELF ❷, um die Lider auf die andere Seite zu spiegeln.

Sind alle Lider erzeugt, vergeben Sie Namen an alle Objekte im OUTLINER und blenden den Oktopus über ⟨Alt⟩+⟨H⟩ wieder ein.

7 Augenlider öffnen

Damit unser Oktopus den weiteren Verlauf nicht mit geschlossenen Augen verbringen muss, öffnen wir im letzten Modelling-Schritt vor dem Sculpting noch seine Augen. Selektieren Sie dazu jeweils die beiden oberen bzw. unteren Augenlider-Paare, aktivieren Sie über die Tasten ⎡R⎤ und ⎡X⎤ die Rotation um die X-Achse, und öffnen Sie die Augen über eine Drehung der Augenlider-Paare.

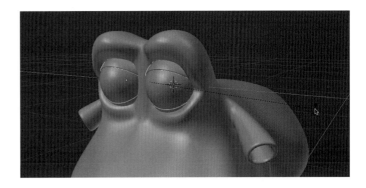

Detailarbeiten per Sculpting

1 Mirror-Modifier anwenden und Subsurf-Modifier löschen

Im letzten Teil dieses Workshops spendieren wir dem Oktopus über Sculpting-Werkzeuge zusätzliche Details. Vor dem kreativen Part sind jedoch ein paar Vorarbeiten nötig. Selektieren Sie das Mesh-Objekt des Oktopus, öffnen Sie den MODIFIER-Tab im PROPERTIES-EDITOR, und lösen Sie den MIRROR-Modifier auf, indem Sie ihn über den Button APPLY ❸ anwenden.

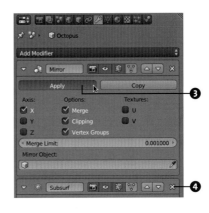

Weil feine Details ein entsprechend hoch aufgelöstes Mesh benötigen, müssten wir das Mesh des Oktopus viele Male unterteilen, um diese Details überhaupt anbringen zu können. Abhilfe schafft ein für das Sculpting bestimmter Modifier, der das Mesh wie auch der SUBDIVISION SURFACE-MODIFIER rundet, dafür aber flexibel mit Unterteilungen arbeitet. Sie können den SUBSURF-Modifier also einfach im Modifier-Stack des Oktopus über den zugehörigen X-Button ❹ löschen.

2 Multiresolution-Modifier zuweisen

Öffnen Sie anschließend über das Menü ADD MODIFIER im MODIFIER-Tab des PROPERTIES-EDITORS die Modifierauswahl, und weisen Sie dem Oktopus einen MULTIRESOLUTION-Modifier ❺ zu.

3 In den Sculpt Mode wechseln

Bevor wir uns um die Einstellungen des MULTIRES-Modifiers kümmern, wechseln Sie über die Menüzeile des 3D-VIEW-EDITORS in den für das folgende Modelling mit den Sculpting-Werkzeugen benötigten SCULPT MODE ❶.

4 Multiresolution-Modifier einrichten

In den Einstellungen des MULTIRESOLUTION-Modifiers im MODIFIER-Tab legen wir nun fest, welche Unterteilung wir für die Arbeit an unserem Modell benötigen.

Klicken Sie mehrfach auf den Button SUBDIVIDE ❷, um die Unterteilungen schrittweise zu erhöhen, bis SCULPT und RENDER auf Stufe 6 stehen. Da sich in der PREVIEW, ergo im OBJECT MODE, eine so hohe Auflösung nur negativ auf die Viewport-Performance auswirken würde, reduzieren Sie dort die Anzahl der Unterteilungen auf 3.

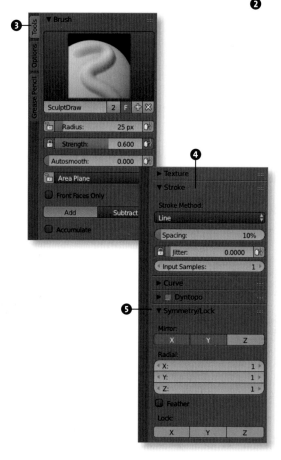

5 Sculpting-Pinsel auswählen und einrichten

Nach diesen Vorbereitungen können wir auch schon loslegen, unser Oktopus-Modell mit den Sculpting-Pinseln zu bearbeiten. Sie finden im TOOLS-Tab ❸ des TOOL SHELFS (Taste ⊤) neben zahlreichen Pinsel-Werkzeugen auch eine Vielzahl an Einstellungsmöglichkeiten, die Ihnen die Arbeit erleichtern.

Für den Einstieg verwenden wir den Standard-Pinsel SCULPTDRAW mit einem RADIUS von 25 Pixeln und einer Stärke (STRENGTH) von 0.6. Klappen Sie zusätzlich das Panel STROKE ❹ auf, um dort die Methode LINE auszuwählen. Statt freihändig eine eher wackelige Linie zu malen, ziehen wir in diesem Modus einfach eine Strecke auf.

Im Panel SYMMETRY/LOCK ❺ aktivieren Sie den MIRROR für X und Y, damit wir statt acht nur zwei Arme bearbeiten müssen – der Rest wird automatisch auf die anderen Arme gespiegelt.

6 Arm-Oberseite detaillieren

Zoomen Sie durch Drehen der Mausrad-Taste in der orthogonalen Ansicht von oben (Tasten 7 [Num] und 5 [Num]) so nahe an den Oktopus heran, bis der Radius der Werkzeugspitze in etwa dem Ende eines Arms entspricht.

Setzen Sie dort den Ausgangspunkt per Linksklick ❼, und ziehen Sie die schnurgerade Pinsel-Linie bis in den Körperbereich ❻. Auf der Oberseite der Arme entsteht eine lange Auswölbung.

Wiederholen Sie dies auch für den zweiten Arm ❽, so haben Sie dank Symmetrie schon alle acht Arme bearbeitet. Um im nächsten Schritt die Ausarbeitung nachzubessern, wechseln Sie über das TOOL SHELF zum SMOOTH-Pinsel ❾.

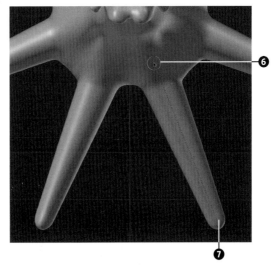

7 Übergänge an den Arm-Ansätzen glätten

Da der SMOOTH-Pinsel einer der meistbenötigten Pinsel ist, wenn es um die Ausbesserung bzw. Nacharbeitung von Details geht, können Sie ihn auch temporär durch Gedrückthalten der ⇧-Taste aktivieren. Danach wechselt der Sculpting-Pinsel wieder zurück zur zuvor gewählten Pinselart.

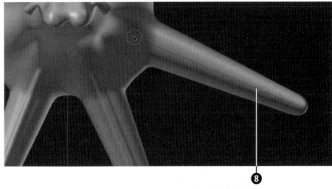

Wir verwenden ihn, um die Übergänge zwischen den Armen und dem Körper sowie die etwas holprigen Stufen an den Enden der Arme zu glätten.

Beginnen wir mit den Übergängen von den Armen hin zum Körper, indem Sie sich die Ansicht so drehen, dass Sie gut die Arm-Ansätze erreichen. Halten Sie die Taste F gedrückt, um direkt im Viewport die Pinselgröße mit dem Mausrad zu justieren, und wählen Sie eine in etwa der Stärke der Arme entsprechende Größe.

Jetzt können Sie die Übergänge durch Übermalen mit dem SMOOTH-Pinsel ❿ weich auslaufen lassen. Bei aktivierter MIRROR-Option müssen Sie sich wieder lediglich um zwei Arme des Oktopus kümmern.

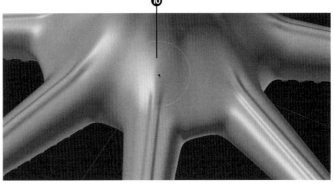

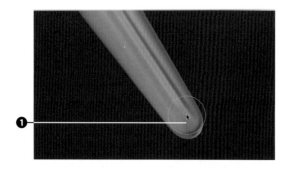

8 Übergänge an den Enden der Arme glätten

Auch die Übergänge an den Enden der Arme vertragen eine Glättung per SMOOTH-Pinsel, die herausgesculptete Erhebung wirkt doch etwas übertrieben. Um die unerwünschte Stufe an den Enden der Arme zu glätten ❶, reduzieren Sie die Pinselgröße natürlich wieder etwas.

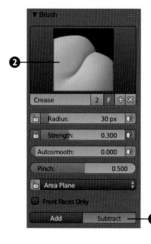

9 Falten mit dem Crease-Pinsel anbringen

Sehen wir uns nun einen Sculpting-Pinsel an, mit dem wir feine Vertiefungen für Falten, Einkerbungen etc. anbringen können. Wählen Sie im TOOL-Panel des TOOL SHELFS den CREASE-Pinsel ❷.

Wie Sie den RADIUS des Pinsels an die aktuelle Zoomstufe angleichen, haben Sie bereits kennengelernt, als Ausgangsbasis wählen Sie diesmal 30 Pixel. Reduzieren Sie die Stärke (STRENGTH) auf 0.3, um nicht zu tiefe Furchen zu ziehen. Wie Sie am Button SUBTRACT ❹ erkennen, ist für diesen Pinsel standardmäßig der Materialabtrag vorgesehen. Damit der Pinsel nur in X-Richtung auf die andere Seite gespiegelt wird, deaktivieren Sie im Panel SYMMETRY/LOCK ❸ den Y-Button.

Nun können Sie sich dem Oktopus widmen und mit dem CREASE-Pinsel feine Falten herausarbeiten. Ich habe zum Beispiel die Bereiche unter den Augen besser detailliert. Zur Glättung bzw. Ausbesserung steht über die ⌂-Taste immer der SMOOTH-Pinsel bereit.

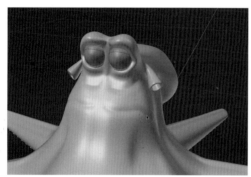

10 Details mit dem Crease-Pinsel ausarbeiten

Sie können den CREASE-Pinsel auch wunderbar verwenden, um Linienzüge am Körper zu ergänzen und dadurch bestimmte Körperbereiche, Sehnen und Muskeln zu betonen. In meinem Beispiel habe ich die Abgrenzung am Mantel noch etwas weitergeführt ❺. Eine leichte Glättung mit dem SMOOTH-Pinsel sorgt für einen weichen Übergang.

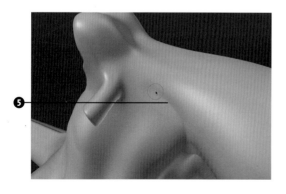

11 Pinsel-Curve anpassen

Kehren wir noch einmal zum SculptDraw-Pinsel zurück, um uns anzusehen, wie wir die Form des Pinsels über seine Curve beeinflussen können.

Reduzieren Sie die Stärke (Strength) des Pinsels im Panel Brush auf etwa 0.2, und klappen Sie zusätzlich das Panel Stroke ❻ für die Feinjustierung des Pinselstrichs auf. Wir behalten die praktische Einstellung Line bei, um automatisch gerade Linien ziehen zu können, reduzieren diesmal das Spacing aber auf 1 %, um beim filigranen Auftrag keine Lücken zu erhalten.

Das Profil der Pinselspitze legen Sie über die Curve im gleichnamigen Panel fest. Klappen Sie sich das Panel im Tool Shelf auf, und wählen Sie diesmal die spitz nach oben zulaufende Preset-Curve ❼. Mit diesem Pinsel können Sie nun beispielsweise die Mitte des Oktopus-Mantels aus der Ansicht von oben (Tasten 7 [Num] und 5 [Num]) mit einer feinen »Bügelfalte« ❽ versehen.

Lassen Sie sich nicht davon abhalten, Ihren Oktopus mit weiteren Details auszuarbeiten, die Arbeitsweise ist Ihnen ja nun bestens vertraut.

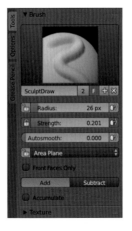

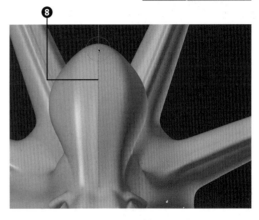

12 Fertigen Oktopus speichern

Damit ist unser Character, ein Comic-Oktopus, fertiggestellt. Im späteren Texturing-Workshop werden wir den per Multiresolution-Modifier hoch unterteilten Oktopus mittels daraus generierter Textur in ein ressourcenschonenderes Modell verwandeln. Doch dazu später mehr.

Wenn Sie mit dem Ergebnis zufrieden sind, speichern Sie Ihren Oktopus über den Befehl Save (Tasten Strg/Ctrl+S) in einer neuen Blender-Datei ab.

Kapitel 3
Texturing

Die spannende Aufgabe beim Texturing und Shading ist es, die Oberflächeneigenschaften der Objekte zu definieren und dem Auge des Betrachters nicht nur die Farbe, sondern auch die Beschaffenheit des Materials zu vermitteln.

In diesem Kapitel sehen wir uns zunächst an, wie Sie das Shading von Objekten steuern, Materialien und Texturen erzeugen und definieren und sie den Objekten gezielt zuweisen. Eine besondere Rolle spielt dabei die Arbeit mit UV-Maps, über die Sie Ihre Objekte sogar direkt bemalen können.

Welchen Einfluss die in Blender verfügbaren Renderer auf das Texturing haben, erfahren Sie beim Umgang mit Material-Nodes und dem Einstieg in die Cycles-Shader. Cycles bleibt auch das bestimmende Thema, wenn wir in die Praxis übergehen und unsere Modelle mit Materialien und Texturen versehen.

Materialien und Texturen
Definieren der Objekteigenschaften per Shading 166

GRUNDLAGENEXKURS: Bitmap vs. Prozedural
Die Unterschiede zwischen nicht-prozeduralen und
prozeduralen Texturen 173

UV-Mapping
Ein eigenes Koordinatensystem für die Texturen 174

Material-Nodes
Definition von Materialien über Nodes 177

Materialien in Cycles
Materialien für den physikbasierten Renderer 179

Texturing gefertigter Objekte
Texturing einer Dampflokomotive 182

   Material für die schwarzen Metallteile 184
   Material für die roten Räder 185
   Material für die blanken Metallteile 185
   Zuweisen der Materialien per Data-Link 186
   Material für die Dampflok-Nummer 188
   Zuweisen von Materialien über Selektionen 188
   Erweitern des Metall-Materials im Node-Editor 190
   Einfache Beleuchtung zur Material-Beurteilung 191
   Rauchspuren für den Schlot 192
   Materialien für die Scheinwerfer und Rücklichter 195
   Anbringen weiterer Details über Selektionen 199
   Material für die Pufferteller 200

Texturing natürlicher Materialien
Texturing des Felsens, der Amphore und des Meeresschwamms 206

   Texturieren des Felsens 208
   Texturieren der Amphore 212
   Texturieren des Meeresschwamms 216

Texturing mit UV-Mapping
Texturing eines Comic-Oktopus 220

   Erstellen einer UV-Abwicklung 222
   Backen des Sculptings in eine Normal-Map 227
   Einbinden der Normal-Map 228
   Diffuse-Textur für das Texture Painting 231
   Ausarbeiten der Oberflächeneigenschaften 234
   Texturieren der Augenlider und Augen 236

Materialien und Texturen

Definieren der Objekteigenschaften per Shading

Ohne gutes Shading wirken die aufregendsten Modellierarbeiten flau. Durch Shading simulieren Sie die Oberflächeneigenschaften eines Objekts, Sie teilen dem Betrachter mit, ob das Objekt glatt oder rau, geschliffen oder lackiert, porös oder eher schuppig ist und vieles mehr. Sogar physikalische Eigenschaften wie Elastizität oder Gewicht kann das Shading transportieren.

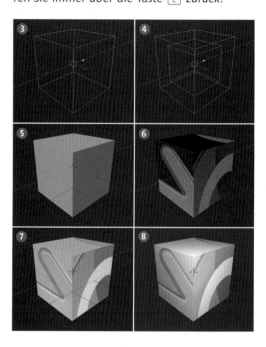

Den Begriff *Shading* lesen Sie in diesem Buch nicht zum ersten Mal. Wir haben das sogenannte SMOOTH SHADING ❶ im OBJECT MODE aktiviert, um die Übergänge zwischen den Faces zu interpolieren und dadurch eine glatte Oberfläche zu erhalten.

Viewport Shading | Die Art, wie Ihnen die Objekte im Viewport dargestellt werden, legen Sie im Menü VIEWPORT SHADING ❷ in der Menüzeile Ihres 3D-VIEW-EDITORS fest. Je nachdem, welche Arbeit Sie im Viewport gerade verrichten müssen bzw. wie viele und wie komplexe Objekte sich dort tummeln, bietet Ihnen der Wechsel in eine bestimmte Darstellungsart die nötigen optischen Informationen zu Ihren Objekten oder auch die Möglichkeit, die Performance zu erhöhen.

Der Shading-Modus BOUNDING BOX ❸ stellt Ihnen die Ausmaße der Objekte im Viewport dar, während der Modus WIREFRAME ❹ (Taste Z) alle in den Objekten enthaltenen Edges anzeigt. Bislang haben wir im Modus SOLID ❺ gearbeitet, er zeichnet alle Objekte aus unschattierten Oberflächen, da Lampen keinen Einfluss auf die Objekte nehmen. Zu ihm kehren Sie immer über die Taste Z zurück.

Der Modus TEXTURE ❻ (Tasten Alt + Z) bezieht bei der Darstellung der Oberflächen auch die Beleuchtung der Szene ein, außerdem sehen Sie in diesem Modus auf dem Objekt befindliche Bitmap-Texturen, die über UV-MAPPING aufgebracht wurden. Nur für den Cycles-Renderer ist der Modus MATERIAL interessant, mit ihm lassen Sie sich die Oberflächenfarbe ❼ statt der zugehörigen VIEWPORT

COLOR anzeigen. Wie nicht anders zu erwarten, erhalten Sie über den Modus RENDERED ❽ (Tasten ⇧+Z) eine grobe, weil ungeglättete Vorschau über das Renderergebnis, die sich bei jeder Änderung im Viewport automatisch aktualisiert.

Ein paar Optionen für das Shading im Viewport hält auch das gleichnamige Panel ❾ im PROPERTIES SHELF für Sie bereit. Der nur im Standard-Renderer verfügbare Material-Mode GLSL ❿ bietet sich wegen seiner hohen Qualität mit Berücksichtigung der Beleuchtung besonders beim TEXTURE PAINTING an.

MATCAPS ⓫ sind sehr schnell berechenbare Viewport-Materialien, die sich beispielsweise als temporäres Material während des SCULPTINGS anbieten. Über die Option BACKFACE CULLING ⓬ schalten Sie das Shading für die der Ansicht abgewandten Faces aus.

Objektspezifisches Shading | Die Varianten des VIEWPORT SHADINGS arbeiten global auf alle Objekte. Möchten Sie das Shading dagegen für bestimmte Objekte separat definieren, finden Sie im Panel DISPLAY des OBJECT-Tabs im PROPERTIES-EDITOR über den MAXIMUM DRAW TYPE ⓭ die Möglichkeit, das Shading objektspezifisch einzustellen. Der Shading-Modus im Viewport wird dann übergangen.

BI-Renderer vs. Cycles | Wie bereits kurz angeklungen ist, kommen die Unterschiede der in Blender verfügbaren Render-Engines nicht erst beim Rendering zum Tragen. Sie sollten die Entscheidung, welcher Renderer zum Einsatz kommen soll, möglichst früh treffen und über das Menü der RENDER ENGINE ⓮ im INFO-EDITOR festlegen. Für den Standard-Renderer (BI-RENDER) erzeugte Materialien sind in Cycles ohne kräftiges Zutun nicht verwendbar. Gleiches gilt in umgekehrter Richtung.

Zum Einstieg widmen wir uns BI-RENDER und sehen uns an, wie Materialien und Texturen erzeugt werden und grundsätzlich funktionieren. Danach wechseln wir zum wesentlich moderneren CYCLES, der auch in unseren Workshops zum Einsatz kommt.

Materialien erzeugen und zuweisen
Die Materialien eines Objekts sind im MATERIAL-Tab ⓯ des PROPERTIES-EDITORS hinterlegt. Da ein Objekt beliebig viele Materialien besitzen kann, sind diese in SLOTS organisiert.

Um Material-Slots anzulegen oder zu löschen, verwenden Sie die +- bzw. −-Buttons ⓰. Da Materialien in Blender lediglich DATENBLÖCKE ⓱ sind, funktionieren der Zugriff, die Benennung und die Speicherung wie gewohnt.

Entsprechend einfach ist es auch, das Material eines Objekts auf andere Objekte zu übertragen. Anstatt für jedes Objekt den Material-Datenblock im MATERIAL-Tab herauszufischen, selektieren Sie einfach alle Objekte sowie zuletzt das Objekt, auf dessen Material Sie die anderen verlinken möchten.

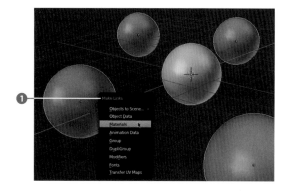

Die Verlinkung erfolgt über das Menü MAKE LINKS ❶ (Kurzbefehl Strg/Ctrl+L) auf die enthaltenen MATERIALS. Wie bei Datenblöcken üblich, werden alle Materialien, die keinen User besitzen, nicht mit der Blender-Datei mitgespeichert.

Nicht alle Bereiche eines Mesh-Objekts müssen das zugewiesene Material tragen. Sie können Materialien auf eine bestehende FACE-Selektion beschränken, indem Sie die Selektion im EDIT MODE erzeugen und das dort gewünschte Material über den Button ASSIGN ❷ des MATERIAL-Tabs applizieren.

Auf die zum Material-Slot gespeicherte Selektion können Sie jederzeit über die Buttons SELECT bzw. DESELECT zugreifen.

Materialien definieren

Bis hierher ist die Vorgehensweise beim Erstellen und Zuweisen von Materialien für beide Renderer in Blender identisch. Sehen wir uns nun kurz an, welche Panels im MATERIAL-Tab bereitstehen, um ein Material für den BI-Renderer zu definieren.

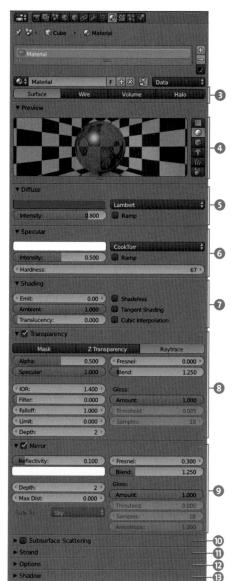

Wie Sie an den zahlreichen Panels und Einstellungen erkennen, ist auch im BI-Renderer ein Fülle an Möglichkeiten zur Definition eines Materials geboten. Welche Panels zur Beschreibung des Materials benötigt werden, richtet sich nach der Art der Oberfläche. Sehen wir uns die Bestandteile kurz im Schnelldurchlauf an.

Über insgesamt vier Buttons ❸ entscheiden Sie zunächst, ob das Material für die Oberflächen (SURFACE), für die Edges (WIRE) bzw. als volumetrisches Material VOLUME (z. B. für Rauch- und Feuereffekte) gedacht ist oder ob es jeden einzelnen Vertex zum Leuchten bringt (HALO).

Das PREVIEW-Panel ❹ bietet Ihnen eine aktuelle Vorschau des Materials, wahlweise auf sechs verschiedenen Standardobjekten.

Im Panel DIFFUSE ❺ legen Sie die Farbe des Objekts und dessen reflektierende Eigenschaften über die Intensität sowie verschiedene Shader fest. Großen Einfluss auf die Wirkung des Materials haben Glanzlichter, die Sie im Panel SPECULAR ❻ ähnlich wie im DIFFUSE-Panel über die Intensität, verschiedene Shader und einen Härte-Wert (HARDNESS) steuern.

Die Panels SHADING ❼, OPTIONS ⓬ und SHADOW ⓭ ermöglichen besondere Material- und Spezialeffekte, wie zum Beispiel Eigenleuchten (EMIT), Transluzenz oder auch die gezielte Abschaltung des Shadings (SHADELESS), des Schattenwurfs bzw. dessen Empfang.

Vergleichsweise umfangreich ist die Definition transparenter Materialien über das Panel TRANSPARENCY ❽. Neben drei verschiedenen Transparenzarten haben Sie einige praxisübliche Parameter wie den BRECHUNGSINDEX (Index of Refraction, IOR) für die Beschreibung der Transparenz zur Verfügung. Ähnlich aufwendig lassen sich spiegelnde Materialoberflächen über das Panel MIRROR ❾ gestalten. Zu den wichtigsten Parametern zählen hier der allgemeine Reflektivitätswert REFLECTIVITY und FRESNEL.

Das Panel SUBSURFACE SCATTERING ❿ simuliert den Effekt leicht transparenter Materialien, die eindringendes Licht unterhalb ihrer Oberfläche weiterleiten und verteilen.

Objekte wie Haare oder Grashalme, die meist durch Partikelsysteme generiert werden, benötigen eine besondere Art der Materialdefinition – das Panel STRAND ⓫ kümmert sich um diese Belange.

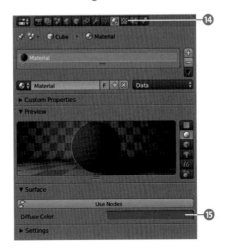

Stellen wir über das Menü der RENDER ENGINE den Renderer von BLENDER INTERN (BI) auf CYCLES um, ist von den vielen Panels nur noch die diffuse Farbe ⓯ und ein Panel für Einstellungen übrig. In Cycles ist die Definition der Materialien über Nodes, also die visuelle Verknüpfung der Eigenschaften und Parameter über Knotenpunkte, obligatorisch.

Da uns die meisten der im Materialsystem des BI-Renderers befindlichen Begriffe in Cycles wiederbegegnen, haben Sie mit unserem Überblick über die Materialien schon einen Vorgeschmack bekommen.

Texturen definieren
Durch Materialien legen Sie die Basis für das Shading der Oberflächen, durch Texturen verfeinern Sie diese und geben ihnen zudem Struktur. Sie können Texturen als Hintergrund für die WORLD-Umgebung von Blender verwenden oder auch als Muster für Pinselspitzen. Um eine Textur auf einem Objekt aufzubringen, benötigen Sie aber zwingend ein Material, die zugehörigen Texturen sind im TEXTURE-Tab ⓮ hinterlegt.

Wir verwenden BI-Render für den Einstieg in die Texturen, da uns Cycles in dessen TEXTURE-Tab gar keine Material-Texturen erlaubt.

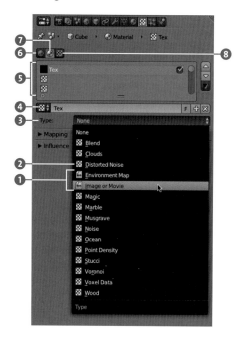

Der Aufbau im TEXTURE-Tab dürfte Sie stark an den MATERIAL-Tab erinnern. Auch hier finden Sie SLOTS ❺, in denen Sie die Texturen für die Verwendung in der WORLD ❻, im MATERIAL ❼ und als PINSEL ❽ zusammenstellen. Die Verwaltung der Texturen erfolgt blender-üblich als Datenblock über die bekannte Menüzeile ❹, und auch hier gilt: Texturen, die keinen User oder mindestens Fake-User aufweisen, werden beim Speichern der Blender-Datei nicht berücksichtigt.

Um eine Textur für einen Slot anzulegen, wählen Sie zunächst aus dem Menü TYPE ❸ die Art der Textur. Neben den zwei bitmap-basierten, nicht-prozeduralen Bild- und Film-(IMAGE OR MOVIE) bzw. Umgebungs-Texturen (ENVIRONMENT MAP) ❶ bietet Ihnen Blender eine Auswahl an prozeduralen Muster-Texturen, erkennbar am Schachbrett-Symbol ❷, an.

Jede Textur, die Sie in einem Slot anlegen, weist nicht nur spezifische Einstellungen für die jeweilige Textur auf, sondern auch um-

fangreiche Parameter für die Art, wie die verschiedenen Texturen miteinander wirken, wie die Textur auf das Objekt aufgebracht wird und wie die Textur die im Material festgelegten Oberflächeneigenschaften beeinflusst.

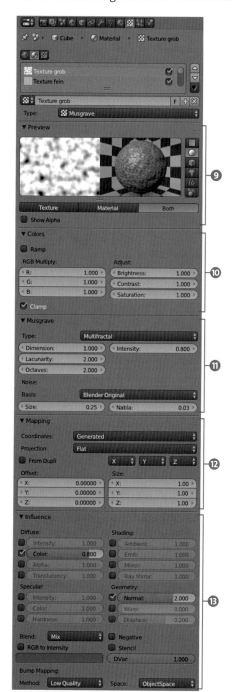

Im PREVIEW-Panel ❾ können Sie sich entscheiden, ob Sie in der Vorschau nur den momentan selektierten Textur-Slot, das zugrunde liegende Material oder das Zusammenspiel beider (BOTH) sehen möchten.

Das Panel COLORS ❿ bietet Ihnen die Möglichkeit, die vorliegende Textur über einen Farbverlauf (RAMP), über RGB-Multiplikatoren (RGB MULTIPLY) und über die Justierung von Helligkeit (BRIGHTNESS), Kontrast (CONTRAST) und Sättigung (SATURATION) zu modifizieren.

Je nach Art der Textur können Sie im zugehörigen Panel (hier: MUSGRAVE ⓫) die Feineinstellungen vornehmen. Da die Bezeichnungen für die Parameter nicht immer wirklich aussagekräftig sind, werden Sie die Textur-Vorschau bald zu schätzen wissen.

Im Panel MAPPING ⓬ legen Sie fest, wie die Textur auf das Objekt aufgebracht werden soll. Auf dieses extrem wichtige Panel gehen wir gleich detailliert ein.

Wie eingangs erwähnt, nehmen Sie mit den Texturen Einfluss auf die Oberflächeneigenschaften, die Sie im MATERIAL-Tab festgelegt haben. Im Panel INFLUENCE ⓭ passiert genau das: Hier stellen Sie ein, welche Material-Parameter Sie mit der Textur steuern möchten. Dazu stehen Ihnen zum einen die bereits bekannten Einträge aus dem DIFFUSE-, SPECULAR- und SHADING-Panel des Materials zur Verfügung. Mit GEOMETRY überschrieben sind außerdem die Möglichkeiten, die Objekte per BUMP-MAP (NORMAL) optisch sowie per DISPLACEMENT-MAP tatsächlich (DISPLACE) zu verformen.

Der untere Teil des INFLUENCE-Panels geht noch etwas weiter auf die Verrechnung der Textur ein. Unter BLEND können Sie, analog zu einer Bildbearbeitung, zwischen verschiedenen Blende-Modi wählen. Möchten Sie eine RGB-Textur als Bump- oder Displacement-Map aufbereiten, wandeln Sie die Textur über die Option RGB TO INTENSITY in eine Graustufen-Textur um. Eine direkte Invertierung der Textur erhalten Sie über NEGATIVE.

Die unscheinbare Option STENCIL verwendet den aktuellen Textur-Slot als Maske für den darunter liegenden Slot. Über den DVAR-Wert geben Sie der Textur ein neues Zielwert-Maximum an, das bei der Verrechnung mit den Material-Werten verwendet wird.

Mapping

Unter Mapping versteht man das gezielte Aufbringen einer Textur auf ein 3D-Objekt. Bei einfacheren Formen lässt sich, insbesondere dank prozeduraler Texturen, mit den Basis-Projektionsarten viel erreichen. Komplexere Objekte sind praktisch immer über UV-Mapping texturiert. Dazu in Kürze mehr.

Textur-Koordinaten | Im Panel MAPPING ⓬ des TEXTURE-Tabs wählen Sie unter COORDINATES zunächst das Bezugssystem für die Koordinaten der Textur.

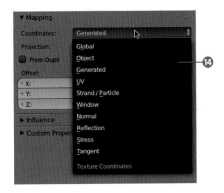

Insgesamt zehn verschiedene Vorschläge bietet Ihnen das Auswahlmenü ⓮ hier – während GENERATED, UV und STRAND/PARTICLE die drei meistgebrauchten sein dürften, kommen die anderen Bezugssysteme eher für Textur-Effekte bei der Animation zum Einsatz.

GENERATED greift auf das unveränderte Objekt-Koordinatensystem zurück. UV dagegen benötigt eine auf Basis des Meshs erzeugte UV-Map, die jedem Vertex des Objekts eine UV-Koordinate zukommt. Wie der Name schon sagt, ist STRAND/PARTICLE für das Mapping von Partikeln wie Haaren etc. gedacht.

Textur-Projektion | Wenn Sie sich für eines der Bezugs-Koordinatensysteme entschieden haben, legen Sie über das Auswahlmenü Projection ❸ fest, in welchem Projektionsverfahren die Textur auf das Objekt gemappt werden soll.

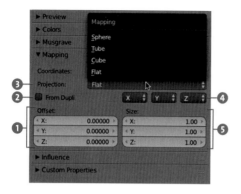

In den meisten Fällen dürfte sich aus der Grundform des zu texturierenden Objekts die geeignete Projektionsmethode ergeben.

Flat ❻ bietet sich natürlich für flache Objekte wie Planes an bzw. für Objekte, für die ein abgewickeltes, planes UV-Mesh vorliegt. Cube ❼ projiziert die Textur auf jede Seite eines würfelförmigen Objekts.

Tube ❽ legt die Textur um ein Objekt herum, weshalb sich diese Projektionsart besonders für zylindrische Formen eignet. Sphere ❾ versucht ihr Bestes, die vorgegebene Textur kugelförmig auf bzw. um ein rundes Objekt zu mappen.

Nach der Wahl der gewünschten Projektionsart haben Sie noch weitere Einstellungsmöglichkeiten im Mapping-Panel, um die Textur nach Ihren Vorstellungen auf das Objekt aufzubringen. Sollen beispielsweise die Textur-Koordinaten von einem Parent-Objekt übernommen werden, aktivieren Sie die Option From Dupli ❷.

Mit den etwas wenig aussagekräftigen X-, Y- und Z-Koordinaten-Menüs ❹ legen Sie die Richtung fest, aus der die Textur mit der gewählten Projektionsart auf das Objekt aufgebracht wird. Dabei weisen Sie über die drei Menüs die jeweilige Textur-Achse einer Objekt-Achse zu. Da die drei Felder der Reihe nach für die X-, Y- und Z-Achse des Objekts stehen, liegen bei der Standardeinstellung X, Y und Z die Textur- und Objekt-Achsen aufeinander. Zum Kippen der Textur tauschen Sie also einfach die entsprechende Achszuweisung. Da eine zweidimensionale Bitmap-Textur natürlich keine Z-Achse aufweist, greift dieser Parameter nur bei prozeduralen Texturen.

Zum Verschieben der Textur auf dem Objekt stehen Ihnen drei Offset-Werte ❶ für die jeweiligen Koordinaten-Richtungen zur Verfügung. Da es sich bei den Angaben um Blender-Units handelt, halten Sie beim Justieren der Werte am besten die ⇧-Taste gedrückt.

Die Werte in den drei Size-Feldern ❺ geben keine numerische Größe an, sondern, wie oft die Textur in der jeweiligen Achsrichtung auf das Objekt passen würde. Entsprechend ergeben sich bei Werten < 1 nur Ausschnitte der Textur auf dem Objekt, bei Werten > 1 haben Sie die Möglichkeit, die Textur – je nach Einstellung – mehrfach auf dem Objekt wiederholen zu lassen.

Bitmap vs. Prozedural

Die Unterschiede zwischen nicht-prozeduralen und prozeduralen Texturen

Bitmap-Texturen, die Ihnen als digitale Bilddatei bzw. -sequenz vorliegen, sind pixelbasiert und dadurch nicht in beliebiger Größe verwendbar. Nach dem Anlegen dieser Textur in Blender und dem Einladen der Bilddatei im Panel IMAGE ❿ haben Sie daher noch zahlreiche Optionen, das Bitmap-Bild an Ihre Bedürfnisse anzupassen.

Im Panel IMAGE SAMPLING ⓫ finden Sie Optionen zur gezielten Umrechnung bzw. Glättung und Filterung, um mit der festen Auflösung einhergehenden Einschränkung umzugehen. Das Panel IMAGE MAPPING ⓬ gibt Ihnen die Möglichkeit, Texturen per Wiederholung (Repeat) gezielt über das Objekt zu kacheln, oft entsteht dabei aber ein schnell erkennbares Muster.

Wie Sie schon am kurzen Panel der WOOD-Textur ⓭ erkennen, gestaltet sich die Einbindung einer prozeduralen Textur trotz der immensen Einstellungsmöglichkeiten unkomplizierter. Weil prozedurale Texturen einem mathematischen Algorithmus unterliegen, sind sie auflösungsunabhängig und daher beliebig skalierbar. Sie stellen zudem keine großen Anforderungen an das Mapping auf komplexe Objekte, da sie die Objekte praktisch »durchziehen«. Sich wiederholende Muster sind bei prozeduralen Texturen kein Thema.

Der Nachteil der prozeduralen Texturen ist, dass es in den seltensten Fällen mit einer mathematischen Textur und ein paar Parametern getan ist. Um die verschiedenen Farben und Strukturen einer fotografisch erzeugten Bitmap-Textur nachzubilden, benötigen Sie eine Vielzahl abgestimmter TEXTURE-Slots, was die Sache deshalb recht zeitintensiv machen kann.

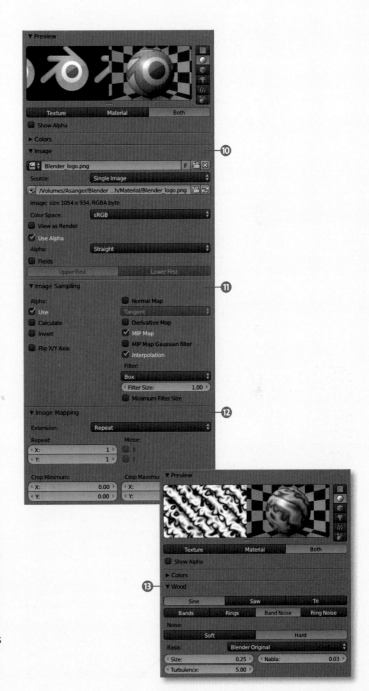

UV-Mapping

Ein eigenes Koordinatensystem für die Texturen

Mit den Standard-Projektionsarten stoßen wir bei komplexeren 3D-Objekten schnell an Grenzen. Um auch diese anspruchsvolleren Objekte problemlos texturieren zu können, ist die Verwendung einer UV-Map unumgänglich. Dabei wird die Mesh-Hülle an geeigneten Schnittkanten aufgetrennt und flach abgewickelt. Anschließend kann die Textur auf diesem eigenen UV-Koordinatensystem exakt aufgebracht und bearbeitet werden.

des Mesh-Objekts liegen. Das Definieren der Schnittkanten erfolgt im EDGE SELECT-Mode. Dazu erzeugen Sie im 3D-VIEW-EDITOR eine Selektion der Edges, die als SEAMS fungieren sollen, und weisen die Edges über den Befehl MARK SEAM ❸ als Schnittkanten aus. Der darunter befindliche Befehl CLEAR SEAM hebt die Funktion als Schnittkante wieder auf. Bestehende SEAMS erkennen Sie im Viewport an rot eingefärbten Edges ❹.

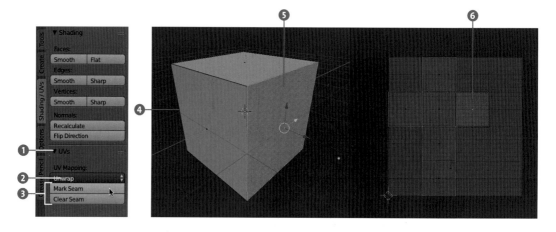

UV-Abwicklung

Die Erstellung der UV-Abwicklung, das sogenannte *Unwrapping* des Mesh-Objekts, findet im EDIT MODE statt. Im TOOL SHELF (Taste ⊤) steht Ihnen dann auch der Tab SHADING/UVs mit dem Panel UVs ❶ zur Verfügung.

Es ist natürlich möglich, eine UV-Abwicklung zu erzeugen, ohne zuvor Schnittkanten (SEAMS) definiert zu haben. Durch diese SEAMS haben Sie aber von Anfang an wesentlich mehr Kontrolle über die zusammengehörigen Teile des Meshs bzw. können die Schnittkanten so setzen, dass eventuelle Problemstellen an unauffälligen Bereichen

Alle Flächen des Meshs, die abgewickelt werden sollen, müssen selektiert sein. Die eigentliche Abwicklung des UV-Meshs in eine UV-Map erfolgt über die Befehle im Menü UNWRAP ❷ im TOOL SHELF bzw. Taste ⓤ.

Hier stellt Blender Unwrapping-Methoden, passend zu unterschiedlichen Grundformen, Perspektiven und Vorbereitungen, bereit. Nach dem Anlegen der UV-Map ist sichergestellt, dass jedem Face des Mesh-Objekts ❺ ein Face in der UV-Map ❻ gegenübersteht.

tivieren Sie das Pin-Symbol ⓫. Auch der UV/Image-Editor bietet verschiedene Arbeits- ⓬ und Ansichtsmodi ⓰. Um die Selektionen in der 3D-View und im UV/Image-Editor im Einklang zu halten, aktivieren Sie Keep UV and edit mode mesh selection in sync ⓭.

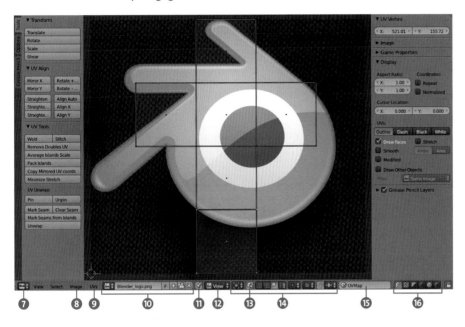

UV/Image-Editor

Für die weitere Bearbeitung der UV-Map und der zugehörigen Textur ist der UV/Image-Editor zuständig. Sie können sich den UV/Image-Editor über die Editor-Auswahl ❼ in jedes Fenster holen. Einige Elemente der Menüleiste wie die Datenblock-Zeile ❿ sowie die Transformations- und Select-Modi ⓮ sind Ihnen schon vertraut. Tool Shelf und Properties Shelf stellen, wie auch von der 3D-View gewohnt, die wichtigsten Befehle und Parameter bereit. Die Standard-Werkzeuge Translate G, Rotate R und Scale S funktionieren auch im UV/Image-Editor, nur eben in 2D mit den Achsen X und Y.

Die Menüs Image ❽ und UVs ❾ bieten Befehle zum Laden, Erzeugen, Speichern und Bearbeiten von Bilddateien und UV-Maps ⓯. Um das gezeigte Bild unabhängig von der Selektion im UV/Image-Editor zu behalten, ak-

Bei deaktivierter Option haben Sie neben einem Island Select-Mode ⓱ noch spezielle Auswahlmodi für das UV-Mesh ⓲.

Um eine Textur auf ein UV-Mesh aufzubringen, laden Sie diese über das Menü Image ❽ oder die Datenblock-Zeile ❿ in den UV/Image-Editor und schieben die selektierten Elemente des UV-Meshs an die gewünschte Position. Damit Sie das Bild als Textur im Material haben, setzen Sie im Texture-Tab den Type auf Image or Movie ⓳ und holen es im Panel Image als Datenblock ⓴ hervor. Im Panel Mapping wählen Sie UV ㉑ als Bezugssystem und geben die gerade erstellte UV-Map ㉒ mit der Projektion Flat ㉓ an.

Damit das nun fertig texturierte und ge-
mappte Mesh-Objekt auch in der 3D-VIEW
in voller Pracht zu sehen ist, setzen Sie das
VIEWPORT SHADING auf TEXTURE oder, um das
Material und die Textur zusammen angezeigt
zu bekommen, auf MATERIAL.

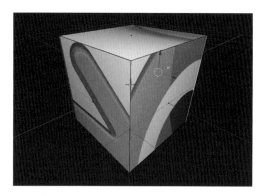

Einen Pinsel mit passender Farbe und Größe
gewählt, schon können Sie sich auf der geladenen (oder auch einer neuen) Bilddatei
kreativ verausgaben. Ihre Änderungen an
Bild-Textur sind natürlich auch sofort auf dem
Mesh-Objekt in der 3D-VIEW zu sehen.

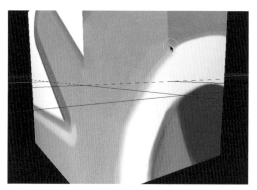

Texture Painting

Ein Feature, das durch die UV-Abwicklung
überhaupt erst möglich ist, habe ich Ihnen
bislang vorenthalten: TEXTURE PAINTING, das
direkte Malen auf einer Textur – in 2D im UV/
IMAGE-EDITOR und auch in 3D in der 3D-VIEW.

Dazu stellen Sie den Arbeitsmodus im UV/
IMAGE-EDITOR auf PAINT ❷, schon hält das
TOOL SHELF ❶ eine Palette an Pinsel-Werkzeu-
gen und vielen Einstellungsparametern bereit.
Der erste Eindruck täuscht nicht, bis auf den
Farbwähler und die Pinselarten kennen Sie
diesen Tab schon vom SCULPTING.

Dies legt nahe, dass es auch möglich ist,
direkt auf das dreidimensionale Objekt im
Viewport zu malen. Und tatsächlich müssen
Sie dazu lediglich in den TEXTURE PAINT-Mode
❸ wechseln, das VIEWPORT SHADING auf TEX-
TURE setzen, und die Arbeit am 3D-Modell
kann beginnen.

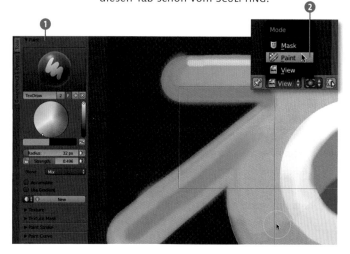

Vergessen Sie bei allem Arbeitseifer nicht,
dass die über den UV/IMAGE-EDITOR geöffneten bzw. erzeugten und bearbeiteten Bilddateien unabhängig von der Blender-Datei sind
und daher über das Menü IMAGE bzw. die
Befehle SAVE AS IMAGE (Taste [F3]) bzw. SAVE
IMAGE (Tasten [Alt]+[S]) separat gespeichert
werden müssen.

Schließlich sei Ihnen noch das SCREEN LAY-
OUT UV EDITING ans Herz gelegt, zu dem Sie
über das Menü der SCREEN LAYOUTS in der
Menüleiste des INFO-EDITORS wechseln.

Material-Nodes

Definition von Materialien über Nodes

Bislang haben wir uns auf die Materialien unter BI-Render konzentriert und die Definition der Eigenschaften über das MATERIAL- bzw. TEXTURE-Tab des PROPERTIES-EDITORS vorgenommen. Mit zunehmender Komplexität der Materialien stößt solch ein herkömmliches User-Interface mit Tabs, Panels und Menüs an seine Grenzen. Die Steuerung des Materials wird unübersichtlich, und auch die Verwendung von Texturen und Shadern, die in modifizierter Form häufig mehrfach vorkommen, gestaltet sich nicht gerade elegant.

Als Lösung für dieses Problem bietet Blender, wie zahlreiche andere 3D-Programme, eine grafische Oberfläche, um Abhängigkeiten und Verbindungen zwischen den Eigenschaften zu schaffen. Diese Beziehungen werden aus verschiedenen Knotenpunkten (*Nodes*) aufgebaut und über Ein- und Ausgabe-Sockets miteinander verknüpft. Im Cycles-Renderer ist diese Art der Materialdefinition obligatorisch, aber auch im BI-Renderer können Sie sich auf Wunsch die Material-Eigenschaften über Node-Beziehungen aufbauen, ein Klick auf den Button USE NODES ❹ im MATERIAL-Tab genügt.

Node-Editor

Ihr Arbeitsbereich für das Anlegen und Aufbauen der Node-Beziehungen ist der NODE-EDITOR (Tasten ⇧+F3). Da Sie Nodes nicht nur für Materialien, sondern auch beim COMPOSITING und für Texturen verwenden können, entscheiden Sie über diese drei Symbole ❼, wofür Sie den NODE-EDITOR benötigen.

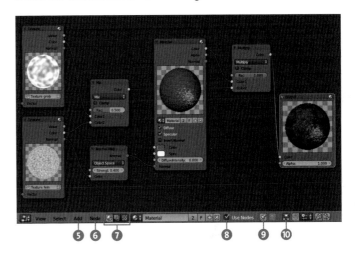

In den Menüs ADD ❺ bzw. NODE ❻ finden Sie zahlreiche Befehle zum Erzeugen bzw. Bearbeiten und Organisieren der Knotenpunkte. Hier können Sie das Material auch nachträglich noch auf Nodes ❽ umstellen. Mit dem Pin-Symbol ❾ setzen Sie den aktuellen Node-Tree im Editor fest, ein automatisches Verschieben beim Einfügen von Nodes in bestehende Node-Ketten ermöglicht der Button ❿.

Um den Aus- und Eingang von zwei Nodes miteinander zu verbinden, klicken Sie auf einen der beiden Sockets und ziehen Sie die am Mauszeiger erscheinende Verbindungslinie zum Ziel-Socket. Eine geschwungene Linie zeigt die bestehende Verknüpfung.

Sie können den Ausgangs-Socket eines Nodes auch mit mehreren Eingangs-Sockets verbinden, wichtig ist, dass die anliegenden Daten auch an die richtige Stelle gelangen.

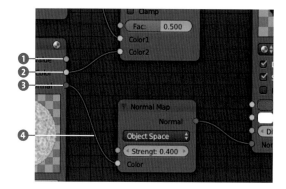

Aufschluss über den Datentyp gibt Ihnen die Farbe des Sockets. Graue Sockets ❶ kommen bei einfachen Parameter-Werten und auch bei Graustufendaten zum Einsatz. Gelbe Sockets ❷ zeigen dagegen Farbdaten an (drei RGB-Kanäle und einen Alphakanal), blaue Sockets ❸ beinhalten bzw. verlangen Vektordaten.

Bei gleichfarbigen Ein- und Ausgängen zweier Sockets ist sichergestellt, dass die Daten in vollem Umfang genutzt werden. Es ist aber auch möglich, Sockets unterschiedlicher Farben zu verbinden ❹ – solange sichergestellt ist, dass die relevanten Daten über diesen Weg wohlbehalten ankommen.

Nodes erzeugen und bearbeiten
Um einen neuen Node zu erzeugen, verwenden Sie im NODE-EDITOR das Menü ADD oder den bekannten Kurzbefehl ⇧+A.

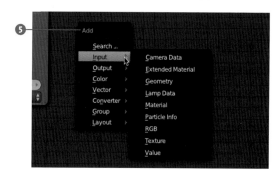

Je nach gewähltem NODE EDITOR-Typ (MATERIAL bzw. SHADER, COMPOSITING oder TEXTURE) und aktiver Render-Engine zeigt Ihnen das Menü zahlreiche, nach ihrer Funktion geordnete Nodes an ❺.

Sollten Sie einen neu erstellten Node in eine bestehende Verbindung zweier Nodes einfügen wollen, ziehen Sie den Node auf die Verbindungslinie und lassen die Maustaste los, sobald die Linie sich orange färbt.

Zum Duplizieren eines bereits vorhandenen Nodes zur Weiterverwendung funktioniert auch im NODE-EDITOR der DUPLICATE-Befehl (Tasten ⇧+D).

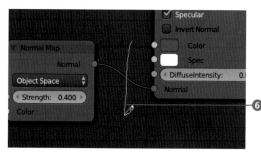

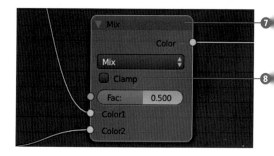

Wenn Sie die Verbindung zwischen zwei Nodes lösen möchten, halten Sie die Strg/Ctrl-Taste gedrückt und schneiden mit dem nun als Messer fungierenden Mauszeiger ❻ die Verbindungslinie durch.

Die Mute-Schaltung ist weniger brutal und für den Fall, dass Sie einen Node nur kurz deaktivieren möchten, vollkommen ausreichend. Selektieren Sie dazu den stillzulegenden Node, und drücken Sie M. Die rote Kopfzeile ❼ signalisiert einen deaktivierten Node, die rote Linie ❽ die unveränderten Daten.

Materialien in Cycles

Materialien für den physikbasierten Renderer

Cycles ist eine physikbasierte Render-Engine, auf die wir im Kapitel »Rendering« noch genauer eingehen. Da sich die Definition von Materialien zwischen BI-Render und Cycles grundlegend unterscheidet, beschäftigen wir uns in diesem Abschnitt mit den Besonderheiten des Texturings unter Cycles.

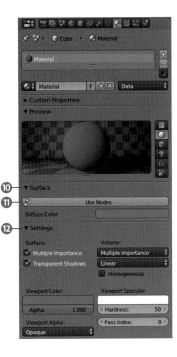

Damit Sie Materialien für Cycles erstellen können, wechseln Sie über das Menü der Render-Engines ❾ zum Cycles-Renderer. Ein Blick in den MATERIAL-Tab des PROPERTIES-EDITORS zeigt uns eine im Gegensatz zum BI-Renderer aufgeräumte Panel-Auswahl. Keine Sorge, Sie werden eine Vielzahl der in diesem Kapitel bereits behandelten Begriffe wiederfinden, nur eben über eine andere Methodik.

Anfangs finden Sie neben dem Panel SUR-FACE ❿, indem Sie die Materialdefinition über den Button USE NODES ⓫ starten, nur das Panel SETTINGS ⓬, das Sie unter anderem eigene Viewport-Farben für das Material festlegen lässt. Nach einem Klick auf den USE NODE-Button offenbart sich schnell der große Unterschied in Cycles. Der Großteil der Materialdefinitionen läuft in Cycles über SHADER-Nodes, die Ihnen eine Vielzahl von Oberflächeneigenschaften über das SHADER-Menü ⓭ servieren. In Cycles geht es also weniger darum, sich durch eine unübersichtliche Menge an Einstellungsdialogen zu wühlen, sondern das gewünschte Material durch die geschickte Kombination unterschiedlicher Shader- und Oberflächentypen aufzubauen. Neben den Shadern stehen Ihnen dabei, ganz ähnlich wie im BI-Renderer, über den NODE-EDITOR zahlreiche Nodes zur gezielten Abmischung, Modifikation und Konvertierung zur Verfügung.

Die Standard-Oberflächenshader von Cycles tragen alle das Kürzel BSDF für *Bidirectional Scattering Function* im Namen. Gemeint ist damit die Funktion der Shader, das Verhalten der jeweiligen Oberfläche beim Auftreffen eines Lichts zu berechnen. Das SHADER-Menü bietet spezielle Shader für physik-basiertes Rendering (PRINCIPLED BSDF), das Berechnen von volumetrischen Materialien wie Rauch (VOLUME SCATTER), lichtstreuenden Materialien wie Haut oder Wachs (SUBSURFACE SCATTERING) oder auch emittierenden Materialien

(EMISSION), die ein Objekt zur Lichtquelle machen. Volumen-Shader sind am besten im Panel VOLUME ❹ des MATERIAL-Tabs aufgehoben.

Materialien und Nodes | Für die Kombination und Verrechnung von Shadern ist natürlich der NODE-EDITOR das Mittel der Wahl. Sie können den Grundstein aber auch im MATERIAL-Tab legen, der Aufbau erfolgt dann hierarchisch von oben nach unten.

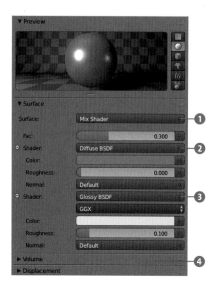

Im Beispiel kombiniert der MIX SHADER-Node ❶ einen DIFFUSE BSDF- ❷ mit einem GLOSSY BSDF-Shader ❸. Rufen wir den NODE-EDITOR ❺ (Tasten ⬆+F3) zu diesem Material auf, sind alle Verknüpfungen schon gesetzt – und alles wirkt wesentlich übersichtlicher.

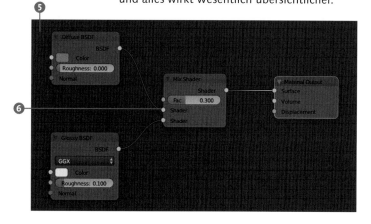

Wie Ihnen sicherlich sofort aufgefallen ist, bringt Cycles eine zusätzliche Socket-Farbe in den NODE-EDITOR: An grünen Sockets ❻ liegen Daten für Cycles-Shader an.

Wir bleiben im NODE-EDITOR, um uns einmal die Kategorien der Nodes (unter Cycles) anzusehen. Über die Tasten ⬆+A rufen Sie das Menü ADD ❼ auf, wo sich zu einigen bekannten Nodes auch spezielle Nodes für den Cycles-Renderer gesellt haben.

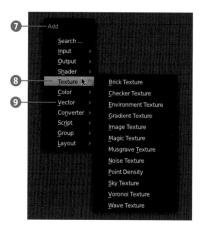

Im Menü INPUT finden Sie Nodes, die Ihnen über ihre Ausgänge unter anderem Daten von Objekten, Bildern oder Texturen bereitstellen, während sich im Menü OUTPUT Nodes mit Eingängen für die Ausgabe als Material oder Compositing befinden. Über die Menüs SHADER und TEXTURE haben Sie Zugriff auf die Cycles-Shader und die prozeduralen Texturen von Blender. In den drei Menüs COLOR, VECTOR und CONVERTOR sind Nodes für die Modifikation und Anpassung von Farbdaten und Parameter-Werten zusammengestellt. Zur Einbindung eines Python-Scripts dient ein Node im Menü SCRIPT, während sich die Menüs GROUP und LAYOUT um die Ordnung und Verwaltung Ihrer Node-Trees kümmern.

Texturen und Nodes | Während sich die Cycles-Shader eher um das Shading der Oberflächen kümmern, gestalten Sie – wie auch schon im BI-Renderer – mit prozeduralen und

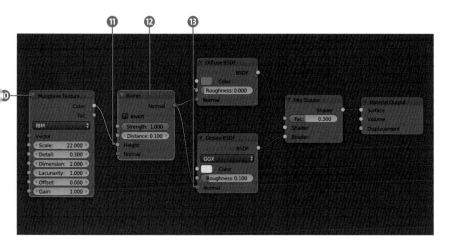

nicht-prozeduralen Texturen die Struktur der Oberfläche. Wie binden Sie nun eine prozedurale Textur als Bump-Map in ein Cycles-Material ein?

Zunächst erzeugen Sie sich die gewünschte Textur über den entsprechenden Node aus dem Menü TEXTURE ❽. Damit diese Textur als Bump-Map ⓯ fungieren kann, müssen wir sie über einen BUMP-Node aus dem Menü VECTOR ❾ an die beiden Cycles-Shader anbinden. Dabei steuert die Farbe (COLOR-Socket) des TEXTURE-Nodes ❿ die Höhe (HEIGHT-Socket ⓫) des BUMP-Nodes ⓬. Die daraus resultierenden Normalen-Daten fließen in die NORMAL-Sockets ⓭ der beiden Cycles-BSDF-Shader.

Sehen wir uns nun im Vergleich dazu an, wie Sie eine nicht-prozedurale Textur über eine UV-Map in ein Cycles-Material einbauen.

Aus den vorangegangenen Abschnitten wissen wir, dass die Textur auf den Input von Koordinaten und eine korrekte, passende Projektionsart angewiesen ist.

Auch hierfür müssen wir unter Cycles im NODE-EDITOR nur die richtigen Nodes bestücken und miteinander verknüpfen. Die Textur-Koordinaten liefert der TEXTURE COORDINATE-Node ⓲ aus dem Menü INPUT ⓮, der IMAGE TEXTURE-Node ⓱ aus dem Menü TEXTURE ❽ bindet unser Bild zusammen mit der Projektionsart FLAT ein, und ein MIX SHADER-Node ⓰ im Modus VALUE verrechnet die Bild-Textur mit einer weißen Basis-Materialfarbe.

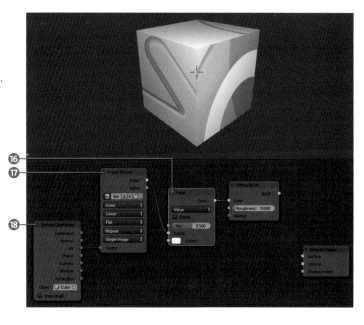

Texturing gefertigter Objekte

Texturing einer Dampflokomotive

Für das Texturing unseres technischen Projekts verwenden wir ausschließlich
prozedurale, auflösungsunabhängige Texturen und Shader. Tatsächlich ist es
erstaunlich, wie weit Sie mit den Bordmitteln von Blender kommen.

Vorbereitungen

Öffnen Sie Ihre Blender-Datei der Dampflokomotive über den Befehl OPEN
(Tasten ⌊Strg⌋/⌊Ctrl⌋+⌊O⌋). Da wir dieses Projekt im Cycles-Renderer weiter-
führen werden, wechseln Sie über das Menü der Render-Engine ❶ von Blender
Internal zu Cycles.

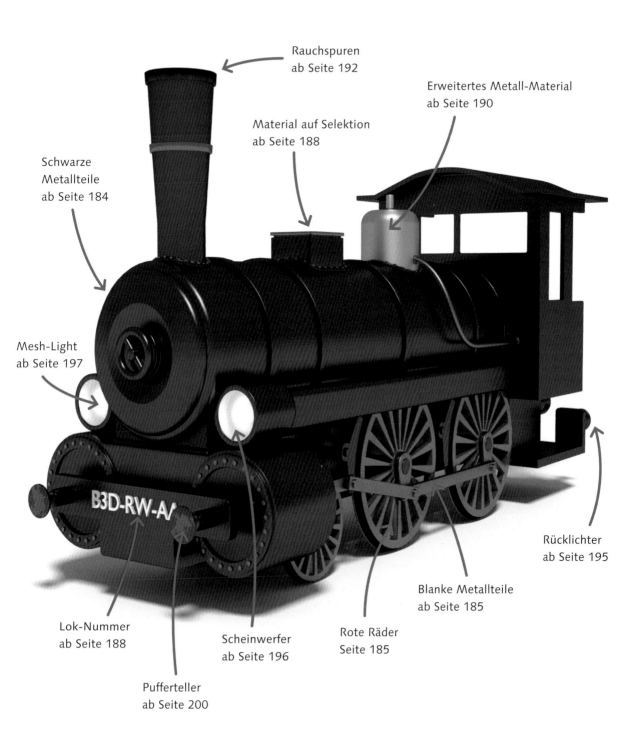

Rauchspuren
ab Seite 192

Erweitertes Metall-Material
ab Seite 190

Material auf Selektion
ab Seite 188

Schwarze
Metallteile
ab Seite 184

Mesh-Light
ab Seite 197

B3D-RW-A/

Rücklichter
ab Seite 195

Lok-Nummer
ab Seite 188

Scheinwerfer
ab Seite 196

Blanke Metallteile
ab Seite 185

Rote Räder
Seite 185

Pufferteller
ab Seite 200

Material für die schwarzen Metallteile

1 Material für Kessel erzeugen

Da der Kessel das dominierende Element unseres Modells ist, liegt es nahe, das erste Material, eine schwarz lackierte Metalloberfläche, für dieses Ausgangsobjekt anzulegen.

Selektieren Sie dazu den Kessel im OUTLINER, und klicken Sie im MATERIAL-Tab ❶ des PROPERTIES-EDITORS auf den Button NEW ❷.

2 Shader-Basis erstellen

Bevor wir uns um die Definition des Materials kümmern, vergeben Sie über das Datenblock-Feld ❸ zunächst einen aussagekräftigen Namen an das Material.

Den Grundstock des schwarzen Metall-Materials sollen ein DIFFUSE- und ein GLOSSY-Shader bilden, über die wir Farbe und Glanzlicht einstellen. Um die beiden Shader miteinander verrechnen zu können, erzeugen wir uns im Panel SURFACE ❹ zunächst einen MIX-Shader.

Nun finden wir zwei dem MIX-Shader untergeordnete SHADER-Menüs vor. Die obere Shader-Auswahl ❺ belegen wir mit einem DIFFUSE BSDF-Shader, den zweiten, noch leeren Shader-Eintrag des MIX-Shaders füllen Sie mit einem GLOSSY BSDF-Shader ❼.

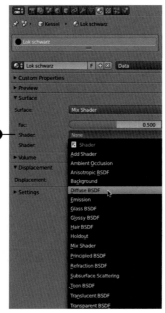

3 Shader einstellen

Per Klick auf das Farbfeld des DIFFUSE BSDF-Shaders ❻ gelangen Sie zur Farbauswahl, wo Sie ein sehr dunkles Grau einstellen. Eine ROUGHNESS von 0.2 gibt der sehr dunklen Farbe ein leichtes Shading.

Für den GLOSSY-Shader wählen Sie die gut für Metalle geeignete Methode BECKMANN sowie ein mittleres Grau mit kleiner ROUGHNESS für ein metallisches Glanzlicht.

Sie können zudem für jedes Material in den SETTINGS eine VIEWPORT COLOR ❽ vergeben, um auch in der 3D-VIEW später klar zwischen den Elementen unterscheiden zu können.

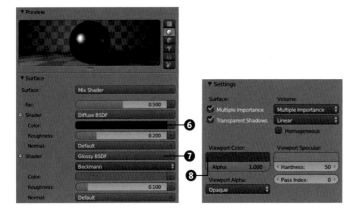

Material für die roten Räder

1 Material kopieren

Vom grundsätzlichen Aufbau her unterscheiden sich das schwarze Metall-Material sowie das für die roten Räder benötigte Lack-Material kaum. Um uns Arbeit zu sparen, fertigen wir uns daher ein Duplikat des schwarzen Materials an.

Dazu weisen Sie zunächst einem der Rad-Objekte über die Datenblock-Auswahl **9** im MATERIAL-Tab des PROPERTIES-EDITORS das Material der Lok zu. Klicken Sie anschließend auf den Button mit der 2 **10** hinter dem zugewiesenen Material, um es zu einer eigenständigen Kopie umzuwandeln.

2 Shader einstellen

Geben Sie dem neu erzeugten Räder-Material über das Datenblock-Feld **11** einen geeigneten Namen, und wählen Sie als Farbe für den DIFFUSE-Shader ein kräftiges Rot. Setzen Sie die Farbe des GLOSSY-Shaders auf reines Weiß, und lassen Sie das Glanzlicht durch das Reduzieren der ROUGHNESS auf 0.05 noch spitzer ausfallen.

Weil im MIX-Shader der DIFFUSE-Shader tonangebend sein soll, reduzieren Sie den FAC-Wert **12** auf 0.1. Im Panel SETTINGS wählen Sie Rot **13** als VIEWPORT COLOR.

Material für die blanken Metallteile

1 Material kopieren

Auch das dritte, für die blanken Metallteile gedachte Material besitzt den bekannten Aufbau. Weisen Sie daher einer Schubstange über die Datenblock-Auswahl **14** im MATERIAL-Tab des PROPERTIES-EDITORS das Material der Lok zu. Klicken Sie auf den Button mit der 2 **15** hinter dem zugewiesenen Material, um es zu einer eigenständigen Kopie umzuwandeln.

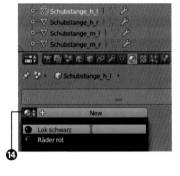

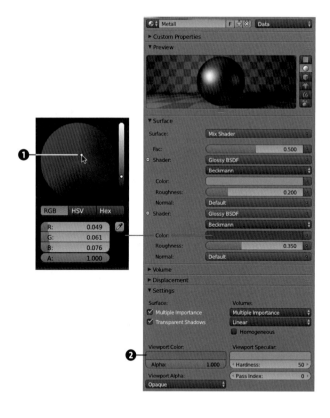

2 Shader einstellen

Für das Material blanker Metallteile kommen diesmal im MIX-Shader zwei GLOSSY-Shader zum Einsatz. Setzen Sie also im Panel SURFACE für beide Shader-Einträge des MIX-Shaders über das Auswahlmenü jeweils einen GLOSSY-Shader vom Typ BECKMANN ein.

Beide Shader bekommen, analog zum schwarzen Metall-Material, über den FAC-Wert von 0.5 die gleiche Wertigkeit. Vergeben Sie an den ersten GLOSSY-Shader ein helles Grau mit einer leichten ROUGHNESS von 0.2, während Sie dem zweiten GLOSSY-Shader ein dunkleres Grau mit leichtem Farbstich ❶ zuweisen, hier darf auch die ROUGHNESS mit 0.350 stärker ausfallen, um das Glanzlicht aufzuweichen.

Im Panel SETTINGS können Sie die standardmäßig vergebene VIEWPORT COLOR ❷ übernehmen oder eine andere, passende Farbe einstellen. Wichtig ist nur, dass die Metall-Elemente im Viewport gut erkennbar sind.

Zuweisen der Materialien per Data-Link

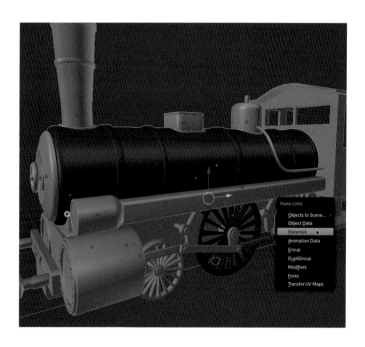

1 Schwarze Metallteile der Lok texturieren

Aus wie vielen Bauteilen unsere Dampflok besteht, wissen Sie aus dem Modelling-Workshop nur zu gut. Doch keine Sorge, Sie müssen nicht mühselig alle Objekte identifizieren, die das schwarze Metall-Material bekommen sollen, und anschließend jeweils über deren MATERIAL-Tabs das jeweilige Material zuweisen. Dank Blenders Datenblock-Logik ordnen wir den betroffenen Objekten einfach den richtigen Link zu.

Selektieren Sie als Erstes die Elemente, die das schwarze Metall-Material bekommen sollen, zuletzt aber den Kessel, der das Material trägt. Verlinken Sie sein Material über den Befehl MAKE LINKS • MATERIAL (Tasten ⌈Strg⌉/⌈Ctrl⌉+⌈L⌉) für alle selektierten Objekte.

2 Rote Räder texturieren

An dieser Stelle sei noch gesagt, dass die Farbgestaltung Ihrer Dampflok natürlich ganz nach Ihrem Geschmack ausfallen darf. Das rot glänzende Lack-Material ist dabei nicht nur eine klassische Farbe für die Räder der Dampflok, wir können es auch verwenden, um später damit Farbakzente zu setzen. Zunächst aber selektieren Sie die insgesamt sechs Räder der Dampflok, wieder mit dem bereits texturierten Rad als letztes aktives Objekt, und verlinken die Datenblöcke.

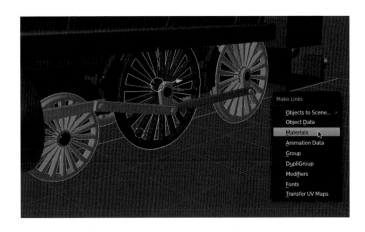

3 Blanke Metallteile texturieren

Blanke Metallteile kommen an vielen Stellen unserer Dampflok vor. Dazu gehören natürlich die Schubstangen sowie die zugehörigen Achsen und Kurbeln. Auch die Schläuche bzw. Rohre und die zugehörigen Befestigungselemente dürfen ruhig in Metall ausgeführt sein, geben sie doch einen schönen Kontrast zur schwarzen Dampflok. Etwas schwerer zu erreichen sind die vielen geklonten Schrauben am Schieberkasten und an den verschiedenen Domen auf der Oberseite der Lok, doch dazu gleich mehr.

Selektieren Sie zunächst alle Elemente der Dampflok, die das blanke Metall-Material erhalten sollen. Das Schubstangen-Objekt, welches das metallische Material bereits trägt, als Letztes, um es zu aktivieren. Verlinken Sie das Material über den Befehl MAKE LINKS • MATERIAL (Tasten [Strg]/[Ctrl]+[L]) vom Träger-Objekt für alle selektierten Objekte.

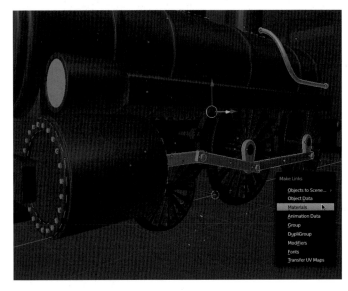

Da die bereits angesprochenen Schrauben als Klone bzw. CHILDREN den PARENT-Objekten untergeordnet sind, bekommen Sie über den Befehl MAKE LINKS nicht automatisch das Material zugewiesen. In diesem Fall reicht es also nicht, das Material für das Überobjekt zu verlinken. Stattdessen klappen Sie die Hierarchie der vier Schrauben-Träger auf ❸ und weisen den vier duplizierten Schrauben-Objekten ❹ über das Datenblock-Menü ❺ im MATERIAL-Tab das blanke Metall-Material zu.

Material für die Dampflok-Nummer

Bevor wir unsere Dampflok noch weiter individualisieren, spendieren wir dem Text-Objekt der Lok-Nummer an der Front ein deutlich erkennbares weißes Material.

Sie können dazu gerne das bereits vorhandene rote Material für die Räder verwenden oder – das Material für die Nummer ist nicht zu komplex – auf die Schnelle ein neues Material dafür erstellen. Über den MATERIAL-Tab im PROPERTIES-EDITOR des Text-Objekts der Nummer weisen Sie das Material zu und richten es ein. Ein GLOSSY-Shader ist eigentlich nicht unbedingt erforderlich, ein wie gehabt geringer Anteil im MIX-Shader genügt.

Zuweisen von Materialien über Selektionen

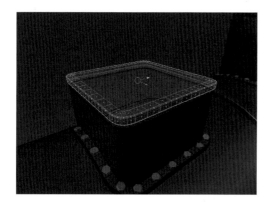

1 Selektion für das Material erzeugen

Alle bislang erstellten Materialien haben wir ausschließlich den Mesh-Objekten als Ganzes zugewiesen. Natürlich ist es auch möglich, nur bestimmten Bereichen bzw. Selektionen eines Mesh-Objekts ein Material zuzuweisen.

Versehen wir die Oberseite des Sanddoms mit dem roten Material. Wechseln Sie über die Taste ⇥ in den EDIT MODE, und selektieren Sie im FACE SELECT-Mode alle Faces auf der Oberseite des Sanddoms.

2 Neuen Slot erzeugen und Material zuweisen

Um dem Sanddom ein zusätzliches Material zuweisen zu können, benötigen wir einen zweiten Slot in der Material-Liste. Erzeugen Sie ihn über den +-Button ❶, und weisen Sie ihm über das Datenblock-Menü ❷ das rote Räder-Material zu. Per Klick auf den Button ASSIGN ❸ bekommt die Face-Selektion das Material zugewiesen.

3 Zweite Selektion für das Material am Schlot erzeugen

Über diese Methode können Sie nun alle vorhandenen (und natürlich auch neue) Materialien beliebigen Selektionen Ihrer Dampflok zuweisen. Als weitere klassische Verzierung des Dampflok-Schlots sollen noch die beiden horizontalen Ringe in der Mitte und am oberen Ende das Räder-Material bekommen. Die Selektionen dafür erzeugen Sie schnell über die Face Loops per Klick mit der `Alt`-Taste.

4 Zweiten Slot erstellen und Material zuweisen

Im MATERIAL-Tab im PROPERTIES-EDITOR des Schlots erzeugen Sie einen neuen Slot ❹, dem Sie das rote Material zuweisen ❻ und den Sie über ASSIGN ❺ auf die Selektion anwenden.

5 Dritte Selektion für das Material am Dampfdom erzeugen

Im Moment ist der Dampfdom zwar noch mit schwarzem Dampflok-Material belegt, doch eigentlich würde ihm ein unlackiertes Metall-Material, idealerweise mit Fertigungsspuren, besser stehen. Beginnen wir mit der Selektion des betroffenen Bereichs, indem Sie alle aus dem Befestigungsring herausstehenden Faces rund um den Dampfdom selektieren.

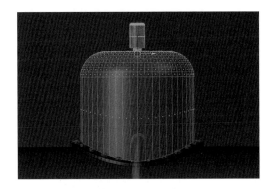

6 Metall-Material zuweisen und Material-Verknüpfung lösen

Zwar wird das bestehende Metall-Material nur die Basis für unsere gleich im Anschluss folgende Verfeinerung sein, doch wir können das Material für den Dampfdom bereits über den mittlerweile bekannten Weg eines zusätzlichen Slots und dem Zuweisen per ASSIGN-Button vergeben.

Da wir das Metall-Material modifizieren möchten, es für die anderen, mit ihm texturierten Objekte aber unverändert bleiben soll, fertigen wir über den +-Button ❼ in der Datenblock-Zeile eine Kopie an, die wir gleich umbenennen.

Erweitern des Metall-Materials im Node-Editor

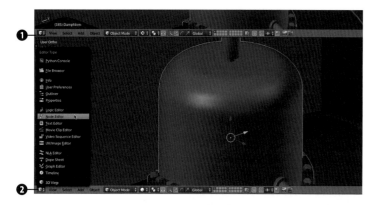

1 In den Node-Editor wechseln

Das eben erstellte neue Metall-Material für den Dampfdom soll Fertigungsspuren erhalten – in Cycles gibt es dafür den Shader ANISOTROPIC BSDF.

Die Definition dieses Materials werden wir im NODE-EDITOR vornehmen. Erzeugen Sie sich dazu durch Ziehen der Fensterecke ❶ des 3D-VIEW-EDITORS nach oben ein neues Fenster, und füllen Sie es über das Menü der Editor-Auswahl ❷ mit dem NODE-EDITOR.

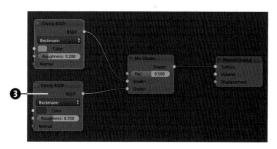

2 Zweiten Glossy-Shader löschen

Wenn der Slot des Metall-Materials in der Material-Liste des Dampfdoms selektiert ist, sehen Sie im NODE-EDITOR die grafische Umsetzung des Materials. Da wir für das Material nur einen der beiden GLOSSY-Shader benötigen, löschen Sie den dunkleren der beiden Shader-Nodes, indem Sie den Node auswählen ❸ und die X-Taste drücken.

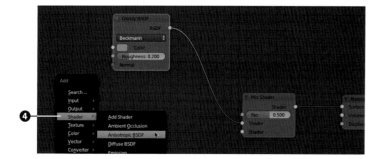

3 Anisotropic-Shader einfügen

Anstelle des gelöschten GLOSSY-Shader-Nodes fügen Sie über das Menü ADD • SHADER ❹ (Tasten ⇧ + A) den ANISOTROPIC BSDF-Shader ein. Wie Sie sehen, funktionieren die gewohnten Tastenkürzel auch im NODE-EDITOR.

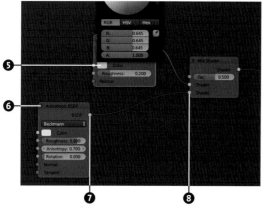

4 Shader einrichten

Justieren wir zunächst den übrigen GLOSSY-Shader nach. Klicken Sie auf die Farbauswahl ❺, und wählen Sie ein helles Grau. Der ANISOTROPIC-Shader ❻ soll vom Typ BECKMANN sein, seine ROUGHNESS setzen Sie auf 0.8, die ANISOTROPY auf 0.7. Mit diesen Parametern steuern Sie die Stärke der anisotropischen Zeichnung auf dem Objekt.

Verbinden Sie den Ausgang des ANISOTROPIC-Shaders ❼ mit dem freien Eingang des MIX-Shaders ❽.

5 Mix-Shader duplizieren

Da der Mix-Shader einen Fac-Wert von 0.5 aufweist, arbeiten der Glossy- und der Anisotropic-Shader gleichwertig. Um zusätzlich diffuse Farbe mit einem Diffuse-Shader ins Spiel zu bringen, duplizieren Sie den Mix-Shader über die Tasten ⇧+D und ziehen das Duplikat ❾ direkt auf die Linie zwischen Mix-Shader und Material Output ❿.

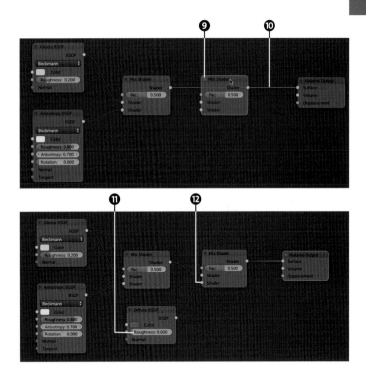

6 Diffuse-Shader anbinden

Beide Shader-Nodes sollten brav Platz gemacht und den zweiten Mix-Shader eingebunden haben. Erzeugen Sie sich nun über das Menü Add • Shader (Tasten ⇧+A) den Diffuse-Shader. Geben Sie ihm ein mittleres Grau bei einer Roughness von 0 ⓫, und verbinden Sie seinen Ausgang mit dem unteren Eingang ⓬ des zweiten Mix-Shaders.

Einfache Beleuchtung zur Material-Beurteilung

1 Lichtquelle erzeugen, platzieren und rotieren

Wir haben zwar unser erstes etwas komplexeres Material mit Nodes erstellt, doch einen wirklichen Eindruck vom Ergebnis bleibt auch die Preview im Material-Tab schuldig. Um erste Test-Renderings mit unserer Dampflok erstellen zu können, benötigen wir Licht in unserer Szene. Rufen Sie dazu im 3D-View-Editor das Menü Add • Lamp ⓭ (Tasten ⇧+A) auf, und wählen Sie dort die Sun.

Verschieben Sie die Sun-Lamp im Viewport ein Stück in Z-Richtung nach oben und in X-Richtung nach rechts, und rotieren (Tasten R, Y) Sie die Lampe in Richtung Dampflok.

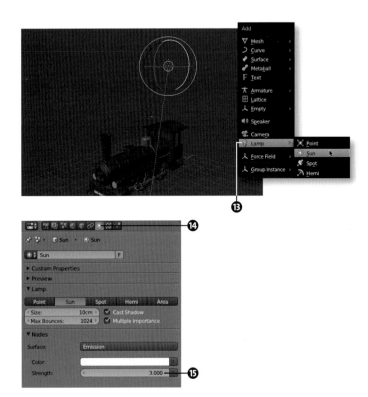

2 Sun-Lamp einrichten

Um die standardmäßig etwas schwache Leistung der Lampe zu erhöhen, wechseln Sie in den Object Data-Tab ⓮ der Sun-Lamp und setzen den Strength-Wert ⓯ auf 3.

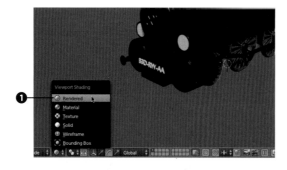

3 Viewport Shading ändern

Die SUN-LAMP ergibt natürlich keine finale Ausleuchtung, zur Beurteilung unserer Materialien reicht diese Lichtquelle, zusammen mit der dank Cycles einbezogenen Umgebung, aber durchaus. Um im Viewport eine gerenderte Voransicht zu bekommen, setzen Sie das VIEWPORT SHADING über die Menüleiste der 3D-VIEW auf RENDERED ❶.

4 Anisotropie des Dampfdoms justieren

Wenn Sie durch Drehen des Mausrads etwas näher zum Dampfdom zoomen, erkennen Sie sofort die anisotropischen Spuren, die Ihnen von gefertigten metallischen Objekten bestens bekannt sind. Über die Parameter des ANISOTROPIC-Shaders können Sie die Stärke und Breite der Spuren justieren – die Ausrichtung entlang der Z-Achse stimmt bereits.

Rauchspuren für den Schlot

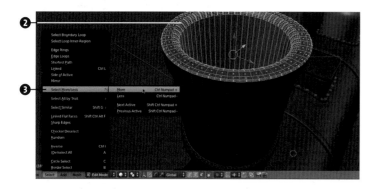

1 Selektion für das Material erzeugen

Schmutz- und Gebrauchsspuren wirken dem unrealistischen fabrikneuen Look entgegen. Im Fall der Dampflok bietet sich der Schlot an. Beginnen wir mit einer Face-Selektion der Innen- und Oberseite ❷. Für die schnelle Erstellung der Selektion können Sie zum Beispiel den inneren Face Loop auswählen und die Auswahl über den Befehl SELECT MORE ❸ aus dem Menü SELECT schrittweise erweitern.

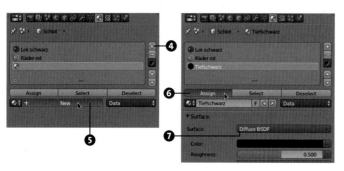

2 Material erzeugen und zuweisen

Im MATERIAL-Tab des Schlots legen Sie einen dritten Slot ❹ mit einem neuen Material ❺ an, das Sie mit einem DIFFUSE BSDF-Shader ❼ mit tiefdunklem Grauton und hoher ROUGHNESS belegen und der bestehenden Face-Selektion über den Button ASSIGN ❻ zuweisen.

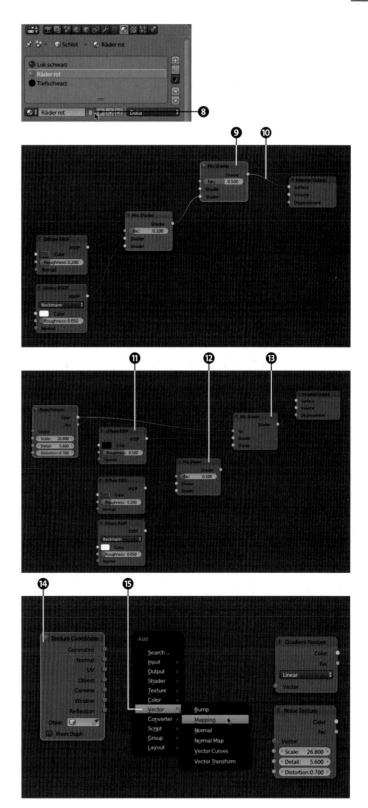

3 Material-Verknüpfung per Kopie lösen

Die Innen- und Oberseite des Schlots war einfach zu bewerkstelligen, etwas komplizierter wird es, die Rauchspuren auf dem rot lackierten Ende des Schlots zu simulieren. Das rote Material ist bereits zugewiesen, da wir es aber nun ausschließlich für den Schlot modifizieren möchten, fertigen wir über den Button der Anzahl User **8** in der Datenblock-Zeile eine Kopie an, die wir entsprechend umbenennen.

4 Zweiten Mix-Shader anlegen

Die glänzend rote Oberfläche dieses Materials soll durch schwarze Spuren des Rauchs verunziert werden. Wechseln Sie dazu in den NODE-EDITOR. Damit wir das bestehende Shader-Konstrukt mit einem anderen Shader kombinieren können, benötigen wir wieder einen MIX-Shader.

Duplizieren Sie sich dazu den vorhandenen MIX-Shader über die Tasten ⌂+D, und ziehen Sie das Duplikat **9** auf die Linie **10** zwischen dem MIX-Shader und dem MATERIAL OUTPUT-Node. Den FAC-Wert des MIX-Shaders setzen Sie auf 0.5 zurück.

5 Weitere Shader und Nodes anlegen

Drei Shader sollen die Verschmutzung des roten Materials verursachen: ein schwarzer DIFFUSE-Shader **11**, dem Sie eine ROUGHNESS von 0.5 mitgeben, sowie für die Art der Verschmutzung ein NOISE TEXTURE- und ein GRADIENT TEXTURE-Shader. Verbinden Sie den ersten MIX-Shader **12** mit dem unteren Eingang des neuen MIX-Shaders **13**, und legen Sie den DIFFUSE-Shader am oberen Eingang an.

Den NOISE TEXTURE- und GRADIENT TEXTURE-Shader finden Sie im Menü ADD • TEXTURE. Damit wir für die Textur-Shader auch genau die Lage auf dem Objekt bestimmen können, fügen Sie aus dem Untermenü INPUT einen TEXTURE COORDINATE- **14** und aus dem Untermenü VECTOR **15** einen MAPPING-Node hinzu.

6 Shader und Nodes einrichten und verbinden

Wir haben nun eine ganze Reihe von Nodes erzeugt, weshalb es Sinn macht, kurz anzuhalten und im Einzelnen durchzugehen, welche Aufgabe welcher Node bei unserem Vorhaben übernehmen soll.

Der GRADIENT TEXTURE-Node und der NOISE TEXTURE-Node sind für die Struktur der Verschmutzung zuständig. Die Verschmutzung läuft linear von oben nach unten, weshalb wir einen linearen Verlauf im GRADIENT TEXTURE-Node ❶ einstellen. Die Parameter des NOISE TEXTURE-Nodes ❹ können Sie direkt übernehmen, sie beschreiben die Größe und Detailliertheit des Musters – bei Nichtgefallen sind diese Werte schnell geändert. Um beide Texture-Nodes miteinander zu kombinieren, benötigen wir noch einen zusätzlichen Node. Holen Sie sich dazu einen MATH-Node aus dem Menü ADD • CONVERTER, und setzen Sie seine Funktion auf DIVIDE ❺. Jetzt können Sie den Ausgangs-Socket COLOR (oder FAC) des

GRADIENT TEXTURE-Nodes mit dem oberen Eingangs-Socket VALUE des MATH-(DIVIDE)-Nodes verbinden. Am unteren VALUE-Socket des DIVIDE-Nodes schließen Sie den Ausgangs-Socket FAC des NOISE TEXTURE-Nodes an. Das berechnete Ergebnis fließt als Faktor für die Anteile der DIFFUS- bzw. GLOSSY-Shader im MIX-Shader ❻. Dazu verbinden Sie den Ausgangs-Socket VALUE des MATH-Nodes mit dem Eingangs-Socket FAC des MIX-Shaders.

In der gerenderten Vorschau in der 3D-VIEW wird noch keine Änderung zu sehen sein – wir müssen der Verschmutzung noch mitteilen, wie groß sie ist und wo sie auf dem Schlot-Ring liegt. Als Textur-Koordinaten ❷ verwenden wir die originalen Daten des Objekts, daher verbinden Sie den Ausgang GENERATED mit dem Eingang VECTOR des MAPPING-Nodes ❸. Nun müssen Sie noch dessen VECTOR-Ausgang mit dem VECTOR-Eingang des GRADIENT TEXTURE-Nodes verbinden und das MAPPING über die Parameter so einstellen, dass der Schmutz auf dem Ring zu sehen ist.

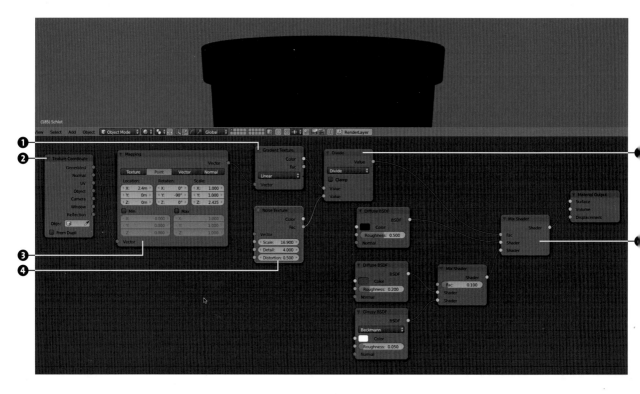

Materialien für die Scheinwerfer und Rücklichter

1 Material für die Rücklichter erzeugen

In der Realität sind Rücklichter farbig transparent und lassen bei genauem Hinsehen das Gehäuseinnere erkennen. Wir umgehen diese Problematik mit einem gerillten, stark glänzenden und leicht leuchtenden Material.

Selektieren Sie eines der beiden Glas-Rücklichter, und erzeugen Sie im MATERIAL-Tab des PROPERTIES-EDITORS ein neues Material ❼ mit adäquatem Namen. Den Grundstock für das Material legen wir wieder im Panel SURFACE, wo wir uns als Erstes einen MIX-Shader ❽ aus dem SHADER-Menü holen. Wählen Sie als ersten Shader einen DIFFUSE BSDF-Shader mit knallig roter Farbe. Als zweiten Shader setzen Sie einen GLOSSY BSDF-Shader mit der Einstellung SHARP und weißer Farbe ein. Beide Shader besitzen eine ROUGHNESS von 0 (es soll ja Glas simuliert werden), das Verhältnis steuert ein FAC-Wert von 0.7 im MIX-Shader.

Wenn Sie die Rücklichter auch im Viewport mit roter Farbe sehen möchten, vergeben Sie im Panel SETTINGS ❾ ebenfalls eine Farbe.

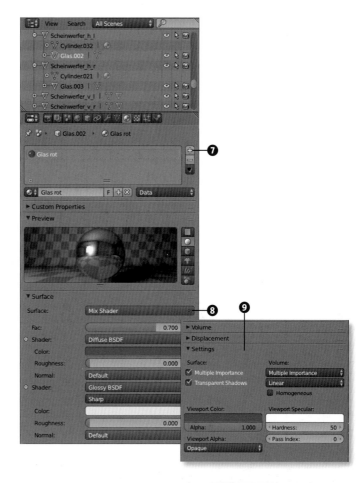

2 Bump-Textur anbinden

Für die Rillen auf der roten Glasoberfläche soll eine Bump-Textur sorgen. Wechseln Sie dazu wieder in den NODE-EDITOR.

Holen Sie sich den WAVE TEXTURE-Node ❿ aus dem Menü ADD • TEXTURE (Tasten ⇧+Ⓐ). Da wir keine Wellenstruktur brauchen, belassen wir die Einstellungen auf BANDS und SINE, verringern aber die Größe (SCALE) auf 3. Um diese Textur als Bump-Map zu verwenden, holen Sie einen BUMP-Node ⓫ aus dem Menü ADD • VECTOR, verringern dessen Stärke (STRENGTH) auf 0.5 und verbinden den FAC-Socket des WAVE TEXTURE-Nodes mit dem HEIGHT-Socket des BUMP-Nodes. Dessen NORMAL-Ausgang verbinden Sie mit den NORMAL-Eingängen der beiden Shader-Nodes.

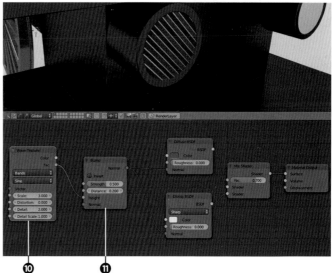

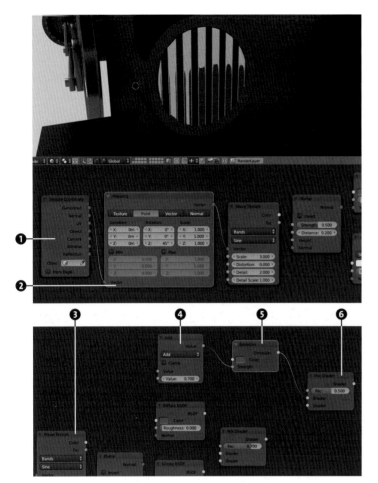

3 Bump-Textur ausrichten

Das im Moment noch vorliegende Problem haben Sie bereits auf der vorherigen Seite erkannt: Die Rillen liegen schräg auf der Glasoberfläche. Der WAVE TEXTURE-Node benötigt also noch Textur-Koordinaten und die Angabe, wie die Textur ausgerichtet sein soll.

Holen Sie sich einen TEXTURE COORDINATE-NODE ❶ aus dem Menü ADD • INPUT (Tasten ⬆+Ⓐ) und einen MAPPING-Node ❷ aus dem Untermenü VECTOR. Als Koordinaten können wir wieder GENERATED verwenden. Verbinden Sie diesen Socket mit dem Eingangs-Vector-Socket des MAPPING-Nodes und dessen Ausgangs-Vector-Socket mit dem VECTOR-Socket des WAVE TEXTURE-Nodes. Mit einem Z-Winkel von 45° im Mapping-Node stehen die Rillen senkrecht.

4 Leuchtendes Material

Wenn Sie nun noch das Material leicht zum Leuchten bringen möchten, erzeugen Sie sich über das Menü ADD • SHADER einen EMISSION-Shader ❺ mit roter Farbe. Diesen hängen Sie über einen zusätzlichen MIX-Shader ❻ an und verwenden den über einen MATH-Node (Typ ADD) ❹ erhöhten FAC-Wert des WAVE TEXTURE-Nodes ❸ als Datenquelle. Die Stärke des Leuchtens steuern Sie fortan über den VALUE im ADD-Node ❹.

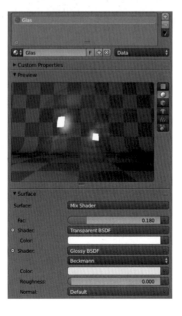

5 Material zuweisen

Damit dieses fertige Rücklicht-Material nun auch dem anderen Rücklicht zuteilwird, weisen Sie es ihm in dessen MATERIAL-Tab über das Datenblock-Menü ❼ zu.

6 Material für das Scheinwerfer-Glas erzeugen

Wenden wir uns den Scheinwerfern zu. Dessen Glas bekommt über einen MIX-Shader mit TRANSPARENT BSDF- und GLOSSY-BSDF-Shadern transparente als auch glänzende Anteile. Ein eher subtiler Effekt, der aber bewirkt, dass dort Reflexionen entstehen.

7 Scheinwerfer-Gläser ausblenden

Weisen Sie dem anderen Scheinwerfer-Glas über dessen MATERIAL-Tab im PROPERTIES-EDITOR das eben erstellte Material zu. Damit wir uns im Folgenden ungestört um das wichtige Innenleben der Scheinwerfer kümmern können, blenden Sie die beiden Gläser über den OUTLINER ❽ vorübergehend aus.

8 Mesh-Light für die Lampe erzeugen

Um unserer Dampflok leuchtende Scheinwerfer zu spendieren, setzen wir in das Lampeninnere sogenannte Mesh-Lights ein. Das sind einfache Mesh-Objekte, die dank eines emittierenden Materials Licht aussenden. In unserem Fall ist natürlich eine UV SPHERE das Mesh-Objekt der Wahl.

Selektieren Sie einen Scheinwerfer, und versetzen Sie den 3D Cursor über den Befehl SNAP • CURSOR TO SELECTED (Tasten ⇧+S) in seine geometrische Mitte. Rufen Sie anschließend das Menü ADD (Tasten ⇧+A) auf, und erzeugen Sie dort eine UV Sphere.

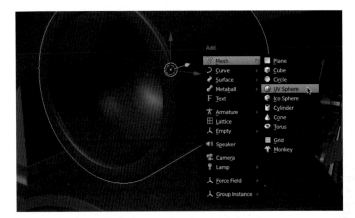

Skalieren Sie die UV Sphere (Taste S) auf eine zum Scheinwerfer passende Größe herunter, und vergeben Sie über das TOOL SHELF SMOOTH SHADING für das Mesh-Objekt. Das ist für die UV Sphere fast schon zu viel des Guten, da ihre Oberfläche aufgrund des emittierten Lichts gar nicht zur Geltung kommen wird. Schieben Sie die UV Sphere über den grünen Y-Achsanfasser noch ein Stück nach vorne, damit die spätere Lampe nicht zu weit hinten im Scheinwerfer sitzt.

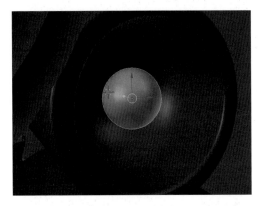

9 Lampe am Scheinwerfer befestigen

Es wäre natürlich zu viel verlangt (und im Rendering gar nicht wahrzunehmen), eine Fassung für die Lampe zu modellieren. Stattdessen selektieren Sie einfach das mittlere N-Gon des Scheinwerfers ❾ im FACE SELECT-Mode und extrudieren es (Taste E), bis es leicht in die UV Sphere hineinragt.

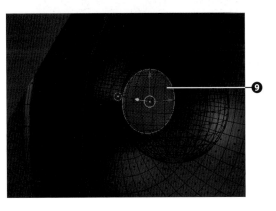

10 Material für das Mesh-Light erzeugen

Das leuchtende Material für das Mesh-Light ist nicht weiter kompliziert. Erzeugen Sie im Material-Tab der UV Sphere, der Sie übrigens gerne einen sprechenderen Namen geben können, ein neues Material, und wählen Sie im Menü Surface den Shader Emission.

Geben Sie dem Material (und damit dem ausgestrahlten Licht) über die Farbauswahl eine leicht orange Färbung, und erhöhen Sie die Stärke (Strength) der Lichtemission auf 3, hier können Sie nach Belieben nachjustieren.

11 Mesh-Light auf die andere Seite duplizieren

Die Lampe des einen Scheinwerfers ist damit fertig, nun müssen wir das texturierte Mesh-Objekt der UV Sphere nur noch als Kopie auf die andere Seite bringen.

Duplizieren Sie sich dazu die Lampe (Tasten ⇧+D), brechen Sie die Transformation über die Esc-Taste ab, und ändern Sie das Vorzeichen des X-Werts ❶ des Duplikats über das Properties Shelf (Taste N).

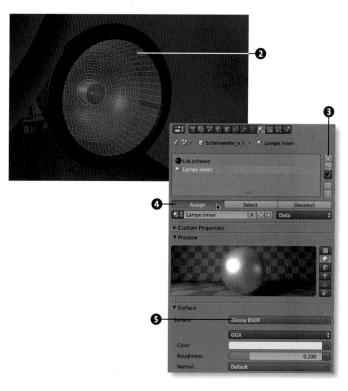

12 Material für das Schein-werfer-Innere erzeugen

Eine nicht unerhebliche Rolle für die Leucht-leistung eines Scheinwerfers spielt die meist hoch spiegelnde Lackierung des Innenraums.

Auch wir wollen dem Scheinwerfer-Innen-raum unserer Dampflok ein eigenes Material zuweisen, es soll aber eher weich glänzend ausfallen. Damit wir nur den Innenraum des Scheinwerfers mit dem Material belegen, selektieren Sie als Erstes die Faces auf der Innenseite ❷ im Face Select-Mode. Legen Sie anschließend im Material-Tab des Schein-werfers einen zusätzlichen Material-Slot ❸ mit einem neuen, aus einem einzigen Glossy BSDF-Shader ❺ bestehenden Material an, und weisen Sie dieses Material der beste-henden Selektion durch Klick auf den Button Assign ❹ zu.

13 Mesh-Daten für den anderen Scheinwerfer übernehmen

Vielleicht haben Sie sich schon gefragt, ob wir den anderen Scheinwerfer nicht versehentlich vergessen haben. Schließlich besitzt unsere fertig ausgestattete Version ein leicht verändertes Innenleben und außerdem ein separates Material auf seiner Innenseite.

Dank Blenders Datenblock-System können wir beide Anpassungen für die andere Seite in einem Durchgang erledigen. Suchen Sie sich dazu einfach im Outliner ❻ oder Properties-Editor ❼ die Namen der Object Data für den fertigen Scheinwerfer, und wählen Sie im Object Data-Tab des anderen Scheinwerfers diese Objektdaten über das Datenblock-Menü ❽ aus. Beide Scheinwerfer sind damit identisch und werfen mit ihren integrierten Mesh-Light-Lampen Licht in die Szene.

Anbringen weiterer Details über Selektionen

1 Laufflächen und Bremsklötze texturieren

Beschäftigen wir uns nun mit den üblichen Gebrauchsspuren, die sich unweigerlich auf allen Objekten finden, die nicht mehr fabrikneu sind.

Ob die Laufflächen der rot lackierten Dampflok-Räder überhaupt mit Lack überzogen würden, sei dahingestellt, doch im Moment sind alle Räder auch dort piekfein lackiert. Wir besitzen bereits ein tiefschwarzes Material, das wir für diese Bereiche und auch für die Bremsklötze verwenden können.

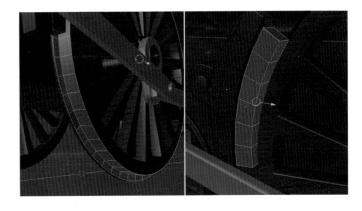

Selektieren Sie dazu für alle betroffenen Objekte die Face Loops (Tasten ⎇ + ⇧ gedrückt halten) an den Laufflächen und der Innenseite der Räder bzw. am vorderen Teil der Bremse, erzeugen Sie in den jeweils zugehörigen Material-Tabs neue Slots ❾, denen Sie das tiefschwarze Material ❿ für die Selektionen über den Button Assign ⓫ zuweisen.

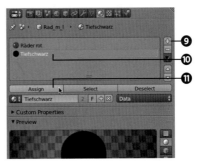

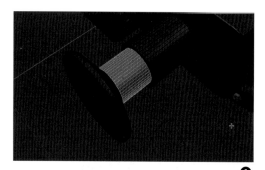

2 Pufferstangen texturieren

Da alle Puffer unserer Dampflok das schwarze Lack-Material tragen, sind auch die Stangen der Puffer, die bei Fremdkontakt nach innen geschoben werden, mit diesem Lack überzogen. Auch wenn es sich lediglich um ein einzelnes Mesh-Objekt handelt, können wir zumindest die Faces mit einem anderen Material versehen, die für den Betrachter sichtbar sind.

Ein geeignetes Material findet sich auch schon in unserem Portfolio, schließlich zeigen die Schubstangen, Schrauben und Rohre ebenfalls blankes Metall. Selektieren Sie im FACE SELECT-Mode den Face Loop des Puffers, erzeugen Sie einen zweiten Material-Slot ❶, und weisen Sie der Selektion über den Button ASSIGN ❸ das gewählte Metall-Material ❷ zu.

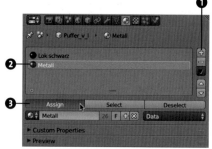

Material für die Pufferteller

1 Verlinkung der Puffer-Datenblöcke aufheben

Weil wir den Puffer nach dessen Fertigstellung einfach dupliziert und platziert haben, wird hier viermal der gleiche Datenblock ❹ verwendet. Für die eben erfolgte Texturierung der Pufferstange war dies sehr willkommen, da wir so nur einen Puffer texturieren mussten. Im folgenden Workshop-Teil gehen wir bei den Gebrauchsspuren noch einen Schritt weiter und simulieren den durch Kontakt an den Puffertellern entstehenden Lackschaden. Dazu müssen wir aber die Verlinkung zu diesem Datenblock für drei Puffer lösen. Selektieren Sie dazu am einfachsten drei der Puffer-Objekte ❺ im OUTLINER, und erzeugen Sie für jeden durch Klicken der User-Anzahl ❻ einen eigenen Datenblock.

Das Material, das wir nun erstellen, ist für die Vorderseite des Puffers, den Pufferteller, gedacht. Sie können das dortige N-Gon gleich im FACE SELECT-Mode auswählen.

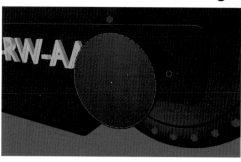

2 Basis-Material anlegen und zuweisen

Mit den vielfältigen Möglichkeiten, die wir beim Texturieren der Dampflok kennengelernt haben, wollen wir nun für die Pufferteller ein Material erzeugen, das gleichermaßen abgeplatzten und noch vorhandenen Lack simuliert. Als Basis für dieses neue Material verwenden wir natürlich das bereits vorliegende schwarze Lack-Material der Dampflok.

Erzeugen Sie sich dazu zu den bestehenden zwei Material-Slots einen dritten Slot **❼**, dem Sie das schwarze Lok-Material **❽** über das Datenblock-Menü zuweisen, bevor Sie die Verlinkung per Klick auf die User-Zahl **❾** kappen. Geben Sie dem neuen Material einen passenden Namen **❿**, und weisen Sie es der bestehenden Selektion per Assign **⓫** zu.

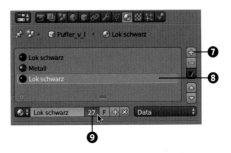

3 Glossy-Shader für das blanke Metall einbinden

Wenden wir uns nun dem Node-Editor zu, um die weiteren, etwas komplexeren Schritte durchzuführen. An den Stellen, an denen der Lack abgeplatzt ist, soll blankes Metall zu sehen sein. Dessen Oberfläche definiert uns ein Glossy BSDF-Shader **⓬**, den Sie über das Menü Add • Shader (Tasten ⇧+A) erzeugen und zusammen mit einem Mix-Shader **⓭** vor den Material Output **⓮** schalten. Dieser letzte Mix-Shader kennt nun zwei verschiedene Oberflächen, den schwarzen Lack und das blanke Metall. Letzterem verleihen Sie ein mittleres Grau bei einer Roughness von 0.5.

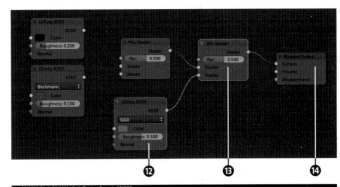

4 Erste Textur für die Lackschäden anlegen

Die Lackschäden werden wir wieder über die Kombination zweier Texturen bewerkstelligen. Holen Sie sich einen Musgrave Texture-Node aus dem Menü Add • Texture und übernehmen Sie die Werte aus dem Node **⓯**. Damit Sie die Textur begutachten können, habe ich temporär einen Diffuse-Shader zwischengeschaltet, Sie benötigen diesen Schritt nicht.

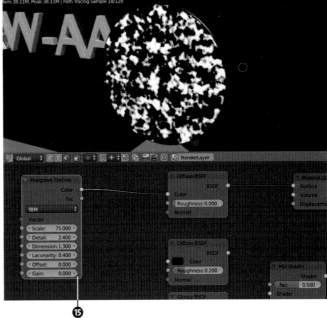

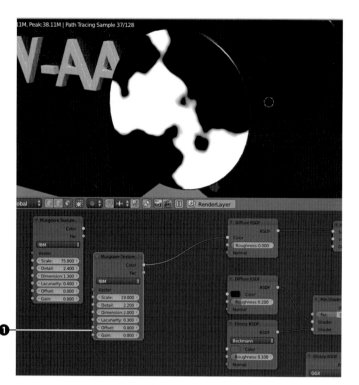

5 Zweite Textur für die Lackschäden anlegen

Während die erste Textur für die Lackschäden sich um die feineren Lackabplatzer kümmert, soll eine zweite, abgeänderte Version der Textur im wesentlichen den groben Bereich der Kontaktspuren abstecken.

Hierfür können wir ebenfalls den Musgrave Texture-Node verwenden. Duplizieren Sie sich dazu einfach den bestehenden Musgrave Texture-Node (Tasten ⇧+D) im Node-Editor, und ändern Sie die Werte für dessen Struktur entsprechend ab ❶. Die wesentliche Rolle spielt dabei der Parameter Scale, über den Sie die Größe der prozeduralen Struktur steuern.

Damit Sie einen Eindruck vom Aussehen der Struktur bekommen, habe ich in der Abbildung den zweiten Musgrave Texture-Node an den temporären Diffuse-Shader angeschlossen.

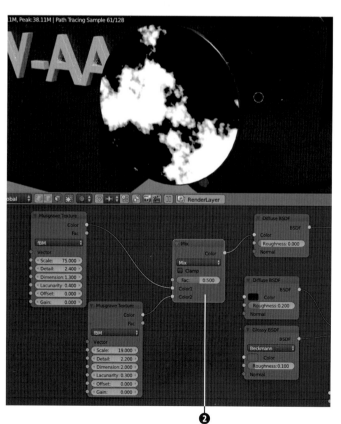

6 Beide Texturen miteinander kombinieren

Damit nun beide Texturen miteinander verrechnet werden und zusammen die Vorgabe für die Mischung der Oberflächenvarianten ergeben, müssen wir sie mit einem entsprechenden Node kombinieren.

Holen Sie sich dazu einen MixRGB-Node aus dem Menü Add • Shader (Tasten ⇧+A), und schließen Sie die beiden Ausgangs-Sockets Color der Musgrave Texture-Nodes an jeweils einen Eingangs-Socket des MixRGB-Nodes ❷ an. Belassen Sie die Mischfunktion auf Mix, und auch das Mischungsverhältnis von 0.5, das die beiden Texturen gleichwertig kombiniert, kann auf diesem Wert bleiben.

Das zusammengerechnete Ergebnis der beiden Texture-Nodes sieht für unsere Zwecke doch sehr brauchbar aus. An den weißen Stellen der Textur soll später das blanke Metall zu sehen sein, an den schwarzen Stellen bleibt der Lack unversehrt.

7 MixRGB-Node an den Mix-Shader anbinden

Um die aus den Texture-Nodes erzeugte Struktur für die Kombination der schwarzen Lack- mit der blanken Metalloberfläche zu verwenden, schließen Sie den Ausgangs-Socket Color an den Eingangs-Socket Fac des mit dem Material Output verbundenen Mix-Shaders ❸ an – da die Texturen nur Grau-werte enthalten, können wir die Nodes direkt miteinander verbinden.

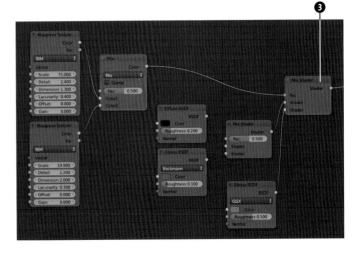

8 Textur als Bump-Map verwenden

Mit dem bisherigen Materialaufbau haben wir erreicht, dass es sowohl Stellen mit unversehrter Lackschicht gibt als auch Stellen, wo das blanke Metall zum Vorschein gekommen ist. Was derzeit noch nicht korrekt ist: Beide Oberflächen liegen auf der gleichen Höhe – natürlich müsste das blanke Metall mangels Lackschicht etwas tiefer liegen.

Wir können die Textur-Kombination nun aber auch als Bump-Map verwenden, um den Eindruck einer leicht versetzten Oberfläche zu erreichen. Holen Sie sich dazu einen Bump-Node ❻ aus dem Menü Add • Vector (Tasten ⇧+Ⓐ) sowie einen ColorRamp-Node ❼ aus dem Untermenü Converter.

Während die Bump-Node die Verwendung der Textur als Bump-Map sicherstellt, ermög-licht der ColorRamp-Node die Steuerung der Umsetzung. Verbinden Sie beide Nodes über deren Color- und Height-Sockets, und setzen Sie sie zwischen den MixRGB-Node ❹ der Textur und den Glossy-Shader ❺ des blanken Metalls. Die weich verlaufende ColorRamp kann bleiben, wie sie ist, dem Bump-Node geben Sie eine verringerte Stärke (Strength) von 0.3 sowie eine negative Distance von –0.5 mit.

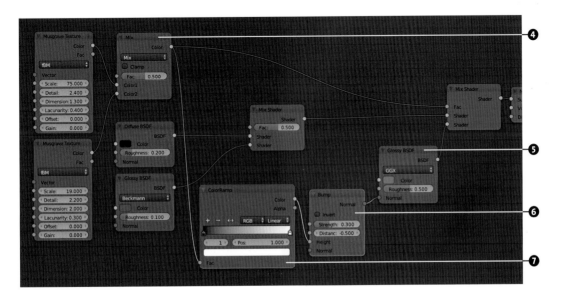

9 Textur-Koordinaten zur Steuerung anbinden

Im Prinzip wäre unser Material eigentlich fertig, denn da wir gänzlich auf prozedurale Texturen gesetzt haben, sind keine Mapping-Probleme zu erwarten.

Allerdings haben wir auch keinerlei Kontrolle über die Lage der Texturen, und vier identische Lackabplatzer-Muster wirken vielleicht harmonisch, aber doch sehr unrealistisch. Damit wir eine Kontrollmöglichkeit für die Platzierung der Lackabplatzer bekommen, holen Sie sich einen Texture Coordinate-

Node ❷ aus dem Menü Add • Input (Tasten ⇧+A) sowie einen Mapping-Node ❶ aus dem Menü Add • Vector, und setzen Sie beide Nodes vor die beiden Musgrave Texture-Nodes.

Verwenden Sie die Textur-Koordinaten Generated, indem Sie den Vector-Ausgangs-Socket des Texture Coordinate-Nodes mit dem Vector-Eingangs-Socket des Mapping-Nodes verbinden, und legen Sie den Vector-Ausgangs-Socket des Mapping-Nodes an beide Vector-Eingangs-Sockets der Musgrave Texture-Nodes.

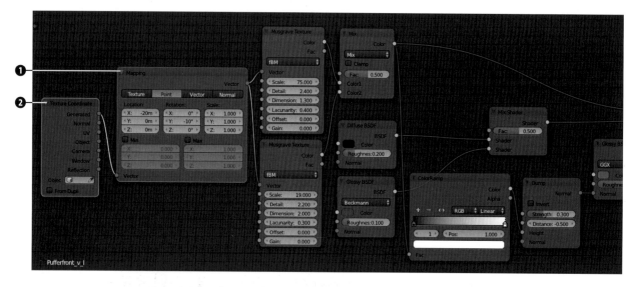

10 Material und Mapping justieren

Verwenden Sie das Viewport Shading Rendered im Viewport, und wählen Sie durch Zoomen der Ansicht mittels Drehen am Mausrad sowie Verschieben der Ansicht bei gedrückt gehaltener Mausrad-Taste möglichst nahe an den Pufferteller heran, um für das Material über die Mapping-Parameter eine geeignete Position für die Textur zu finden.

Praktischerweise steuern wir dabei dank unserem Node-Aufbau durch Modifikationen im Mapping-Node gleichzeitig die Shader-Nodes der Oberfläche sowie die zugehörige Bump-Map.

11 Verlinkung zu den anderen Puffertellern aufheben

Was uns bei der Texturierung der Pufferstange ganz gelegen kam, ist nun, wenn wir vier verschieden texturierte Pufferteller erzielen möchten, eher ungünstig: Die vier Puffer verwenden dank identischer Datenblöcke alle das gleiche Pufferfront-Material.

Um dies zu beheben und vier individuelle Pufferteller mit unterschiedlichen Abplatzern gestalten zu können, heben Sie die Verlinkung für drei der Puffer einfach auf.

Selektieren Sie dazu der Reihe nach drei der vier Puffer-Mesh-Objekte, wählen Sie das Material für die Pufferfront aus ❸, und machen Sie den Material-Datenblock durch Klick auf die User-Zahl ❹ in der Datenblock-Zeile eigenständig.

12 Die anderen drei Pufferteller gestalten

Nun können Sie sich die anderen Pufferteller vornehmen. Selektieren Sie den Material-Slot des jeweiligen Puffer-Mesh-Objekts, und gestalten Sie im NODE-EDITOR durch Variieren der jeweiligen Mapping-Parameter unterschiedliche Pufferteller.

Achten Sie dabei darauf, dass ein Großteil der abgeplatzten Fläche logischerweise in der Mitte des Tellers liegen sollte, denn dort tritt der unsanfte Fremdkontakt schließlich am deutlichsten auf.

13 Fertig texturierte Dampflok

Nach diesem Schritt besitzen nun alle Bestandteile der Lok ein Material, unsere Dampflok ist fertig texturiert.

Speichern Sie die fertig texturierte Dampflok spätestens jetzt über den Befehl SAVE (Tasten Strg/Ctrl+S) ab.

Texturing natürlicher Materialien

Texturing des Felsens, der Amphore und des Meeresschwamms

Die Elemente unserer Unterwasserszene bestehen alle aus natürlichen Stoffen: Stein, Ton und organisches Material. Wir lernen dabei nicht nur den Umgang mit Bitmap-Texturen, sondern auch eine Reihe weiterer Cycles-Shader kennen.

Vorbereitungen

Da wir alle Materialien dieses Workshop-Teils unter Cycles texturieren, vergessen Sie nicht, nach dem Öffnen Ihrer Blender-Datei (Tasten ⌈Strg⌋/⌈Ctrl⌋+⌈O⌋) die Render-Engine ❶ von BI-Render zu Cycles zu ändern.

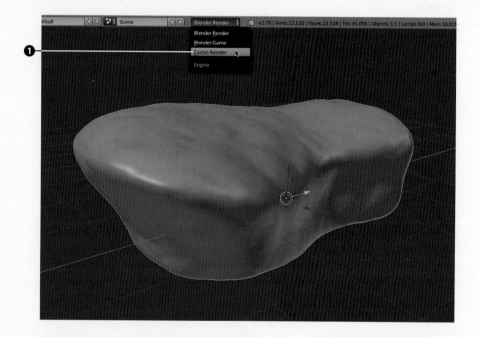

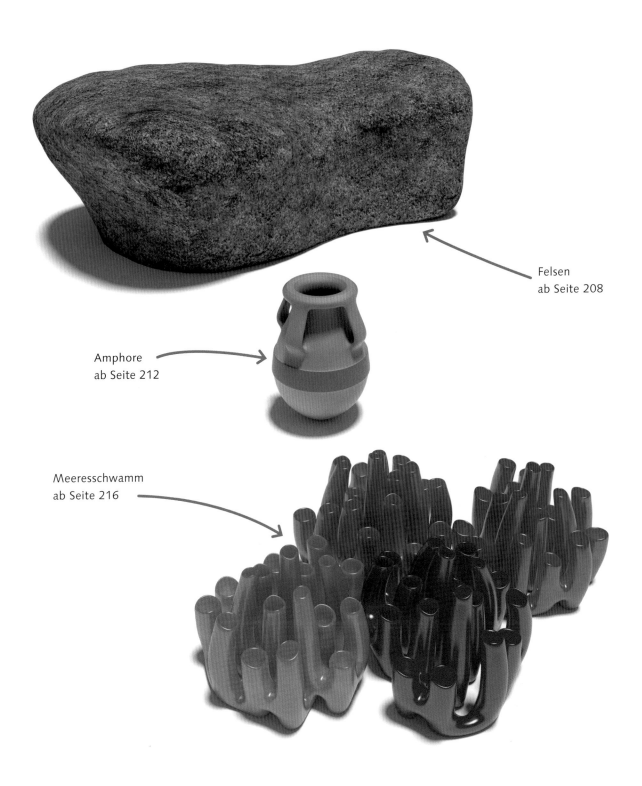

Felsen
ab Seite 208

Amphore
ab Seite 212

Meeresschwamm
ab Seite 216

Texturieren des Felsens

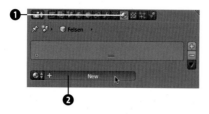

1 Material für den Felsen erzeugen

Für die Texturierung der Felsen-Oberfläche verwenden wir eine nahtlose Bitmap-Textur. Zunächst aber benötigen wir ein Material mit einem Basisaufbau von Shadern, in die wir später die Textur einbinden können. Um ein neues Material für den Felsen zu erzeugen, klicken Sie im Material-Tab ❶ des Properties-Editors auf den Button New ❷.

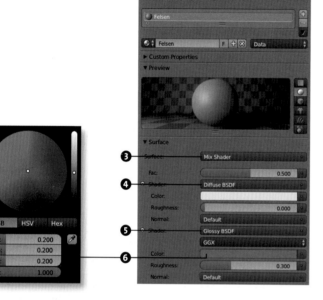

2 Basis-Shader anlegen

Bevor wir das Felsen-Material im Node-Editor ausarbeiten, bauen wir es im Material-Tab des Properties-Editors mit ein paar Shadern für die Oberflächeneigenschaften auf.

Wählen Sie sich dazu aus dem Menü Surface einen Mix-Shader ❸, und belegen Sie die beiden Shader-Einträge mit einem Diffuse BSDF- ❹ und einem Glossy BSDF-Shader ❺. Setzen Sie die Roughness des Diffuse-Shaders auf 0, alle weiteren Eigenschaften wird später die Textur übernehmen. Für den Glossy-Shader wählen Sie den Typ GGX bei einer weichen Roughness von 0.3. Als Farbe ❻ eignet sich ein mittleres Grau.

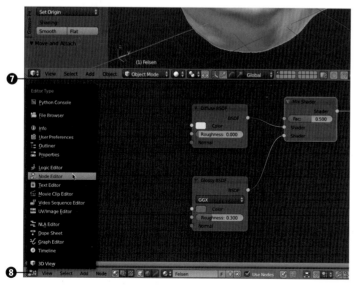

3 Wechsel in den Node-Editor

Die Basis ist damit gelegt – die Oberfläche unseres Felsens ist nun durch die beiden Shader mit Farb- und Glanzlicht-Shading-Anlaufstellen versorgt, sodass wir uns um die Anbindung der Bitmap-Textur kümmern können.

Die weitere Definition dieses Materials werden wir im Node-Editor vornehmen. Erzeugen Sie sich dazu durch Ziehen der Fensterecke ❼ des 3D-View-Editors nach oben ein neues Fenster, und füllen Sie es über das Menü der Editor-Auswahl ❽ mit dem Node-Editor. Da das Material des Felsens selektiert ist, sehen wir im Node-Editor bereits den von uns angelegten Basisaufbau.

4 Image Texture anbinden

Damit wir die externe Bitmap-Textur in unser Material laden und verwenden können, benötigen wir einen IMAGE TEXTURE-Node.

Holen Sie sich den IMAGE TEXTURE-Node ⓫ über das Menü ADD • TEXTURE (Tasten ⇧+A) in den NODE-EDITOR, und verbinden Sie den Ausgangs-Socket COLOR des Nodes mit dem Eingangs-Socket COLOR des DIFFUSE BSDF-Shaders ⓬, um die Farbe aus dem IMAGE TEXTURE-Node an den DIFFUSE-Shader weiterzugeben.

Wählen Sie im IMAGE TEXTURE-Node die Mapping-Methode BOX ❾, damit unser Felsen von allen sechs Seiten mit der Textur belegt wird. Klicken Sie anschließend auf den Button OPEN ❿, um den FILE BROWSER für die Dateiauswahl zu öffnen.

Navigieren Sie zu der im Verzeichnis TEXTURING der Begleitmaterialien zu diesem Buch befindlichen Bitmap-Textur »rock09_col_tileable.png« ⓮. Wählen Sie diese Textur aus, und klicken Sie danach auf den Button OPEN IMAGE ⓭, um die Textur zu laden.

5 Sun-Lamp erzeugen

Im Moment befindet sich keine Lichtquelle in unserer Szene, deshalb können wir uns den Felsen noch nicht in gerenderter Version im VIEWPORT SHADING RENDERED ansehen.

Erzeugen Sie sich daher über das Menü ADD (Tasten ⇧+A) in der 3D-VIEW eine LAMP vom Typ SUN ⓯.

6 Sun-Lamp platzieren und rotieren

Damit die LAMP unseren Felsen von schräg oben beleuchten kann, verschieben Sie die SUN-LAMP im Viewport mit den Achsanfassern ein Stück in Z-Richtung nach oben sowie in X-Richtung etwas nach rechts. Rotieren Sie die LAMP schließlich noch mit dem Rotations-Werkzeug (Tasten R, Y) um ihre Y-Achse ⓰, um sie auf unseren Felsen auszurichten.

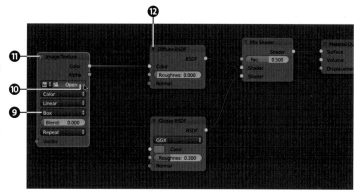

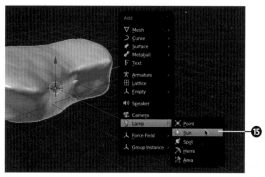

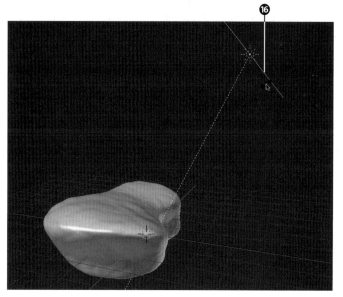

7 Sun-Lamp einrichten

Um die standardmäßig etwas maue Leistung der Sun-Lamp zu erhöhen, wechseln Sie über den Properties-Editor in den Object Data-Tab ❶, klappen das Panel Nodes auf und setzen den Strength-Wert ❷ auf 5.

8 Umgebungsbeleuchtung anpassen

Wir haben nun eine Lichtquelle installiert, die unseren Felsen parallel aus einer Richtung beleuchtet. Alle Oberflächen des Felsens, die nicht direkt von der Sun-Lamp angestrahlt werden, liegen lediglich aufgrund der schwachen Umgebungsbeleuchtung in Cycles nicht völlig im Dunkeln.

Damit insbesondere zur Kontrolle von Mapping-Problemen auch die anderen Seiten des Felsens etwas stärker beleuchtet werden, wechseln Sie zum World-Tab ❸ unserer Szene, klappen das Panel Surface auf und geben der Umgebung über die Farbauswahl ❹ ein mittleres Grau. Im Vergleich zum zuvor hinterlegten dunklen Grau verstärken Sie dadurch die Umgebungsbeleuchtung.

9 Textur-Koordinaten anbinden

Sollten Sie ein Test-Rendering über das Viewport Shading Rendered gewagt haben, ist Ihnen aufgefallen, dass die Textur noch gar nicht zu unserem Felsen passt. Wie auch, wenn der Image Texture-Node nicht weiß, wo und wie er die Textur aufbringen soll.

Erzeugen Sie sich daher über das Menü Add • Input einen Texture Coordinate-Node und aus dem Untermenü Vector einen Mapping-Node, und verbinden Sie den Object-Ausgang des Texture Coordinate-Nodes mit dem Eingang des Mapping-Nodes. Verbinden Sie den Mapping- mit dem Image Texture-Node über deren Vector-Sockets.

Der Textur-Raum Object bewahrt das Seitenverhältnis unserer Textur. Wählen Sie die Einstellung Vector im Mapping-Node und eine Größe (Scale) von 0.3 für alle Achsen.

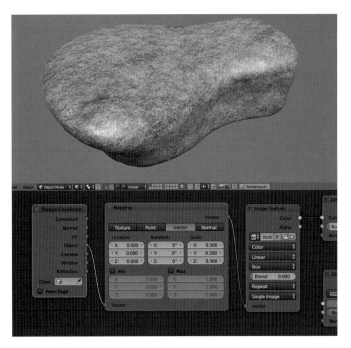

10 Bitmap-Textur als Bump-Map verwenden

Kümmern wir uns um die Umsetzung der Textur für die Shader. Die Struktur des Felsens soll sich auch in der Oberfläche bemerkbar machen. Holen Sie sich einen BUMP-Node ❼ aus dem Menü ADD • VECTOR, und verbinden Sie ihn mit den NORMAL-Eingängen des DIFFUSE- und GLOSSY-Shaders. Reduzieren Sie die Stärke (STRENGTH) auf 0.2, und verbinden Sie den COLOR-Ausgang des IMAGE TEXTURE-Nodes mit dem HEIGHT-Eingang.

Damit der IMAGE TEXTURE-Node Einfluss auf das Mischungsverhältnis von DIFFUSE- und GLOSSY-Shader nimmt, holen Sie einen COLORRAMP-Node ❺ aus dem Menü ADD • CONVERTER und setzen ihn zwischen den CO-LOR-Ausgang des IMAGE TEXTURE-Nodes und den FAC-Eingang des MIX-Shaders. Vergeben Sie über den Farbwähler ❻ ein mittleres Grau an das rechte Ende des FARBVERLAUFS, um den Einfluss des GLOSSY-Shaders abzuschwächen.

Für den letzten Schritt des Feintunings hängen Sie noch einen RGB CURVES-Node ❽ aus dem Menü ADD • COLOR zwischen den IMAGE TEXTURE-Node und den DIFFUSE-Shader.

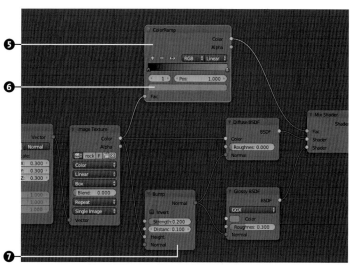

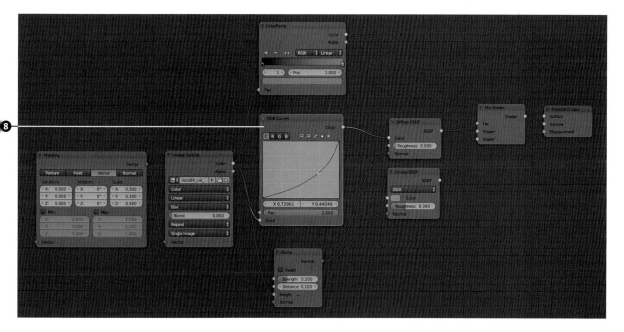

11 Letzte Farbanpassungen

Mit dem RGB Curves-Node haben Sie, analog zu einem Bildbearbeitungsprogramm, die Gradationskurven der RGB-Farbkanäle sowie des Kontrasts zur Hand. Durch Modifizieren der Kurven können Sie im letzten Schritt unserem Felsen noch ein farbliches und unterwassertaugliches Finish verleihen, bevor Sie den fertigen Felsen über den Befehl Save (Tasten ⌈Strg⌉/⌈Ctrl⌉+⌈S⌉) abspeichern.

Texturieren der Amphore

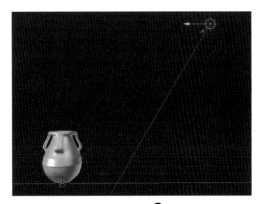

1 Sun-Lamp positionieren

Bevor wir an das Material für die Amphore gehen, erstellen wir eine einfache Ausleuchtung, um die Amphore im texturierten Zustand beurteilen zu können. Erzeugen Sie sich dazu eine Lamp vom Typ Sun über das Menü Add (Tasten ⌈⇧⌉+⌈A⌉) in der 3D-View.

Damit die Lamp die Amphore von schräg oben beleuchtet, verschieben Sie die Sun-Lamp im Viewport mit den Achsanfassern ein Stück in Z-Richtung nach oben sowie in X-Richtung etwas nach rechts. Rotieren (Tasten ⌈R⌉, ⌈Y⌉) Sie die Lampe schließlich noch um die Y-Achse zur Amphore.

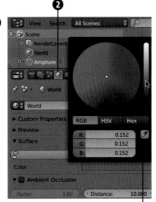

2 Sun-Lamp einrichten

Wir erhöhen die schwache Leistung der Sun-Lamp, indem wir in ihrem Object Data-Tab den Strength-Wert ❶ auf 3 setzen. Für eine leichte Umgebungsbeleuchtung wechseln Sie zum World-Tab ❷ der Szene, klappen das Panel Surface auf und geben der Umgebung über die Farbauswahl ❸ ein mittleres Grau.

3 Material für die Amphore erzeugen

Jetzt können wir im Material-Tab des Properties-Editors der Amphore auf den Button New klicken, um ein neues Material mit aussagekräftigem Namen zu erstellen.

3 Basis-Shader anlegen

Im Vergleich zum Felsen benötigen wir für die Amphore zwar andere Material-Eigenschaften, beim Anlegen der Basis-Shader für das Material der Amphore werden Sie aber schnell feststellen, dass es vom Aufbau her viele Gemeinsamkeiten gibt.

Den Anfang machen wir wie gehabt im Material-Tab des Properties-Editors der Amphore. Wählen Sie sich aus dem Panel Surface ❹ einen Mix-Shader ❺, und belegen Sie die beiden Shader-Einträge mit einem Diffuse BSDF- ❻ und einem Glossy BSDF-Shader ❼. Die Roughness des Diffuse-Shaders kann bei 0 bleiben. Für den Glossy-Shader wählen Sie den Typ Beckmann bei einer Roughness von 0.4, die uns ein weiches Glanzlicht beschert. Um die Farben beider Shader kümmern wir uns in Kürze.

4 Layer Weight- und MixRGB-Node anbinden und einrichten

Das Glanzlicht der Amphorenoberfläche soll je nach Betrachtungswinkel stärker bzw. schwächer ausfallen. Um dies zu simulieren, eignet sich beispielsweise der Layer Weight-Node ❾, den Sie sich über das Menü Add • Input (Tasten ⇧+A) erzeugen. Seinen Fresnel-Ausgang verbinden Sie mit dem Fac-Eingang des Mix-Shaders ❿, um deren Verhältnis entsprechend steuern zu lassen.

Damit die Amphore nicht zu eintönig bzw. einfarbig und somit unrealistisch wirkt, soll ihre Oberfläche aus zwei verschiedenen Farben bestehen. Für das Muster der beiden Farben sorgt dann ein Texture-Node. Legen wir aber zunächst über das Menü Add • Color einen MixRGB-Node ❽ an und wählen als obere Farbe über den Farbwähler einen Terrakotta-Ton. Klicken Sie dazu im Farbwähler der unteren Farbe des MixRGB-Nodes auf die kleine Pipette ⓭, und nehmen Sie die obere Farbe aus dem Farbchip ⓫ auf, um sie anschließend als untere Farbe über den Helligkeitsregler ⓬ aufzuhellen.

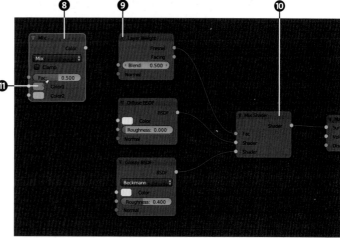

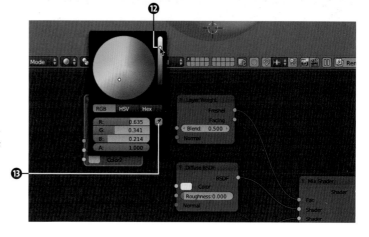

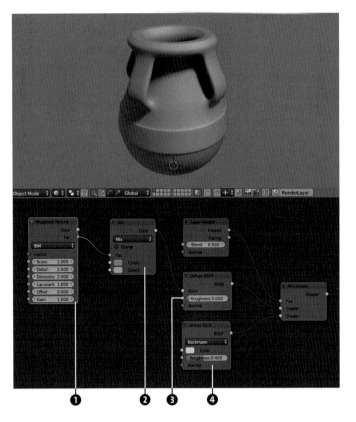

5 Texture-Node für die Steuerung des MixRGB-Shaders einbinden

Die aus den beiden im MixRGB-Shader festgelegten Farben generierte Farbkombination ist nur für den Diffuse-Shader gedacht, deshalb verbinden Sie den Color-Ausgang des MixRGB-Shaders ❷ mit dem Color-Eingang des Diffuse-Shaders ❸. Das über den Glossy-Shader ❹ erzeugte Glanzlicht soll einen leicht rötlichen Schimmer bekommen, vergeben Sie also über den Farbwähler des Glossy-Shader-Nodes einen leicht rötlichen Farbton.

Kommen wir zur Definition der Farbschwankungen für den Diffuse-Shader. Die Farben stehen bereit, deshalb benötigen Sie nur noch einen Texture-Node aus dem Menü Add • Texture (in meinem Fall den Musgrave Texture-Node ❶), den Sie an den MixRGB-Shader ❷ anbinden, beide Nodes besitzen dazu einen Fac-Wert-Socket. Sie können die angegebenen Werte direkt übernehmen oder auch davon abweichen, je nachdem, wie groß bzw. auffällig die Farbänderungen auf der Amphore zu sehen sein sollen.

6 Bump-Map zur Strukturierung der Oberfläche einbinden

Im Moment ist die Oberfläche der Amphore noch viel zu glatt, es sollten sich zumindest feine Unebenheiten abzeichnen. Hierfür ist wieder eine Bump-Map gefragt.

Holen Sie sich den Bump-Node ❻ aus dem Menü Add • Vector, und reduzieren Sie die Strength auf 0.05, die Distance auf 0.1 – es sollen sehr feine Unebenheiten entstehen. Die Bump-Map darf auf den Diffuse- und Glossy-Shader wirken, deshalb verbinden wir den Bump-Node über die Normal-Sockets mit den Shader-Nodes. Als Bump-Map holen Sie sich einen Noise Texture-Node ❺ aus dem Menü Add • Texture und geben ihm eine hohe Skalierung, um die Struktur sehr filigran zu halten. Um die Noise-Textur als Bump-Map festzulegen, verbinden Sie ihren Fac-Socket mit dem Height-Socket des Bump-Nodes.

7 Zweites Material als Verzierung anlegen

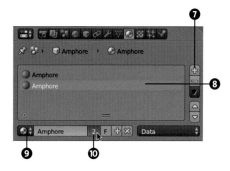

Wir haben beim Modelling einen um die Amphore laufenden Ring angebracht, der nun auch beim Texturing eine farbliche Abhebung verträgt. Da wir diese Farbe zusätzlich zur bestehenden Terrakotta-Anmutung auftragen möchten, erzeugen Sie im MATERIAL-Tab des PROPERTIES-EDITORS der Amphore ein Duplikat des Materials.

Dazu klicken Sie auf den +-Button ❼, um einen neuen Material-Slot ❽ zu erstellen, und weisen das Material der Amphore über das Datenblock-Menü ❾ zu. Anschließend heben Sie die Verlinkung zum Datenblock durch Klick auf die User-Zahl ❿ auf.

8 Selektion für das zweite Material erzeugen

Wechseln Sie über die ⇆-Taste in den EDIT MODE, und selektieren Sie im FACE SELECT-Mode per Rechtsklick mit gedrückter Alt-Taste den großen Face Loop in der Mitte des Rings.

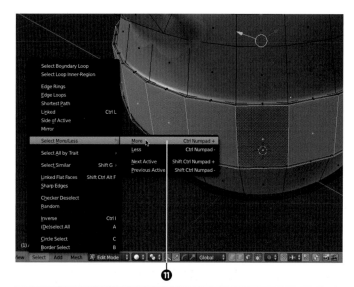

Durch die vom SUBDIVISION SURFACE-Modifier verursachte Rundung verschiebt sich natürlich auch die Grenze für die Materialien der Faces. Damit unser zweites Material den Ring exakt bis zum Übergang in den Bauch der Amphore erreicht, müssen wir die Selektion noch um die oben und unten anschließenden Face Loops erweitern.

Für diese Aktion bietet uns die 3D-VIEW über das Menü SELECT • SELECT MORE ⓫ einen sehr komfortablen Befehl an. Der nun vorliegenden Face-Selection ⓬ können wir den zweiten Material-Slot zuweisen.

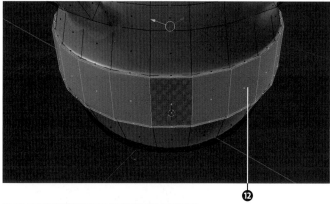

9 Zweites Material zuweisen

Vergeben Sie spätestens jetzt über den MATERIAL-Tab im PROPERTIES-EDITOR der Amphore einen geeigneten Namen für das Material des Zierstreifens ⓭, und weisen Sie es der bestehenden Face-Selektion per Klick auf den Button ASSIGN ⓮ zu.

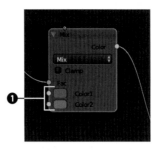

10 Zweites Material anpassen

Nun besitzt die Amphore zwei Materialien, diese unterscheiden sich aber nicht. Selektieren Sie den zweiten Material-Slot des Zierstreifen-Materials, und begeben Sie sich in den NODE-EDITOR, um durch leichtes Anpassen der Helligkeit ❶ im MIXRGB-Shader eine dunklere Farbvariante zu erstellen.

11 Fertig texturierte Amphore speichern

Nun können Sie die fertig texturierte Amphore über den Befehl SAVE (Tasten [Strg]/[Ctrl]+[S]) abspeichern.

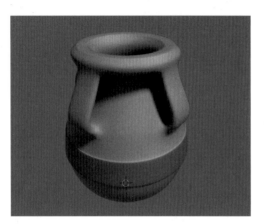

Texturieren des Meeresschwamms

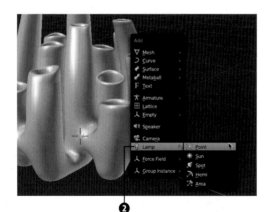

1 Point-Lamp erzeugen und positionieren

Beim Texturing des Meeresschwamms lernen wir einen neuen Shader kennen, der sich hervorragend für leicht durchscheinende, Licht streuende Materialien wie unseren Meeresschwamm eignet. Schwämme gibt es in allen Farben, Formen und Strukturen, deshalb können wir hier auch etwas über die Stränge schlagen und richtig Farbe ins Spiel bringen.

Um diesen SUBSURFACE SCATTERING-Effekt, der sich um die Streuung des Lichts unterhalb der Oberfläche kümmert, gut beurteilen zu können, erzeugen Sie eine LAMP des Typs POINT über das Menü ADD • LAMP ❷ (Tasten [⇧]+[A]). Damit die LAMP den Schwamm von oben beleuchtet, verschieben Sie die POINT-LAMP über ihre Z-Koordinate ❸ im PROPERTIES SHELF eine Blender-Unit direkt nach oben.

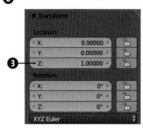

2 Plane erzeugen

An den Grundeinstellungen der LAMP müssen wir an dieser Stelle nichts ändern. Wir fügen unserer Szene aber zudem noch eine PLANE hinzu, um das Material des Schwamms außer vor dem schwarzen Hintergrund der Szene auch auf dem hellen Untergrund der Plane betrachten zu können.

Achten Sie darauf, dass der 3D Cursor im Ursprung der Szene liegt, und erzeugen Sie über das Menü ADD (Tasten ⬆+Ⓐ) eine PLANE ❹, die Sie auf den Standardwerten belassen.

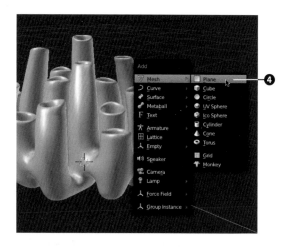

3 Material für den Meeres-schwamm erzeugen

Wir werden den Meeresschwamm nicht nur mit einem Material einer bestimmten Farbe texturieren, sondern gleich auch noch ein paar Farbvarianten erzeugen, die Sie später nach Belieben verwenden bzw. kombinieren können.

Deshalb macht es Sinn, nach dem Anlegen eines neuen Materials über den MATERIAL-Tab im PROPERTIES-EDITOR des Schwamms gleich die vorbestimmte Grundfarbe im Material-Namen ❺ zu hinterlegen.

Diesmal erzeugen wir das komplette Material im NODE-EDITOR, weshalb Sie im MATE-RIAL-Tab eigentlich nur noch die VIEWPORT CO-LOR ❻ im Panel SETTINGS auf die gewünschte Grundfarbe anpassen sollten.

4 Mix- und Subsurface Scattering-Shader anbinden

Im NODE-EDITOR löschen Sie den standardmäßig am MATERIAL OUTPUT anliegenden DIFFUSE BSDF-Shader und fügen stattdessen über das Menü ADD • SHADER (Tasten ⬆+Ⓐ) einen MIX-Shader ❽ ein, den Sie am SURFACE-Socket des MATERIAL OUTPUTS anschließen.

Für den ersten, oberen SHADER-Socket des MIX-Shaders erzeugen Sie wieder über das Menü ADD • SHADER einen SUBSURFACE SCAT-TERING-Shader ❼.

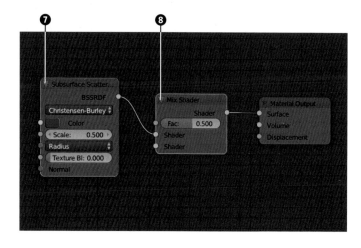

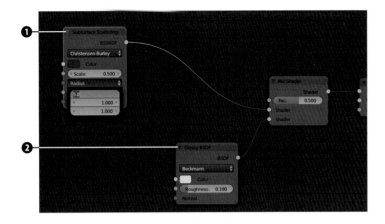

5 Glossy-Shader anbinden und Subsurface Scattering einrichten

Für den unteren Shader-Socket des Mix-Shaders erzeugen Sie wieder über das Menü ADD • SHADER (Tasten ⇧+A) einen GLOSSY BSDF-Shader ❷. Geben Sie dem GLOSSY-Shader über dessen Farbchip eine leicht violette Farbe, um das Glanzlicht minimal einzufärben. Eine ROUGHNESS von 0.1 sorgt dafür, dass es relativ spitz ausfällt.

Für den SUBSURFACE SCATTERING-Shader ❶ wählen Sie ein kräftiges Lila und setzen die SCALE auf 0.5. Mit diesem Wert teilen Sie dem Shader mit, wie groß das Objekt ist bzw. welche Durchdringung des Lichts anliegen soll.

Das Menü RADIUS stellt Ihnen drei Parameter (Rot, Grün und Blau) zur individuellen Steuerung der Streuung zur Verfügung. Hier erzielen Sie also kontrollierte Farbabweichungen bei der Durchdringung der Oberfläche. Für unser Lila heben wir das Rot mit einem Wert von 5 heraus.

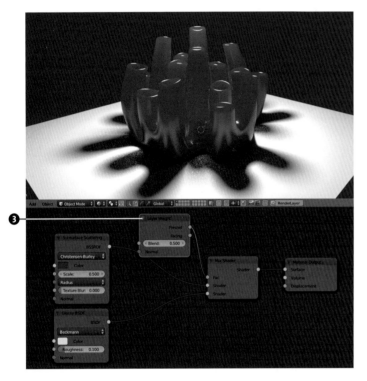

6 Mix-Shader über einen Layer Weight-Node steuern

Die Abmischung des SUBSURFACE SCATTERING-Shaders mit dem GLOSSY-Shader übernimmt ein LAYER WEIGHT-Node ❸ über den FRESNEL-Wert, also unter Berücksichtigung des Betrachtungswinkels.

Holen Sie sich diesen Node aus dem Menü ADD • INPUT, und schließen Sie seinen FRESNEL-Socket am FAC-Socket des MIX-Shaders an.

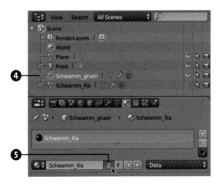

7 Duplikate des Schwamms anlegen und Material-Link lösen

Über das VIEWPORT SHADING RENDERED können Sie das renderintensive Resultat betrachten und weiter experimentieren. Legen Sie sich für zusätzliche Schwämme einfach im OBJECT MODE Duplikate (Tasten ⇧+D) des Mesh-Objekts ❹ an, die Sie entsprechend umbenennen und in deren MATERIAL-Tab Sie den Link über die User-Zahl ❺ lösen.

8 Duplikate einrichten und umbenennen

Denken Sie nicht nur daran, das Duplikat selbst über das PROPERTIES SHELF (Taste ⓝ) umzubennen, sondern auch das zugewiesene Material-Duplikat.

Für die Übersicht im Viewport kann es außerdem nicht schaden, im Panel SETTINGS die VIEWPORT COLOR ❽ auf die Hauptfarbe des SUBSURFACE SCATTERING-Effekts abzustimmen.

Ist das richtige Schwamm-Objekt selektiert ❻ und das zugehörige Material im MATERIAL-Tab ausgewählt ❼, können Sie im NODE-EDITOR mit den Parametern des SUBSURFACE SCATTERING-Nodes, aber natürlich auch mit den Einstellungen des GLOSSY- und MIX-Shaders frei experimentieren.

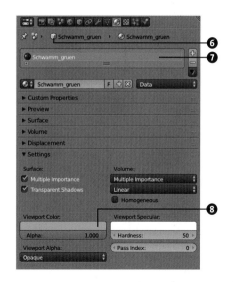

9 Fertig texturierte Meeres-schwämme speichern

Die fertigen Meeresschwämme platzieren wir später in munterer Vielfalt in unserer Unterwasserwelt. In den umliegenden Abbildungen sehen Sie einige Farbvorschläge und die zugehörigen Einstellungen. Speichern Sie den bzw. die fertig texturierte(n) Schwämme über den Befehl SAVE (Tasten ⓈⓉⓇⒼ/ⒸⓉⓇⓁ+Ⓢ) ab.

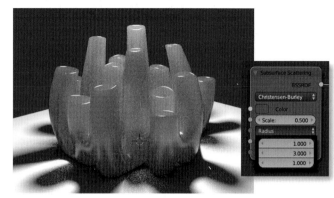

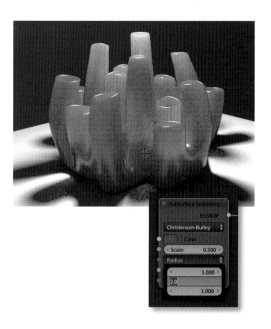

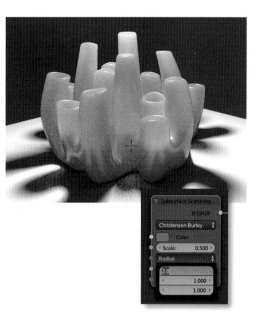

Texturing mit UV-Mapping

Texturing eines Comic-Oktopus

Für komplexere Modelle wie Characters kommt man um die Texturierung per UV-Mapping nicht herum. Dazu wickeln wir die Oberfläche des Oktopus zunächst in eine UV-Map ab und bemalen sie anschließend in 2D und 3D.

Vorbereitungen

Öffnen Sie die Blender-Datei Ihres Oktopus-Modells über den Befehl OPEN (Tasten Strg / Ctrl + O).

Zwar werden wir auch dieses Projekt später im Cycles-Renderer weiterführen, zunächst aber bleiben wir im BI-Renderer, um die Vorarbeiten zu erledigen. Dazu wechseln Sie in den EDIT MODE (Taste ⇆).

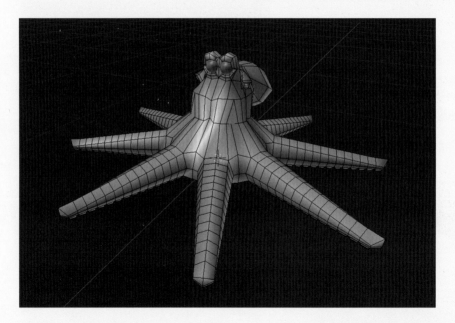

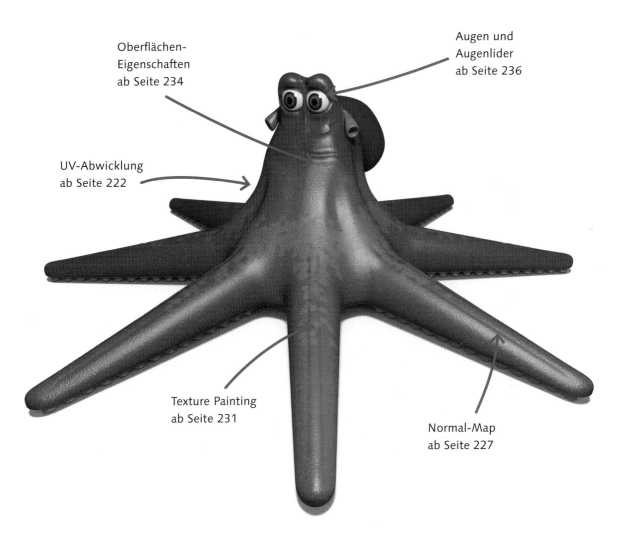

Augen und
Augenlider
ab Seite 236

Oberflächen-
Eigenschaften
ab Seite 234

UV-Abwicklung
ab Seite 222

Texture Painting
ab Seite 231

Normal-Map
ab Seite 227

Erstellen einer UV-Abwicklung

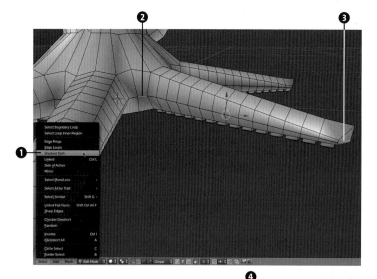

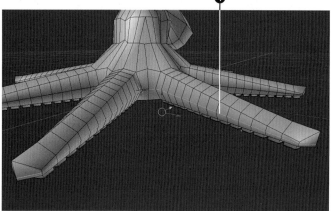

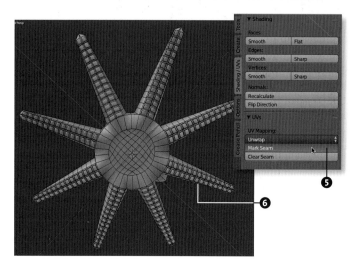

1 Selektion für einen horizontalen Seams durch die Arme erzeugen

Wir beginnen bei der UV-Abwicklung des Oktopus mit der Definition von Seams (Säumen bzw. Nähten), um genau kontrollieren zu können, an welchen Stellen das Mesh bei seiner Abwicklung aufgeschnitten und aufgeklappt wird. Es empfiehlt sich dabei, zusammengehörige Körperteile wie Gesichter oder Handflächen von Seams zu verschonen, außerdem sollten Seams an eher verdeckten Stellen liegen, die keine markanten Textur-Besonderheiten enthalten.

Der erste Seam für unseren Oktopus soll horizontal durch die Mitte seiner Arme verlaufen. Aktivieren Sie dazu den Edge Select-Mode, und selektieren Sie eine Edge am Rumpf ❷ sowie eine Edge an der Spitze des Arms ❸.

Über den Befehl Shortest Path ❹ aus dem Menü Select ergänzt Blender für uns die Edges dazwischen ❹. Drehen Sie sich nach und nach die Ansicht zum nächsten Arm, halten Sie die ⇧-Taste gedrückt, und wiederholen Sie die Selektionsschritte für alle Arme des Oktopus, um die komplette umlaufende Kante zu selektieren.

2 Selektion als Seam festlegen

Drehen Sie sich die Ansicht des Oktopus im Viewport so, dass Sie dessen komplette Unterseite im Blickfeld haben, und prüfen Sie, ob auch wirklich alle Edges der umlaufenden Kante selektiert sind.

Um diese Selektion nun als Seam zu deklarieren, öffnen Sie das Tab Shading/UVs im Tool Shelf (Taste T) und klappen das Panel UVs auf. Mit einem Klick auf Mark Seam ❺ definieren Sie alle zuvor selektierten Edges als Naht für die UV-Abwicklung. Im Viewport erkennen Sie die Seams an der roten Einfärbung ❻ der Edges.

3 Seams für Rumpf und Oberseite der Arme festlegen

Der erste Teilbereich, die Unterseite des Oktopus, ist damit abgetrennt, wir arbeiten uns nun ein Stück nach oben und selektieren alle Edges in der Mitte des Kraken ❼. Aufgrund der vorliegenden Mesh-Topologie wird ein einfacher Klick mit gedrückt gehaltener Alt-Taste für einen Edge Loop nur einen Teilbereich erfassen, Sie können aber durch mehrfache Anwendung dieses Befehls bei zusätzlich gedrückt gehaltener ⇧-Taste trotzdem schnell den umlaufenden Edge Loop selektieren.

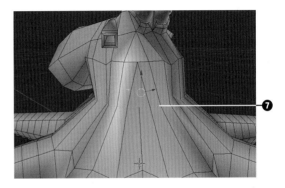

Drehen Sie sich die Ansicht zur Rückseite des Oktopus, leicht unterhalb des Mantels. Als zusätzliche Naht für den oberen Bereich nehmen wir außerdem die auf der Rückseite nach oben zum Mantel verlaufende Edge ❽ auf. Definieren Sie alle selektierten Edges über den Befehl MARK SEAM als Naht.

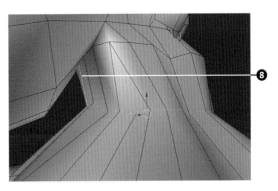

4 Seams für den Mantel und den Kopf festlegen

Um den Mantel als Ganzes in ein UV-Mesh abzuwickeln, könnte man in Versuchung kommen, einfach oben mittig eine Naht zu setzen. Doch ausgerechnet dort befindet sich gesculptete Geometrie, die wir später in einer Textur umsetzen wollen.

Selektieren Sie daher zunächst auf der Oberseite des Mantels kurz hinter den Augen die Edges bis zum Ansatz des Mantels ❾, und definieren Sie diese mit MARK SEAM als einen Teil der Mantel-Naht.

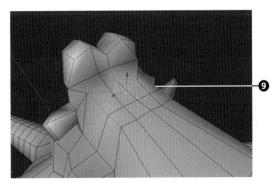

Selektieren Sie von dort ausgehend die Edges um den Mantel-Ansatz ❿ sowie die Edges, die auf der Unterseite durch die Mitte des Mantels verlaufen ⓫. Es war klar, dass wir den Mantel an irgendeiner Stelle aufschneiden müssen – und dort ist die beste Position für unsere Naht. Sobald Sie alle Edges selektiert und nachkontrolliert haben, definieren Sie die Selektion über den Befehl MARK SEAM ebenfalls als Naht.

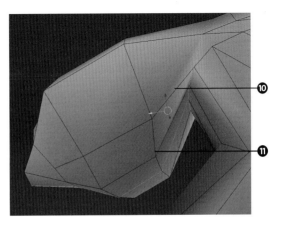

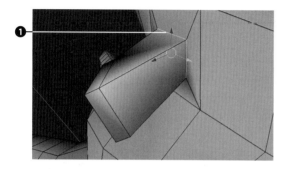

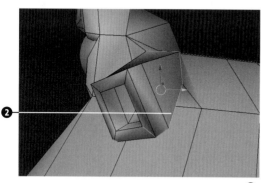

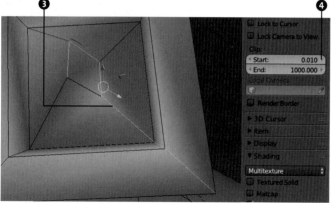

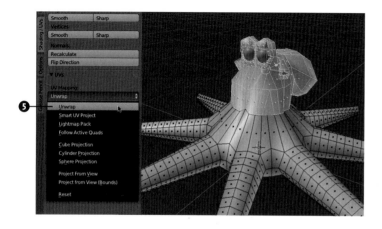

5 Seams für die Abwicklung der Trichter festlegen

Bei der Vorbereitung der Trichter wird es etwas knifflig, aber wir sollten dieses feine Detail des Oktopus nicht vernachlässigen, da es sich schön vom Rest des Kraken abheben lässt. Wir beginnen mit einem Edge Loop um den Trichteransatz ❶, den Sie leicht per Klick auf eine Edge per Rechtsklick mit gedrückt gehaltener ⎡Alt⎤-Taste erzeugen können.

Drehen Sie sich die Ansicht des Oktopus so, dass Sie die hinteren Kanten des Trichters und den Übergang in das Innere gut im Blick haben. Nehmen Sie diese drei Edges durch Rechtsklicks mit gedrückt gehaltener ⎡⇧⎤-Taste ebenfalls zu Ihrer Selektion hinzu ❷.

Im letzten Selektionsschritt kümmern wir uns noch um die Innenseiten des Trichters. Drehen Sie sich die Ansicht so, dass Sie auf alle Edges im Inneren des Trichters zugreifen können. Sollte Ihnen die Viewport-Kamera dabei durch das sehr nahe Zoomen erste Faces ausblenden, verringern Sie den Clip-Wert START ❹ im PROPERTIES SHELF (Taste ⎡N⎤). Aus dieser Ansicht selektieren Sie die weiteren Edges entlang der bereits selektierten Außenkante wie gezeigt bis zum Ende des Innenbereichs ❸.

Markieren Sie diese Selektion für den ersten Trichter-Seam über den Befehl MARK SEAM im TOOL SHELF als Naht, und verfahren Sie mit dem Trichter auf der anderen Seite des Oktopus genauso. Jetzt sind alle SEAMS gesetzt.

6 UV-Mesh von Kopf und Mantel abwickeln

Beginnen wir mit der Abwicklung des UV-Meshs und dabei mit dem Kopf- und Mantel-Bereich. Aktivieren Sie dazu den FACE SELECT-Mode, und selektieren Sie, beispielsweise per CIRCLE-Select (Taste ⎡C⎤), alle Faces am Kopf- und Mantel-Bereich bis hin zur Naht in der Mitte. Auf diese Selektion wenden Sie nun den Befehl UNWRAP ❺ aus dem Panel UVs im TOOL SHELF an.

7 UV-Mesh von Kopf und Mantel anzeigen und anpassen

Das UV-Mesh für den oberen Bereich des Oktopus wurde nun unter Berücksichtigung unserer SEAMS abgewickelt. Um es zu sehen, erzeugen Sie sich ein neues Fenster oder verwenden beispielsweise das Fenster der TIME-LINE, um dort über das Editoren-Menü einen UV/IMAGE-EDITOR ❻ einzusetzen.

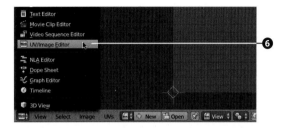

Damit Sie gleichzeitig im 3D-VIEW- und im UV/IMAGE-EDITOR am UV-Mesh arbeiten können, aktivieren Sie in dessen Menüzeile die Option KEEP UV AND EDIT MODE MESH SELECTION IN SYNC ❼. Jetzt arbeiten Viewport und UV/IMAGE-EDITOR synchron, das eben abgewickelte UV-Mesh ist in beiden Editoren aktiv. Die automatisch angelegte UV-Map umfasst derzeit lediglich den Kopfbereich ❽, den Mantel ❾ und die Trichter ❿, wir erweitern die UV-Map aber gleich um die anderen zu texturierenden Bereiche.

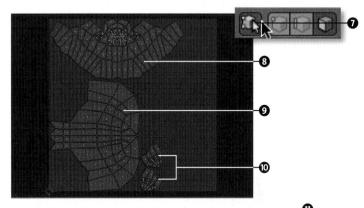

Zuvor skalieren Sie die bestehende UV-Selektion auf 50 % der Ursprungsgröße, indem Sie im UV/IMAGE-EDITOR das Skalieren-Werkzeug per Taste $\boxed{S}$ aktivieren und durch die Eingabe $\boxed{0}\boxed{.}\boxed{5}$ die Skalierung vornehmen.

Wählen Sie die separierten UV-Mesh-Bereiche mit einem Selektions-Werkzeug, beispielsweise CIRCLE-Select (Taste $\boxed{C}$), einzeln aus, und schieben Sie sie per TRANSLATE (Taste $\boxed{G}$) außerhalb der Arbeitsfläche ⓫.

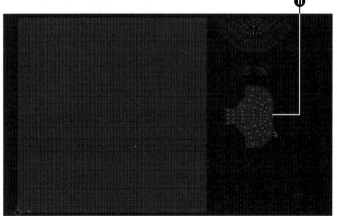

8 Rumpf und Oberseite der Arme abwickeln

Beim Aufruf eines UNWRAP-Befehls wird stets nur die aktive Mesh-Selektion berücksichtigt. Um im nächsten Schritt den Rumpf und die Oberseite der Arme abzuwickeln, selektieren Sie die zugehörigen Mesh-Bereiche im FACE SELECT-Mode und wechseln anschließend über die Tasten $\boxed{1}$ [Num] und $\boxed{5}$ [Num] in die orthogonale Ansicht von oben.

Über den UNWRAP-Befehl PROJECT FROM VIEW ⓬ wickeln wir das selektierte Mesh aus dieser Ansicht ab.

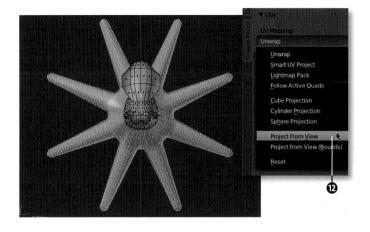

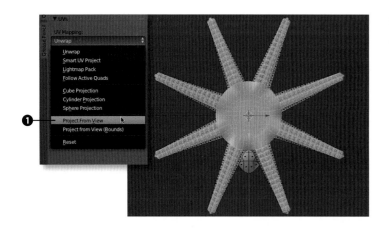

9 Unterseite der Arme abwickeln

Erzeugen wir im Anschluss gleich die letzte Abwicklung für unseren Oktopus, diesmal sind die Faces auf seiner Unterseite dran. Selektieren Sie im 3D-VIEW-EDITOR alle zugehörigen Faces im FACE SELECT-Mode, und wechseln Sie anschließend über die Tasten [Strg]/[Ctrl]+[1] [Num] und [5] [Num] in die orthogonale Ansicht von unten. Wieder wickeln Sie das selektierte Mesh über den Unwrap-Befehl PROJECT FROM VIEW ❶ aus dieser Ansicht ab.

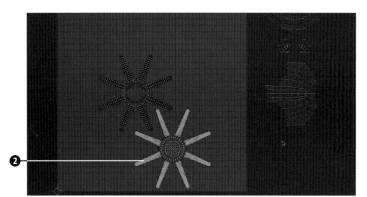

10 UV-Mesh auf der Arbeitsfläche platzieren

Bei der Abwicklung des UV-Meshs der Arm-ober- bzw. -unterseite hat Blender automatisch den freien Platz auf der Arbeitsfläche des UV/IMAGE-EDITORS verwendet. Die Textur, die wir im Anschluss erstellen, wird diese Arbeitsfläche ausfüllen, weshalb wir die UV-Abwicklung nun geschickt auf der Arbeitsfläche im UV/IMAGE-EDITOR platzieren sollten.

Kümmern wir uns zunächst um die beiden UV-Inseln der Arme. Selektieren Sie das UV-Mesh der Unterseite mit einem geeigneten Werkzeug, beispielsweise BORDER- (Taste [B]) oder CIRCLE-Select (Taste [C]), aktivieren Sie die Transformation TRANSLATE (Taste [G]), und versetzen Sie die beiden UV-Meshes Platz sparend etwas weiter ineinander ❷. Anschließend können Sie beide UV-Inseln selektieren und durch Skalierung (Taste [S]) die Größe der Arbeitsfläche voll ausnutzen. Schließlich verschieben Sie noch alle zuvor ausgelagerten UV-Inseln ❸ des oberen Bereichs des Oktopus zurück auf die Arbeitsfläche.

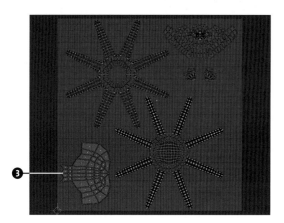

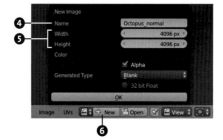

11 Textur für die Normal-Map erzeugen

Die UV-Map ist nun fertig und kann als Basis für unsere Texturen dienen. Erzeugen Sie dazu über den Button NEW ❻ im UV/IMAGE-EDITOR eine neue Textur mit passendem Namen ❹ und der angegebenen Größe ❺.

Backen des Sculptings in eine Normal-Map

1 UV-Map und Textur für das Backen verwenden

Die eben von uns erzeugte Textur ist wie auch die UV-Map unserem Oktopus zugewiesen. Als erste Verwendung beider lösen wir die hohe Sculpting-Auflösung des Oktopus im MULTIRESOLUTION-Modifier auf, indem wir die Oberflächen-Informationen durch Rendering in eine Normal-Map überführen. Im 3D-Sprachgebrauch nennt man diesen Vorgang auch das »Backen« der Normalen-Textur.

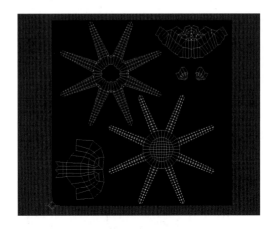

2 Backen der Normalen-Textur einstellen

Wie schon angedeutet, handelt es sich beim Backen einer Textur um eine Art Rendering, deshalb finden wir die zugehörigen Einstellungen im RENDER-Tab ❼ des PROPERTIES-EDITORS. Klappen Sie dort das Panel BAKE ❾ auf, und wählen Sie im BAKE MODE-Menü ❽ NORMALS aus, um die gewünschte Normal-Map zu erhalten. Aktivieren Sie außerdem die Option BAKE FROM MULTIRES ❿, damit die Informationen aus dem MULTIRES-Modifier für die Erstellung der Textur herangezogen werden. Dort ist nichts zu ändern, da die hinterlegte Render- in die Preview-Auflösung überführt werden soll. Eine MARGIN ⓫ von 4 lässt die Textur etwas über das UV-Mesh überstehen.

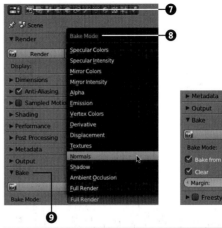

3 Normalen-Textur backen

Nun folgt der Baking-Schritt, den Sie unbedingt exakt so durchführen: Im EDIT MODE selektieren Sie über die Taste A alle Faces des Oktopus. Wählen Sie im Auswahlmenü des UV/IMAGE-EDITORS die Normalen-Textur, auch wenn sie bereits angezeigt ist. Wechseln Sie in den OBJECT MODE, und klicken Sie auf den Button BAKE. Die nach kurzer Zeit vorliegende gebackene Textur speichern Sie über den Befehl SAVE AS IMAGE ⓬ (Menü IMAGE bzw. Taste F3) zu ihrem Blend-File ab.

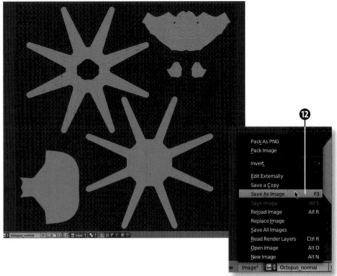

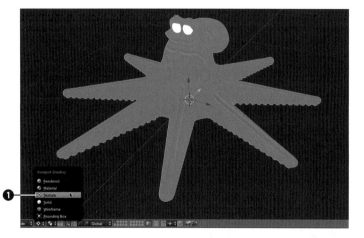

4 Normalen-Textur testen

Unser Oktopus trägt nun bereits die von uns gebackene Normalen-Textur, ohne überhaupt ein Material zu besitzen. Wir können uns die Textur auch im 3D-VIEW-EDITOR ansehen, indem wir im Menü VIEWPORT SHADING auf TEXTURE ❶ umstellen.

Wie Sie sehen, liegt die gebackene Normal-Map dank UV-Abwicklung korrekt auf unserem Oktopus. Gleich werden wir uns um die bestimmungsgemäße Verwendung der Textur kümmern, zuvor entledigen wir uns noch des speicherhungrigen MULTIRES-Modifiers.

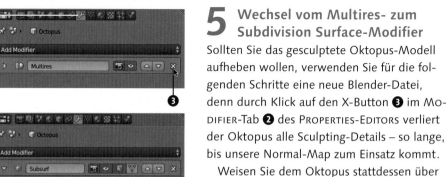

5 Wechsel vom Multires- zum Subdivision Surface-Modifier

Sollten Sie das gesculptete Oktopus-Modell aufheben wollen, verwenden Sie für die folgenden Schritte eine neue Blender-Datei, denn durch Klick auf den X-Button ❸ im MO-DIFIER-Tab ❷ des PROPERTIES-EDITORS verliert der Oktopus alle Sculpting-Details – so lange, bis unsere Normal-Map zum Einsatz kommt.

Weisen Sie dem Oktopus stattdessen über das Menü ADD MODIFIER ❹ einen SUBDIVI-SION SURFACE-Modifier zu, und setzen Sie die SUBDIVISIONS (Unterteilungen) für VIEW und RENDER ❺ jeweils auf einen Wert von 3.

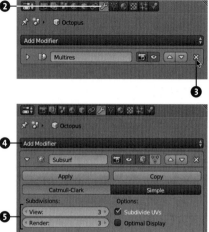

Einbinden der Normal-Map

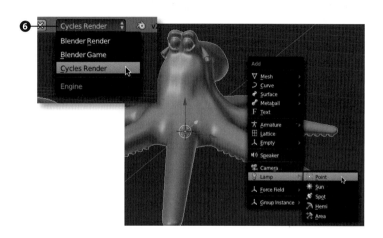

1 Einfache Lichtquelle einrichten

Für die weitere Arbeit bei der Texturierung des Oktopus wollen wir Cycles verwenden. Wechseln Sie dazu über das Menü der Render-Engine ❻ des INFO-EDITORS zu CYCLES RENDER.

Damit wir für das Material des Oktopus eine aussagekräftige Vorschau bekommen, wechseln Sie in den OBJECT MODE (Taste ⇆) und holen sich über das Menü ADD • LAMP (Tasten ⇧+A) eine Lichtquelle des Typs POINT in die Szene.

2 Lichtquelle positionieren

Da der 3D Cursor im Welturssprung liegt, sitzt die frisch erzeugte Lichtquelle ebenfalls dort. Verwenden Sie wahlweise das Transformations-Werkzeug TRANSLATE (Taste $\boxed{G}$) bzw. die Achsanfasser der LAMP, um die Lichtquelle nach vorne rechts oberhalb des Oktopus zu verschieben ❼. Ergänzend zur vorherrschenden Umgebungsbeleuchtung in CYCLES sollte uns diese Lichtquelle für die Arbeit an den Oktopus-Texturen genügen.

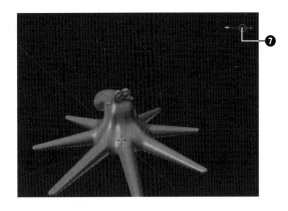

3 Lichtquelle einrichten

Um die Stärke der LAMP einzustellen, öffnen Sie den OBJECT DATA-Tab ❽ im PROPERTIES-EDITOR und klappen das Panel NODES ❾ auf, um an die benötigten Einstellungen zu gelangen. Reduzieren Sie die Stärke (STRENGTH) der LAMP auf 30 bis 40; die Farbe (COLOR) der LAMP bleibt natürlich vorerst Weiß, um die Eigenfarbe des Materials nicht zu verfälschen. Den Rest der Einstellungen können Sie auf den Standardwerten belassen.

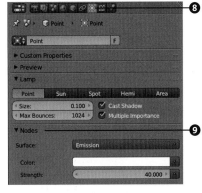

4 Erstes Material für den Oktopus anlegen

Nun sind alle Voraussetzungen geschaffen, um unser erstes Material für den Oktopus anzulegen. Selektieren Sie dazu den Oktopus per Rechtsklick, und öffnen Sie dessen MATERIAL-Tab ⓫ im PROPERTIES-EDITOR. Klicken Sie auf den Button NEW ⓬, um ein neues Material für den Oktopus zu erzeugen.

Geben Sie dem Material über die Datenblock-Zeile ❿ einen passenden Namen. Im Moment besitzt unser Material bereits einen DIFFUSE BSDF-Shader ⓭, der auch so lange bleiben darf, bis wir uns um die Materialfarbe des Oktopus kümmern.

Schon stehen wir vor der nächsten wegweisenden Entscheidung. Klappen Sie das Panel SETTINGS auf, und vergeben Sie an unseren Oktopus eine VIEWPORT COLOR ⓮, die in etwa der gewünschten späteren Grundfarbe des Oktopus entspricht – Sie sind hier völlig frei.

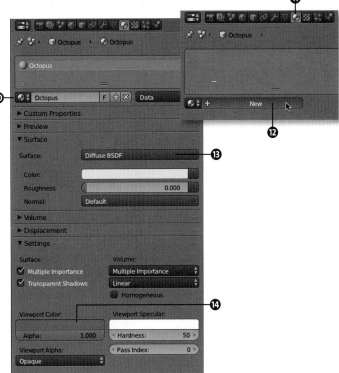

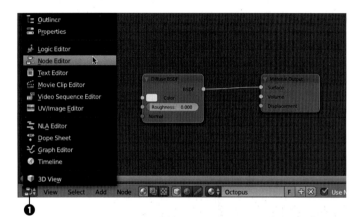

5 Wechsel in den Node-Editor

Da wir uns im Folgenden mit der Einbindung der Normal-Map in das Material beschäftigen, benötigen wir den UV/Image-Editor in dieser Zeit nicht. Sollten Sie wie ich ein eigenes Fenster für den UV/Image-Editor in das Layout eingebaut haben, wechseln Sie in diesem Fenster einfach über das Editoren-Menü ❶ in den Node-Editor. Alternativ verwenden Sie die Tasten ⇧+F3, wenn der Mauszeiger sich in diesem Fenster befindet.

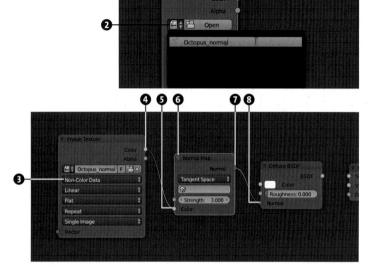

6 Textur mit dem Image Texture-Node einbinden

Holen Sie sich über das Menü Add • Texture (Tasten ⇧+A) einen Image Texture-Node in den Node-Editor. Die gebackene Textur sollte Blender noch per Datenblock-Menü ❷ bekannt sein, ansonsten laden Sie die gespeicherte Textur einfach über den Button Open.

7 Image Texture als Normal-Map verwenden

Nachdem unsere Textur in den Image Texture-Node geladen ist, setzen Sie in den zugehörigen Einstellungen der Farbe auf Non-Color Data ❸ um. Dies ist notwendig, damit nicht die Farbdaten als solches, sondern die numerischen Farbwerte zum Einsatz kommen.

Um die Textur als Normal-Map an den Normal-Socket des Diffuse-Shaders anzubinden, holen Sie einen Normal Map-Node ❻ aus dem Menü Add • Vector (Tasten ⇧+A). Verbinden Sie die Color-Sockets von Image Texture- ❹ und Normal Map-Node ❺ sowie die Normal-Sockets von Normal Map-Node ❼ und Diffuse-Shader ❽. Über den Parameter Strength steuern Sie die Stärke der Normal-Map ❻, ein Wert von 3 sollte reichen.

Damit ist die selbst gebackene Normal-Textur als Normal-Map integriert und sorgt für eine entsprechende optische Verformung der Oberfläche. Setzen Sie das Viewport Shading auf Rendered ❾, um sich davon in der 3D-View zu überzeugen.

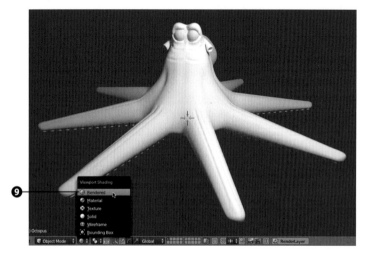

Diffuse-Textur für das Texture Painting

1 Image Texture-Node für Farb- bzw. Diffuse-Textur erzeugen

Kümmern wir uns nun um die Farb-Textur für unseren Oktopus. Da wir diese Textur später als COLOR an den DIFFUSE-Shader anschließen, ist die Bezeichnung *Diffuse*-Textur genauer. Wechseln Sie über das Editor-Menü zurück in den NODE-EDITOR, und erzeugen Sie über das Menü ADD • TEXTURE (Tasten ⇧+A) einen zweiten IMAGE TEXTURE-Node ❿.

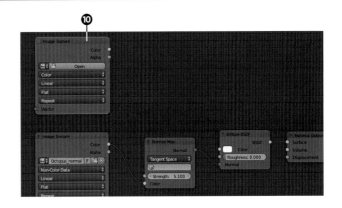

2 Diffuse-Textur erzeugen

Damit wir die Diffuse-Textur erzeugen und in den IMAGE TEXTURE-Node einsetzen können, wechseln wir wieder in den UV/IMAGE-EDITOR und legen über den Befehl NEW IMAGE aus dem Menü ⓫ IMAGE eine neue Textur mit einer Größe, die identisch mit der der Normal-Map ist, und passender Benennung an. Die Grundfarbe steht Ihnen frei, ich habe mich für ein knalliges Rot ⓬ entschieden.

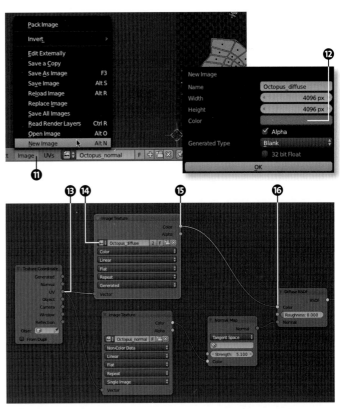

3 Diffuse-Textur und Image Texture-Node einbinden

Die neue Textur ist angelegt, wir müssen sie nur noch in das Material einbinden. Setzen Sie die Diffuse-Textur über das Datenblock-Menü ⓮ in den IMAGE TEXTURE-Node ein, und erzeugen Sie über das Menü ADD • INPUT (Tasten ⇧+A) einen TEXTURE COORDINATE-Node, über den Sie die UV-Koordinaten ⓭ an die IMAGE TEXTURE-Nodes übergeben. Um die Diffuse-Textur als Farbe (COLOR) zu definieren, verbinden Sie die COLOR-Sockets von IMAGE TEXTURE-Node ⓯ und DIFFUSE-Shader ⓰.

4 Wechsel in den Texture-Paint- und Paint-Mode

Damit wir endlich mit dem Malen beginnen können, aktivieren Sie in der 3D-VIEW den TEXTURE PAINT-Mode ⓱ sowie im UV/IMAGE-EDITOR den PAINT-Mode ⓲.

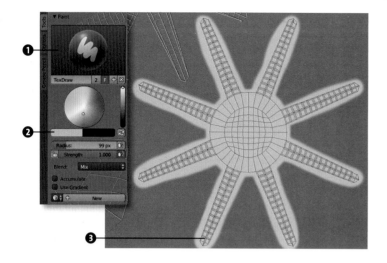

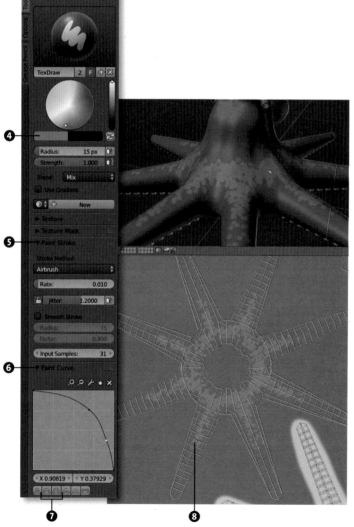

5 Unterseite der Arme per 2D-Painting bemalen

Mit dem Wechsel in die PAINT-Modes teilen Sie Blender mit, dass Sie nicht mehr das Mesh, sondern die neue Textur bearbeiten möchten. Sollte die Diffuse-Textur nicht im UV/IMAGE-EDITOR angezeigt werden, rufen Sie sie einfach über das Datenblock-Menü auf.

Im TOOL SHELF (Taste T) des UV/IMAGE-EDITORS finden Sie alle Werkzeuge und Einstellungen, die Sie für das Bemalen der Textur in 2D benötigen. Wir beginnen mit der Unterseite der Arme. Lassen Sie den Standard-Pinsel TEXDRAW ❶ aktiviert, und wählen Sie im Farbwähler eine deutlich hellere Version der Grundfarbe ❷. Erhöhen Sie die Stärke (STRENGTH) des Pinsels auf 1.000, und regulieren Sie seinen RADIUS über den zugehörigen Parameter oder durch Drehen des Mausrads bei gedrückt gehaltener F-Taste auf eine brauchbare Größe. Bemalen Sie nun die Unterseite der Oktopus-Arme, und achten Sie darauf, dass Sie auch wirklich alle Bereiche des UV-Mesh-Bereichs ❸ bedecken.

6 Rumpf und Oberseite der Arme per 2D-Painting bemalen

Wir bleiben beim TEXDRAW-Pinsel und ändern seine Farbe in ein helles Gelb-Orange ❹, um eine Musterung auf der Oktopus-Haut zu erzeugen. Für ein Sprenkelmuster klappen Sie das Panel PAINT STROKE ❺ auf und wählen die STROKE METHOD AIRBRUSH mit einer RATE von 0.010 sowie einer Streuung (JITTER) von 1.2. Damit die Sprenkel fast bis zum Rand hin scharf bleiben, öffnen Sie das Panel PAINT CURVE ❻ und wählen einen der beiden rund abfallenden Kurventypen ❼. Sie können die Kurve über die Kontrollpunkte im PAINT CURVE-Fenster auf Wunsch individualisieren.

Schieben Sie die Ansicht im UV/IMAGE-EDITOR zum UV-Mesh vom Rumpf und der Oberseite der Arme, und achten Sie beim Bemalen darauf, dass Sie nicht über das UV-Mesh ❽ hinauskommen.

7 Trichter per 3D-Painting bemalen

Gerade für die Arme des Oktopus hat sich die Arbeit in 2D im UV/Image-Editor angeboten. Doch natürlich ist es auch möglich und sinnvoll, in 3D direkt in der 3D-View zu malen, hier ist allerdings etwas Vorsicht geboten, damit auch wirklich nur die gewünschten Bereiche die Farbe abbekommen.

Im 3D-View-Editor hält natürlich ebenfalls das Tool Shelf (Taste T) die benötigten Einstellungen für Sie bereit. Behalten Sie die für die Sprenkel verwendete Farbe, und reduzieren Sie die Sprenkelung (Jitter) ❾ auf 0. Wählen Sie eine abgeflachte Paint Curve ❿, und aktivieren Sie im Panel Symmetry ⓫ die X-Achse. Dadurch müssen wir uns nur einem Trichter widmen, der andere Trichter wird durch die Symmetrie automatisch mitbemalt.

Drehen Sie sich die Ansicht des Oktopus so, dass Sie problemlos den Trichter bemalen können, ohne andere Bereiche versehentlich ebenfalls zu erwischen. Bemalen Sie die Enden des Trichters bis hin zur Mitte sowie seine Innenseite mit dem Gelb-Orange.

Für einen weichen Übergang zwischen der roten Grundfarbe und dem Orangeton wechseln Sie im Tool Shelf zum Soften-Pinsel ⓬ mit einer Stärke (Strength) von 1.000. Alle weiteren Einstellungen können auf den zugehörigen Basis-Parametern bleiben, während Sie die Übergänge rund um den Trichter mit dem Soften-Pinsel weichzeichnen.

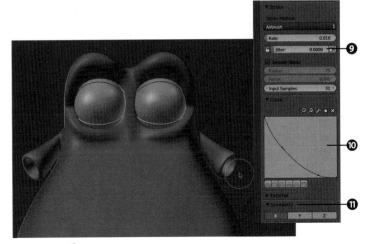

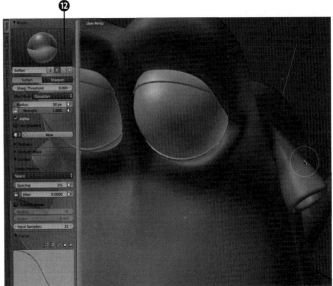

8 Kopf und Mantel per 3D-Painting bemalen

Die für meinen Oktopus letzte Malaktion betrifft den Kopf-, Augen- und Mantelbereich. Um hier noch eine weitere, etwas dunklere Farbe ins Spiel zu bringen, habe ich diese Bereiche mit dem Standard-Pinsel und einem etwas dunkleren Rot bis zur Mitte des Oktopus ⓭, etwas oberhalb des Seams, bemalt. Sollten Sie noch Lust verspüren, weitere Pinsel und Parameter auszuprobieren und den Oktopus noch weiter zu gestalten, nur zu!

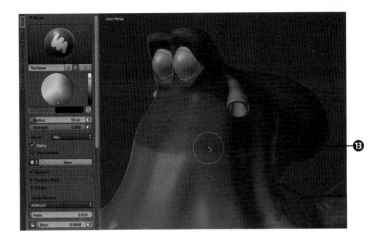

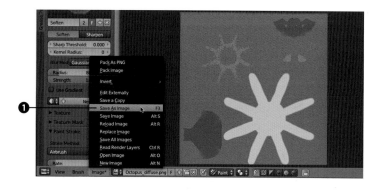

9 Fertige Diffuse-Textur speichern

Wenn Sie mit dem Ergebnis der 2D- und 3D-Malarbeiten zufrieden sind, sollten Sie auf keinen Fall vergessen, die fertige Diffuse-Textur über den Befehl SAVE AS IMAGE ❶ (Taste F3) aus dem Menü IMAGE abzuspeichern. Legen Sie die Diffuse-Textur am gleichen Speicherort ❷ wie die Normalen-Textur ab.

Nach diesem Schritt sind die Malarbeiten am Oktopus erledigt, sodass wir uns um die Ausarbeitung der Oberflächeneigenschaften, natürlich im Zusammenspiel mit den beiden Texturen, kümmern können. Hier kommt wieder der NODE-EDITOR ins Spiel, zu dem Sie über das Editor-Menü wechseln.

Ausarbeiten der Oberflächeneigenschaften

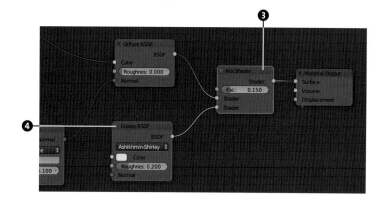

1 Glossy BSDF-Shader für die Glanzlichter anbinden

Damit die Oberfläche Glanzlichter produziert, holen Sie einen GLOSSY BSDF-Shader ❹ sowie einen MIX-Shader ❸ aus dem Menü ADD • SHADER (Tasten ⇧ + A). Kombinieren Sie den DIFFUSE- und den GLOSSY-Shader über die SHADER-Eingangs-Sockets am MIX-Shader, und stellen Sie ein Mischverhältnis (FAC) von 0.150 ein. Der Typ ASHIKHMIN-SHIRLEY für den GLOSSY-Shader passt gut zur Oktopus-Haut.

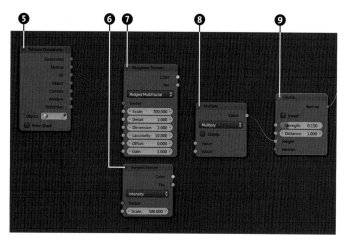

2 Bump-Map einrichten

Für die Struktur der Haut sorgt eine Bump-Map, die aus einem MUSGRAVE- ❼ sowie einem VORONOI TEXTURE-Node ❻ (Menü ADD • TEXTURE) besteht und über einen MATH-Node ❽ (Menü ADD • CONVERTER) vom Typ MULTIPLY verrechnet wird. Das Aufbringen auf das Objekt besorgt der bereits vorhandene TEXTURE COORDINATE-Node ❺. Die Funktion des Konstrukts als Bump-Map erledigt ein BUMP-Node ❾ (Menü ADD • VECTOR) mit einer Stärke (STRENGTH) von 0.150.

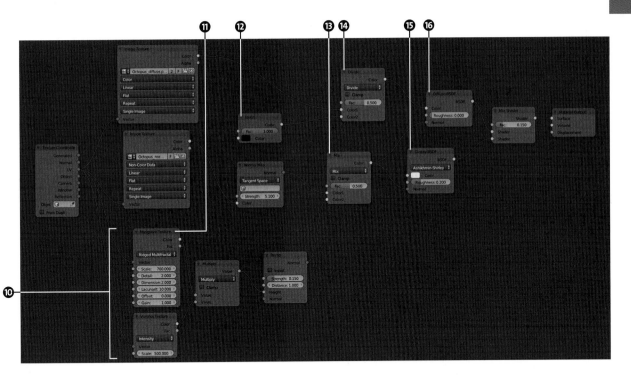

Das Bump-Map-Konstrukt ❿ binden Sie über einen MIX-Shader ⓭ (Menü ADD • SHADER) an die NORMAL-Sockets von Diffuse- ⓰ und Glossy-Shader ⓯ an. Damit die Normal-Map nicht verloren geht, hängen Sie diesen Node an den anderen Eingangs-Socket des MIX-Shaders ⓭. Das Tüpfelchen auf dem i besorgt der MUSGRAVE TEXTURE-Node ⓫, der über einen MATH-Node ⓮ (Menü ADD • CONVERTER) vom Typ DIVIDE zusätzlich auf die Diffuse-Textur gelegt wird. Der zwischengeschaltete INVERT-Node ⓬ (Menü ADD • COLOR) besorgt die Umkehrung der Farbinformation. Die Oberfläche der Haut des Oktopus ist fertiggestellt.

3 Material für die Unterseite der Oktopus-Arme erzeugen

Wir waren dabei zu großzügig, denn im Moment ist auch die Unterseite der Arme strukturiert. Erzeugen Sie sich deshalb im MATERIAL-Tab des PROPERTIES-EDITORS einen neuen Material-Slot ⓲, dem Sie das bestehende Material zuweisen ⓱. Lösen Sie per Klick auf die User-Zahl ⓳ den Link, und geben Sie dem neuen Slot einen passenden Namen ⓴.

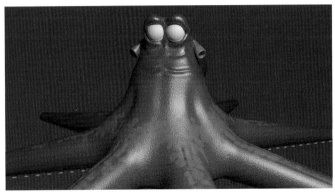

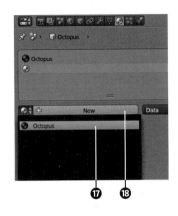

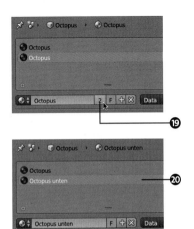

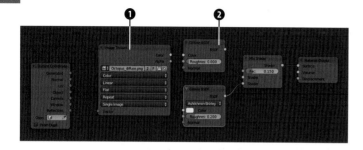

4 Material-Eigenschaften anpassen

Dieses neue Material können wir nun um alle auf der Unterseite des Oktopus störenden Eigenschaften erleichtern. Gehen Sie dazu in den NODE-EDITOR, und löschen Sie alle Nodes, die an die NORMAL-Sockets der beiden DIFFUSE- und GLOSSY-Shader angehängt sind bzw. die Einfluss auf die Diffuse-Textur nehmen. Selektieren Sie dazu die Nodes per Rechtsklick mit gedrückt gehaltener ⬆-Taste, und entfernen Sie die Nodes mit der ⊠-Taste. Der IMAGE TEXTURE-Node ❶ hängt anschließend direkt am DIFFUSE-Shader ❷.

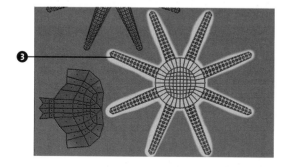

5 Neues Material zuweisen

Im Moment besitzt unser Oktopus zwei Materialien, die beide uneingeschränkt auf den kompletten Oktopus wirken. Um unser neues Material auf die Unterseite zu beschränken, wechseln Sie in den EDIT MODE (Taste ⬆), aktivieren den FACE SELECT-Mode und selektieren alle Faces auf der Oktopus-Unterseite ❸. Aufgrund unserer UV-Abwicklung geschieht dies am einfachsten über den UV/IMAGE-EDITOR.

Wählen Sie im MATERIAL-Tab des PROPERTIES-EDITORS das Material für die Unterseite aus ❹, und weisen Sie es unserer Selektion per Klick auf den Button ASSIGN ❺ zu.

Ein Test-Rendering im VIEWPORT SHADING-Mode RENDERED zeigt, dass die störenden Hautstrukturen auf der Unterseite bzw. den Saugnäpfen verschwunden sind.

Texturieren der Augenlider und Augen

1 Augenlid-Material erzeugen

Selektieren Sie eines der Augenlider, und erzeugen Sie im MATERIAL-Tab des PROPERTIES-EDITORS über den Button NEW einen neuen Material-Slot ❻, dem Sie das Oktopus-Material ❼ zuweisen.

2 Material-Link lösen

Weil das jetzt zugewiesene Oktopus-Material nur die Basis für das Augenlid-Material darstellt, lösen Sie per Klick auf die User-Zahl ➑ in der Datenblock-Zeile den Link. Jetzt können wir das Material ungestört verschlanken und an unsere Bedürfnisse anpassen.

3 Material anpassen

Viel bleibt von unserem ursprünglichen Oktopus-Material nicht übrig. Löschen Sie im Node-Editor alle vorhandenen Nodes, bis nur noch die beiden per Mix-Shader kombinierten Diffuse- und Glossy-Shader und der Material Output übrig sind. Die Augenlider haben damit die Diffuse- und Glossy-Eigenschaften geerbt, mit Ausnahme der diffusen Materialfarbe, die zuvor von der Diffuse-Textur bestimmt wurde. Um hier auch wirklich eine originale, in der Diffuse-Textur verwendete Farbe einzustellen, erzeugen Sie sich neben dem Fenster mit dem Node-Editor ➒ ein Fenster mit einem UV/Image-Editor ➓.

Schieben Sie sich die Ansicht der Diffuse-Texture so zurecht, dass Sie auf den dunkelroten Bereich des Kopfes zugreifen können. Klicken Sie anschließend im Node-Editor auf den Farbwähler-Chip des Diffuse-Shaders ⓫, um die Pipette ⓬ für die Farbaufnahme zu aktivieren. Nehmen Sie die dunkelrote Farbe an einer geeigneten Stelle auf der Diffuse-Textur im UV/Image-Editor auf ⓭, um das Dunkelrot als diffuse Farbe zu übernehmen.

4 Material den anderen Augenlidern zuweisen

Das Material für die Augenlider ist fertiggestellt, allerdings besitzt im Moment nur das von uns anfangs selektierte Augenlid dieses Material. Um es den anderen Augenlidern zuzuweisen, selektieren Sie im Object Mode in der 3D-View alle vier Augenlider (zuletzt das Lid mit dem fertigen Material) und setzen über Make Links • Materials ⓮ (Tasten Strg/Ctrl+L) die Material-Links.

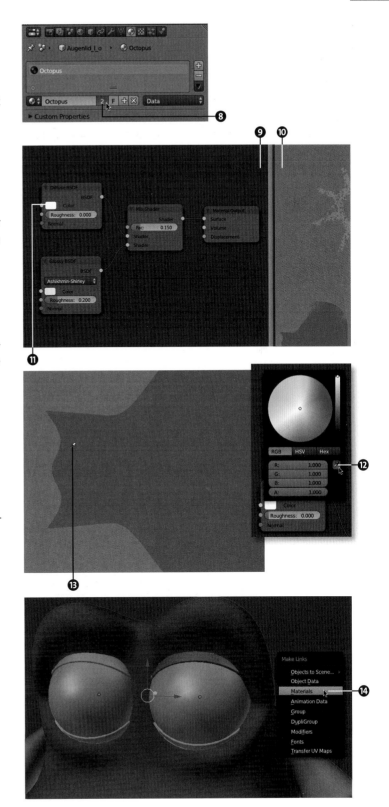

5 Texturierte Augenlider

Mit diesem Schritt wurden die drei Augenlider ohne Material automatisch mit dem Material des aktiven, also des zuletzt selektierten Augenlids verlinkt.

Ein prüfender Blick in die 3D-View mit aktiviertem VIEWPORT SHADING RENDERED verrät, ob die Verlinkung funktioniert hat. Nun fehlen unserem Comic-Oktopus nur noch die Texturen für die Augen.

6 Material für die Augen erzeugen

Die Betonung liegt dabei auf »Comic«, denn zu unserem Look des Oktopus passt am besten ein Auge mit menschlicher Iris. Selektieren Sie dazu eines der beiden Augen im OUTLINER, und legen Sie im MATERIAL-Tab ❶ des PROPERTIES-EDITORS ein neues Material mit passendem Namen ❷ an.

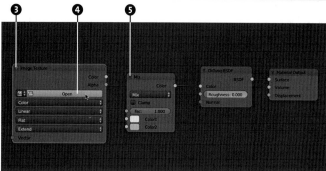

7 Iris-Textur einbinden

Wechseln Sie zur Definition des neuen Materials in den NODE-EDITOR, und erzeugen Sie über das Menü ADD • COLOR (Tasten ⇧+Ⓐ) einen MixRGB-Shader ❺ sowie über das Menü ADD • TEXTURE einen IMAGE TEXTURE-Node ❸. Bevor wir die Nodes verknüpfen, binden wir die Iris-Textur des Auges ein.

Klicken Sie dazu auf den Button OPEN ❹ des IMAGE TEXTURE-Nodes, und navigieren Sie mit dem FILE BROWSER in das Verzeichnis TEXTURING der Begleitmaterialien zu diesem Buch. Wählen Sie die Iris-Textur ❻, und klicken Sie auf OPEN IMAGE ❼, um sie zu laden.

8 Iris-Textur freistellen

Da die Iris-Textur einen ALPHA-KANAL besitzt, können wir die Iris mit ihm freistellen. Dazu verbinden Sie den ALPHA-Socket ❾ des IMAGE TEXTURE-Nodes mit dem FAC-Socket ❿ des MixRGB-Nodes. Der erste Color-Chip des MixRGB-Nodes bekommt eine weiße Hintergrundfarbe ⓫ für das Auge zugeteilt. Die Option EXTEND ❽ im IMAGE TEXTURE-Node sorgt dafür, dass die Iris-Textur nicht gekachelt wird.

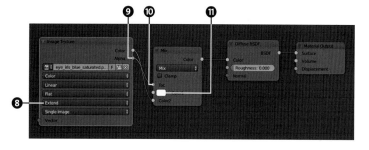

9 Iris-Textur positionieren und Glanzlichter anfügen

Die Iris-Textur ist in unser Material eingebunden, nun müssen wir nur noch für eine korrekte Position auf dem Objekt sorgen. Holen Sie sich dazu über das Menü ADD • INPUT (Tasten ⇧+A) einen TEXTURE COORDINATE-Node ⓬ sowie über das Menü ADD • VECTOR einen MAPPING-Node ⓭ in den NODE-EDITOR. Übergeben Sie die originalen (GENERATED) Objekt-Koordinaten an den VECTOR-Eingangs-Socket des MAPPING-Nodes, und verbinden Sie dessen VECTOR-Ausgangs-Socket mit dem

VECTOR-Eingangs-Socket des IMAGE TEXTURE-Nodes ⓮. Über die Parameter LOCATION und SCALE können Sie die Iris-Textur nun exakt auf dem Auge positionieren und die Größe an das Auge anpassen. Erzeugen Sie sich, damit das Auge ein spitzes Glanzlicht bekommt, über das Menü ADD • SHADER (Tasten ⇧+A) einen GLOSSY-Shader ⓯ vom Typ BECKMANN mit minimaler ROUGHNESS von 0.050, und binden Sie diesen zusammen mit dem vorhandenen DIFFUSE-Shader ⓰ über einen MIX-Shader ⓱ mit einem Mischungsverhältnis FAC von 0.150 an den MATERIAL OUTPUT an.

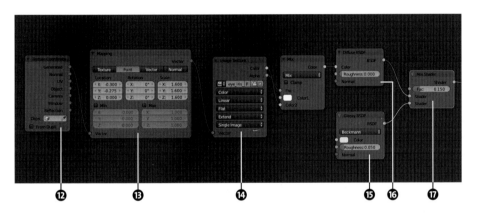

⓬   ⓭   ⓮   ⓯ ⓰ ⓱

10 Material dem anderen Auge zuweisen

Um das fertiggestellte Material des Auges auch dem anderen Oktopus-Auge zuzuweisen, selektieren Sie zunächst in der 3D-VIEW die beiden Augen-Objekte per Rechtsklick mit gedrückt gehaltener ⇧-Taste (zuletzt das Auge mit dem fertigen Material). Anschließend setzen Sie über den Befehl MAKE LINKS • MATERIALS ⓲ (Tasten Strg/Ctrl+L) den Material-Link für das zweite Auge.

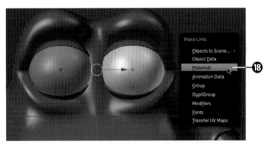

11 Fertig texturierter Comic-Oktopus

Nach diesem Schritt sind alle Elemente unseres Kraken mit Materialien bzw. Texturen versorgt. Speichern Sie den fertig texturierten Oktopus über den Befehl SAVE (Tasten Strg/Ctrl+S) ab.

Kapitel 4
Ausleuchtung und Inszenierung

Einen kleinen Vorgeschmack auf die Arbeit mit Lichtquellen haben Sie bereits im letzten Kapitel bekommen. Während wir Licht aber bislang lediglich zur Beurteilung unserer Materialien verwendet haben, befassen wir uns in diesem Kapitel mit der Ausleuchtung von Szenen und Objekten.

Doch nicht nur Licht ist für das spätere Rendering unserer Szenen unabdingbar, ohne installierte Kamera verweigern die Renderer in Blender ebenfalls die Mitarbeit. Gleich erfahren Sie, wie Sie Kameras erzeugen, mit ihnen umgehen und wie Sie unter anderem die 3D-Daten einer Kamera aus einem Film rekonstruieren.

In zwei Workshops schreiten wir anschließend zur Tat. Zunächst bauen wir unsere Dampflok in eine Filmsequenz ein und ahmen die Lichtverhältnisse bei der Ausleuchtung nach. Danach setzen wir unseren Oktopus in eine selbst erschaffene kleine Unterwasserwelt.

Lichtquellen
Kreativer Umgang mit Licht 242

GRUNDLAGENEXKURS: Szenen ausleuchten
Einige Anregungen zum Ausleuchten Ihrer Szenen 248

Kameras
Alles für das Auge des Betrachters 250

GRUNDLAGENEXKURS: Inszenierung
Ein paar Anregungen zum Aufbau Ihrer Szenen 252

Motion-Tracking
Die Verbindung zwischen 2D und 3D 254

Motion-Tracking und Inszenierung
Einbau der Dampflokomotive in einen Realfilm 258

   Importieren des 2D-Films 260
   Setzen der Marker für das Tracking 261
   Tracking der gesetzten Marker 262
   Rekonstruktion von Kamera und Szene.. 264
   Einbau und Ausleuchtung der Dampflokomotive 268
   Hintergrund und Schatten einrechnen 273

Aufbau einer Unterwasser-Szene
Inszenierung und Ausleuchtung der Oktopus-Szene 274

   Hinzuladen und Platzieren der Amphore.. 276
   Hinzuladen und Platzieren von Felsen 277
   Hinzuladen und Platzieren von Meeresschwämmen 278
   Modellieren des Meeresbodens 279
   Hauptbeleuchtung für die Szene 282
   Hintergrund und Umgebungsbeleuchtung 283
   Material für den Meeresboden 285
   Kamera ausrichten.. 287

Lichtquellen

Kreativer Umgang mit Licht

Während wir in der Fotografie und beim Film zumindest auf eine vorhandene reale Lichtsituation zurückgreifen können, zwingt uns Blender trotz standardmäßig installierter LAMP und schwacher Umgebungsbeleuchtung dazu, baldmöglichst für eine adäquate Ausleuchtung zu sorgen, wenn wir die ersten Renderings anstreben.

Gleichzeitig bietet uns Blender beim Thema Licht und Beleuchtung mit seinen Lichtquellen eine Vielzahl von Möglichkeiten, die in der Realität überhaupt nicht denkbar wären, beispielsweise die Deaktivierung eines Schattenwurfs oder die Beschränkung einer LAMP auf bestimmte Objekte.

Neben den Materialien und Texturen spielt die Ausleuchtung eine entscheidende Rolle für die Qualität Ihrer Renderings – womit klar ist, dass es auch hier Unterschiede gibt, die je nach gewählter RENDER ENGINE zu beachten sind. Doch kümmern wir uns zunächst um die Erstellung der Lichtquellen, in Blender LAMPS genannt. Insgesamt fünf verschiedene LAMPS stehen Ihnen über das Menü ADD • LAMP ❶ (Tasten ⌂+A) bzw. im Tab CREATE des TOOL SHELFS (Taste T) zur Verfügung.

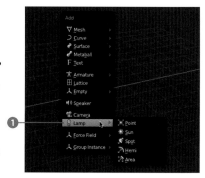

Lichtquellen-Arten | Das Punktlicht POINT ❷ strahlt sein Licht von seiner Position in alle Richtungen aus. Die SUN-LAMP ❸ dagegen erzeugt paralleles Licht, um eine sehr weit entfernte Lichtquelle zu simulieren. Die Position dieser LAMP ist letztlich egal, es zählt allein ihre Ausrichtung. Mit dem LAMP-Typ SPOT ❹ erhalten Sie einen wahlweise runden oder eckigen Lichtkegel. Die HEMI-LAMP ❺ wirft paralleles Licht mit konstanter Abnahme, allerdings müssen Sie hier auf Schatten verzichten – perfekt, um bestimmte Bereiche gezielt und ohne Nebenwirkung aufzuhellen. Wahlweise quadratische oder rechteckige Flächenlichter erhalten Sie mit der AREA-Lamp ❻.

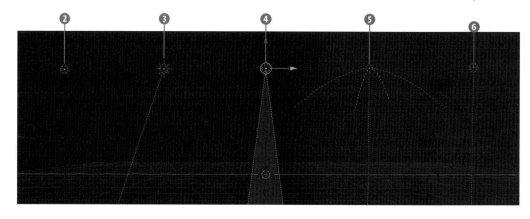

Licht und Schatten | Wie in der Realität gilt zunächst auch in Blender: Wo Licht ist, ist auch Schatten. Die Erzeugung und Steuerung der Schatten allerdings lässt sich explizit definieren, die dafür nötigen Einstellungen sind im jeweiligen LAMP-Objekt zu finden.

Lichtquellen im Blender Renderer

Cycles ist zwar der komplexere, modernere Renderer, trotzdem bietet der interne Blender Renderer mehr Einstellungsmöglichkeiten bei den Lichtquellen. Die Panels der fünf verschiedenen Lichtquellen ähneln sich stark, weshalb wir uns an dieser Stelle die zwei umfangreichsten und interessantesten LAMP-Panels ansehen. Wie üblich gelangen Sie über den OBJECT DATA-Tab ❿ im PROPERTIES-EDITOR an die Parameter jedes LAMP-Objekts.

Oben im Panel PREVIEW ⓫ bekommen Sie einen ersten Eindruck über die aktuell vorliegenden Einstellungen. Im Panel LAMP ⓬ entscheiden Sie zunächst, welche Art, Farbe und Stärke (ENERGY) die Lichtquelle haben soll. Über FALLOFF-Typ und DISTANCE regulieren Sie die Abnahme des Lichts über den zurückgelegten Weg. Weitere Optionen erlauben Ihnen unter anderem, den Einfluss auf die Glanzlichter (SPECULAR) ❾ und die Material-Farbe (DIFFUSE) an- bzw. abzuschalten oder auch das Licht nur auf Objekte eines bestimmten LAYERS wirken zu lassen. Um einer Szene gezielt Licht zu entziehen, aktivieren Sie die Option NEGATIVE für die Lichtquelle.

Das Panel SHADOW ⓭ hält alle Einstellungen für den Schattenwurf der Lichtquelle bereit. Sie können zwischen per RAYTRACING (RAY SHADOW) erzeugten Schatten, über Schatten-Puffer (BUFFER SHADOW) berechneten Schatten und dem Verzicht auf Schattenwurf (NO SHADOW) wählen. Im Abschnitt SAMPLING dieses Panels justieren Sie die Berechnung und das Aussehen der Schatten. Um weiche Schatten ❼ zu erhalten, erhöhen Sie die Anzahl der Sample-Strahlen und stellen bei SOFT SIZE die Breite des Schattenrandes ein. Die beiden QMC-Sampling-Methoden arbeiten wahlweise adaptiv (schnell, mit Neigung zum Rauschen) oder konstant (langsamer, wenig Neigung zum Rauschen).

Zusätzlich zu diesen Standardparametern bieten bestimmte LAMP-Arten Panels mit eigenen Einstellungen ⓮, über die Sie beispielsweise die Größe (SIZE), den Übergang ❽ (BLEND) oder die Form (SQUARE) des Lichtkegels steuern. Bei der Option HALO wird der komplette Lichtkegel volumetrisch sichtbar.

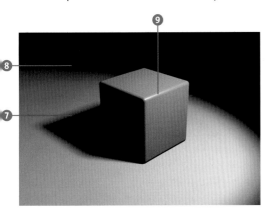

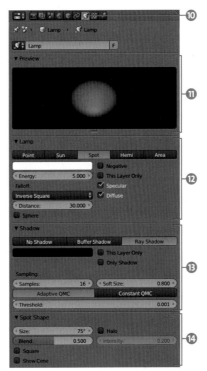

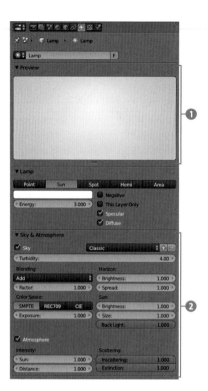

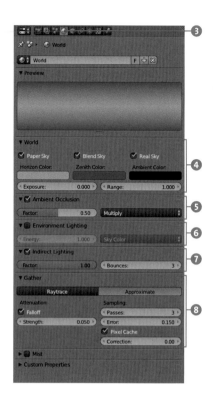

Der zweite Lichtquellen-Typ, der sich von den anderen Lamps deutlich unterscheidet, ist die Sun-Lamp. Die Parameter zur Definition von Licht und Schatten kennen Sie bereits, interessanter ist vielmehr das Panel Sky & Atmosphere ❷.

Diese Einstellungen simulieren die Lichtverhältnisse zur jeweiligen Tageszeit – diese legen Sie durch Rotation der Sun-Lamp im 3D-View-Editor fest. Mit den zusätzlichen Parametern haben Sie noch zahlreiche Möglichkeiten, die Farb-, Licht- und Sichtverhältnisse über 3D-View und Preview ❶ nach Ihren Wünschen zu gestalten.

World | Nicht nur das direkte, von den Lamps ausgesandte Licht, auch die indirekte bzw. globale Beleuchtung spielen bei der Ausleuchtung eine große Rolle. Beim internen Blender Renderer finden Sie alle zugehörigen Einstellungen im World-Tab ❸ des Properties-Editors. Im Panel World ❹ haben Sie zunächst die Möglichkeit, den Hintergrund der Szene

über eine Horizont- und eine Zenit-Farbe zu gestalten. Sobald Sie einen Farbverlauf zwischen der Horizon und der Zenith Color erhalten möchten, aktivieren Sie die Option Blend Sky. Wählen Sie Paper Sky hinzu, liegt die Horizon Color einfach auf dem oberen, die Zenith Color auf dem unteren Rand der Ansicht. Die Option Real Sky spiegelt den Farbverlauf und ermöglicht so ein sehr realistisches Hintergrund-Verhalten.

Environment und Indirect Lighting | Der interne Blender Renderer mag zwar schon etwas älteren Datums sein, dennoch bietet er über den World-Tab in den Panels Environment bzw. Indirect Lighting aufwendige Render-Optionen wie Raytracing oder Global Illumination (GI) an.

Im Falle des Environment Lightings ❻ kann also eine beliebige Hintergrund-Textur (Sky Texture), die Sie parallel im Texture-Tab als World-Textur hinzuladen, auf Wunsch die Beleuchtung der Szene übernehmen. In der

Regel kommen hier sogenannte *High Dynamic Resolution-(HDR)-Images* zum Einsatz, die aufgrund ihrer hohen Bittiefe genügend Dynamik zur Beleuchtung mitbringen.

Mit INDIRECT LIGHTING ❼ simulieren Sie das von beleuchteten Objekten zurückgestrahlte Licht. Eine sehr aufwendige, aber eben realitätsnahe Art der Ausleuchtung.

Je mehr BOUNCES Sie verordnen, desto mehr Licht herrscht in der Szene, desto zeitintensiver ist allerdings auch die Berechnung.

Ambient Occlusion | Dieser auch AO abgekürzte Effekt wird gerne genutzt, um die Schattenbereiche eines Objekts bzw. einer Szene gezielt stärker zu betonen.

Während Sie für ENVIRONMENT LIGHTING und AMBIENT OCCLUSION über das Panel GATHER ❽ die Wahl zwischen den Berechnungsmethoden RAYTRACING und APPROXIMATE haben, ist Letztere für die indirekte Beleuchtung obligatorisch. RAYTRACING berechnet die Szene auf Basis von Kamerastrahlen, die eine entsprechend hohe Anzahl von SAMPLES verlangen, um ein rauschfreies Ergebnis zu liefern. Das Resultat bei APPROXIMATE ist nur angenähert, vergleichsweise rauscharm, aber oft auch mit kleinen Artefakten versehen, die es abzumildern gilt.

Die ausschließliche Beleuchtung mit einer SUN-LAMP in der Beispielszene links zeigt die zu erwartenden Schatten an den Stellen ❾, die das einstrahlende Licht nicht trifft. Bei aktiviertem INDIRECT LIGHTING sind diese Stellen nicht mehr so dunkel ❿, das mehrmals reflektierte Licht sorgt für eine deutliche Aufhellung. Wie oft Blender das auftreffende Licht weiterreflektieren soll, geben Sie im Panel INDIRECT LIGHTING ❼ mit den BOUNCES an.

Bei seiner Berechnung wird also analysiert, welche Bereiche wie stark dem Licht ab- bzw. zugewandt sind. Sie können AO im internen Blender-Renderer über das Panel AMBIENT OCCLUSION ❺ zum Abdunkeln (MULTIPLY) der Bereiche ⓫ verwenden, eher ungeeignet erscheint AO dagegen im Modus ADD zur Beleuchtung der Szene.

Mist | Eine einfache Art, Nebel in Ihre Szene zu setzen, bietet das Panel MIST ⓬. Beginn und Ende der Nebelbank definieren Sie über die Parameter START und DEPTH.

Das Auswahlmenü FALLOFF stellt Ihnen unterschiedliche Abnahmefunktionen für den Nebel bereit.

Sofort ins Auge sticht, dass die Schattenseite des Cubes ❺ durch das vom Boden reflektierte Licht (INDIRECT LIGHTING) aufgehellt ist.

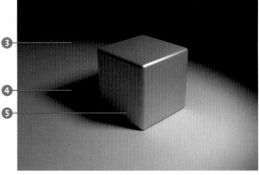

Lichtquellen in Cycles

Wie anfangs schon erwähnt, arbeiten Sie in Cycles mit den gleichen Lichtquellen – sie funktionieren nur völlig anders. Die Panels der LAMPS sind deshalb wesentlich aufgeräumter, weil viele Optionen sich in Cycles automatisch ergeben oder immer aktiv sind.

Um Lichtquellen für Cycles zu erzeugen und einzustellen, stellen Sie sicher, dass im Menü der RENDER ENGINE der Cycles-Renderer ❶ aktiviert ist.

Den weichen Schatten ❹ produziert Cycles ebenfalls automatisch, hier finden wir bei den Einstellungen im Panel LAMP ❻ des OBJECT DATA-Tabs den Parameter SIZE. Je größer Sie die Lichtquelle anlegen, desto weicher wird der Schatten gezeichnet.

Zu den wenigen anderen Optionen im Panel LAMP zählen die Aktivierung des Schattenwurfs über CAST SHADOW sowie MULTIPLE IMPORTANCE, mit dem Sie etwaiges Rauschen der Lichtquelle durch indirekte Licht-Samples unterdrücken können.

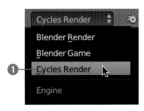

Lichtquellen, die sich bereits zuvor in Ihrer Szene befanden, stellen Sie einfach im Panel NODES des OBJECT DATA-Tabs im PROPERTIES-EDITOR durch Klick auf den Button USE NODES ❷ auf die Verwendung von Nodes um.

Sehen wir uns zum Einstieg die bereits vom internen Renderer bekannte Cube-Szene unter dem Cycles-Renderer an, um zu entdecken, was uns Cycles ohne eigenes Zutun bietet, und an welchen Stellen wir die Lichtquelle modifizieren können bzw. müssen.

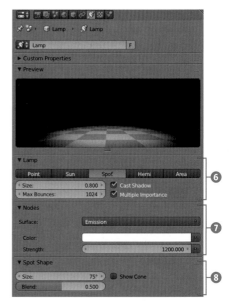

Da Cycles nodebasiert arbeitet, besitzen Lichtquellen das Panel NODES ❼, über das Sie die wesentlichen Einstellungen für die LAMP vornehmen. Für die Lichtabstrahlung sorgt im einfachsten Fall ein EMISSION-Shader, aber wie Sie aus Ihren Erfahrungen mit Nodes wissen, ergeben sich unzählige Modifikationsmöglichkeiten. Auch für die Farbe (COLOR) und die Stärke (STRENGTH) der Lichtquelle signalisieren die Node-Buttons am rechten Rand, dass Sie hier – beispielsweise mit Texturen, Farbwerten und speziellen Abfragen – das Licht nach Ihren Vorstellungen steuern können.

Alle fünf LAMP-Typen in Blender besitzen unter Cycles diese Standardoptionen zur Definition der Lichtquelle. Spezielle Anforderungen einer LAMP, wie die Parameter für die Größe und den Rand des Lichtkegels ❸, bildet wie gewohnt ein zusätzliches Panel ❽ ab. Eine Ausnahme stellt die HEMI-LAMP dar, sie wird unter Cycles wie eine SUN-LAMP interpretiert.

Mesh-Lights | In Cycles sind Sie aber nicht auf diese fünf LAMP-Typen beschränkt, im Prinzip können Sie jedes Objekt in Blender zum Leuchten bringen – in diesem Fall sprechen wir von MESH-LIGHTS. Dazu müssen Sie dem Objekt lediglich ein Material mit einem EMISSION-Shader ❾ zuweisen.

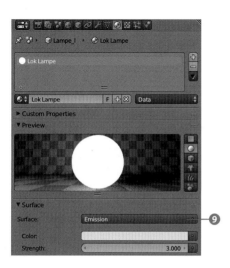

Natürlich sind MESH-LIGHTS für Sie nichts Neues. Wir haben diese Lichtquelle bereits in unsere Dampflok eingebaut.

World | Im Vergleich zum internen Renderer finden sich unter Cycles auch im WORLD-Tab ❿ des PROPERTIES-EDITORS weniger Panels. Standardmäßig ist hier eine dunkelgraue Hintergrundfarbe eingestellt, die dank Cycles für eine leichte Umgebungsbeleuchtung sorgt. Um einen Hintergrund für die Szene zu erzeugen, klappen Sie das Panel SURFACE auf und wählen einen BACKGROUND-Shader ⓫, über den Sie die gewünschte Textur, zum Beispiel eine SKY TEXTURE ⓬, integrieren.

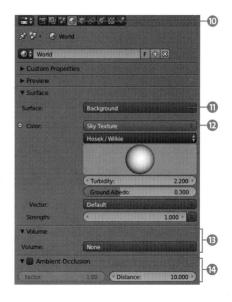

Volumetrisches Licht und AO | Das Panel VOLUME kommt dann zum Einsatz, wenn Sie sichtbares volumetrisches Licht erzeugen möchten. In diesem Fall fügen Sie einen VOLUME SCATTER-Shader ein und regeln den Lichtschein über die DENSITY- und ANISOTROPIC-Parameter. AMBIENT OCCLUSION (AO) wird auch in Cycles unterstützt, allerdings nur im Modus ADD, der bekanntlich mit einer Aufhellung des Bildes einhergeht. Wie Sie diesen Effekt subtiler einsetzen, erfahren Sie in Kapitel 6, »Rendering und Compositing«.

Szenen ausleuchten

Einige Anregungen zum Ausleuchten Ihrer Szenen

Bei der Ausleuchtung von Szenen stellt sich zuerst die Frage, welche Art von Lichtquelle infrage kommt. Dank ihrer guten Kontrollierbarkeit sind Spot-, Area- und auch Meshlights besonders flexibel. Im Prinzip haben alle Lamps ihre Einsatzgebiete – ein Ansatzpunkt wäre die reale Lichtquelle, die Sie simulieren möchten.

Um ein Gefühl für die Lichtwirkung zu bekommen, bauen Sie die Lichtquellen einzeln auf und richten sie separat und im Zusammenspiel ein. Geben Sie einer Lichtquelle temporär eine Signalfarbe, um ihren Einfluss und Wirkungskreis besser zu erkennen.

Die sogenannte *3-Punkt-Beleuchtung* kann als Richtschnur für die Ausleuchtung dienen. Dieses gängige Prinzip beruht auf drei Lichtquellen: einem Haupt- oder Key-Licht, einem Füll-Licht und einem Back-Licht. Verstehen Sie die Bezeichnung 3-Punkt-Beleuchtung nicht als Vorgabe, mit nur drei Lichtquellen zu arbeiten. Es geht vielmehr um den besonderen Einsatzzweck, den jedes Licht mit bestimmten Einstellungen erfüllt. Nichts spricht dagegen, mit mehreren Füll- oder Back-Lichtern zu arbeiten oder eine Umgebungsbeleuchtung mit hinzuzuziehen.

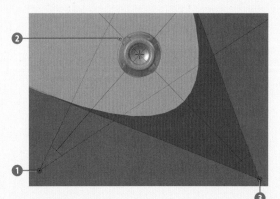

Haupt-, Führungs- oder Key-Licht | Das Key-Licht ❸ ist stets das hellste Licht einer Szene. Es beleuchtet zumeist das Ganze oder einen Großteil des Objekts bzw. der Szene. Diesem Licht kommt die meiste Bedeutung zu, da Sie über diese Lichtquelle die Hauptaussage der Szene treffen. Es arbeitet für Sie die wichtigen Details heraus.

Prinzipiell sollten Sie beachten, dass der Winkel zwischen Kamera und Key-Licht sich im Bereich von 15° bis 45° bewegt, sonst wirkt das Objekt flach, die Glanzlichter liegen dann zu weit vorne. Für die Position des Key-Lichts gibt es keine Vorschriften, im Gegenteil, durch die geschickte Wahl von Position und Winkel geben Sie der Szene einen charakteristischen Anstrich. Dabei sollten Sie darauf achten, welche Schatten das Objekt durch seine Form eventuell auf sich selbst wirft – oder ob sogar ungewollt dunkle Stellen durch nicht ausreichende Beleuchtung entstehen.

Key-Lichter werfen meist (fast) weißes Licht und den stärksten, dunkelsten Schatten, dadurch nimmt auch der Betrachter das Key-Licht als erstes und wichtigstes Licht der Szene wahr.

Füll-Licht | Das Füll-Licht ❶ setzt ein Gegengewicht zum Haupt- bzw. Key-Licht. Es ergänzt und erweitert die vom Key-Licht geschaffene Beleuchtung.

Das Füll-Licht ist stets dunkler als das Key-Licht, in vielen Fällen auch mit einem Farbton versehen. Je nachdem, wie das Verhältnis der Helligkeiten von Key- und Füll-Licht ausfällt, ist das Ergebnis kontrastreicher oder -ärmer. Hier spricht man von *High-Key-* und *Low-Key-Bildern*. Bei High-Key-Bildern ist der Unterschied zwischen Key- und Füll-Licht gering, die Szene ist sehr hell. Low-Key-Bilder dagegen besitzen einen ausgeprägten Unterschied von Key- zu Füll-Licht und tauchen die Szene in ein eher düsteres Ambiente.

Füll-Licht konkurriert nicht mit dem Hauptlicht, es ist dunkler, reicht aber trotzdem, um das Objekt zu beschreiben. Wenn dem Füll-Licht nur eine unterstützende Aufgabe zur Aufhellung bestimmter Bereiche zukommt, schalten Sie den Schattenwurf doch einfach aus. Wichtig ist, dass das Füll-Licht nicht den Schatten des Key-Lichts verwäscht oder gar aufhebt.

Back-Licht | Dem Back-Licht ❷ kommt die Aufgabe zu, das Profil bzw. den Umriss eines Objekts nachzuzeichnen, das Objekt sichtbar vom Hintergrund abzuheben und Tiefe zu vermitteln. Back-Lichter sind oft farbig, wobei sich die Farbe nach den Objekt- und Hintergrundfarben richten sollte.

Die Position des Back-Lichts befindet sich oberhalb und meistens hinter dem Objekt. Je nach Form des Objekts kann das Back-Licht dadurch bestimmte Bereiche hervorheben.

Back-Lichter sind nicht immer notwendig. Unterscheiden sich Objekt und Hintergrund stark und sind alle Details gut zu erkennen, können Sie auch darauf verzichten. Das Back-Licht soll dazu dienen, Details zu betonen, die sonst nicht zur Geltung kommen würden. Back-Lichter werfen in der Regel keinen Schatten.

Indirekte Beleuchtung | Speziell unter Cycles bietet es sich an, die Aufgabe von Füll- oder Back-Licht einfach von der automatisch aktiven indirekten Beleuchtung oder einer Umgebungsbeleuchtung erledigen zu lassen.

Sparen Sie nicht an der falschen Stelle – wenn Ihnen das indirekte bzw. globale Licht nicht ausreicht oder die Szene zu flach wird, setzen Sie lieber auf Lamps oder Meshlights an der Stelle, wo Sie sie brauchen.

Kameras

Alles für das Auge des Betrachters

Genau genommen hatten wir es beim Navigieren und Zoomen in Blenders Viewport bereits mit einer rudimentären Kamera zu tun. Klappen wir das Panel VIEW ❶ im PROPERTIES SHELF (Taste N) auf, finden wir dort auch einige Optionen für die LINSE und das CLIPPING.

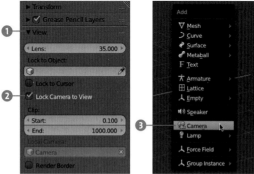

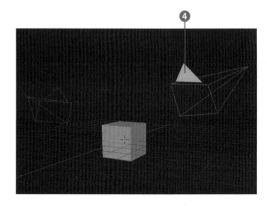

Nun sind unsere Ansprüche an eine Kamera doch etwas höher, und auch der Renderer erwartet eine echte, wenn auch virtuelle Kamera, um seine Arbeit zu verrichten. Sollten Sie die in der Basis-Szene enthaltene Kamera gelöscht haben, können Sie eine neue oder weitere Kamera über das Menü ADD ❸ (Tasten ⇧+D) im Viewport erzeugen.

Um in die Ansicht der virtuellen Kamera zu wechseln, drücken Sie die Taste 0 [Num], zurück in den Viewport gelangen Sie durch erneutes Drücken der Taste 0 [Num]. Entscheidend für den Wechsel und auch für das Rendering ist die im Moment aktive Kamera. Sie erkennen eine aktive Kamera am ausgefüllten Dreieck ❹ darüber, außerdem ist diese Kamera dann im SCENE-Tab ❺ des PROPERTIES-EDITORS hinterlegt ❻. Sie können eine Kamera hier oder viel einfacher über die Tasten ⇧+0 [Num] zur aktiven Kamera küren.

Kamera einstellen | Eine Kamera ist ein Objekt wie jedes andere auch, deshalb funktionieren die gewohnten Transformationsbefehle G und R auch bei der Kamera, egal, ob Sie sich im Viewport oder in einer Kamera-Ansicht befinden. Skalieren (Taste S) würden Sie die Kamera nur, wenn Sie die komplette Szene skalieren wollten.

Möchten Sie die Kamera lieber über die gewohnte Navigation einstellen, aktivieren Sie im PROPERTIES SHELF die Option LOCK CAMERA TO VIEW ❷. Dies bewahrt Sie auch davor, durch versehentliches Anwenden der Viewport-Navigation ungewollt in die Viewport-Ansicht zu springen. Umgekehrt können Sie einer aktiven Kamera über die Tasten Strg/Ctrl+Alt+0 [Num] eine stimmige Viewport-Ansicht zuweisen. Beim Blick durch eine aktive Kamera sehen Sie in einem dunklen PASSEPARTOUT den Bildausschnitt für das Render-Ergebnis umrahmt **7**. Größe bzw. Format des Rahmens bezieht die Kamera aus den Render-Einstellungen, die wir in Kapitel 6, »Rendering und Compositing«, beleuchten. Alle Parameter für die Kamera finden Sie im OBJECT DATA-Tab **8** des PROPERTIES-EDITORS.

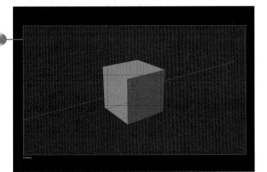

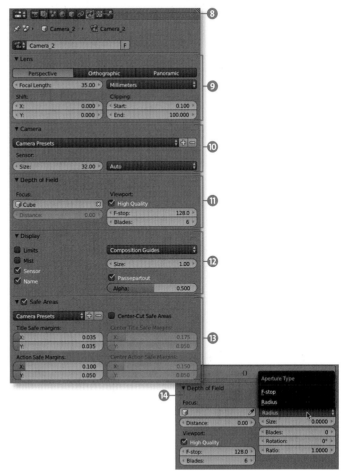

Kamera-Parameter | Die Parameter in den Panels einer Kamera basieren sinnvollerweise auf den Eigenschaften einer realen Kamera.

Im Panel LENS **9** entscheiden Sie sich unter anderem für den Typ der Kamera und ihre Brennweite (FOCAL LENGTH).

Möchten Sie die Eigenschaften einer ganz bestimmten Kamera simulieren, hilft Ihnen eventuell das Panel CAMERA **10** mit den PRE-SETS weiter. Alternativ können Sie auch eine Sensorgröße SENSOR vorgeben, falls bekannt.

Um den Effekt der Schärfentiefe (DEPTH OF FIELD) berechnen zu können, finden Sie im gleichnamigen Panel **11** die Parameter für die Blende (F-STOP), wahlweise die Angabe der Schärfe-Distanz (DISTANCE) oder des scharf abzubildenden Objekts. Außerdem, insbesondere bei aktivem Cycles-Renderer, bieten sich Optionen **14** zur Gestaltung der Unschärfe an.

Die Panels DISPLAY **12** und SAFE AREAS **13** bieten Ihnen eine ganze Reihe an zuschaltbaren Informationen, Begrenzungslinien und Positionierungshilfen, damit Sie bereits in der Kamera-Ansicht sicher sein können, dass alle relevanten Elemente Ihrer Szene auch wirklich beim späteren Rendering von der Kamera eingefangen werden.

Kamerawechsel | Wie Sie in der 3D-VIEW zwischen Kameras wechseln, wissen Sie nun, aber wie funktioniert ein Kamerawechsel innerhalb einer späteren Animation? Dazu legen Sie an den entsprechenden Zeitpunkten Marker an, an die Sie die gewünschte aktive Kamera über den Befehl BIND CAMERA TO MARKERS **15** (Tasten $\boxed{\text{Strg}}$/$\boxed{\text{Ctrl}}$+$\boxed{\text{B}}$) binden.

Inszenierung

Ein paar Anregungen zum Aufbau Ihrer Szenen

Schon wieder schlüpfen Sie bei der Arbeit mit Blender in eine bzw. sogar zwei neue Rollen. Zum einen dürfen Sie als Kameramann fungieren und den für die Szene besten Bildausschnitt und die interessanteste Perspektive finden. Zum anderen agieren Sie als Regisseur, der für alle Elemente vor der Kamera verantwortlich ist.

Kameraführung | Die Positionierung und Einrichtung einer Kamera hängt von vielerlei Faktoren ab. Zum einen sollten Sie sich zeitig überlegen, ob Sie die Szene eher für eine detaillierte Nahaufnahme oder ein übersichtliches Weitwinkelbild oder gar für beides verwenden wollen. Dementsprechend brauchen Sie natürlich auch geeignete Texturen.

Körper oder Characters, die einander einfach gegenüberstehen, wirken statisch und entsprechend langweilig. Als Gegenmaßnahme, wenn an dieser Stelle auch keine Aktion ausgeführt wird, bietet sich zum Beispiel der klassische *Over-the-Shoulder-Shot* (OSS) an.

Wie der Name schon verrät, blickt die Kamera einem der Objekte über die »Schulter«. In der linken Abbildung auf dieser Seite ist so eine Situation nachgestellt, zwei Kraken stehen sich Auge in Auge gegenüber. Rechts daneben ist die Positionierung der beiden Kraken und die Position der Kamera zu erkennen. In Verbindung mit einer gezielten Schärfentiefe (DEPTH OF FIELD), die den vorderen Oktopus unscharf zeichnet, eine recht stimmige Szene.

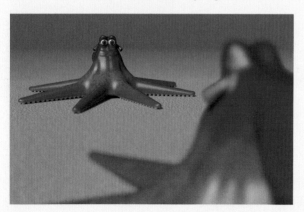 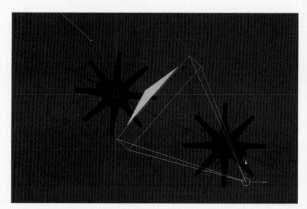

Es ist selbstverständlich möglich, mit der Kamera an ein Objekt heran- oder von einem Objekt wegzuzoomen, die Folgen sind aber meist übertriebene perspektivische Verzerrungen.

Sobald mehr Objekte in die Szene aufgenommen werden, stellt sich die Frage nach der Platzierung der Objekte zueinander. Zwei

Je mehr Kameras Sie verwenden, desto mehr Blickwinkel und Positionen stehen Ihnen zur Auswahl. Damit kommt Ihnen aber auch ein bisschen mehr Verantwortung dem Betrachter gegenüber zu.

Gemeint ist die Aktionsachse oder Aktionsrichtung, die eine unsichtbare Verknüpfung zwischen den Objekten darstellt. Es muss auch bei Kamerawechseln jederzeit für den Betrachter nachvollziehbar sein, auf welcher Seite der Szene er sich in diesem Moment befindet.

Wenn Sie King Kong und Godzilla gegeneinander kämpfen lassen, ist dies eher zu vernachlässigen, aufgrund der unterschiedlichen Charaktere ist eine Verwechslungsgefahr ausgeschlossen. Bei zwei sich optisch ähnelnden Kraken, die miteinander im Clinch liegen, ist dies schon schwieriger. Hier sollten Sie auch im Vorfeld schon Sorge tragen, dass die Kontrahenten klare Unterscheidungsmerkmale besitzen.

Oder stellen Sie sich eine Verfolgungsjagd vor, bei der das flüchtende Auto zunächst von rechts nach links, dann aber von links nach rechts fährt – hier kann der Betrachter die Aktion nicht mehr nachvollziehen. In einer anderen Situation können solche Kamerawechsel aber durchaus Sinn ergeben, beispielsweise wenn Sie dem Betrachter vermitteln wollen, dass ein Auto (genau genommen der Fahrer) orientierungslos hin- und herfährt.

tet, kann der Krake aber auch einen völlig harmlosen Eindruck machen, wie die rechte Abbildung zeigt.

Kommt Animation ins Spiel, darf diese sich nicht nur bei den Objekten abspielen. Kamerabewegungen und -fahrten können erklären, vertiefen, einbinden, Stimmungen erzeugen. Dabei muss nicht einmal die Kameraposition verändert werden, eine vertikale oder horizontale Bewegung von links nach rechts oder ein Heranzoomen wirkt einnehmend und vertiefend, eine Bewegung von rechts nach links oder ein Wegzoomen kann gewollt beunruhigen und eine bedrohliche Situation einläuten.

Arrangement der Darsteller | Mit dem Begriff *Darsteller* seien an dieser Stelle ausdrücklich auch die unbeweglichen Bestandteile Ihrer Szene gemeint. Versuchen Sie einfach einmal, beliebige Mesh-Primitives zufällig in der Szene zu arrangieren. Es wird eine Weile und ein paar Versuche dauern, bis Sie selbst davon überzeugt sind, dass keinerlei Ordnung oder Muster vorliegt.

Durch die Positionierung der Kamera kann viel Emotion und Spannung beim Betrachter geweckt werden. Vergleichen Sie dazu die beiden Abbildungen unseres Oktopus auf dieser Seite. In Kombination mit der Beleuchtung von unten wirkt der freundliche Krake in der linken Abbildung auf einmal richtig bedrohlich. Aus einer anderen Perspektive betrach-

Achten Sie auch auf die Ausgewogenheit Ihrer Szene. Platzieren Sie die Objekte nicht einfach symmetrisch oder lieblos vor die Kamera, das Endergebnis sieht entsprechend langweilig oder auch nur merkwürdig aus. Ihr Auge sollte beim Arrangieren der Objekte ein entscheidendes Mitspracherecht haben, nicht die Koordinatenwerte im PROPERTIES SHELF.

Motion-Tracking

Die Verbindung zwischen 2D und 3D

Motion-Tracking, oft auch *Match-Moving* genannt, steht als Überbegriff für die Analyse von 2D-Filmdaten, um 3D-Elemente darin zu integrieren. Blender beherrscht dabei verschiedene Arten des Trackings, also der Nachverfolgung von kleinen Bildregionen, den Tracking-Punkten.

Bei der einfachsten Variante lassen Sie ein oder mehrere Features tracken, um ein Element in Position und Ausrichtung daran zu binden. Beim CAMERA-TRACKING rekonstruieren Sie neben der dreidimensionalen Umgebung zusätzlich die Kamerainformation und -bewegung, während Sie beim OBJECT-TRACKING die Position und Bewegung eines Objekts im 2D-Film auswerten.

Blender bietet für diese Arbeit ein eigenes SCREEN LAYOUT, und zwar MOTION TRACKING, zu dem Sie über das Menü der SCREEN LAYOUTS gelangen. Es besteht im Wesentlichen aus den verschiedenen Ansichten des MOVIE CLIP-EDITORS, über den Sie Tracking-Punkte (MARKER) setzen und bearbeiten ❶, mittels GRAPHEN ❷ und DOPE SHEETS ❸ auswerten und schließlich die Rekonstruktion von Szene und Elementen ❹ vornehmen.

Der MOVIE CLIP-EDITOR bietet Ihnen im TOOL SHELF (Taste [T]) ❺ in den Tabs TRACK und SOLVE alle wichtigen Einstellungen und Befehle für Tracking und Rekonstruktion an. Im PROPERTIES SHELF (Taste [N]) ❻ finden Sie Parameter zu den aktiven Elementen und Ansichten.

Clip laden | Nach dem Laden des 2D-Films im MOVIE CLIP-EDITOR über den Button OPEN empfiehlt es sich, den Clip über den Befehl PREFETCH im Panel CLIP ❿ des TOOL SHELFS in den Arbeitsspeicher zu laden. So ist sichergestellt, dass Sie ohne Ruckeln oder Wartezeit durch den Clip navigieren können.

Der Befehl SET SCENE FRAMES passt die Länge Ihrer Szene an die Länge des geladenen Clips an. Am unteren Rand des MOVIE CLIP-EDITORS erkennen Sie hellblau eingefärbt ❼ den im Arbeitsspeicher befindlichen Teil des Films. Durch eine gelbe Unterlegung ❽ machen sich bereits getrackte Bereiche des Films bemerkbar. Das aktuell gezeigte Bild (FRAME) des Clips gibt der grüne Zeitregler ❾ an.

Marker setzen | Das Festlegen geeigneter Tracking-Punkte mithilfe der Marker erfolgt meistens manuell, Sie können sich über den Befehl DETECT FEATURES im Panel MARKER ⓫ aber auch Features vorschlagen lassen. Um einen Marker direkt unter dem Mauszeiger zu setzen, halten Sie die `Strg`/`Ctrl`-Taste gedrückt und klicken mit der linken Maustaste.

Für die Bearbeitung der Bildregion ⓮ des Markers stehen Ihnen die Werkzeuge SCALE (Taste `S`), TRANSLATE (Taste `G`) und ROTATE (Taste `S`) zur Verfügung. Alternativ klicken und ziehen Sie die Mitte des Markers mit der rechten Maustaste, um zu verschieben, sowie am weißen Rechteck ⓰, um zu rotieren. Auch die Eckpunkte ⓯ der Marker sind editierbar. Das Löschen eines Markers erfolgt wie gewohnt über die `X`-Taste.

Im Panel TRACKING SETTINGS ⓬ des TOOL SHELFS befinden sich unter anderem die Voreinstellungen für die Größe der Bildregion (PATTERN SIZE) sowie die Größe des Suchbereichs ⓱ (SEARCH SIZE). Das Panel TRACK ⓭ hält die Tracking-Buttons für Sie bereit.

Im PROPERTIES SHELF (Taste `N`) ⓲ finden Sie neben einer hochskalierten Vorschau der Bildregion ⓳ zahlreiche Optionen, um die Ansicht mittels Farbfiltern und -Presets ⓴ bestmöglich auf das folgende Tracking vorzubereiten. Die Ansichtsoptionen in den Panels DISPLAY ㉑ und MARKER DISPLAY ㉒ lernen Sie insbesondere beim Prüfen der getrackten Features zu schätzen.

Möchten Sie einen Track zur Stabilisierung eines 2D-Films verwenden, nutzen Sie die Optionen im Panel 2D STABILIZATION ㉓. Proxies ㉔ sind kleinere Varianten des Films, die Ihnen dabei helfen können, die Rechnerperformance im Griff zu behalten.

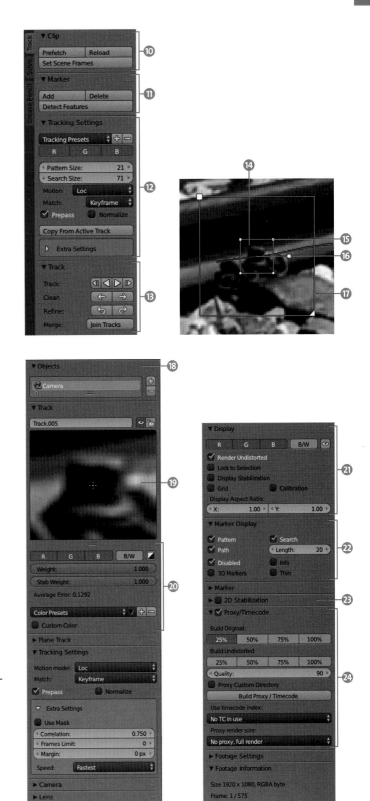

Tracking | Zum Starten des Trackings der platzierten (und selektierten!) Marker verwenden Sie die Befehle im Panel TRACK ❶ des TOOL SHELFS oder den Kurzbefehl `Strg`/`Ctrl`+`T`.

Im Idealfall läuft das Tracking der Features ohne Verluste durch, in den meisten Fällen ist aber – je nach Güte des Filmmaterials bzw. des gewählten Tracking-Punktes – Nacharbeit gefragt. Oft reicht es, dem verlorenen Tracking-Punkt durch einfaches Verschieben (und die gleichzeitige Erzeugung eines Keyframes) auf die Sprünge zu helfen.

Damit Blender eine 3D-Umgebung und Kameradaten rekonstruieren kann, sind mindestens acht hochwertige Tracks erforderlich. Verzichten Sie lieber auf minderwertige Tracks, um die Rekonstruktion nicht unnötig zu erschweren. Aufschluss über die Güte eines Tracks geben die DOPE SHEET- ❷ bzw. die GRAPH-Ansicht ❹ des MOVIE CLIP-EDITORS.

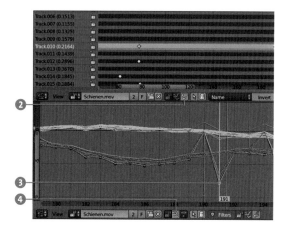

Spitze Ausreißer in den Tracking-Kurven ❸ sind durch die sprunghaften Wertänderungen ein klarer Hinweis auf problematische Tracks.

Rekonstruktion | Je mehr Informationen Sie dem Motion-Tracker in den Panels CAMERA ❺ und LENS ❻ des PROPERTIES SHELFS für die Rekonstruktion von Szene und Kamera geben, desto besser fällt das Ergebnis aus.

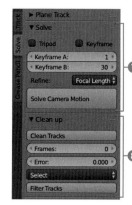

Neben diesen Angaben sind auch die im Tab und Panel SOLVE ❼ des TOOL SHELFS abgefragten Parameter für die Rekonstruktion wertvoll. Die Option TRIPOD ist zu wählen, wenn es sich beim 2D-Film um einen Kameraschwenk handelt, da hier keine für die Berechnung benötigte PARALLAXENVERSCHIEBUNG stattfindet. Eine besonders geeignete Sequenz mit deutlicher PARALLAXENVERSCHIEBUNG können Sie über die KEYFRAME-Werte als Lösungshilfe vorgeben. Das Menü REFINE bietet eine Auswahl an Lösungsvorgaben zur automatischen Ermittlung von Brennweite (FOCAL LENGTH) bzw. Linsenverzerrung (K1, K2 und K3) an.

Ein Klick auf den Button SOLVE CAMERA MOTION startet die Rekonstruktion der Tracking-Punkte und der Kamerabewegung. Als Ergebnis zeigt der Motion-Tracker in der Menüzeile des MOVIE CLIP-EDITORS einen SOLVE ERROR an. Gute Rekonstruktionen besitzen einen ERROR-Wert < 0.5, bei Werten > 1 sollten Sie eine Überarbeitung des Trackings vornehmen.

Insbesondere wenn Sie Features automatisch setzen ließen, empfiehlt sich ein Suchlauf durch fehlerhafte bzw. unzureichende Tracks über das Panel CLEAN UP ❽. Dabei geben Sie eine Mindestlaufzeit (FRAMES) bzw. einen maximalen ERROR-Wert für eine Track-Selektion vor und lassen die Tracks anschließend bereinigen.

Szene ausrichten | Nach der Berechnung der Lösung befindet sich ein CAMERA-Objekt sowie eine Vielzahl von 3D-Punkten in Ihrer Szene.

die Viewport-Kamera genauer anzusehen. Drücken Sie die Taste ⓪ [Num], um zwischen der Viewport- und der getrackten Kamera hin- und herzuschalten.

Sobald die getrackte Szene Ihren Vorstellungen entspricht, haben Sie im Panel SCENE SETUP ⑪ noch die bequeme Möglichkeit, über den Befehl SET AS BACKGROUND den 2D-Film als Hintergrund einzurichten.

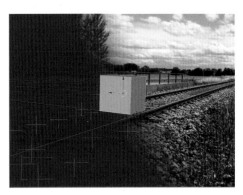

Je nachdem, wofür Sie das Motion-Tracking benötigen, können Sie über das Panel GEOMETRY ❾ im Tab SOLVE des TOOL SHELFS (Taste ⓣ) bestimmte Marker zu einem Mesh wandeln (3D MARKERS TO MESH) oder Tracks mit Empties verknüpfen, um 3D-Objekte mit ihnen zu verbinden (LINK EMPTY TO TRACK).

Soll mithilfe der rekonstruierten 3D-Punkte dagegen eine Szene aufgebaut und mit 3D-Elementen versehen werden, müssen Sie die Rekonstruktion noch ausrichten. Dazu finden Sie im Panel ORIENTATION ❿ entsprechende Buttons, über die Sie einen getrackten Punkt als Ursprung (ORIGIN) ⑫, einen weiteren Punkt als X- bzw. Y-Achse ⑬ oder auch drei Punkte als Boden (FLOOR) bzw. senkrechte Ebene (WALL) definieren.

Damit die Szene auch im richtigen Maßstab vorliegt, können Sie – sofern bekannt – eine reale Distanz zwischen zwei Tracking-Punkten über SET SCALE als korrektes Größenverhältnis einbringen. Spätestens jetzt lohnt sich der Sprung zurück in das Standard-Layout von Blender, um sich die komplette Szene über

Mit dem Befehl SETUP TRACKING SCENE erhalten Sie ein erstes Compositing von Szene und 2D-Film. Mehr zu diesem Thema erfahren Sie in Kapitel 6, »Rendering und Compositing«.

Masken | Sie können den MOVIE CLIP-EDITOR auch dazu verwenden, um Bildteile gezielt mit (auch animierten) Masken auszuschneiden. Zuständig dafür ist der MASK-Mode ⑭, indem Sie Masken in Ebenen anlegen und bearbeiten ⑮. Die Kontrollpunkte der Masken-Spline-CURVES sind animierbar, damit die Maske auch für den 2D-Film funktioniert. Im Compositing trägt die Maske dann per MASK-Node zum finalen Renderergebnis bei.

Motion-Tracking und Inszenierung

Einbau der Dampflokomotive in einen Realfilm

Um die 3D-Lokomotive in einen 2D-Film einbauen zu können, ist zunächst ein Kamera-Tracking für die Ermittlung der Kameraposition und -bewegung nötig. Darauf basierend, erzeugen wir die Szene und eine stimmige Ausleuchtung.

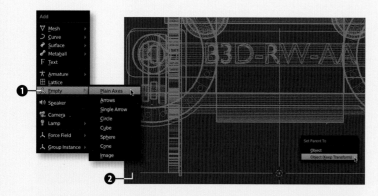

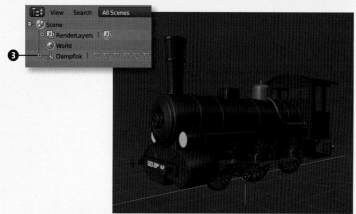

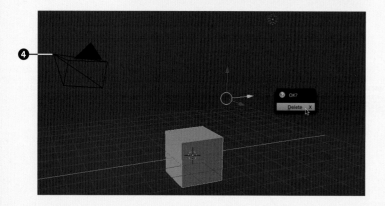

Vorbereitungen

Zunächst bereiten wir die Lokomotive auf ihren Einbau vor. Öffnen Sie dazu Ihre Blender-Datei der Lokomotive über den Befehl OPEN (Tasten `Strg`/`Ctrl`+`O`). Wechseln Sie, falls notwendig, über die Taste das in den OBJECT MODE, und selektieren Sie alle Objekte der Lokomotive über die Taste `A`. Zoomen Sie nahe an die Räder heran, und aktivieren Sie mit den Tasten `G`+`Z` das TRANSLATE-Werkzeug zum Verschieben in Z-Richtung. Setzen Sie die Lok mit der Lauffläche der Räder exakt auf die rote Linie der XY-Ebene ❷.

Um das 3D-Modell der Lokomotive etwas handlicher zu machen, erzeugen Sie über das Menü ADD • EMPTY ❶ (Tasten `⇧`+`A`) ein EMPTY des Typs PLAIN AXES auf der Position des Welturposprungs. Nehmen Sie es per Rechtsklick in die aktuelle Selektion auf, und ordnen Sie alle Lok-Bauteile über den Befehl SET PARENT TO • OBJECT (KEEP TRANSFORM), den Sie über den Kurzbefehl `Strg`/`Ctrl`+`P` erreichen, dem EMPTY unter. Nach diesem Schritt präsentiert sich der OUTLINER schon wesentlich aufgeräumter, sodass Sie dem übergeordneten Lok-Objekt ❸ einen passenden Namen spendieren können.

Speichern Sie die Blender-Datei der Lokomotive über den Befehl SAVE (Tasten `Strg`/`Ctrl`+`S`), und erstellen Sie anschließend über den Befehl NEW (Tasten `Strg`/`Ctrl`+`N`) eine neue Blender-Datei für die Szene. Löschen Sie den CUBE und die LAMP durch Rechtsklick und Drücken der `X`-Taste, die CAMERA ❹ dagegen benötigen wir in Kürze.

2D-Film importieren
ab Seite 260

Tracking
ab Seite 261

Einbau und Ausleuchtung
ab Seite 268

Rekonstruktion
ab Seite 264

Hintergrund und Schatten
ab Seite 273

Importieren des 2D-Films

1 Layout wechseln

Der Hauptaktionsbereich für Motion-Tracking ist der MOVIE CLIP-EDITOR in unterschiedlichen Ansichten. Eine praktische Zusammenstellung für das komfortable Tracking bietet das Layout MOTION TRACKING ❶ aus dem Menü der SCREEN LAYOUTS.

2 Footage laden

Um den 2D-Film in den Editor zu laden, klicken Sie auf den Button OPEN ❷ und navigieren über den FILE BROWSER zum Begleitmaterial zu diesem Buch.

Laden Sie aus dem Verzeichnis LIGHTING + STAGING die Datei »Bahnuebergang.mov« in den MOVIE CLIP-EDITOR.

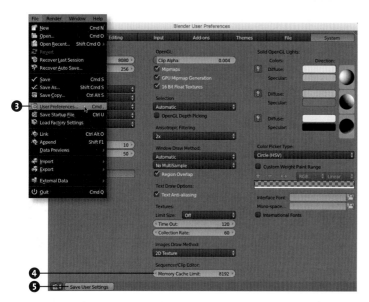

3 Memory Cache erhöhen

Eine entscheidende Rolle für schnelles und bequemes Arbeiten im MOVIE CLIP-EDITOR spielt neben simpler Rechnerpower der dem Editor zugestandene CACHE. Damit wir den kompletten Film in den Arbeitsspeicher von Blender laden können, rufen Sie über das Menü FILE bzw. den Kurzbefehl [Strg]/[Ctrl]+[,] die USER PREFERENCES ❸ auf und erhöhen dort im Tab SYSTEM das MEMORY CACHE LIMIT ❹ für den SEQUENCER/CLIP EDITOR auf mindestens 4096 oder besser 8192.

Wie in Kapitel 1, »Grundlagen«, bereits angesprochen, sollten Sie diese Einstellung über SAVE USER SETTINGS ❺ dauerhaft erhöhen, wenn Sie öfter in diesen Editoren arbeiten.

4 2D-Film in den Arbeitsspeicher laden

Wie uns der dunkelblaue Balken ❼ im MOVIE CLIP-EDITOR unterhalb des Films signalisiert, wurde noch kein Teilbereich des Films in den Arbeitsspeicher geladen. Ein Klick auf den Button PREFETCH ❻ im Panel CLIP des TOOL SHELFS (Taste [T]) holt dies für uns nach.

5 Szene anpassen

Da die Standardlänge der Blender-Szene lediglich 250 Bilder (Frames) beträgt, wird nur dieser Bereich des Films beim Abspielen angezeigt. Um die Länge der Szene anzupassen, reicht ein Klick auf den Button SET SCENE FRAMES ❽.

Setzen der Marker für das Tracking

1 Tracking-Settings anpassen

Für die Analyse des 2D-Films und die daraus berechneten Kamera-Informationen benötigen wir nun gute Tracking-Punkte, die wir mit unseren Markern setzen.

Klappen Sie im TOOL SHELF (Taste T) im Tab TRACK die TRACKING SETTINGS ❾ auf, und wählen Sie als MOTION MODEL LOCROT ⓫, um die Position und Rotation der Marker zu verfolgen – dies entspricht auch der Bewegung der Kamera im Film. Für MATCH wählen Sie die Einstellung PREVIOUS FRAME ⓬, damit orientiert sich der Tracker beim Nachverfolgen am vorangegangenen Frame. Die Größen (SIZE) des PATTERN und des SEARCH-Bereichs ❿ können auf den Standardwerten bleiben.

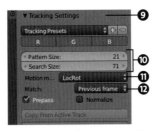

2 Marker für die Umgebung setzen

Damit der Motion-Tracker so viel brauchbare Information wie möglich erhält, sollten wir die Tracking-Punkte nicht nur im Bereich des Geschehens, sondern auch in der näheren und weiteren Umgebung setzen.

Achten Sie darauf, dass der grüne Zeitregler auf Frame 1 steht, und setzen Sie durch Linksklick mit gedrückt gehaltener Strg/Ctrl-Taste Ihren ersten Marker ⓭. Korrigieren Sie, falls nötig, seine Position durch Ziehen des Markers in seiner Mitte an die gewünschte Stelle. Die skalierte Vorschau ⓮ und ⓯ im PROPERTIES SHELF (Taste N) hilft Ihnen dabei. Verteilen Sie auf diese Weise einige Marker in der Umgebung.

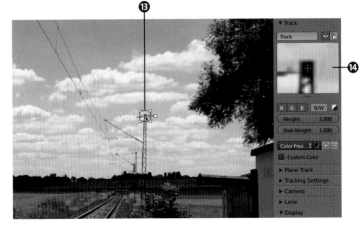

3 Marker im Aktionsbereich setzen

Im Aktionsbereich, also dort, wo unsere Dampflokomotive später fahren soll, benötigen wir mehr Informationen – nicht nur für die Kamera, auch für die Ein- und Ausrichtung der Szene. Der Bahnübergang bietet mit seinen Fahrbahnmarkierungen viele gute Tracking-Möglichkeiten.

Achten Sie außerdem darauf, dass Sie mit zwei oder mehr Marker-Paaren ❶ die Gleisbreite und damit die Spurweite abstecken. Dies erleichtert uns später beim Einbau der Lokomotive das Anpassen der Position und der Skalierung.

4 Platzierte Tracking-Marker

Ich will Sie an dieser Stelle nicht mit vielen Bildern zu einzelnen Markern langweilen, der Bearbeitungsschritt ist ja bei allen gleich.

Stattdessen sehen Sie nebenan eine Gesamtansicht der in meinem 2D-Film platzierten Marker, die wir nun im nächsten Schritt per Tracking nachverfolgen lassen wollen.

Tracking der gesetzten Marker

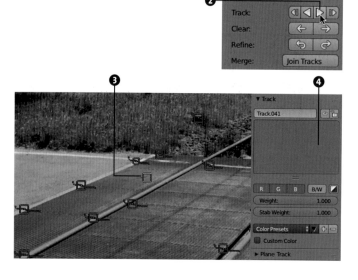

1 Tracking starten

Stellen Sie, gegebenenfalls durch ein- bzw. zweimaliges Drücken der Taste A, sicher, dass alle zuvor platzierten Marker selektiert sind, und starten Sie das Tracking dieser Marker per Klick auf den Button ❷ für das Tracking in Abspielrichtung.

2 Verlorene Tracks finden

Je nach Qualität der Tracking-Punkte wird es nicht ausbleiben, dass schwierige Tracks sich verabschieden, sich deaktivieren ❸ und dies in der Tracking-Vorschau ❹ durch ein rosa gefülltes Fenster signalisieren. Der gezeigte Tracking-Punkt war tatsächlich (und auch absichtlich) undankbar gesetzt.

3 Tracks reaktivieren und korrigieren

Nun sind Sie natürlich nicht darauf angewiesen, dass alle gesetzten Marker das Tracking unbeschadet überstehen. Insbesondere bei nah am Bildrand liegenden Tracking-Punkten lässt sich das gar nicht verhindern. Wichtig ist, dass mindestens acht hochwertige Tracks zu jedem Zeitpunkt des 2D-Films vorliegen – dann kann der Motion-Tracker die Kameraposition und -bewegung meist erfolgreich rekonstruieren.

Um einen automatisch deaktivierten Tracking-Punkt zu reaktivieren, setzen Sie den grünen Zeitregler am besten an die Stelle, an der die Nachverfolgung für den Marker gestoppt hat, und klicken auf das Auge-Symbol ❺ oberhalb der Vorschau. Jetzt ist der Marker wieder bearbeitbar. Korrigieren Sie nun die Position des Markers, indem Sie ihn auf die zu trackende Bildregion zurückschieben ❻.

Lassen Sie diesen einzelnen Marker selektiert, und starten Sie über den Button ❷ für das Tracking in Abspielrichtung ein erneutes Tracking für die restliche Laufzeit des Films.

4 Tracks prüfen und löschen

Verfahren Sie so mit allen anderen Tracking-Punkten, die verloren gehen bzw. verrutschen, für die Rekonstruktion aber erhalten bleiben sollen. An manchen Bildstellen ist es schwer nachzuvollziehen, ob ein Tracking-Punkt an Ort und Stelle bleibt. Klappen Sie in diesem Fall das Panel DISPLAY im PROPERTIES SHELF auf, und aktivieren die Option LOCK TO SELECTION ❼. Die Ansicht ist nun an diesem Tracking-Punkt festgemacht und ein Sprung des Tracking-Punktes leicht festzustellen.

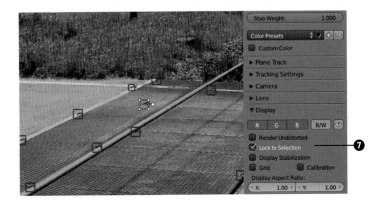

Da nicht die Menge, sondern die Qualität der Tracks ausschlaggebend ist, können Sie problematische Tracks auch über die GRAPH VIEW des MOTION CLIP-EDITORS identifizieren. Tracks mit weiten Ausschlägen weitab der anderen Tracks ❽ selektieren Sie per Rechtsklick und löschen sie über die [X]-Taste.

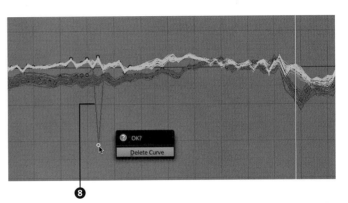

Rekonstruktion von Kamera und Szene

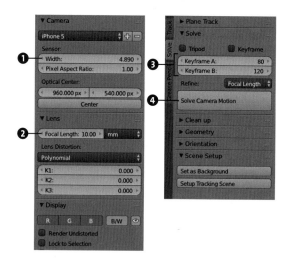

1 Kameravorgaben einstellen und ermitteln

Neben den nachverfolgten Tracking-Punkten geben wir dem Motion-Tracker von Blender noch ein paar Angaben zur verwendeten Kamera zu Hand, um die Rekonstruktion leichter und besser zu gestalten. Klappen Sie dazu das Panel CAMERA im PROPERTIES SHELF (Taste N) auf, und setzen Sie die Sensorweite (WIDTH) ❶ auf 4.890. Sollten Sie bei einem selbst erzeugten Film diese wichtige Angabe zu Ihrer Kamera oder Ihrem Smartphone nicht in der Bedienungsanleitung finden, bemühen Sie einfach kurz das Internet. Wir lassen die Brennweite (FOCAL LENGTH) ❷ im Panel LENS selbst ermitteln und geben nur einen groben Richtwert ein.

Im Panel SOLVE des TOOL SHELFS (Taste T) legen wir als Werte KEYFRAME A und B ❸ zur Unterstützung noch einen Bereich vor, indem viel Kamerabewegung herrscht, in unserem Fall von Frame 80 bis 120. Über REFINE bitten wir um die Ermittlung der Brennweite (FOCAL LENGTH) und starten anschließend per Klick auf den Button SOLVE CAMERA MOTION ❹ die Rekonstruktion der Kamera.

Nach getaner Arbeit zeigt uns der MOVIE CLIP-EDITOR nicht nur die selbst ermittelte Brennweite (FOCAL LENGTH) ❻ an, sondern auch den resultierenden SOLVE ERROR ❺, der mit ca. 0.22 im gut brauchbaren Bereich liegt.

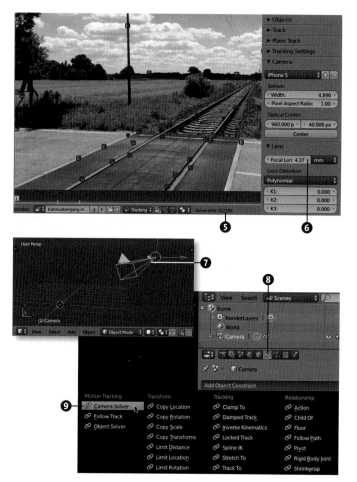

2 Kameradaten zuweisen

Durch die Rekonstruktion liegen uns nun eine Menge Kameradaten vor, die wir einer Kamera zuweisen müssen, um sie nutzen zu können. Da wir in weiser Voraussicht die Standard-Kamera behalten haben, selektieren Sie die CAMERA ❼ über die 3D-VIEW per Rechtsklick und weisen ihr über den CONSTRAINT-Tab ❽ im PROPERTIES-EDITOR einen CAMERA SOLVER-CONSTRAINT ❾ zu.

3 Ebene, Achsen und Skalierung festlegen

Dank CAMERA SOLVER-CONSTRAINT arbeitet unsere Kamera nun mit den ermittelten Einstellungen und den nachverfolgten Tracking-Punkten, den sogenannten *Features*. Allerdings schwebt oder, besser, bewegt sich das CAMERA-Objekt noch völlig orientierungslos im Raum, weshalb wir – ebenfalls mithilfe der getrackten Features – die Bezugspunkte der Szene und damit der CAMERA festlegen.

Klappen Sie sich dazu im TOOL SHELF das Panel ORIENTATION auf, dort sind alle Befehle für die Festlegung der Szene zu finden. Wir definieren zunächst die Ebene des Bodens (FLOOR), hierfür benötigen wir drei auf der gleichen Ebene liegende Features. Ich habe mir zwei senkrecht zur Fahrbahn **⓫** sowie ein auf der Fahrbahn-Achse liegendes Feature **⓬** ausgesucht. Selektieren Sie die drei Features per Rechtsklick mit gedrückt gehaltener ⇧-Taste, und klicken Sie auf den Button FLOOR **⓾**, um sie gemeinsam als Ebene zu definieren. Das aktive, zuletzt selektierte Feature wird dabei automatisch als Ursprung verwendet.

Für das Festlegen der Y-Achse eignet sich eines der drei FLOOR-Features. Selektieren Sie das parallel zur Fahrbahn liegende Feature **⓭**, und klicken Sie auf den Button SET Y AXIS **⓭**.

In einem der nächsten Schritte stellen wir die Skalierung der CAMERA noch genau ein, um aber schon einmal in die grobe Richtung zu kommen, selektieren Sie die zwei Features am linken und rechten inneren Fahrbahnrand **⓯ ⓰**, geben eine DISTANCE von 1.350 (Metern) vor und setzen per Button SET SCALE **⓯** dieses Maß als Skalierung für die Szene fest.

4 Film als Hintergrund einsetzen

Damit sind CAMERA und Szene schon recht gut vorbereitet, um den Einbau der Lokomotive anzugehen. Klicken Sie zum Abschluss des Motion-Trackings auf den Button SET AS BACKGROUND **⓱** im Panel SCENE SETUP, um den Film als Hintergrund einzusetzen.

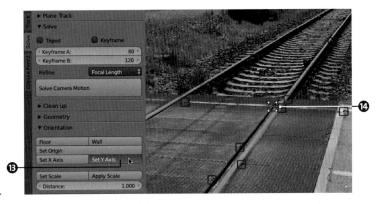

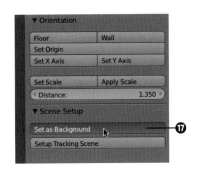

5 Film im Hintergrund einstellen

Wenn wir nun im Fenster der 3D-View durch Drücken der Taste ⓪ in die Ansicht unserer CAMERA wechseln, haben wir neben den als EMPTY-Achsen angezeigten Features wie gewünscht den 2D-Film als Hintergrund.

Die Einstellungen zur Darstellung des Films finden wir im Panel BACKGROUND IMAGES des PROPERTIES SHELFS (Taste Ⓝ). Dort ist unser Film als CAMERA CLIP hinterlegt und mit einer OPACITY ❶ von 0.5 etwas abgedunkelt, damit die Elemente der Szene besser zu erkennen sind. Erhöhen oder verringern Sie diesen Wert, wenn Ihnen der Hintergrund-Film bei den nächsten Schritten zu dunkel bzw. zu hell sein sollte.

6 Hilfsobjekt für die Skalierung hinzuladen

Unsere Arbeit im MOTION TRACKING-Layout ist damit beendet, weshalb wir über das Menü der SCREEN LAYOUTS ❷ wieder zurück in das DEFAULT-Layout wechseln. Für die endgültige Skalierung der Szene benötigen wir allerdings noch kurz den MOVIE CLIP-EDITOR. Erzeugen Sie sich durch Ziehen an einer Fensterecke ❹ des 3D-VIEW-EDITORS ein zusätzliches Fenster, und belegen Sie es über sein EDITOR-Menü mit dem MOVIE CLIP-EDITOR ❺.

Um die Szene wirklich exakt für den Einbau der Lok vorzubereiten, verwenden wir die Schienen eines Gleis-3D-Modells, das Sie unter den Begleitmaterialien im Verzeichnis LIGHTING + STAGING finden. Rufen Sie dazu über das Menü FILE bzw. die Tasten ⇧+F1 den Befehl APPEND ❸ auf, um die Blender-Datei »B3_LiS_Gleis.blend« hinzuzuladen.

Durch Klicken auf das Blend-File im FILE BROWSER gelangen Sie zu den Daten-Elementen des Blend-Files. Um aus dem Datenbestand das Mesh-Objekt der Schienen zu importieren, navigieren Sie per Klick in das Verzeichnis OBJECT ❻, wählen dort das Mesh-Objekt SCHIENEN ❼ und laden es per Doppelklick in unsere Szene.

7 Hilfsschienen platzieren

Die hinzugeladenen beiden Schienen befinden sich natürlich exakt im Weltursprung, der sich bei unserer Rekonstruktion allerdings an der rechten Schiene des 2D-Films befindet. Weil wir die Schienen über APPEND und nicht über LINK hinzugeladen haben, können wir das Mesh-Objekt aber problemlos in unserer Szene verschieben.

Da es uns im Moment um die Anpassung der Skalierung geht, aktivieren Sie zunächst die TRANSLATE-Transformation in Y-Richtung (Tasten ⌨G⌨+⌨Y⌨), um die Schienen nach hinten zu verschieben, und anschließend TRANSLATE in X-Richtung (Tasten ⌨G⌨+⌨X⌨), bis die linke Kante der Schiene des Mesh-Objekts exakt auf der linken Kante der Schiene ❽ im 2D-Film liegt. An der rechten Schiene ❾ ist klar zu erkennen, dass unsere CAMERA eine etwas höhere Skalierung benötigt, damit die Schienen exakt übereinanderliegen.

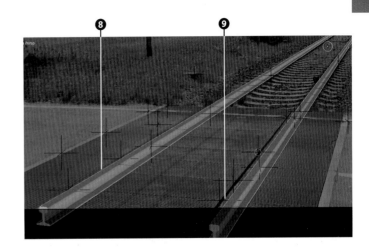

8 Skalierung anpassen

Um die Skalierung der Kamera zu verändern, selektieren Sie im MOVIE CLIP-EDITOR wieder die beiden Features, über die wir die Anfangsskalierung festgelegt haben, und erhöhen den DISTANCE-Wert ⓫ etwas. Per Klick auf SET SCALE ❿ wenden Sie die neue Skalierung auf die CAMERA an und kontrollieren wieder im 3D-VIEW-EDITOR, ob die Schienen diesmal übereinanderliegen. Justieren Sie die Schienen gegebenenfalls über TRANSLATE in X-Richtung (Tasten ⌨G⌨+⌨X⌨) etwas nach, falls die Kanten dabei etwas versetzt wurden.

In meinem Fall war ein SCALE-Wert von 1.370 gefragt, damit 2D-Film und 3D-Objekt von ihren Maßen her übereinstimmten.

9 Hilfsschienen zurücksetzen

Stellen Sie den X-Koordinatenwert ⓬ der Hilfsschienen über das Panel TRANSFORM des PROPERTIES SHELFS wieder auf 0 zurück. Im nächsten Schritt setzen wir den Ursprung für die CAMERA auf den Ursprung der Szene.

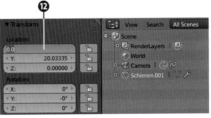

10 Position der Kamera für den Ursprung anpassen

Weil sich unsere Lok ebenfalls im Weltursprung befindet, macht es Sinn, die Szene über die CAMERA so auszurichten, dass die Lok gleich direkt auf den Schienen Platz nimmt. Die korrekte Position in Z-Richtung haben wir gleich am Anfang dieses Workshops in den Vorbereitungen erledigt. Nun müssen wir nur noch die getrackte Szene entsprechend anpassen.

Auch hier helfen uns die Schienen. Achten Sie darauf, dass die CAMERA selektiert ist, und aktivieren Sie den Befehl TRANSLATE in X-Richtung (Tasten [G] und [X]). Jetzt verschieben Sie in der 3D-VIEW die Kamera-Ansicht so weit zur Seite, bis die Schienen von 2D-Film und 3D-Modell übereinstimmen ❶. Damit sitzt dann auch der Ursprung ❷ der Szene für die CAMERA exakt zwischen den Schienen.

Die Hilfsschienen haben damit ihre Schuldigkeit getan, selektieren Sie daher das Mesh-Objekt per Rechtsklick, und löschen Sie es durch Drücken der [X]-Taste ❸.

11 Motion-Tracking ausblenden

Für die weitere Arbeit an der Szene sind die in der 3D-VIEW eingeblendeten Features wenig hilfreich. Suchen Sie sich das Panel MOTION TRACKING ❹ aus dem PROPERTIES SHELF (Taste [N]), und entfernen Sie das Häkchen für die Anzeige dieser Informationen.

Einbau und Ausleuchtung der Dampflokomotive

1 Dampflokomotive hinzuladen

Öffnen Sie über den Befehl APPEND aus dem Menü FILE bzw. über die Tasten [⇧]+[F1] den FILE BROWSER, und navigieren Sie auf das Blend-File der Lok und zu seinen *Objects*. Drücken Sie die Taste [A], um alle Elemente auszuwählen, und betätigen Sie die [↵]-Taste, um sie in unsere Szene zu laden.

2 Cycles-Renderer aktivieren

Die Lokomotive haben wir zwar unter Cycles texturiert, doch unser Motion-Tracking lief im internen Renderer ab. Da wir nun an die Ausleuchtung der Lokomotive für die Szene gehen, ist es an der Zeit, über das Menü der RENDER ENGINE im INFO-EDITOR zum Cycles-Renderer ❺ zu wechseln.

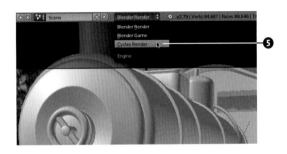

3 Lokomotive verschieben

Nach dem Hinzuladen der Lokomotive befindet Sie sich wie vermutet im Ursprung unserer Szene. Dank unserer Vorarbeiten sitzt sie auch exakt auf den Schienen auf. Sollte die Lok nicht mehr selektiert sein, wählen Sie das Parent-Objekt der Dampflok über den OUT-LINER aus, um die Lok über den grünen Achs-anfasser oder über das TRANSLATE-Werkzeug in Y-Richtung (Tasten G und Y) ein Stück zurückzuschieben.

4 Sun-Lamp erzeugen

Beginnen wir, da wir nun etwas mehr Platz haben, mit der Ausleuchtung der Szene oder, besser gesagt: der Lokomotive – mehr 3D-Elemente haben wir nicht in der Szene.

Wechseln Sie über die Taste 0 in die Viewport-Ansicht, und rufen Sie über die Tasten ⇧ + A das Menü ADD • LAMP ❻ auf, um sich von dort eine SUN-LAMP in die Szene zu holen.

5 Sun-Lamp erzeugen

Es gilt nun, durch das Ausrichten der SUN-LAMP die Lichtsituation während der Auf-nahme des 2D-Films zu imitieren. Damit sie etwas besser zu handhaben ist, platzieren Sie die LAMP über den Wert der Z-Koordinate ❼ im PROPERTIES SHELF ein Stück nach oben.

Die Aufnahme hat am frühen Nachmittag stattgefunden, weshalb wir den Winkel relativ steil belassen und über die X- und Y-Werte für die ROTATION ❽ leicht zur Seite kippen. Der zu erwartende Schatten liegt somit ein kurzes Stück und leicht versetzt vor der Lok.

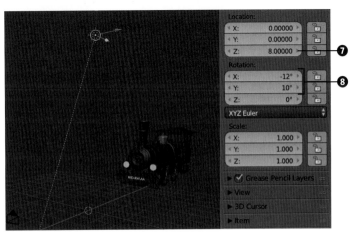

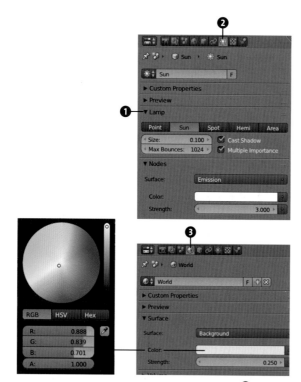

6 Sun-Lamp einrichten

Kümmern wir uns um die Einstellungen der Sonnen-Lichtquelle. Das Panel LAMP ❶ im OBJECT DATA-Tab ❷ des PROPERTIES-EDITORS bietet uns dazu alle nötigen Parameter an. Erhöhen Sie die Stärke (STRENGTH) der SUN-LAMP auf 3 bis 4, die Farbe (COLOR) des Lichts kann auf Weiß bleiben. Da es sich um Sonnenlicht handelt, ist die SIZE von 0.100 für einen nicht zu weichen Schatten ein guter Richtwert.

7 Umgebungsbeleuchtung einstellen

Neben der direkten Beleuchtung durch die SUN-LAMP soll auch die Umgebung zur Ausleuchtung der Lok von allen Seiten beitragen.

Wechseln Sie dazu im PROPERTIES-EDITOR hinüber zum WORLD-Tab ❸, klappen Sie das Panel SURFACE auf, und klicken Sie, falls nötig, auf den Button USE NODES, um an die Parameter zu gelangen. Legen Sie eine leicht gelbliche Farbe (COLOR) bei einem sehr niedrigen Stärkewert (STRENGTH) von 0.250 fest. Die Färbung des Asphalts ist die warme Lichtsituation, die wir damit nachahmen wollen.

8 Plane für Schatten erzeugen

Leider hat unsere Lok noch keinen 3D-Untergrund, auf den sie ihren Schatten werfen könnte. Wechseln Sie über die Taste 0 zurück zur getrackten CAMERA, und rufen Sie das Menü Add (Tasten ⇧+A) auf, und erzeugen Sie als Basis ein Mesh-Objekt PLANE.

Verwenden Sie die Parameter des PROPERTIES SHELFS ❹, um die PLANE zu einem sehr langen, schmalen Streifen zu skalieren, der den größten Teil des Gleises abdeckt. Aktivieren Sie anschließend über die Taste ⇥ den EDIT MODE, und selektieren Sie im EDGE SELECT-Mode die rechte Edge der Plane. Rufen Sie über die Taste E das EXTRUDE-Tool auf, und setzen Sie eine Extrusion an. Brechen Sie die Aktion über die Esc-Taste ab, und ziehen Sie die neue Edge ❺ mit dem X-Achsanfasser ❻ bis zur Innenkante der Schiene.

9 Plane für Untergrund ausarbeiten

Mit dieser Werkzeug-Kombination arbeiten Sie sich Schritt für Schritt nach rechts und links, um Edges für den Untergrund zu schaffen. Orientieren Sie sich dabei in erster Linie am 2D-Film im Hintergrund. Neben den Schienen bekommt auch der Rand eine zusätzliche Edge ❼, damit wir den abschüssigen steinigen Gleisrand berücksichtigen können. Wir modellieren nur so viel, wie wir an Geometrie für den Schattenwurf benötigen.

10 Plane per Loop Cut unterteilen

Für die Ausmodellierung von Bahnübergang und Gleis benötigen wir eine Unterteilung in X-Richtung, um das Gleisbett absetzen und herausarbeiten zu können.

Rufen Sie das LOOP CUT AND SLIDE-Werkzeug (Tasten [Strg]/[Ctrl]+[R]) auf, und fügen Sie einen Loop Cut in X-Richtung aus. Der Schnitt entsteht in der Mitte, deshalb verschieben Sie ihn gleich anschließend nach vorne auf die Höhe der Asphaltkante ❽.

11 Mesh-Objekt der Plane versetzen

Die Basis für unser Schattenwurf-Mesh-Objekt wäre damit gelegt, den Rest erledigen wir durch Extrusionen und Bearbeiten der Geometrie. Wechseln Sie über die Taste [⇆] in den OBJECT MODE, und versetzen Sie die PLANE über die Z-Koordinate ❾ im PROPERTIES SHELF um 10 cm (−0.10) nach unten.

12 Asphalt und Schienen nach oben extrudieren

Nach dem Versatz der kompletten PLANE nach unten bringen wir den Teil der Straße und die Schienen wieder zurück auf die Nullebene. Selektieren Sie dazu im EDIT MODE bei aktiviertem FACE SELECT-Mode alle betroffenen Faces, und extrudieren Sie die Faces (Taste [E]) um 0.100 zurück nach oben.

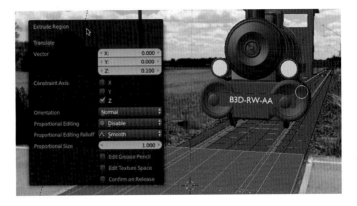

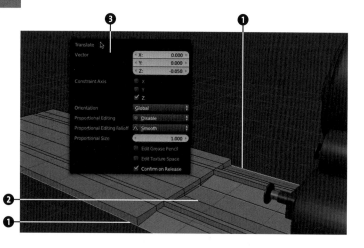

13 Edges am Rand und in der Gleismitte versetzen

Wechseln Sie über die Taste [0] [Num] in die Viewport-Ansicht, um das Mesh-Objekt gut zu erreichen. Drehen Sie sich die Ansicht mit gedrückt gehaltener Mausrad-Taste so, dass Sie auf die Fahrbahnkante blicken, und selektieren Sie im EDGE SELECT-Mode die beiden Edges zwischen den Schienen **2**. Aktivieren Sie über die Tasten [G] und [Z] das TRANSLATE-Werkzeug in Z-Richtung, und schieben Sie die Edges ein Stück nach unten.

Auf die gleiche Weise selektieren Sie die vier seitlichen Außenkanten des Mesh-Objekts **1** und verschieben sie ebenfalls ein Stück nach unten. Wie das LAST OPERATOR-Menü **3** zeigt, habe ich einen Versatz von 5 cm (–0.05) vorgenommen.

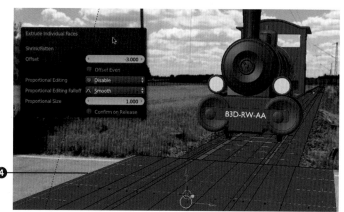

14 Asphaltbahn verbreitern

Die Modellierarbeiten an unserem Schattenwurf-Mesh-Objekt sind nun auch schon abgeschlossen. Sie können die beiden Faces des Bahnübergangs links **4** und rechts über den Befehl EXTRUDE • INDIVIDUAL FACES (Tasten [Alt]+[E]) noch etwas verbreitern, um sicherzugehen, dass die von der Lok geworfenen Schatten auch dort auf eine Oberfläche treffen.

15 Schattenwurf testen

Kehren Sie spätestens jetzt über die Taste [0] [Num] in die Ansicht unserer getrackten CAMERA zurück, um per VIEWPORT SHADING RENDERED den Schattenwurf der Lok auf unserem Untergrund zu testen.

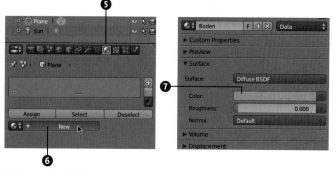

16 Material für den Untergrund erstellen

Damit der Untergrund durch indirekte Beleuchtung zur Lichtsituation beiträgt, erzeugen Sie im MATERIAL-Tab **5** des PROPERTIES-EDITORS der PLANE über den Button NEW **6** ein Material und geben dem DIFFUSE BSDF-Shader eine helle, rötlich graue Farbe **7**.

Hintergrund und Schatten einrechnen

1 3D-Hintergrund auf Transparent setzen

Vielleicht hat Sie das Renderergebnis unseres Tests etwas überrascht, da vom mühsam getrackten und eingebundenen 2D-Film noch gar nichts zu sehen ist.

Dies liegt an einer kleinen Einstellung, die den 3D-Hintergrund ausblendet und unseren 2D-Film für das Rendering freigibt. Öffnen Sie dazu den RENDER-Tab **8** im PROPERTIES-EDITOR, und klappen Sie das Panel FILM **9** auf. Aktivieren Sie die Option TRANSPARENT, um den Hintergrund von der Footage auszufüllen.

2 Untergrund als Shadow Catcher definieren

Nun stört eigentlich nur noch der von uns modellierte Untergrund. Eigentlich war dieses Mesh-Objekt ja nur dafür gedacht, den von der Lok geworfenen Schatten zu empfangen und von seiner diffusen Farbe etwas indirektes Licht zurückzuwerfen. Am Mesh-Objekt selbst sind wir gar nicht interessiert.

Weil diese Anforderungen beim Rendering und Compositing absolut grundlegend sind, besitzt der Cycles-Renderer dafür eine eigene Funktion. Öffnen Sie dazu den OBJECT DATA-Tab **10** der PLANE im PROPERTIES-EDITOR, und klappen Sie das Panel CYCLES SETTINGS **11** auf. Unter den objektspezifischen Sichtbarkeits-Einstellungen befindet sich die Option SHADOW CATCHER, die unser Untergrund-Objekt zu einem reinen Schatten-Empfänger macht.

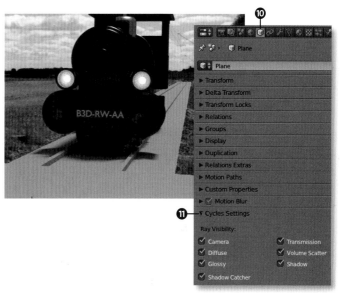

3 Fertige Motion-Tracking-Szene

Jetzt wirft die Lokomotive wie gewünscht einen zum Untergrund passenden Schatten auf den 2D-Film. Wir werden später beim Rendering und Compositing noch etwas Feintuning betreiben. Davor aber kümmern wir uns noch um die Animation und den Dampf unserer Lokomotive.

Aufbau einer Unterwasser-Szene

Inszenierung und Ausleuchtung der Oktopus-Szene

In diesem Workshop bauen wir Felsen, Meeresschwämme und Amphore zu einer Szene zusammen. Wir kümmern uns um einen passenden Unter- bzw. Hintergrund und leuchten unsere Szene im Cycles-Renderer aus.

Vorbereitungen

Wir bauen die Unterwasser-Szene in einer neuen, eigenen Blender-Datei auf. Erstellen Sie dazu über den Befehl File • NEW (Kurzbefehl [Strg]/[Ctrl]+[N]) eine neue Blender-Datei.

Löschen Sie den CUBE und die LAMP durch Selektion per Rechtsklick und anschließendes Drücken der [X]-Taste aus der Standard-Szene. Die CAMERA ❶ hingegen darf bleiben, damit wir sie später in der Szene platzieren und ausrichten können.

Alle 3D-Modelle, die wir in diese Szene laden, haben wir zuvor im Cycles-Renderer texturiert. Stellen wir also auch für die Unterwasser-Szene über das Menü der Render-Engine auf den Cycles-Renderer ❷ um.

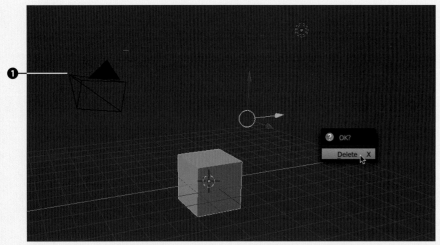

Felsen
ab Seite 277

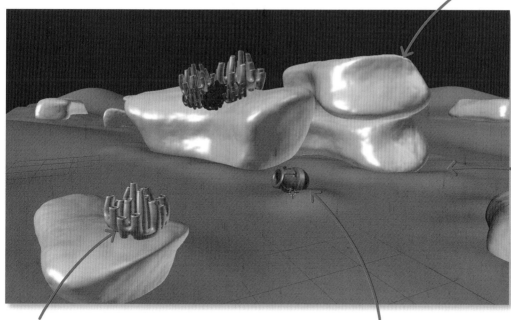

Meeresboden
ab Seite 279

Meeresschwämme
ab Seite 278

Hintergrund und
Umgebungsbeleuchtung
ab Seite 283

Amphore
ab Seite 276

Hauptbeleuchtung
ab Seite 282

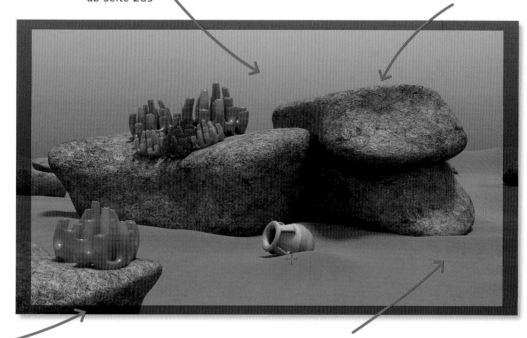

Kamera
ab Seite 287

Material Meeresboden
ab Seite 285

Hinzuladen und Platzieren der Amphore

1 Amphore hinzuladen

Beginnen wir, die momentan noch leere Szene mit Elementen zu füllen. Da wir die importierten 3D-Objekte anschließend im dreidimensionalen Raum ausrichten und positionieren möchten, benötigen wir dazu den Befehl APPEND ❶ aus dem Menü FILE (Kurzbefehl ⌂+F1).

Navigieren Sie über den FILE BROWSER wahlweise zu Ihren fertigen, gespeicherten 3D-Modellen oder zum Begleitmaterial zu diesem Buch. Im letzteren Fall klicken Sie im Verzeichnis TEXTURING die Datei »2_Tex_Amphore.blend« ❷ an.

Nach dem Anklicken der Blender-Datei bekommen wir alle zugehörigen Daten-Bestandteile säuberlich in Ordnern sortiert angezeigt. Um das Objekt der Amphore als Ganzes hinzuzuladen, wählen wir das Verzeichnis OBJECT ❸ aus.

Auf dieser Daten-Ebene der Blender-Datei finden wir neben der für die Ausleuchtung benötigten SUN-LAMP auch die gesuchte Amphore ❹. Selektieren Sie dieses Objekt durch Anklicken, und importieren Sie es über den Button APPEND FROM LIBRARY bzw. durch einfache Bestätigung mit der ⏎-Taste.

2 Amphore um Z-Achse rotieren

Die Wahrscheinlichkeit, eine kerzengerade ausgerichtete Amphore auf dem Meeresgrund zu finden, dürfte eher gering sein. Ob sie dann als Unterschlupf für Meeresbewohner attraktiv wäre, ist ebenso fraglich.

Bringen wir also die Amphore zum Liegen. Selektieren Sie die Amphore im OBJECT MODE per Rechtsklick, und drehen Sie das Objekt über die Tasten R, Z und 4 5 um 45° um die Z-Achse. Alternativ können Sie diese Transformation auch über das PROPERTIES SHELF (Taste N) über den Z-Wert ❺ im Feld ROTATION vornehmen.

3 Amphore um X-Achse rotieren

Die Amphore ist nun so gedreht, dass sie beim Umkippen zwischen zwei Henkeln aufliegt – was wohl auch in der Realität zu erwarten gewesen wäre.

Das Umlegen erfolgt wieder über das RoTATE-Werkzeug, diesmal aber um die X-Achse. Geben Sie dazu die Tasten ⌞R⌟, ⌞X⌟ sowie ⌞7⌟⌞0⌟ ein, um eine Drehung von 70° um die X-Achse zu erhalten.

4 Amphore positionieren

Das antike Gefäß ist der Aktionsmittelpunkt unserer Szene. Wechseln Sie über die Tasten ⌞3⌟ [Num] und ⌞5⌟ [Num] in die orthogonale Seitenansicht, und aktivieren Sie über die Taste ⌞G⌟ das TRANSLATE-Werkzeug. Verschieben Sie die Amphore in Y-Richtung etwas nach hinten und in Z-Richtung etwas nach unten, damit sie leicht im späteren Meeresboden einsinkt.

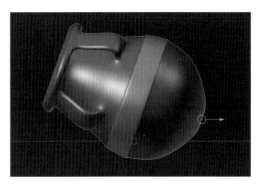

Hinzuladen und Platzieren von Felsen

1 Felsen hinzuladen und verschieben

Beim Hinzuladen der Felsen kommt wieder der Befehl APPEND aus dem Menü FILE (Kurzbefehl ⌞⇧⌟+⌞F1⌟) zum Einsatz. Navigieren Sie über den FILE BROWSER zu Ihren eigenen 3D-Modellen oder zum Begleitmaterial zu diesem Buch – hier verwenden Sie die Datei »2_Tex_Felsen.blend« aus dem Verzeichnis TEXTURING ➏. Analog zum Hinzuladen der Amphore wählen Sie das Unterverzeichnis OBJECT, um zum kompletten 3D-Objekt des Felsens zu gelangen. Importieren Sie es über den Button APPEND FROM LIBRARY bzw. durch einfache Bestätigung mit der ⌞↵⌟-Taste.

Verwenden Sie das TRANSLATE-Werkzeug (Taste ⌞G⌟) oder die Achsanfasser des Felsen-Objekts, um es ein Stück hinter die Amphore zu schieben.

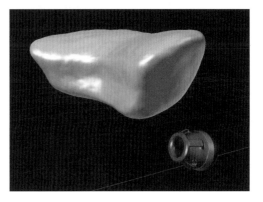

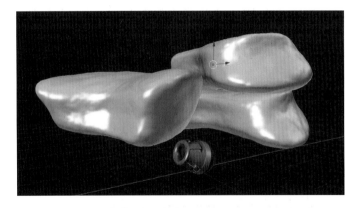

2 Felsen aufbauen

Um der Amphore etwas Schutz zu bieten und den Hauptaktionsbereich der Szene deutlich zu kennzeichnen, duplizieren (Taste D) Sie sich den Felsen zwei- oder mehrfach und bauen aus den Objekten eine einfache Felsformation.

Drehen Sie die Felsen-Objekte mit dem ROTATE-Werkzeug (Taste R) um die gewünschte Achse, um die einzelnen Felsen anschließend dicht zusammenzuschieben (Taste G).

3 Felsen skalieren und in der Szene verteilen

Bei diesem Schritt dürfen Sie sich nun kreativ austoben. Damit auch die umliegenden Bereiche Fels- bzw. Steinbrocken erhalten, erzeugen Sie beliebig viele Duplikate des Felsens, skalieren diese (Taste S) in verschiedenen Größen und verteilen die Felsen-Objekte zufällig in der Szene.

Achten Sie darauf, dass die Felsen in Z-Richtung nicht zu weit unterhalb oder oberhalb der Nullebene XY liegen.

Hinzuladen und Platzieren von Meeresschwämmen

1 Meeresschwämme hinzuladen

Wenn Sie mit der Anordnung und Verteilung der Felsen zufrieden sind, laden wir uns als Letztes noch ein paar Sorten Meeresschwämme in die Szene. Nutzen Sie auch hier wieder den Befehl APPEND aus dem Menü FILE (Kurzbefehl ⇧+F1).

Navigieren Sie über den FILE BROWSER zu den von Ihnen erzeugten Meeresschwämmen oder zum Begleitmaterial zu diesem Buch. Im letzteren Fall klicken Sie im Verzeichnis TEXTURING die Datei »2_Tex_Schwamm.blend« ❶ an. Suchen Sie sich im Daten-Unterverzeichnis OBJECT die Meeresschwämme in der bevorzugten Farbvariante aus ❷, und importieren Sie sie durch Bestätigung mit der ⏎-Taste.

2 Meeresschwämme anordnen und in der Szene verteilen

Auch bei der Anordnung und Verteilung der Meeresschwämme sind Ihre Kreativität und Ihr persönlicher Geschmack gefragt. Erzeugen Sie sich einige Duplikate der Objekte, skalieren Sie die Schwämme in verschiedene Größen, und positionieren Sie eine Gruppe auf einem Felsen im Hauptaktionsbereich. Diese Schwämme sollen für die meiste Zeit der Animation im Hintergrund zu sehen sein und durch aufsteigende Luftblasen den Unterwasser-Eindruck unterstützen.

Achten Sie beim Platzieren der Schwämme auf den Felsen auf Durchdringungen mit dem Felsen und zwischen den Meeresschwämmen. Dekorieren Sie auch einige umliegende Felsen mit Meeresschwämmen, um der Unterwasser-Szene noch mehr Leben und Farbe einzuhauchen.

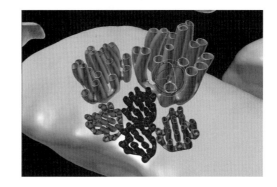

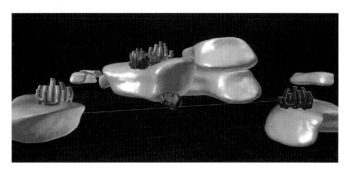

Modellieren des Meeresbodens

1 Plane erzeugen

Nachdem nun alle Elemente aus vorangegangenen Workshops hinzugeladen und zu einer Szene zusammengebaut sind, kümmern wir uns um einen Meeresboden.

Erzeugen Sie über das Menü ADD • MESH (Tasten ⬆+Ⓐ) das Mesh-Objekt einer PLANE, und rufen Sie über die Taste F6 das LAST OPERATOR-Menü ❸ auf, um dort einen RADIUS von 30 für die PLANE festzulegen.

2 Plane verschieben

Die PLANE erstreckt sich vom Welturursprung aus in alle Richtungen, doch eigentlich ist für uns eher die Region hinter dem Aktionsbereich interessant. Zoomen Sie mit dem Mausrad etwas aus der Szene, und verwenden Sie die Achsanfasser ❹ der PLANE, um sie nach hinten zu verschieben, bis alle Felsen einen Meeresboden unter sich haben.

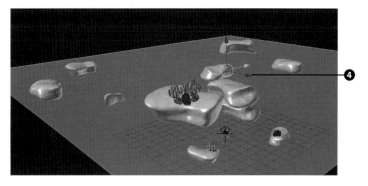

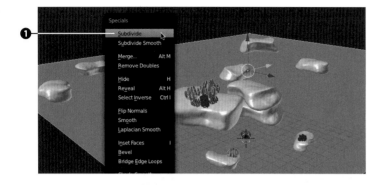

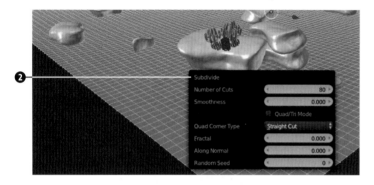

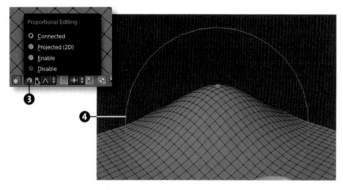

3 Plane unterteilen

Die Plane soll natürlich nicht topfeben bleiben. Zum einen werden wir mit Erhöhungen und Vertiefungen eine leichte Hügellandschaft erschaffen, zum anderen müssen wir die Felsen gut in den Meeresboden integrieren, damit die Unterwasser-Szene glaubwürdig wirken kann.

Um beide Ziele zu erreichen, benötigen wir dringend Geometrie, denn momentan besteht unsere große PLANE aus lediglich einem einzelnen Face. Selektieren Sie die PLANE per Rechtsklick, und wechseln Sie über die ⇆-Taste in den EDIT MODE.

Die Unterteilungen beschafft uns der Befehl SUBDIVIDE ❶, den Sie über das Menü SPECIALS (Taste W) erreichen. Rufen Sie direkt nach der ersten Unterteilung das LAST OPERATOR-Menü ❷ über die Taste F6 auf, und geben Sie bei NUMBER OF CUTS mindestens 80 SUBDIVISIONS vor.

4 Hügel und Vertiefungen schaffen

Für die Ausarbeitung der Erhöhungen und Vertiefungen ist PROPORTIONAL EDITING das Mittel der Wahl. Aktivieren Sie diese Option über das gleichnamige Menü in der 3D-VIEW ❸ oder einfach über die Taste O.

Navigieren Sie im Viewport zum hinteren Ende der Plane, und selektieren Sie im VERTEX SELECT-Mode einen einzelnen Vertex kurz vor der Spitze der PLANE. Halten Sie die rechte Maustaste gedrückt, und verschieben Sie den Vertex ein Stück nach oben. Ändern Sie nun durch Drehen des Mausrads den Einflussradius des Werkzeugs ❹, um einen breit auslaufenden Hügel zu erhalten.

Mit diesem gut eingestellten Werkzeug versehen Sie die PLANE mit zahlreichen Erhöhungen und Vertiefungen, bis eine ansehnliche Hügellandschaft entsteht. Achten Sie darauf, dass die Enden der PLANE von den Hügeln verdeckt sind, und halten Sie von den Felsen etwas Abstand, da wir uns im nächsten Schritt noch genauer um diese Stellen kümmern.

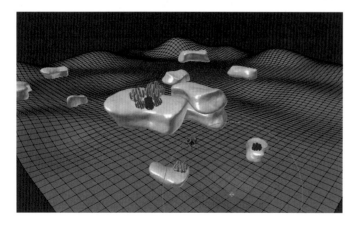

5 Um die Felsen liegende Vertices selektieren

Würden wir die Felsen einfach auf den flachen Meeresboden setzen, geriete die ganze Szene schnell unglaubwürdig. Man müsste annehmen, der Boden bestünde aus Stein oder Beton, da er dem hohen Gewicht des bzw. der Felsen standhält. Besser ist es, die Felsen leicht in den Meeresboden einsinken zu lassen, dabei aber die Randbereiche am Boden etwas anzuheben, um den verdrängten Boden bzw. den umspülten Sand zu berücksichtigen.

Für diese Arbeit benötigen wir das PROPORTIONAL EDITING nicht mehr, schalten Sie es also über das Menü in der 3D-VIEW ❺ oder über die Taste ⓪ wieder ab. Rufen Sie das CIRCLE SELECT-Tool (Taste Ⓒ) auf, und reduzieren Sie mit dem Mausrad den Selektionsradius, bis Sie die einzelnen Vertices rund um die Felsen im Hauptaktionsbereich ❻ problemlos selektieren können. Arbeiten Sie dabei ruhig etwas ungenau, um hier nicht zu gleichförmige Strukturen zu schaffen.

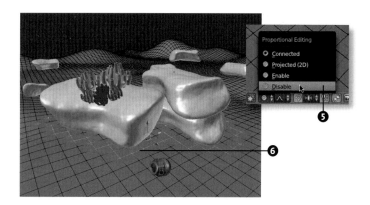

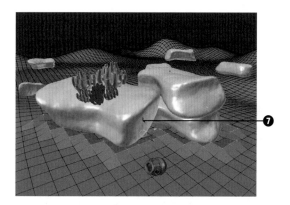

6 Vertex-Selektion verschieben

Bestätigen Sie die Selektion per Rechtsklick oder durch die ↵-Taste, und ziehen Sie die selektierten Vertices mit dem TRANSLATE-Werkzeug (Tasten Ⓖ und Ⓩ) bzw. mit dem Z-Achsanfasser ❼ ein Stück nach oben.

Korrigieren Sie gegebenenfalls einzelne Vertices, die den Felsen unerwünscht durchdringen, und verfahren Sie auch mit den anderen in unserer Szene platzierten Felsen so, um sie stimmig in den Meeresboden einzulassen.

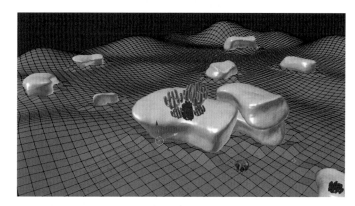

7 Subdivision Surface-Modifier zuweisen

Die Glättung der kantigen Oberfläche des Meeresbodens übernimmt ein SUBDIVISION SURFACE-Modifier, den Sie der PLANE (die Sie übrigens gerne in »Boden« umbenennen dürfen) über den MODIFIER-Tab ❽ des PROPERTIES-EDITORS zuweisen. Dabei reicht eine ein- oder zweifache Unterteilung ❾ völlig aus.

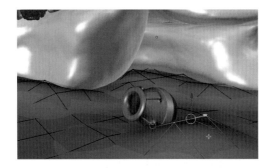

8 Einbetten der Amphore

Während wir bei den Felsen relativ grob bei der Anpassung des Meeresbodens vorgehen konnten, sollten wir uns beim Einbetten der Amphore etwas mehr Zeit nehmen. Prüfen Sie genau, bei welchen Vertices möglicherweise sichtbare Durchdringungen entstehen, und geben Sie der Amphore am Meeresboden einen festen Halt.

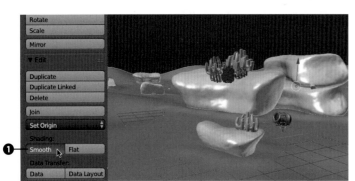

9 Glättung per Smooth Shading

Die durch den SubSurf-Modifier erzeugte Glättung der Oberfläche des Meeresbodens zeigt eine deutliche Wirkung, wir haben aber natürlich auch noch das Smooth Shading in petto, um den Meeresboden so weich wie möglich zu gestalten. Wechseln Sie dazu per ⇆-Taste in den Object Mode, und aktivieren Sie im Tool Shelf (Taste T) das Smooth Shading ❶ für unser Boden-Objekt.

Hauptbeleuchtung für die Szene

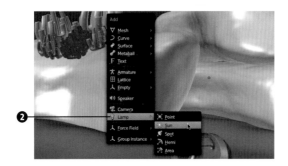

1 Sun-Lamp erzeugen

Dem Meeresboden fehlt noch ein geeignetes Material, doch um es auch richtig einrichten zu können, benötigen wir Licht in unserer Szene. Ziehen wir daher die Ausleuchtung unserer Unterwasser-Szene vor. Als Hauptlicht soll eine Sun-Lamp fungieren, die Sie sich über das Menü Add • Lamp ❷ (Tasten ⇧+A) in die Szene holen.

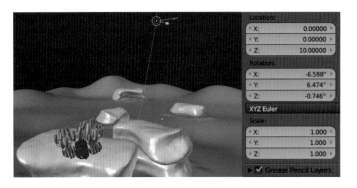

2 Sun-Lamp platzieren und ausrichten

Versetzen Sie die Sun-Lamp zunächst über den Wert der Z-Koordinate im Properties Shelf (Taste N) nach oben, und richten Sie die Sun-Lamp anschließend über die ebenfalls dort befindlichen Rotationswerte oder auch über das Rotate-Werkzeug (Taste R) aus. In meinem Beispiel ist die Lichtquelle leicht nach links und nach hinten gekippt.

3 Sun-Lamp einrichten

Nachdem die SUN-LAMP nun an Ort und Stelle sitzt, stellen wir die Lichtquelle noch nach unseren Bedürfnissen ein.

Öffnen Sie dazu den OBJECT DATA-Tab ❸ der SUN-LAMP im PROPERTIES-EDITOR, und klappen Sie das Panel LAMP ❹ auf. Die Farbe (COLOR) der Lichtquelle kann auf Weiß eingestellt bleiben, da wir später über die Umgebungs-beleuchtung noch eine Färbung ins Spiel bringen. Erhöhen Sie aber die Stärke (STRENGTH) der SUN-LAMP auf einen Wert von 3 bis 4.

4 Schattenwurf prüfen

Um die Arbeit an der Hauptlichtquelle abzuschließen, stellen Sie in der 3D-VIEW auf das VIEWPORT SHADING RENDERED um. Der Meeresboden besitzt zwar noch kein eigenes Material, dafür können wir die von unseren Objekten geworfenen Schatten umso besser erkennen. Wenn Sie mit der Helligkeit und den Schatten in der Szene zufrieden sind, kümmern wir uns um den Hintergrund.

Hintergrund und Umgebungsbeleuchtung

1 Hintergrund im World-Tab aktivieren

Der Hintergrund für unsere Unterwasserwelt soll zwei Aufgaben erfüllen: zum einen eine möglichst natürlich wirkende Hintergrund-Textur abgeben, zum anderen die Szene durch Umgebungsbeleuchtung aufhellen bzw. auch leicht einfärben.

Damit wir dem Hintergrund der Szene eine Textur geben können, öffnen Sie im WORLD-Tab ❺ des PROPERTIES-EDITORS das Panel SUR-FACE und aktivieren über den Button USE NODES ❻ die Bearbeitung im NODE-EDITOR. Da die weitere Arbeit ebenfalls im NODE-EDITOR stattfindet, holen Sie sich diesen statt der TIMELINE über das Menü der Editoren ❼ in das unterste Fenster Ihres Layouts.

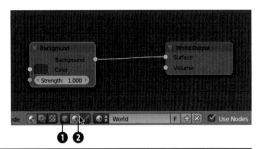

2 Node-Editor für World umstellen

Weil der NODE-EDITOR standardmäßig für die Bearbeitung von Objekt-Materialien ❶ eingestellt ist, sehen wir zunächst ein leeres Fenster vor uns. Erst wenn wir über das WORLD-Symbol ❷ explizit die Arbeit an der WORLD-Umgebung wählen, bekommen wir die zwei Basis-Nodes für den WORLD-OUTPUT sowie ein BACKGROUND-Node angezeigt. Nun können wir mit der Gestaltung des Hintergrunds beginnen.

3 Farbverlauf für den World-Hintergrund erzeugen

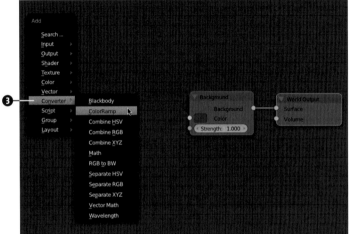

Für den Hintergrund unserer Unterwasser-Szene ist ein möglichst natürlich wirkender Farbverlauf angedacht. Um diesen Farbverlauf zu erstellen und als Farbinformation an den BACKGROUND-Node zu übergeben, benötigen wir einen COLORRAMP- sowie einen GRADIENT TEXTURE-Node.

Kümmern wir uns zunächst um die Definition des Farbverlaufs. Holen Sie sich als Erstes besagten COLORRAMP-Node über das Menü ADD • CONVERTER ❸ (Tasten ⇧+Ⓐ) in den NODE-EDITOR. Setzen Sie die Art des Verlaufs auf EASE ❹, und setzen Sie die Position des rechten Farbmarkers auf ca. 0.6. Damit gestehen wir der rechten Farbe, dem dunkleren Blau des Meeres, etwas mehr Anteil als der helleren Farbe, die Richtung Wasseroberfläche zeigt, zu. Klicken Sie die Farbmarker einzeln an, und rufen Sie über den langen Farbchip ❺ den Farbwähler auf, um für die beiden Farbmarker zwei Blautöne festzulegen.

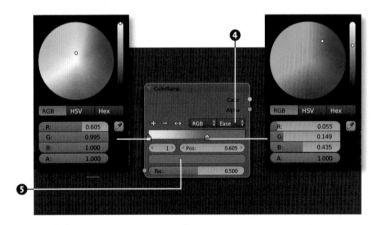

Wir haben nun im COLORRAMP-Node einen Farbverlauf gestaltet und können seinen COLOR-Ausgangs-Socket mit dem COLOR-Eingangs-Socket des BACKGROUND-Nodes verbinden, doch weiß Blender noch nicht, wie wir die Farbinformation verwenden möchten. Dies erledigt für uns der GRADIENT TEXTURE-Node ❻ aus dem Menü ADD • TEXTURE (Tasten ⇧+Ⓐ), den Sie an den FAC-Eingangs-Socket des COLORRAMP-Nodes anbinden.

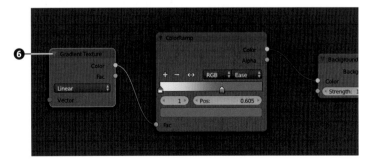

4 Farbverlauf ausrichten

Bis zu diesem Punkt haben wir die Gestaltung des Hintergrunds für die Unterwasserwelt ausschließlich im NODE-EDITOR vorgenommen. Ein Blick in die 3D-VIEW bei aktiviertem VIEWPORT SHADING RENDERED zeigt, dass wir zwar einen prächtigen Farbverlauf erzeugt haben, dieser aber im falschen Winkel im Hintergrund liegt ❼.

Wie wir bereits in Kapitel 3, »Texturing« gelernt haben, benötigen wir für die Justierung einer Textur zwei weitere Nodes: den Input aus dem TEXTURE COORDINATE-Node ❽ und einen MAPPING-Node ❾, über den wir die Transformation vornehmen können. Holen Sie sich die beiden Nodes aus dem Menü ADD • INPUT (Tasten ⇧+A) bzw. dem Menü ADD • VECTOR, und verbinden Sie den MAPPING-Node mit dem GRADIENT TEXTURE-Node ❿. Schließen Sie die OBJECT-Koordinaten am VECTOR-Ausgang des TEXTURE COORDINATE-Nodes an. Im MAPPING-Node nehmen Sie TEXTURE als Vektortyp und korrigieren den Winkel des Farbverlaufs über den Y-Wert der ROTATION. Ein Versatz über den Z-Wert der LOCATION platziert den Farbverlauf wie gewünscht in den Hintergrund unserer Szene.

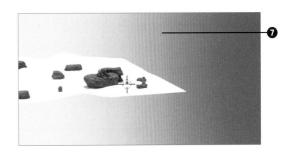

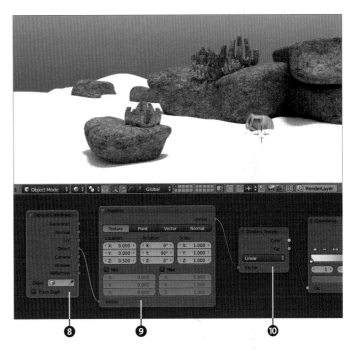

Material für den Meeresboden

1 Material anlegen

Für das Material des Meeresbodens soll ein Allround-Shader zum Einsatz kommen, den wir bislang sträflich vernachlässigt haben: PRINCIPLED BSDF.

Selektieren Sie zunächst den Boden, und erzeugen Sie im MATERIAL-Tab ⓬ des PROPERTIES-EDITORS über den Button NEW ⓫ ein neues Material mit passendem Namen. Klappen Sie das Panel SURFACE des Meeresboden-Materials auf, und wählen Sie den Shader PRINCIPLED BSDF ⓭ aus dem Menü der Shader für die Oberfläche des Bodens aus.

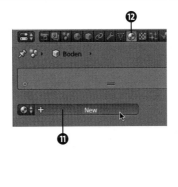

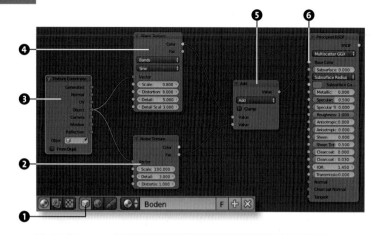

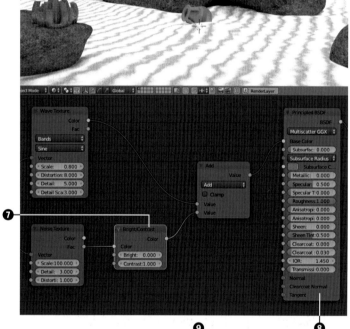

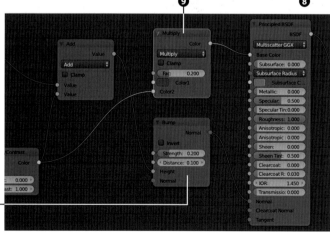

2 Bump-Map erstellen

Wechseln Sie im NODE-EDITOR in den MATERIAL-Modus ❶, und erzeugen Sie aus dem Menü ADD • INPUT (Tasten ⇧+A) einen TEXTURE COORDINATE-Node ❸, aus dem Menü ADD • TEXTURE einen WAVE TEXTURE- ❹ und einen NOISE TEXTURE-Node ❷ sowie einen MATH-Node vom Typ ADD ❺ aus dem Menü ADD • CONVERTER.

Damit wir die Bump-Map in der 3D-VIEW beurteilen können, schließen Sie die Nodes, nachdem Sie sie miteinander verschaltet haben, an den BASE COLOR-Eingangs-Socket ❻ des PRINCIPLED-Shaders an. Verwenden Sie die Textur-Koordinaten des OBJECTS für die beiden prozeduralen Texturen. Die WAVE-Textur sorgt dabei für eine leicht angedeutete Wellenstruktur, die NOISE-Textur für die Körnung der Oberfläche, beides verrechnet der MATH-Node vom Typ ADD miteinander. Um den Kontrast der NOISE-Textur etwas zu erhöhen, schalten Sie einen BRIGHT/CONTRAST-Node ❼ aus dem Menü ADD • COLOR dazwischen.

Im PRINCIPLED-Shader ❽ selbst setzen Sie lediglich den METALLIC-Wert auf 0 und die ROUGHNESS auf 1, mehr ist hier nicht zu tun. Um die Bump-Map für den PRINCIPLED-Shader zu verwenden, holen Sie einen BUMP-Node ❿ aus dem Menü ADD • VECTOR und verbinden seinen NORMAL-Ausgang mit dem NORMAL-Eingang des PRINCIPLED-Shaders. Reduzieren Sie die Stärke (STRENGTH) im BUMP-Node auf 0.2, um den Effekt abzuschwächen.

3 Material-Farbe definieren

Verwenden wir die feine Körnung der NOISE-Textur weiter. Holen Sie sich einen MIXRGB-Node aus dem Menü ADD • COLOR, und setzen Sie ihn auf MULTIPLY ❾ bei einem FAC-Wert von 0.2. Verbinden Sie den COLOR-Ausgang des BRIGHT/CONTRAST-Nodes mit dem COLOR2-Eingang des MIXRGB-Nodes. Wählen Sie bei COLOR1 ein dunkles Grau, und verbinden Sie seinen COLOR-Ausgang mit dem BASE COLOR-Eingang des PRINCIPLED-Shaders.

4 Fertige Unterwasserwelt

Ist Ihnen aufgefallen, dass der PRINCIPLED BSDF-Shader bei der Erstellung des Meeresboden-Materials eine eher zurückhaltende Rolle gespielt hat? So mächtig und umfangreich der PRINCIPLED-Shader ist, er ermöglicht schnelle und wirklich gute Ergebnisse. Der Meeresboden hat die gewünschte sandige Oberfläche mit leichtem FRESNEL-Effekt erhalten, die WAVE-Textur gibt dem Boden eine von Strömungen geformte Struktur – alles unter leichter Körnung der NOISE-Textur.

Kamera ausrichten

1 Viewport-Ansicht an die Kamera übertragen

Die Unterwasser-Szene ist fertiggestellt und wartet nur noch auf unseren Oktopus. Im nächsten Kapitel »Animation« bekommt der Krake ein animierbares Knochengerüst und darf auf seiner Amphore Platz nehmen.

Zum Ende dieses Workshops kümmern wir uns noch um die Ausrichtung der Kamera in unserer Szene. Bestimmt haben Sie bei der Arbeit im Viewport eine besonders gefällige Kameraperspektive gefunden.

Um nun diese Ansicht der 3D-VIEW auf die CAMERA unserer Szene ⓫ zu übertragen, verwenden Sie den Kurzbefehl Strg/Ctrl + Alt + O [Num].

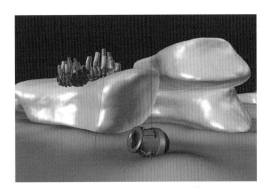

2 Kamera-Ansicht anpassen

Wechseln Sie zur Überprüfung über die Taste O [Num] in die Ansicht der CAMERA. Durch die andere Brennweite (FOCAL LENGTH) oder auch CLIPPING können durchaus Abweichungen vorliegen.

Zum Bewegen der Kamera verwenden Sie einfach die bekannten TRANSLATE- (Taste G) und ROTATE-Werkzeuge (Taste R) oder, wenn Sie wie im Viewport navigieren möchten, die Option LOCK CAMERA TO VIEW ⓬.

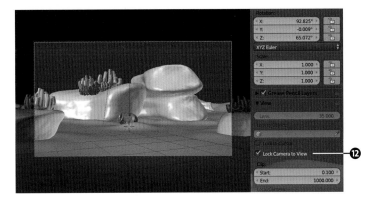

Kapitel 5
Animation und Simulation

Blender bietet uns verschiedenste Möglichkeiten, unseren 3D-Modellen endlich Leben einzuhauchen. Neben der klassischen Animation per Keyframes, Pfaden oder Abhängigkeiten lassen sich auch Partikelsysteme und physikalische Simulationen aufbauen und rendern.

Zum Einstieg in dieses umfangreiche Thema befassen wir uns mit Keyframes und den vielfältigen Editoren, über die Sie Animationen erstellen und bearbeiten. Anschließend erfahren Sie, wie Sie 3D-Charakteren ein animierbares Skelett verleihen. Zum Abschnitt »Simulation« gehören Partikel, die Sie emittieren, aber auch wachsen lassen können, sowie physikalische Vorgänge wie Kollisionen, Fluids, Rauch oder Feuer.

In den darauf folgenden Workshops kommen die verschiedenen Animationstechniken dann zu ihrem Praxiseinsatz, vom Antrieb unserer Dampflokomotive mit ordentlich Qualm bis hin zur Character-Animation des Oktopus.

Keyframe-Animation
Animation mit Timeline, Dope Sheet und Graph-Editor 290

Character-Animation
Animation mit Bones, Armatures und Constraints 298

GRUNDLAGENEXKURS: Forward und Inverse Kinematik
Zwei kinematische Konzepte (nicht nur) für die Character-Animation 304

Simulation
Animation mit Modifiern, Partikelsystemen und Physics 306

Animation der Lokomotive
Constraints, Driver, Physics und Keyframes in der Praxis 320

    Aufbau des Lok-Antriebs mit Constraints 322
    Drehung der Räder per Driver 332
    Dampf für die Lokomotive per Smoke 333
    Animation der Lokomotive mit Keyframes 337
    Simulation mit Rigid Body-Physics 340

Animation einer Unterwasserwelt
Partikelsysteme, Cloth und Kraftfelder in der Praxis 344

    Simulation von Luftblasen mit Partikeln 346
    Simulation bewegter Pflanzen mit Cloth 350

Character-Animation des Oktopus
Mit Bones, Constraints und Shape Keys Leben einhauchen 354

    Aufbau des Bone-Gerüsts 356
    Constraints zuweisen und Arm-Bones duplizieren 362
    Binden der Geometrie an das Bone-Gerüst 364
    Shape Keys für die Animation der Stirn 367
    Ausarbeiten der Kontrollelemente für die Animation 368
    Einbinden des geriggten Oktopus in die Unterwasserwelt 371
    Animation der Kamerafahrt 373
    Character-Animation des Oktopus 374

Keyframe-Animation

Animation mit Timeline, Dope Sheet und Graph-Editor

Ganz nüchtern betrachtet, ist Animation die Veränderung eines Zustandes (zum Beispiel der Position, Rotation und Skalierung) bzw. einer Eigenschaft (meist als Parameter beschrieben) über die Zeit. In den sogenannten *Keyframes* (Schlüsselbildern) sind die für den jeweiligen Zeitpunkt festgeschriebenen Informationen zu den animierten Elementen gespeichert. Zwischen zwei Keyframes interpoliert Blender die anliegenden Werte über eine beliebig definierbare Funktions(F-)Kurve.

Diese grundlegende Animationsmethode finden Sie in praktisch jeder Animationssoftware, egal, ob in 2D oder 3D. Genauso etabliert ist die TIMELINE (Zeitleiste) als Basisinstrument für die Erstellung, Verwaltung und Wiedergabe einer Animation.

Timeline | Der TIMELINE-EDITOR ist Bestandteil des STANDARD-SCREEN LAYOUTS und teilt sich grob in die Bereiche TIMELINE sowie Menüs bzw. Abspiel- und Aufnahmekontrolle. Der hellgraue Bereich ❷ in der TIMELINE kennzeichnet den Animationsbereich, während die dunkelgrauen Randzonen ❶ keine Keyframes zulassen. Besitzt das aktive Objekt Keyframes, oder, auch kurz, Keys, erkennen Sie diese an den gelben Strichen ❸ in der TIMELINE. Das aktuell angezeigte Bild (FRAME) markiert der grüne Abspielkopf ❹.

Um den Abspielkopf auf einen anderen Zeitpunkt zu setzen, klicken Sie mit der linken Maustaste in die TIMELINE. Auch die numerische Eingabe des Frames ist über das Feld ❽ möglich. Die gewohnte Navigation per Mausrad-Taste funktioniert auch in der TIMELINE.

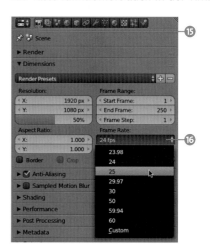

Die Dauer der Animation ergibt sich aus der Anzahl Bilder von START- zum END-Frame ❼ und der Bildrate (FRAME RATE) ⑯ der Animation. Auf dem RENDER-Tab ⑮ des PROPERTIES-EDITORS können Sie diese im Panel DIMENSION für die Szene festlegen. Dort ist auch die Animationslänge (FRAME RANGE) hinterlegt, schneller geht es allerdings über das START- bzw. END-Feld ❼ der TIMELINE.

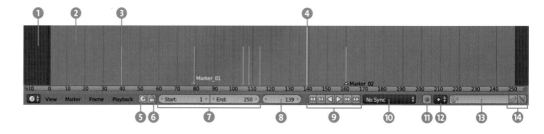

Um Bild für Bild durch die Animation zu navigieren, verwenden Sie einfach die Tasten → bzw. ←. Halten Sie dabei die ⇧-Taste gedrückt, und springen Sie an den Anfang bzw. das Ende des Animationsbereichs. Mit den Tasten ↑ bzw. ↓ gelangen Sie zum nächsten bzw. vorherigen Keyframe. Bei zugleich gedrückter ⇧-Taste springen Sie im Animationsbereich 10 Frames weiter bzw. zurück. Apropos Animationsbereich: Sie können diesen über den Button ❺ temporär neu definieren, um sich auf einen bestimmten Teilbereich zu konzentrieren. Der Button ❻ verhindert auf Wunsch gleichzeitig, dass außerhalb dieses Bereichs neue Keys entstehen.

Die Abspielsteuerung ❾ der TIMELINE dürfte Ihnen hinlänglich bekannt sein, etwas schneller starten bzw. stoppen Sie die Animation allerdings mit den Tasten Alt+A. Da die Abspielrate im Viewport stark von der Komplexität der Szene abhängt, können Sie über das SYNC-Menü ❿ entscheiden, ob die Animation trotzdem jeden Frame abspielt (NO SYNC), Frames gegebenenfalls auslässt (DROP FRAMES) bzw. zudem auf einen Audio-Track achtet (A/V SYNC).

Keyframes | Wie erzeugen Sie nun ein Keyframe bzw. einen Key? Egal, ob Sie das Keyframe über den Viewport oder in einem der unzähligen Panels erzeugen möchten – Sie drücken die Taste I. Je nach gewähltem

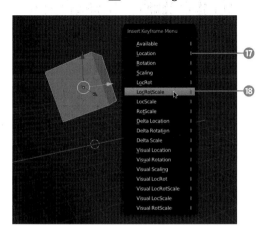

Objekt oder Panel erwartet Sie eine Auswahl der verfügbaren Parameter ⓱ bzw. Parameter-Kombinationen ⓲ (sogenannte KEYING SETS), die Sie in einem Keyframe speichern können.

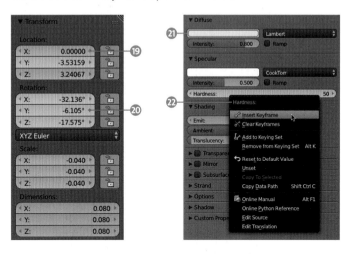

Sobald eine Eigenschaft bzw. ein Parameter mindestens einen Keyframe besitzt, erkennen Sie dies an der Einfärbung ⓳ bzw. Umrandung ㉑. An der gelben Farbe ⓴ erkennen Sie, dass der Key auf dem aktuellen Frame liegt, die grüne Farbe ⓳ weist auf einen Key für den Parameter vor oder nach dem aktuellen Frame hin. Zum Löschen eines Keyframes verwenden Sie die Tasten Alt+I.

Diese und weitere Befehle für die Arbeit mit Keyframes finden Sie auch im Kontextmenü ㉒, das Sie per rechter Maustaste aufrufen. Unter anderem können Sie Parameter zu eigenen KEYING SETS zusammenstellen, um sie stets gemeinsam in Keys aufzunehmen. Für die komfortable Arbeit mit KEYING SETS bietet auch der TIMELINE-EDITOR ein paar Funktionen. Im Feld ⓭ geben Sie das gewünschte KEYING SET an, während Sie über die Buttons daneben ⓮ entscheiden, ob die Keys gespeichert oder gelöscht werden sollen.

Mit dem Aufnahmebutton ⓫ aktivieren Sie die automatische Generierung von Keyframes bei jeder Transformation des Objekts. Über das kleine Menü der KEYFRAME TYPES ⓬ können Sie das zu erstellende Keyframe vorab klassifizieren – je nach Art der Animationsphase. Dies dient allerdings nur der Orientierung über die vorliegende Animation.

MARKER sind eine gute Möglichkeit, um den Überblick in der TIMELINE zu behalten. Die Taste M fügt an der aktuellen Abspielposition einen MARKER ❶ ein, den Sie danach über das gleichnamige Menü des TIMELINE-EDITORS bearbeiten und umbenennen können.

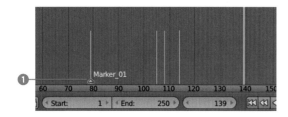

Dope Sheet | Die TIMELINE ist ein gutes Instrument für die grobe Erstellung einer Animation, für die weitere Arbeit an den Keyframes ist allerdings der tabellarische DOPE SHEET-EDITOR das wesentlich bessere Werkzeug. Sie finden das DOPE SHEET im Editoren-Menü ⑳, darüber hinaus ist es auch Bestandteil des SCREEN LAYOUTS ANIMATION.

In der linken Spalte finden Sie die Objekte Ihrer Szene, die Keyframes besitzen, hierarchisch nach Datenblock ❺, Aktion ❹, Keyframe bzw. KEYING SET ❸ und Eigenschaft ❷ aufgelistet. Über die Option SHOW SLIDERS aus dem Menü VIEW ⑲ können Sie sich die aktuellen Werte ❻ für jede animierte Eigenschaft anzeigen lassen. Drei Icons ❼ lassen Sie für jede Eigenschaft die enthaltenen MODIFIER bzw. Keyframes stummschalten bzw. vor Bearbeitung schützen.

Die rechte Spalte des DOPE SHEET-EDITORS erinnert an die TIMELINE, Keyframes stellen sich als weiße ❽ bzw. (wenn selektiert) als gelbe Rechtecke dar. Bereiche zwischen Keyframes mit unveränderten Werten sind mit einem Balken ❾ versehen. Um ein oder mehrere Keys zu bearbeiten, selektieren Sie diese per Rechtsklick oder einem anderen Auswahl-Werkzeug und halten beim Verschieben am Anfang die Maustaste gedrückt.

Die Option SUMMARY ⑰ gibt Aufschluss darüber, an welchen Zeitpunkten sich Keyframes befinden. Wenn Sie nur Keyframes des momentan aktiven Objekts angezeigt bekommen möchten, klicken Sie auf das Icon ⑯, der Geist ⑮ blendet Keys eigentlich versteckter Bones eines Character-Rigs ein. Der kleine Rettungsring ⑭ wertet nach fehlerhaften Drivern aus – mehr dazu später. Umfangreichere Szenen bzw. DOPE SHEETS können Sie über die Suche ⑬ bzw. über Filter ⑫ durchforsten. Ob Keys beim Verschieben auf nahe gelegene Marker, volle Sekunden oder auch einfach das nächste Frame snappen sollen, legen Sie im Auswahlmenü ⑪ fest.

Keyframes können aber nicht nur verschoben oder skaliert (natürlich funktioniert die Taste S auch hier), sondern auch kopiert

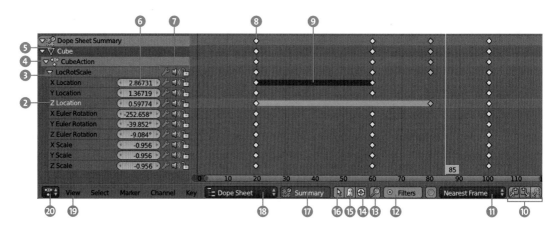

und eingefügt werden. Drei Icons ⑩ bieten Ihnen unterschiedliche Optionen für exakte Ergebnisse an.

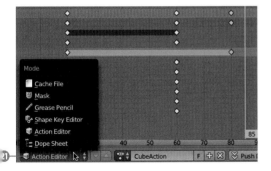

Neben der normalen DOPE SHEET-Ansicht bietet Ihnen der DOPE SHEET-EDITOR über sein Auswahlmenü ⑲ bzw. ㉑ weitere Modi an, die sich in der Ausrichtung der Bearbeitung unterscheiden. Der ACTION-EDITOR konzentriert sich auf die Erstellung und Verwaltung von Aktionen, um Keyframes zu bündeln und Animationen weiterzuverwenden. Im SHAPE KEY-EDITOR arbeiten Sie mit den SHAPE KEYS eines Mesh-Objekts. Auch der GREASE PENCIL, MASKEN und die CACHE FILES besitzen Animationsfeatures, weshalb sich hier im DOPE SHEET-EDITOR eigene Modi dafür finden.

Graph-Editor | Das Feintuning Ihrer Animation erfolgt im GRAPH-EDITOR. Animierte Objekte starten, beschleunigen, verlangsamen

und stoppen – lineare Bewegungen sind und wirken unnatürlich. Der GRAPH-EDITOR stellt Ihnen diese Bewegungskurven grafisch dar und lässt Sie über KURVENTYPEN, INTERPOLATIONSARTEN und sogar MODIFIER noch weiter daran feilen. Auch der GRAPH-EDITOR ist über das Editoren-Menü ㉒ zu erreichen, und auch er gehört zum SCREEN LAYOUT ANIMATION.

Der Aufbau des GRAPH-EDITORS ähnelt stark dem NODE-EDITOR. Links finden Sie die hierarchisch gegliederten Objekte mit den animierten Eigenschaften ㉓, im Haupt-Arbeitsbereich können Sie die sogenannten F-CURVES über die als Kontrollpunkte ㉔ fungierenden Keyframes und – je nach gewählter INTERPOLATIONSART – über die Anfasser ㉕ modifizieren. Das PROPERTIES SHELF (Taste Ⓝ) bietet Ihnen stets Zugriff auf die anliegenden INTERPOLATIONSART ㉖, Key-Werte ㉗ und die Anfassertypen ㉘. Letztere ändern Sie auch direkt am Kontrollpunkt über die Taste Ⓥ.

Solange sich F-CURVES im GRAPH-EDITOR punktiert zeigen, befinden sie sich nicht im EDIT MODE (Ⓢ-Taste). Überhaupt funktionieren die Selektions- und Transformations-Werkzeuge auch im GRAPH-EDITOR wie gewohnt. Um für eine F-CURVE einen Kontrollpunkt und damit auch einen neuen Keyframe zu erzeugen, halten Sie die Ⓢⓣⓡⓖ/ Ⓒⓣⓡⓛ-Taste gedrückt und setzen den neuen Punkt per Linksklick.

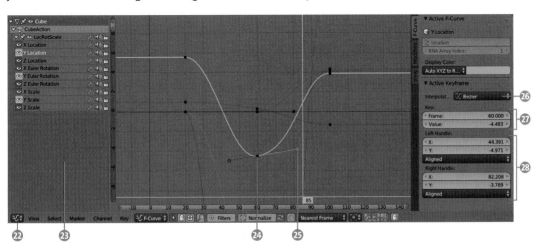

Beim Erzeugen neuer Keyframes legt Blender standardmäßig einen weichen Übergang in Form des Interpolationstyps BEZIER an.

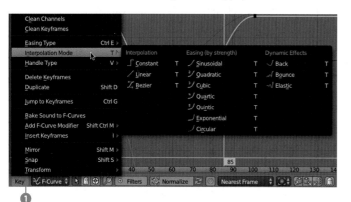

Über die zugehörigen Einstellungen im PRO-PERTIES SHELF (Taste N) oder auch über das Menü KEY • INTERPOLATION MODE ❶ steht Ihnen darüber hinaus ein sprunghafter Werte-wechsel (CONSTANT) sowie eine lineare Inter-polation zur Verfügung. Mit insgesamt sieben verschiedenen EASING-Kurven und drei dyna-mischen Effekten lassen sich die Übergänge spannend gestalten, ohne mühsam die jewei-ligen Kurven zeichnen zu müssen. Der EASING TYPE, den Sie zusätzlich wählen, definiert, ob die Kurve vorne nach dem ersten Key, hinten vor dem zweiten Key, an beiden Stellen oder automatisch angelegt werden soll.

F-CURVES lassen sich aber nicht nur manu-ell oder über vorgefertigte Typen erzeugen, der GRAPH-EDITOR arbeitet auch mit eigenen MODIFIERN, die Sie den Kurven über ein Aus-wahlmenü im Tab und Panel MODIFIERS ❷ des PROPERTIES SHELFS zuweisen.

Der Modifier wirkt fortan auf diese F-CURVE, die Feinjustierung nehmen Sie in den zugehö-rigen Einstellungen ❸ vor.

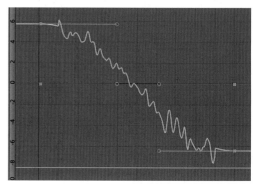

Die F-CURVE-Modifier funktionieren, wie Sie es von den normalen Modifiern gewohnt sind. Sie werden in einem MODIFIER STACK ab-gearbeitet und lassen sich über den X-Button ❹ rückstandsfrei entfernen.

NLA-Editor | Werfen wir der Vollständigkeit halber auch einen kurzen Blick auf den NLA (NON-LINEAR ANIMATION)-EDITOR. Wie der Name schon andeutet, lösen wir uns in die-sem Editor ein Stück weit von den strengen linearen Gegebenheiten der TIMELINE. Wir erzeugen stattdessen separate ACTIONS, die sich anschließend wie in einem Videoschnitt-programm beliebig miteinander kombinieren, überblenden, aneinanderreihen etc. lassen.

Ausgangspunkt für eine wiederverwendbare Animationssequenz ist stets die ACTION, die Blender bei der Erstellung jeder Keyframe-Animation automatisch anlegt.

Der NLA-EDITOR, den Sie über das Editoren-Menü ❻ erreichen, zeigt deshalb auch le-diglich die verfügbare ACTION, versehen mit einem Doppelpfeil-Button ❺, an. Klicken Sie auf diesen Button, wandelt der NLA-EDITOR die Action in einen ACTION STRIP um und setzt ihn auf eine eigene Ebene bzw. Zeile, den sogenannten TRACK **❼**.

rechten Maustaste auf den Parameter **❾** und fügen über ADD DRIVER (Tasten [Strg]/ [Ctrl]+[D]) einen Treiber (DRIVER) hinzu.

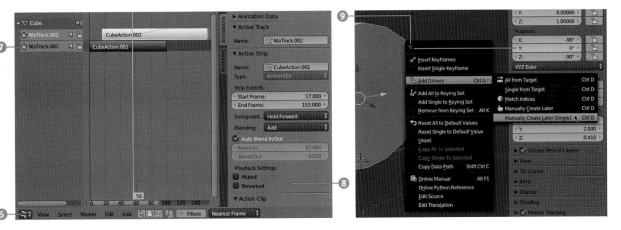

Über das Menü ADD können Sie weitere Tracks erzeugen und beliebig mit Strips bestücken. Neben den aus den Actions generierten Action Strips lassen sich auch Übergänge (TRANSITION STRIPS) und zusammengefasste Strips (META STRIPS) erzeugen und einbinden. Im PROPERTIES SHELF **❽** (Taste [N]) finden Sie wie gewohnt die jeweils verfügbaren Funktionen und Parameter für TRACK, STRIPS und ACTIONS.

Das Verschieben, Skalieren, Duplizieren oder auch Löschen von Strips erfolgt über die bekannten, mittlerweile sicher in Fleisch und Blut übergegangenen Tastenkürzel.

Driver | Alle bisher betrachteten Animationsmethoden bekamen die Informationen zum Start und Ende zweier Keyframes von uns als Anwender vorgegeben – sei es durch Transformationen im Viewport oder numerisch per Parameter. Dabei ist es oft wesentlich komfortabler, Abhängigkeiten zu knüpfen, also eine Eigenschaft von einem beliebigen Parameter, Zeitpunkt oder Wert steuern zu lassen.

Diese Möglichkeit ist tief in Blender verankert und im GRAPH-EDITOR als Bearbeitungsmodus hinterlegt. Um eine Objekteigenschaft fremd steuern zu lassen, klicken Sie mit der

Damit ist zumindest schon einmal festgelegt, dass diese Objekt-Eigenschaft von einem anderen Parameter gesteuert werden soll. Der GRAPH-EDITOR bietet nun in seinem Modus DRIVERS **❿** eine Fülle an Möglichkeiten, die Abhängigkeit zu definieren und mit zusätzlichen Faktoren zu verknüpfen.

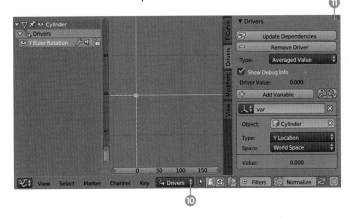

Das Einrichten des Drivers erfolgt über das Panel bzw. den Tab DRIVERS **⓫** im PROPERTIES SHELF des GRAPH-EDITORS. Hier definieren Sie den Wertetyp (TYPE), binden zusätzliche Variablen an, wählen das steuernde OBJECT mit dem treibenden Parameter (TYPE) und das dabei als Bezugssystem verwendete Koordinatensystem (SPACE).

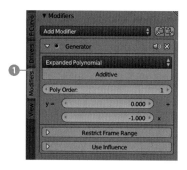

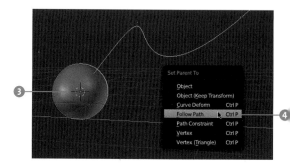

Zusätzlich zu den Funktionen im Tab DRIVERS finden Sie im Tab bzw. Panel MODIFIERS ❶ verschiedene Modifier, die sich zur Anpassung, Korrektur oder weiterführenden Manipulation auf den Driver und damit den getriebenen Parameter verwenden lassen.

Über Driver gesteuerte Parameter erkennen Sie übrigens an violett hinterlegten Feldern in den jeweiligen Panels ❷.

Die Pfad-Animation ist damit auch schon erstellt und lässt sich über den OBJECT DATA-Tab ❺ im PROPERTIES-EDITOR des Curve-Objekts justieren. Im Panel PATH ANIMATION ❻ legen Sie über den Parameter FRAMES fest, wie viele Bilder das CHILD-Objekt benötigt, um den kompletten Pfad zu durchlaufen.

Über die Option FOLLOW bestimmen Sie, ob das animierte Objekt sich dabei am Verlauf der Curve ausrichtet.

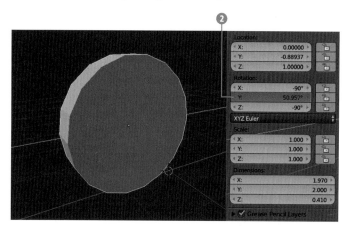

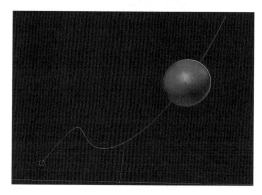

Pfad-Animationen

Eine weitere Möglichkeit, ein Objekt mithilfe eines anderen Objekts zu animieren, ist die Pfad-Animation. Die in Blender verfügbaren Curves lassen sich dabei als Bewegungspfad definieren.

Achten Sie darauf, dass der Ursprung des zu animierenden Objekts auf dem Anfangs-Vertex ❸ liegt, bevor Sie es dem CURVE-Objekt über den Befehl SET PARENT TO • FOLLOW PATH (Tasten ⌷Strg⌷/⌷Ctrl⌷+⌷P⌷) ❹ als CHILD unterordnen.

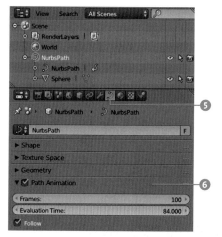

Grease Pencil

Der GREASE PENCIL ist ein umfangreiches Zeichen-Werkzeug, mit dem Sie Anmerkungen und Skizzen direkt in Ihrem Arbeitsbereich hinterlegen können. Weil die Möglichkeit, Änderungsvorschläge und -wünsche so unmittelbar weiterzugeben, eigentlich in jedem Projektstadium willkommen ist, finden Sie das GREASE PENCIL-Tool stets im gleichnamigen Tab ⑪ des TOOL SHELFS (Taste T), die zugehörigen Einstellungen in den Panels GREASE PENCIL LAYERS bzw. COLORS des PROPERTIES SHELFS ⑫ (Taste N).

Wie in einem eigenen Bildbearbeitungsprogramm arbeiten Sie dabei ebenenbasiert mit verschiedenen Pinseln (DRAWING BRUSHES) ⑧, anpassbaren Pinselspitzen (BRUSH CURVES) ⑦ und etlichen dazugehörigen Parametern. Ihre angefertigte Skizze bezieht sich dabei stets auf das aktuelle Bild (FRAME) im Viewport.

Zum Zeichnen aktivieren Sie ein DRAW-Tool ⑩ oder halten die Taste D gedrückt, schon dürfen Sie sich bei gedrücker linker Maustaste in der 3D-VIEW kreativ austoben.

Der GREASE PENCIL berücksichtigt während Ihrer Arbeit einen Bezugspunkt, den Sie über das STROKE PLACEMENT ⑨ angeben. Arbeiten Sie in der VIEW, bleibt Ihre Zeichnung auch beim Ändern der Viewport-Ansicht an Ort und Stelle. Mittels CURSOR bzw. STROKE bleibt die Skizze beim Ändern der Ansicht am Cursor bzw. der bestehenden Zeichnung (den STROKES) ausgerichtet. Über die Option SURFACE malen Sie in 3D direkt auf das Objekt.

Eine eigene Ebenenverwaltung für die Skizzen finden Sie im Panel GREASE PENCIL LAYERS ⑬ des PROPERTIES SHELFS. Die Option ONION SKINNING ⑭ blendet die vorangegangenen sowie nachfolgenden Zeichnungen vom aktuellen FRAME ausgehend schrittweise ein bzw. aus und hilft, eine bestehende oder im Aufbau befindliche Animation zu analysieren. Alle Farbeinstellungen zum GREASE PENCIL sind im Panel GREASE PENCIL COLORS ⑮ hinterlegt.

Das ursprünglich für Anmerkungen implementierte Werkzeug hat sich im Laufe der Zeit zu einem echten Zeichentool entwickelt, mit dem sogar 2D-Animationen realisierbar sind.

Character-Animation

Animation mit Bones, Armatures und Constraints

Character-Animation gilt zurecht als die Königsdisziplin im 3D-Bereich. Denn bis es an die eigentliche Animation geht, müssen wir den jeweiligen Character, egal, ob Mensch, Hund oder Oktopus, akribisch auf die geforderten Bewegungsmöglichkeiten vorbereiten.

Zunächst erhält der Character ein aus den sogenannten Bones bestehendes Knochengerüst. Mithilfe von Wichtungen bzw. VERTEX GROUPS bekommen die Vertices des Mesh-Objekts anschließend mitgeteilt, von welchen Bones sie wie stark beeinflusst und damit deformiert werden. Zu guter Letzt geht es an die Steuerung des sogenannten Character-Rigs, hier helfen Constraints bei der Kontrolle des nun animierbaren Characters.

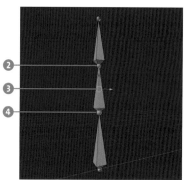

Armatures und Bones

Ein Bone ist immer Teil eines Gerüsts (der Armature), Sie erzeugen ihn über das Menü ADD • ARMATURE ❶ (Tasten ⬆+Ⓐ). Bones setzen sich aus drei Teilen zusammen: dem Kopf (HEAD) ❹, dem Rumpf (BODY) ❸ und der Wurzel (TAIL) ❷.

Die Bones in einem Skelett sind hierarchisch miteinander verbunden. Um dies gleich beim Aufbau der Bone-Kette zu berücksichtigen,

erzeugen Sie im EDIT MODE (Taste ⬆) neue untergeordnete Bones durch eine Extrusion ❺ (Taste Ⓔ) aus dem vorhandenen Bone. Auch die Unterteilung eines Bones in zwei Teile ist möglich, wie gewohnt über den Befehl SUBDIVIDE ❻ aus dem Menü SPECIALS (Taste Ⓦ) oder im TOOL SHELF (Taste Ⓣ).

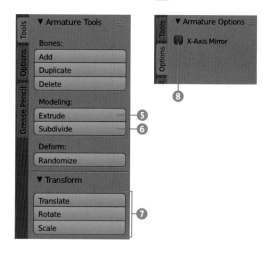

Natürlich gelten auch bei der Arbeit mit Bones die Transformationen TRANSLATE, ROTATE und SCALE (Ⓖ, Ⓡ und Ⓢ) ❼. Im Tab OPTIONS versteckt sich die für Character aufgrund ihrer Symmetrie wichtige Option X-AXIS MIRROR ❽, um die Arbeit an den Bones automatisch auf die andere Seite zu spiegeln.

Werfen wir einen Blick auf die Einstellungen der Objekte ARMATURE und BONES. Je nachdem, welcher Modus (EDIT bzw. POSE MODE) aktiv ist, zeigt Ihnen der OBJECT DATA-Tab ❾ bzw. ⓱ die gerade verfügbaren Panels.

Armature | Beginnen wir mit dem Gerüst-Überobjekt, der ARMATURE. Im Panel SKELETON ❿ wählen Sie, ob Sie die im EDIT MODE erarbeitete Ausgangs-Pose (REST POSITION) oder die zuletzt im POSE MODE erarbeitete POSE POSITION angezeigt bekommen. Bei komplexeren Characters empfiehlt sich die Organisation der Armature in LAYERS.

Das Panel DISPLAY ⑪ enthält verschiedene Optionen für die Darstellung der Bones und zugehöriger Informationen wie Namen und Achsen in der 3D-VIEW. Neben der klassischen Darstellung OCTAHEDRAL lassen sich die Knochen auch als Stäbe (STICKS), Quader (B-BONE), Kapsel (ENVELOPE) oder Linie (WIRE) anzeigen. Hervorzuheben ist die Option X-RAY, die dafür sorgt, dass Sie die Bones auch sehen und bearbeiten können, wenn sie sich innerhalb eines Meshs befinden.

Zu einer bestimmten Funktionsgruppe gehörige Bones lassen sich in sogenannten BONE GROUPS ⑫ zusammenstellen und auf diese Weise gemeinsam ansprechen.

Um bestimmte Posen eines Characters speichern und später wieder abrufen zu können, bietet sich das Anlegen einer eigenen POSE LIBRARY ⑬ an.

Das Panel GHOST ⑭ ermöglicht ähnlich wie der GREASE PENCIL eine ONION SKIN-Darstellung mit abgeschwächten Bone-Einblendungen von vorhergehenden und nachfolgenden Frames.

Den für die Armature verwendeten IK-Lösungsalgorithmus legen Sie im Panel INVERSE KINEMATICS ⑮ fest. Mehr dazu in Kürze.

Bones | Klappen Sie die ARMATURE im OUTLINER auf, erkennen Sie die enthaltene hierarchische Bone-Struktur ⑯. Jedes dieser Bone-Objekte besitzt in seinem OBJECT DATA-Tab ⑰ eigene, von der ARMATURE unabhängige Einstellungen.

Wie für jedes andere Objekt auch bestimmen die Werte im Panel TRANSFORM ⑱ die räumliche Position – im Falle des Bones getrennt für Kopf (HEAD) und Wurzel (TAIL). Der sogenannte Roll eines Bones gibt seine Orientierung für die Animation vor.

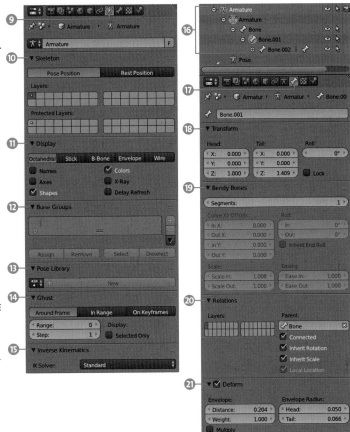

Mit BENDY BONES ⑲ unterteilen Sie einen vorgegebenen Bone, um ihn nach Herzenslust verbiegen zu können – ideal für Characters mit normalerweise sehr langen und kompliziert handzuhabenden Bone-Ketten wie beispielsweise einen Oktopus…

Das Panel RELATIONS ⑳ ist das Herzstück des Bone-Objekts, hier ist neben der hierarchischen auch die funktionale Beziehung zum jeweiligen übergeordneten Bone hinterlegt.

Damit ein Bone die ihm zugewiesenen Vertices entsprechend deformieren kann, ist ein Häkchen im Panel DEFORM ㉑ Pflicht.

Pose Mode | Während Sie im EDIT MODE das Bone-Skelett Ihrer Characters erzeugen, ist der POSE MODE für die Erstellung der Posen und damit für die Animation zuständig.

Sie erreichen den POSE MODE über das Menü der Arbeitsmodi ❶ in der 3D-VIEW oder auch über die Tasten [Strg]/[Ctrl]+[⇆] bei selektierter ARMATURE. Über die Taste [⇆] wechseln Sie anschließend zwischen EDIT und POSE MODE hin und her.

Dass Sie sich im POSE MODE befinden, erkennen Sie auch an den blau eingefärbten Bones in der 3D-VIEW ❷. Sie erstellen dabei die sogenannte POSE POSITION für die Animation des Characters. Sollten Sie es beim Arrangieren der Bones einmal übertrieben haben, können Sie über die Tasten [Alt]+[G], [Alt]+[R] sowie [Alt]+[S] zum Ausgangspunkt der TRANSLATE-, ROTATE- und SCALE-Transformation zurückkehren.

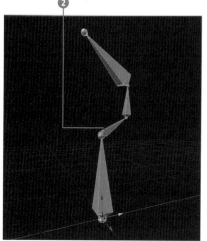

Ganz auf die Animation eingestellt sind auch die Befehle im TOOL SHELF (Taste [T]) ❸. Hier haben Sie nun Werkzeuge zur Hand, um Posen aufzunehmen, zu übertragen und abzuspeichern, um KEYFRAMES für die Bones in der Pose zu erzeugen oder um den Bewegungspfad (MOTION PATH) der vorliegenden Animation unter die Lupe zu nehmen.

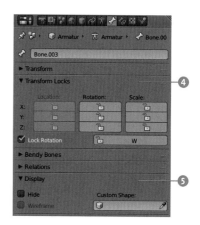

Der POSE MODE beschert auch dem Bone-Objekt im PROPERTIES-EDITOR weitere Einstellungen. Im Panel TRANSFORM LOCKS ❹ haben Sie die Möglichkeit, die Bewegungsfreiheit des Bones gezielt einzuschränken.

Um ein Bone-Objekt auszublenden (HIDE) oder zur besseren Übersicht ein anderes Objekt (eine sogenannte CUSTOM SHAPE) stattdessen zu verwenden, müssen Sie sich nur in das Panel DISPLAY ❺ bemühen und das Ersatz Objekt definieren.

Skinning mit Vertex Weights
Damit ein Mesh-Objekt von Bones verformt werden kann, müssen Sie es über den Befehl SET PARENT TO ([Strg]/[Ctrl]+[P]) per PARENTING an die ARMATURE der Bones binden.

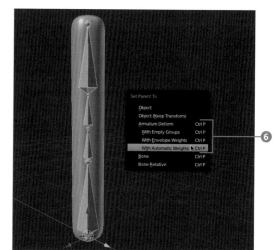

Die Besonderheit bei dieser Form des Parentings ist die Untergruppe ARMATURE DEFORM ⑥. Dabei bekommt das Mesh-Objekt automatisch einen ARMATURE-Modifier zugewiesen, der vorgibt, dass die Verformung über VERTEX GROUPS bzw. VERTEX WEIGHTS stattfinden soll.

Möchten Sie, dass Blender die VERTEX WEIGHTS selbstständig über einen wirklich gut funktionierenden Algorithmus erzeugt und zuweist, wählen Sie die Option WITH AUTOMATIC WEIGHTS. WITH ENVELOPE WEIGHTS erzeugt kapselförmige Wichtungen bzw. Einflussbereiche, während WITH EMPTY GROUPS lediglich VERTEX GROUPS für die einzelnen Bones anlegt, die Sie anschließend selbst durch WEIGHT PAINTING versorgen müssen.

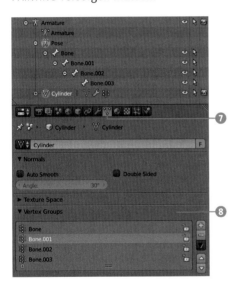

Sie finden die für die Bones angelegten VERTEX GROUPS im OBJECT DATA-Tab ⑦ des Mesh-Objekts, das aufgrund des Parentings der ARMATURE untergeordnet wurde. Klappen Sie das Panel VERTEX GROUPS ⑧ auf, finden Sie für jeden Bone der ARMATURE die automatisch erzeugte VERTEX GROUP.

Im Idealfall, wenn das Mesh-Objekt eine sehr klare Topologie aufweist, können Sie mit den erzeugten VERTEX WEIGHTS schon mit der Animation des Characters beginnen.

Um die VERTEX WEIGHTS in der 3D-VIEW zu prüfen und gegebenenfalls nachzubessern, selektieren Sie das Mesh-Objekt und wechseln über das Menü der Arbeitsmodi in den WEIGHT PAINT-Mode ⑨.

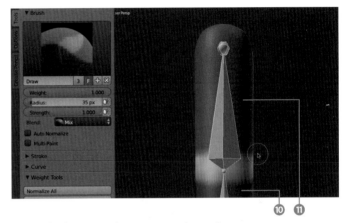

Schon finden Sie sich in einer Malumgebung wieder, in der Sie für jeden Bone die Gewichtungen (WEIGHTS) von der Farbe Rot ⑪ (100 % Einfluss) bis Blau ⑩ (0 % Einfluss) aufbringen, aufweichen oder auch radieren.

Zurück im POSE MODE können Sie anschließend durch Rotieren der Bones das Mesh-Objekt beliebig verformen.

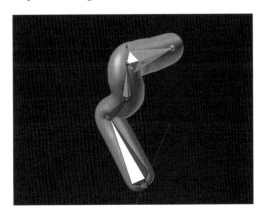

Shape Keys

Dass die Animation eines Characters fast immer mit der Verformung des Mesh-Objekts einhergeht, liegt nahe. Doch Blender bietet neben den Bones eine weitere Möglichkeit, Mesh-Objekte, Curves oder auch Lattices über den Abgleich der Positionen der enthaltenen Vertices zu animieren: die SHAPE KEYS.

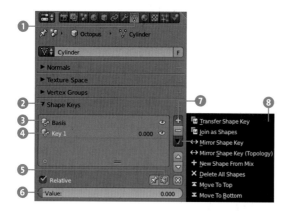

Etwas ungewöhnlich ist, dass Sie Shape Keys im OBJECT MODE anlegen, dafür aber im EDIT MODE bearbeiten. Dazu öffnen Sie das Panel SHAPE KEYS ❷ im OBJECT DATA-Tab ❶ des PROPERTIES-EDITORS Ihres Characters. Beim ersten Klick auf den +-Button ❼ entsteht der Basis-Shape Key ❸, sozusagen die unverformte Ausgangssituation. Mit dem nächsten Klick erzeugen Sie den ersten eigenen Shape Key ❹. Nun wechseln Sie in den EDIT MODE, aktivieren die Option APPLY SHAPE KEYS IN EDIT MODE ❺ und bringen das Mesh-Objekt in der 3D-VIEW mittels Vertices, Edges und Faces in die Ziel-Form für den Shape Key ❾.

Mit dem +-Button erzeugen Sie sich weitere SHAPE KEYS, die sich stets separat über den VALUE-Wert ❻ regulieren lassen. Um einen einzelnen SHAPE KEY losgelöst von allen anderen zu begutachten, aktivieren Sie temorär den SHAPE KEY-Vorschaumodus über das Pin-Symbol ❿.

Das Menü unter den Pfeilbutton ❽ bietet Ihnen zusätzlich einige Spezialbefehle zur Verarbeitung und Abarbeitung der einzelnen SHAPE KEYS.

Durch Deaktivieren der Option RELATIVE ⑪ schalten Sie auf absolute SHAPE KEYS um. Das hat zur Folge, dass die SHAPE KEYS von oben nach unten durchnummeriert und nacheinander abgearbeitet und überblendet werden. Durch KEYFRAMES an den entsprechenden Zeitpunkten wechseln Sie dann zwischen den SHAPE KEYS hin und her.

Constraints

Constraints kommen dann ins Spiel, wenn es darum geht, Objekte oder Bones durch das Auferlegen von Beschränkungen, das Übertragen von Werten und Verhältnissen zu kontrollieren, um – im Falle eines Characters – seine Steuerung zu erleichtern. Wir haben beim Motion-Tracking schon Bekanntschaft mit einem Constraint, dem CAMERA SOLVE-Constraint gemacht.

Object-Constraints | Blender unterscheidet zwischen Constraints, die Sie Ihren Objekten zukommen lassen, und sogenannten BONE-Constraints, die ausschließlich mit Bones zusammenarbeiten. Erstere weisen Sie Ihren Objekten über den CONSTRAINT-Tab ⓬ im PROPERTIES-EDITOR zu.

OBJECT-Constraints sind grob in vier Kategorien aufgeteilt. Neben Constraints für das Motion-Tracking stehen TRANSFORM-Constraints für das Beschränken und Übertragen von Transformationen, TRACKING-Constraints für das Ausrichten und Verfolgen von Objekten sowie RELATIONSHIP-Constraints für spezielle Objekt-Beziehungen unabhängig von PARENT/CHILD-Verknüpfungen bereit.

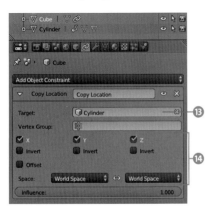

Mit COPY LOCATION-Constraint beispielsweise übertragen Sie die Koordinaten ⓮ eines Ziel(TARGET)-Objekts ⓭ auf den Träger des Constraints. Die Rotation dagegen bleibt unberücksichtigt.

Bone-Constraints | Um einem Bone einen dann BONE-Constraint genannten Constraint zuzuweisen, begeben Sie sich in den BONE CONSTRAINT-Tab ⓯ im PROPERTIES-EDITOR.

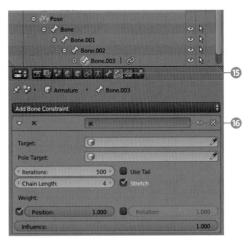

Zu den klassischen Beispielen für BONE-Constraints zählt der IK(INVERSE KINEMATICS)-Constraint ⓰ zur Erzeugung einer IK-Kette ⓱, ein Thema, auf das wir gleich genauer eingehen.

Zur Kontrolle bzw. Steuerung eines geriggten Characters spielen bei den Bones aber auch die TRANSFORM- und RELATIONSHIP-Constraints eine große Rolle.

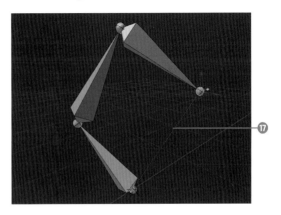

Forward und Inverse Kinematik

Zwei kinematische Konzepte (nicht nur) für die Character-Animation

Je früher Sie sich Gedanken über die spätere Animierbarkeit eines Characters machen, desto besser. Gerade weil Character-Animation immer mit der Deformation von Geometrie zu tun hat, können Sie beispielsweise schon beim Modelling genügend Unterteilungen an den kritischen Stellen wie den Gelenken anbringen. Dort sitzen schließlich später die Gelenke der BONES und benötigen ausreichend formbare Geometrie, um das jeweilige Körperteil korrekt anwinkeln zu können.

Ist der Character mit einem adäquaten Skelett versehen und gut mit Wichtungen (WEIGHTS) versorgt, geht es um die Steuerbarkeit des Characters. Überlegen Sie sich, welche Fähigkeiten Ihr Character besitzen soll und welche Kontrollelemente Sie dafür benötigen. Während es für direkte Animationen wie das Ausrichten der Augen, das Öffnen und Schließen der Augenlider oder das Drehen eines Kopfes auch sehr direkte simple Lösungen gibt, ist die glaubwürdige Animation von Armen und Beinen wesentlich aufwendiger. Hier kommen immer wieder zwei kinematische Konzepte ins Spiel: FORWARD und INVERSE KINEMATIK (FK bzw. IK).

An dieser Stelle sei gleich vorausgeschickt, dass es kein »Besser oder Schlechter«, sondern situationsbedingt eher ein »Wie viel hiervon bzw. Wie viel davon« gibt. Professionelle Character-Animatoren versehen ihre Characters entsprechend mit beiden Möglichkeiten, oftmals, wie beispielsweise auch im Blender-Add-on *Rigify*, stufenlos regelbar.

Um ein besseres Verständnis für die Arbeit mit den beiden kinematischen Konzepten zu bekommen, sehen wir uns beide getrennt voneinander an.

Forward Kinematik | Bei der FORWARD KINEMATIK gelangen Sie ausgehend von der obersten Ebene (ROOT) durch die Rotation bzw. die Winkel verschiedener Gelenke ❶ mit dem letzten Glied der Kette ❷ zum Zielpunkt.

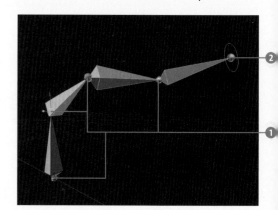

Um also beispielsweise eine Tasse auf dem Tisch zu greifen, würden Sie als Erstes die Schulter drehen, den Oberarm ausrichten bzw. drehen, den Unterarm über die Armbeuge ausrichten und haben dann idealerweise mit der richtigen Reihenfolge die Position für die Hand erreicht, um die Finger in den Henkel der Tasse zu stecken.

Sollte Ihnen diese Herangehensweise für Ihre Character-Animation eher unpraktisch vorkommen – das ist sie in diesem Fall auch. Gleiches gilt für die Animation der Beine eines Characters. Hier macht es natürlich auch mehr Sinn, die Animation am Zielpunkt des Fußes auf dem Boden auszurichten, als mit dem Anziehen des Oberschenkels zu beginnen.

Die FORWARD KINEMATIK stammt wie auch die INVERSE KINEMATIK aus der Robotik und ist aufgrund der einfachen Berechenbarkeit für die Steuerung von Industrierobotern beliebt.

Inverse Kinematik | Wie der Name schon andeutet, dreht die INVERSE KINEMATIK die kinematische Logik der Kette um und beginnt mit dem Zielpunkt ❸ bei der Berechnung der Rotation bzw. der Winkel der Gelenke. Für das Greifen der bereits erwähnten Tasse führen Sie also die Hand zum Ziel, da Sie sich bei einer korrekt aufgesetzten IK-Kette darauf verlassen können, dass Unter- und Oberarm der Hand folgen und die Gelenke entsprechend ausrichten. Die Animation der Beine erfolgt in diesem Fall ausgehend vom Fuß.

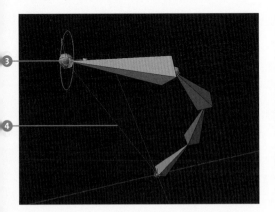

Um einer Kette von Bones die Funktion der INVERSEN KINEMATIK beizubringen, weisen Sie dem letzten Glied der Kette bzw. dem Zielpunkt den INVERSE KINEMATIK-Constraint ❺ zu. In der 3D-VIEW erkennen Sie die Verknüpfung von Ziel- und Root-Bone an der gestrichelten orangefarbenen Linie ❹. Sobald Sie den Zielpunkt bewegen, folgt ihm die komplette IK-Kette nach.

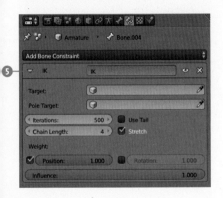

FK vs. IK? | Sie kennen nun beide kinematischen Konzepte, und es wird Sie nicht überraschen, wenn ich Ihnen sage, dass sowohl die FORWARD als auch die INVERSE KINEMATIK ihre Daseinsberechtigung haben.

Die INVERSE KINEMATIK bietet sich in vielen Fällen an, wenn es in erster Linie darum geht, einen Zielpunkt zu erreichen. Bei der FORWARD KINEMATIK dagegen haben Sie selbst wesentlich mehr Kontrolle über die Form der Pose und Bewegung, über die der Zielpunkt erreicht wird.

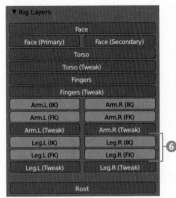

Die gute Nachricht ist: Sie müssen sich bei der Character-Animation in Blender nicht vorab für eine der beiden Techniken entscheiden. Je nach Animationsaufgabe und den Steuerungselementen, die Sie Ihrem Character in vorausschauender Weise verliehen haben, verfolgen Sie eher die FORWARD bzw. die INVERSE KINEMATIK.

Wie eingangs bereits erwähnt, gibt es bei der Kinematik kein reines Schwarz-Weiß-Denken. Im Add-on *Rigify*, das Ihnen nicht nur unterschiedliche Character-Skelette, sondern auch ein voll funktionsfähiges Steuer-Rig liefert, entscheiden Sie direkt bei der Animation in den RIG LAYERS ❻, ob Sie das Steuerelement (und damit die kontrollierte Bone-Kette) per IK oder FK modifizieren möchten. In den RIG MAIN PROPERTIES lässt sich sogar das Verhältnis ❼ zwischen INVERSE und FORWARD KINEMATIC numerisch vorgeben.

Simulation

Animation mit Modifiern, Partikelsystemen und Physics

In diesem Abschnitt dreht sich alles um animierte Effekte – von der »einfachen« Ozeanwellen-Simulation per MODIFIER bis hin zu physikalisch-dynamischen Spezialeffekten wie Kollisionen, Rauch oder Flüssigkeiten (FLUIDS).

Da in Blender nahezu alles animierbar ist, wäre es unfair, hier nur die spektakulären Effekte zu nennen. Da Ihnen bei den Modifiern stets Parameter zur Verfügung stehen, wäre es auch ein Leichtes, einen BEVEL-Radius oder die Stärke des DISPLACEMENTS über das Setzen von Keyframes zu unterschiedlichen Zeitpunkten (FRAMES) zu animieren.

Modifier

Doch das Menü der Modifier bietet in seiner Kategorie SIMULATE ❶ neben den bereits genannten Spezialeffekten auch den EXPLODE- und OCEAN-Modifier. Wie gewohnt, weisen Sie die SIMULATE-Modifier dem jeweiligen Objekt über das Menü im MODIFIER-Tab ❷ des PROPERTIES-EDITORS zu. Im Falle des EXPLODE-Modifiers kommt auch wieder der Modifier-Stack zum Tragen.

Da der EXPLODE-Modifier nicht nur ausreichend Geometrie, sondern auch ein Partikelsystem zur Generierung und Steuerung der Objekt-Fragmente benötigt, ist ihm ein PARTICLE SYSTEM-Modifier ❸ vorgeschaltet.

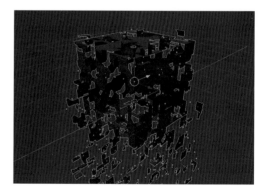

Entsprechend übersichtlich fällt das Einstellungs-Panel des EXPLODE-Modifiers ❹ aus. In wie viele Teile sich das Objekt zerlegt und wie schnell die Fragmente sich vom angestammten Platz entfernen, regelt das Partikelsystem, auf das wir gleich genauer eingehen.

Deutlich umfangreicher fällt das Einstellungs-Panel des OCEAN-Modifiers ❺ aus, sind doch hier alle Parameter zur Gestaltung und auch Animation der Meeresoberfläche versammelt.

Ob Sie die Meeresoberfläche als Objekt zur Verfügung stellen und verformt (DISPLACE) oder vom Modifier generiert (GENERATE) haben möchten, entscheiden Sie über das Menü GEOMETRY ⑥. Die Animation des Ozeans läuft über den Parameter TIME ⑦, für den Sie Keyframes an den Zeitpunkten (FRAMES) setzen.

Um die bewegte Meeresoberfläche nach Klick auf den Abspielbutton (Tasten [Alt]+[A]) auch in der 3D-VIEW bewundern zu können, müssen Sie die Simulation über den Button BAKE OCEAN ⑧ berechnen (»backen«) lassen. Sie kennen das Backen bereits aus Kapitel 3, »Texturing«, und werden ihm in diesem Abschnitt noch öfter begegnen.

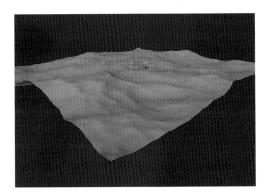

Partikelsysteme

Das Partikelsystem von Blender teilt sich in zwei Aufgabenbereiche. Bei einem EMITTER-System lassen Sie beliebige Teilchen (die Partikel) aus einem Emitter strömen und beeinflussen diese mit verschiedensten Kräften oder auch intelligenten Schwarm-Funktionen (BOIDS). Verwenden Sie die Partikel dagegen für ein HAIR-System, so bleiben die emittierten Partikel an Ort und Stelle und fungieren als Platzhalter für Haare, Gras oder ganz gewöhnliche Objekte, die Sie in großer Zahl auf einem Mesh-Objekt verteilen möchten.

Damit ist auch schon eine Voraussetzung des Partikelsystems genannt: Als Träger bzw. Emitter des Systems ist ein Mesh-Objekt erforderlich.

Emitter | Um ein Objekt zu einem Partikel-Emitter zu befördern, öffnen Sie den PARTICLE-Tab ⑨ in seinem PROPERTIES-EDITOR und erzeugen mit dem Button NEW ein neues Partikelsystem.

Über das Menü TYPE ⑩ fällen Sie anschließend die Entscheidung, ob Sie mit den generierten Partikeln Haare, Gras etc. wachsen lassen, oder ob Sie das Mesh-Objekt als Teilchen-Emitter für Ihre Partikel benötigen.

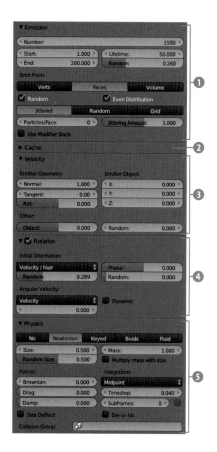

sein, bei Änderungen an den Einstellungen des Partikelsystems ist zudem eine komplette Neuberechnung erforderlich.

Über die Panels VELOCITY ❸ und ROTATION ❹ geben Sie den emittierten Partikeln eine Geschwindigkeit (VELOCITY) sowie eine Rotation mit auf die Reise.

Im Panel PHYSICS ❺ definieren Sie die physikalischen Eigenschaften wie Größe (SIZE), Masse (MASS), Reibung (DRAG) und Dämpfung (DAMP) der Partikel für vier verschiedene Physikvarianten. In der Einstellung NEWTO-NIAN unterliegen die Partikel realen Kräften wie Gravitation, Reibung etc. Setzen Sie das Partikelsystem auf KEYED, so können Sie Ziel-Partikelsysteme definieren, um Partikel in eine vorgegebene Form zu bringen. Schwarm-Systeme mit Verfolgern und Verfolgten sind über die Einstellung BOIDS möglich. Das Partikel-Verhalten von Flüssigkeiten (dünnflüssig oder eher zäh) versucht die Option FLUID zu simulieren.

Sehen wir uns die vielen Panels des neu geschaffenen EMITTER-Partikelsystems kurz im Schnelldurchlauf an.

Im Panel EMISSION ❶ steuern Sie den Partikelausstoß von der Anzahl (NUMBER) der emittierten Partikel über den Start und das Ende der Emission bis zur Lebenszeit (LIFETIME) der Teilchen. Dabei können Sie wählen, ob die Partikel an den Vertices (VERTS), den FACES oder aus dem Inneren des Mesh-Objekts (VOLUME) erzeugt werden. Über die Optionen JITTERED, RANDOM und GRID lassen Sie die Partikel gleichmäßig, zufällig oder gitterförmig auf dem Mesh-Objekt verteilen.

Das Panel CACHE ❷ ermöglicht Ihnen, die Partikel-Emission zu backen und in einer Cache-Datei abzulegen. Dadurch haben Sie eine flüssige Animation in der 3D-VIEW und ein festgeschriebenes Ergebnis. Natürlich kann dies durchaus zeit- und rechenintensiv

Über das Panel RENDER ⑥ legen Sie fest, welche Bestandteile des Partikelsystems beim späteren Rendern berücksichtigt werden. Außerdem entscheiden Sie, wie die emittierten Partikel aussehen: von einfachen Linien und Pfaden bis zu Objekten bzw. Gruppen. Unabhängig davon können Sie im Panel DISPLAY ⑦ auch das Aussehen der Partikel in der 3D-VIEW bestimmen.

CHILDREN ⑧ bieten sich an, um die Anzahl der Partikel durch Gruppierung um bzw. Interpolation zwischen den eigentlichen Partikeln ohne erneuten Rechenaufwand zu erhöhen.

Auf welche Kräfte (FORCES) die Partikel des Systems wie stark reagieren, regulieren Sie im Panel FIELDS WEIGHTS ⑨. Dabei können Partikel auch selbst als Kraftfeld fungieren, hierfür ist das Panel FORCE FIELD SETTINGS ⑩ zuständig.

der Natur ebenso vorherrschenden Kräfte wie Wind, Reibung, Magnetismus etc. einbinden und wirken lassen. Insgesamt 13 verschiedene Kräfte (FORCE FIELDS) stehen Ihnen dazu im gleichnamigen Menü ⑪ unter ADD (Tasten ⌂+Ⓐ) zur Verfügung.

Die Kraftfelder werden in der 3D-VIEW durch unterschiedliche EMPTIES dargestellt, meist geben diese optisch nicht nur einen Hinweis auf die Ausmaße ⑭, sondern auch auf die Funktion bzw. den Kraft-TYPE ⑬.

Die Einstellungen zu den Kraftfeldern finden Sie im PHYSICS-Tab ⑫ des PROPERTIES-EDITORS. Dabei ähneln sich die Parameter der verschiedenen Typen stark. Neben der Form (SHAPE) des FORCE FIELDS definieren Sie unter anderem die Stärke (STRENGTH), Unregelmäßigkeit (NOISE), den Zufallswert (SEED) und die Wirkung auf die Partikel.

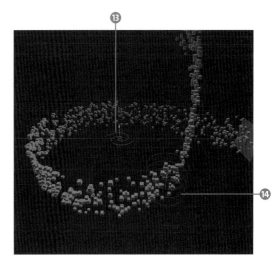

Kräfte und Kraftfelder | Sobald Sie die Simulation eines Partikelsystems über ⌐Alt⌐+Ⓐ starten, bemerken Sie die global im SCENE-Tab hinterlegte Gravitationskraft, die ohne weiteres Zutun auf alle Partikel und auch auf alle anderen physikalischen Körper wirkt.

Für einige Partikel-Simulationen ist das tatsächlich ausreichend, doch Sie können noch wesentlich mehr Dynamik in Ihre physikalischen Animationen bringen, indem Sie die in

Im Bereich FALLOFF regeln Sie die Stärke und Form der Abnahme des Kraftfelds – hier stehen Kugel (SPHERE), Zylinder (TUBE) und Konus (CONE) zur Auswahl. Dessen Wirkung schwächt sich dann mit zunehmender Entfernung vom Kraftfeld-Zentrum ab. Neben der axialen Richtung können Sie auch eine radiale Richtung für die Wirkung vorgeben. Für die Stärke der Kraft ist jeweils der Parameter POWER zuständig.

Hair | Wie eingangs schon erwähnt, sind Sie bei einem HAIR-System natürlich keineswegs auf Haare festgelegt – Sie können beliebige Objekte aus dem Emitter wachsen lassen bzw. auf ihm verteilen. Wählen Sie in diesem Fall den Typ HAIR ❷ im PARTICLE-Tab ❶ des PRO-PERTIES-EDITORS für das Partikelsystem.

Die beiden Panels RENDER ❺ und DISPLAY ❻ spielen auch beim HAIR-System eine wichtige Rolle. Hier geben Sie an, welche Objekte als Haare, Gräser, Fasern etc. Verwendung finden und wie sich die Hair-Partikel in der 3D-VIEW präsentieren sollen – insbesondere bei der manuellen Bearbeitung beachtenswert.

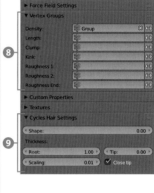

Sowohl die PANELS als auch die zugehörigen Parameter unterscheiden sich beim HAIR-System nur in Details vom EMITTER-System. Konzentrieren wir uns auf die HAIR-spezifischen Besonderheiten.

Das Panel EMISSION ❸ ist dafür ein gutes Beispiel. Hier geben Sie statt der Anzahl der emittierten Partikel, der Lebensdauer etc. nun eben die Anzahl der Haare, ihre Länge und ihre Wuchsstelle vor.

Über das Panel HAIR DYNAMICS ❹ verleihen Sie den Haaren dynamische Eigenschaften. Sie aktivieren die DYNAMICS durch Setzen des Häkchens, alle weiteren Parameter wie Biegsamkeit, Masse, Dämpfung etc. stellen Sie im aufgeklappten Panel ein.

Aufgrund der schieren Menge von Haaren bzw. Grashalmen ist die Interpolation dieser Hair-Partikel meist unumgänglich. Das zuständige Panel CHILDREN ❼ bietet hier außerdem zahlreiche Optionen, um die Haare zu Bündeln (CLUMPS) zu formen oder auch auf verschiedene Art zu kräuseln (KINK).

Um bestimmte Eigenschaften der Hair-Partikel wie den Wuchs (Dichte bzw. DENSITY) oder die Länge (LENGTH) zu steuern, erzeugen Sie VERTEX GROUPS, die Sie im gleichnamigen Panel ❽ des HAIR-Systems ansprechen.

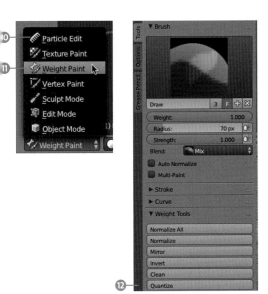

Zur Erzeugen einer VERTEX GROUP ist der WEIGHT PAINT-Mode ⑪ prädestiniert. Sobald Sie diesen Modus aktivieren, stehen Ihnen im TOOL SHELF (Taste T) viele Mal-Werkzeuge und Befehle ⑫ zur Verfügung, um beispielsweise den Wuchs über die VERTEX WEIGHTS einzuschränken. Dabei signalisieren blaue Bereiche 0 % Einfluss der Eigenschaft, rote Bereiche dagegen 100 % Einfluss der Eigenschaft.

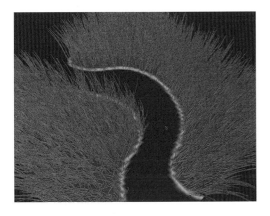

Um Hair-Partikel manuell in eine bestimmte Form oder auch Frisur zu bringen, verwenden Sie den PARTICLE EDIT-Mode ⑩. Im TOOL SHELF finden Sie dann insgesamt sieben Pinsel-Werkzeuge ⑬ zuzüglich Optionen, mit welchen Sie den Haarwuchs bändigen können.

Neben Werkzeugen zum Kämmen ⑭ (COMB), Glätten (SMOOTH) oder auch Anheben (PUFF) der Hair-Partikel haben Sie auch die Möglichkeit, Haare zu schneiden (CUT), zu längen (LENGTH) oder sogar neu wachsen (ADD) zu lassen.

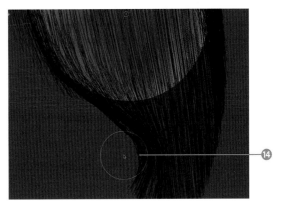

Bei aktiviertem Cycles-Renderer enthält der PARTICLE-Tab im PROPERTIES-EDITOR auch ein Panel CYCLES HAIR SETTINGS ❾, über das Sie die Haare generieren lassen können. Die Dicke (THICKNESS) eines einzelnen Hair-Partikels legen Sie für Wurzel (ROOT) und Spitze (TIP) getrennt fest und steuern über den Parameter SHAPE die Form von −1 (Stärke der Wurzel) über 0 (linear) bis zu 1 (Stärke der Spitze).

Physics

Einen kleinen Ausflug in den Bereich der PHY-SICS haben wir bereits bei der Betrachtung der Kräfte und Kraftfelder unternommen. Die FORCE FIELDS wirken nicht nur auf Partikelsysteme, sondern auch auf die mit physikalischen Eigenschaften versehenen Objekte.

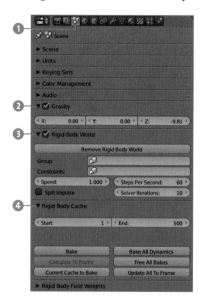

Im SCENE-Tab ❶ des PROPERTIES-EDITORS finden Sie im Panel GRAVITY ❷ die szenenweite Gravitationskraft hinterlegt und aktiviert. Damit physikalische Simulationen in der Szene berechnet werden, muss eine RIGID BODY WORLD ❸ vorhanden und aktiv sein. Das Backen einer Simulation in einen CACHE ❹ bietet sich auch bei den Physics an, wenn Sie ein Ergebnis nicht nur flüssig abspielen, sondern auch unverändert beibehalten möchten.

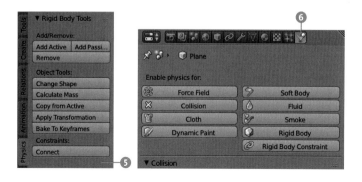

Um einem Ihrer Objekte physikalische Eigenschaften zuzuweisen, verwenden Sie entweder den PHYSICS-Tab ❺ im TOOL SHELF (Taste T) oder im PROPERTIES-EDITOR ❻. Während Sie im TOOL SHELF nur Befehle für die Arbeit mit RIGID BODIES (Festkörpern) finden, bietet Ihnen der PROPERTIES-EDITOR alle physikalischen Simulationen für das Objekt als Buttons an. Ein Objekt kann mehrere Eigenschaften verliehen bekommen: Im Prinzip weisen Sie Ihren Objekten über die Buttons SIMULATE-Modifier zu, die über den bekannten Modifier-Stack abgearbeitet werden.

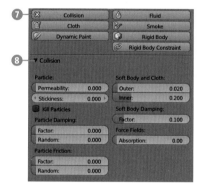

Collision | Mit dem COLLISION-Button ❼ machen Sie das Objekt zum Hindernis. Ohne zusätzlichen Modifier reagiert das Objekt nicht auf äußerliche Einflüsse, es dient rein zur Erkennung von Kollisionen mit anderen Objekten oder Partikeln.

Im zugehörigen Panel COLLISION ❽ legen Sie fest, wie durchlässig das Hindernis ist (PERMEABILITY), ob Partikel haften bleiben sollen (STICKINESS) oder ob kollidierende Partikel dabei Ihr Leben aushauchen (KILL PARTICLES). Weitere Parameter kümmern sich um die Dämpfung (DAMPING) und die Reibung (FRICTION) bei der Kollision.

Rigid Bodies | RIGID BODIES ❾ (»Festkörper«) verformen sich bei der Simulation nicht. Sie können wahlweise aktiv oder passiv sein. Aktive Rigid Bodies sind allen vorherrschenden Kräften ausgeliefert, während passive Rigid

Bodies lediglich bei Kollisionen erkannt werden. Dafür sind sie aber von Ihnen, beispielsweise per Keyframe-Animation, steuerbar.

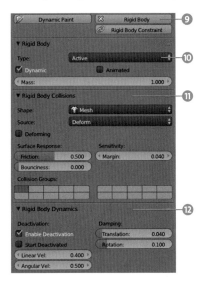

Nach dem Zuweisen bzw. der Festlegung des RIGID BODY-Typs ⑩ ist die Auswahl einer geeigneten Kollisionsform (SHAPE) im Panel RIGID BODY COLLISIONS ⑪ wichtig. Im Menü SHAPE finden Sie einige Standardformen wie SPHERE oder BOX, auch die CONVEX HULL ist oft brauchbar, wenn auch rechenintensiver.

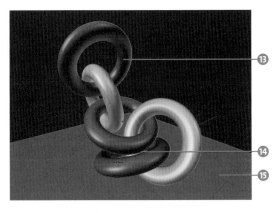

Bei speziellen Formen, wie den ineinanderhängenden Ringen ⑭, kommen Sie um die aufwendige Form MESH nicht herum. Damit ist auch klar, dass die Ringe ⑬ RIGID BODIES vom Typ ACTIVE sein müssen. Sie hängen aber nicht nur ineinander und kollidieren, sie treffen auch auf der PLANE ⑮ am Boden auf und bleiben dort liegen. Die PLANE besitzt einen COLLISION-Modifier, damit sie nicht von der Gravitationskraft nach unten gezogen wird.

In den Panels RIGID BODY COLLISIONS ⑪ und DYNAMICS ⑫ finden Sie zusätzliche Parameter, um unter anderem die Reibung (FRICTION), Sprungkraft (BOUNCINESS) oder Dämpfung (DAMPING) für den RIGID BODY festzulegen. Mit den DEACTIVATION-Optionen haben Sie die Möglichkeit, die Simulation für das Objekt gezielt an- bzw. auszuschalten.

Soft Bodies | Im Gegensatz zu RIGID BODIES sind SOFT BODIES ⑯ (»Weichkörper«) elastisch und verformbar. Die grundlegenden Objekt-Eigenschaften legen Sie dabei im Panel SOFT BODY ⑰ fest, während Sie die elastischen Eigenschaften im Panel SOFT BODY EDGES ⑳ steuern. Dabei fungieren die EDGES des Mesh-Objekts als Federn, deren Zug- und Biegefestigkeit Sie für den SOFT BODY beschreiben.

Über das Panel SOFT BODY GOAL ⑲ erreichen Sie ein Nachschwingen bei einem ansonsten feststehenden SOFT BODY. Da SOFT BODY-Berechnungen sehr rechenaufwendig sind, ist auch hier das Backen der Simulation in einen CACHE ⑱ sinnvoll.

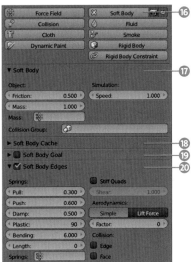

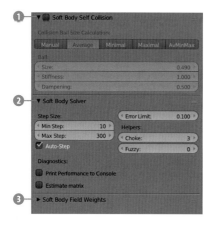

Die Genauigkeit dieser Simulation ist übrigens im Panel SOFT BODY SOLVER ❷ hinterlegt. Je mehr Schritte (STEPS) Sie pro FRAME erlauben, desto genauer, aber auch zeitintensiver wird die Berechnung.

Bei sehr biegsamen SOFT BODIES ist nicht auszuschließen, dass sie mit sich selbst kollidieren. Damit es dabei nicht zu Überschneidungen kommt, aktivieren Sie die SOFT BODY SELF COLLISION ❶. Wie bei den anderen Physics-Objekten können Sie den Einfluss der FIELD WEIGHTS ❸ auch bei den SOFT BODYS gezielt beschränken.

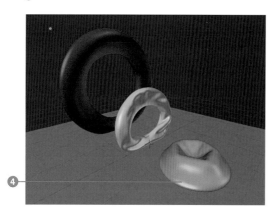

Je nach Härte bzw. Biegsamkeit der virtuellen Federn verformen sich die SOFT BODIES bei der Kollision – ein SUBSURF-Modifier empfiehlt sich für eine glatte Oberfläche. Der blaue SOFT BODY ❹ (ehemals eine UV Sphere...) hat sich dank hohem PLASTIC-Wert dauerhaft verformt.

Rigid Body Constraints | Sie haben Constraints bereits als sehr praktische Möglichkeit kennengelernt, um die Bewegungsfreiheit von Objekten einzuschränken und damit zu steuern.

RIGID BODY CONSTRAINTS haben die gleiche Aufgabe, indem sie bei Ihrer physikalischen Simulation unter anderem als Aufhänger (POINT), Gelenk (HINGE), Schiene (SLIDER) oder auch Antrieb (MOTOR) dienen. Der Constraint wird dabei nicht dem RIGID BODY zugewiesen, sondern einem EMPTY.

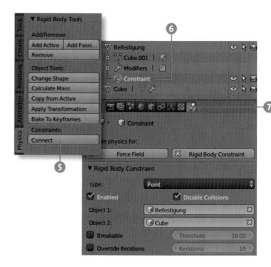

Weil diese Besonderheit doch etwas unkomfortabel ist, erleichtert Ihnen Blender die Erzeugung und Zuweisung des RIGID BODY CONSTRAINTS über das TOOL SHELF (Taste ⊤). Selektieren Sie dazu einfach nacheinander die beiden zu verbindenden Objekte, und klicken Sie auf den Button CONNECT ❺.

Im PHYSICS-Tab ❼ des PROPERTIES-EDITORS wählen Sie anschließend den gewünschten TYPE und stellen die je nach Funktion des RIGID BODY CONSTRAINTS unterschiedlichen Parameter ein. Vergessen Sie nicht, dass der Constraint als separates (EMPTY-)Objekt vorliegt. Gegebenenfalls müssen Sie seine Position anpassen und zum Unterobjekt (CHILD) ❻ des führenden Objekts ❽ machen, sodass es bei einer Animation mitgeführt wird.

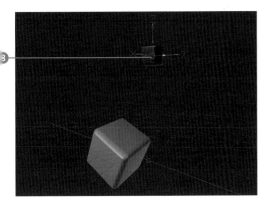

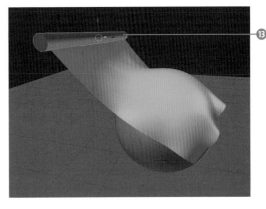

Cloth | Mit dem CLOTH-Modifier **9** verwandeln Sie Ihre Mesh-Objekte in Stoffe – von der wehenden Fahne über Vorhänge bis hin zum Tischtuch ist dabei alles möglich. Das Mesh-Objekt sollte dafür eine ausreichende Unterteilung und für die Glättung der Oberfläche einen SUBSURF-Modifier mitbringen.

Die Einstellungsparameter für CLOTH **10** dürften Sie an die der SOFT BODIES erinnern, auch hier definieren Sie über Masse, Federstärken und Biegefestigkeit die Art des Stoffs sowie über das Panel CLOTH COLLISION **12**, wie der Stoff bei Fremd- oder Eigenkontakt reagiert. Im Menü PRESETS finden Sie eine Auswahl an gängigen Textil-Materialien. Wofür die CACHE- und die FIELD WEIGHT-Parameter dienen, wissen Sie nun auch zur Genüge.

Die Option PINNING **11** kommt zum Einsatz, wenn Sie den Stoff an bestimmten Stellen befestigen möchten. Diese per VERTEX GROUP definierten Vertices reagieren anschließend nicht mehr auf physikalische Einflüsse und sind damit an einer Vorhangstange oder einem Fahnenmast befestigt **13**.

Fluids | Das Physics-Modul FLUID ermöglicht die Simulation von Flüssigkeiten in Blender. Alle an der Simulation teilnehmenden Objekte erhalten über den PHYSICS-Tab **15** im PROPERTIES-EDITOR einen FLUID-Modifier **16**. Im Menü TYPE **17** des Panels FLUID **14** definieren Sie anschließend, welche Funktion das jeweilige Objekt bei der Flüssigkeitssimulation übernehmen soll.

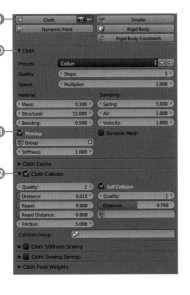

So können Sie unter anderem ein Objekt direkt in eine Flüssigkeit verwandeln (FLUID), einen Ein- bzw. Auslass einbringen (INFLOW/ OUTFLOW), ein Hindernis (OBSTACLE) integrieren oder auch die räumliche Ausdehnung der Simulation festlegen (DOMAIN). Letztere ist nicht nur für die Berechnung der Flüssigkeits-simulation unerlässlich, alle FLUID-Objekte müssen sich zudem innerhalb des durch die Domain vorgegebenen dreidimensionalen Rahmens ❶ befinden. Hier empfiehlt es sich, für das Domain-Objekt den MAXIMUM DRAW TYPE im OBJECT-Tab (Panel DISPLAY) des PRO-PERTIES-EDITORS temporär auf WIRE zu setzen.

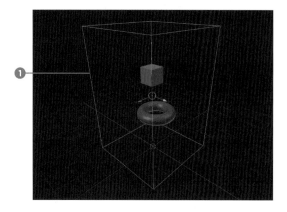

Die Eigenschaften der Flüssigkeit definieren Sie in den verschiedenen FLUID-Panels des PHYSICS-Tabs der Domain. Bevor Sie Fluids in der 3D-VIEW betrachten können, ist das Be-rechnen der Simulation über den Button BAKE ❸ im Panel FLUID ❷ erforderlich.

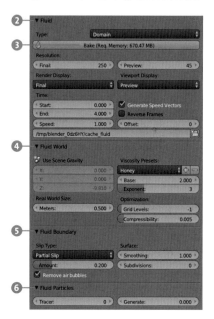

Im Panel FLUID legen Sie außerdem die Auflösung (RESOLUTION) der Flüssigkeit für das RENDERING und den VIEWPORT fest. Mit zunehmender Unterteilung steigt auch die Berechnungsdauer, die Flüssigkeit wirkt dann aber auch realistischer. Anfang, Ende und Ge-schwindigkeit (SPEED) der Simulation lassen sich über die Parameter unter TIME einstellen.

Das Panel FLUID WORLD ❹ kümmert sich um die physikalischen Eigenschaften der Flüs-sigkeit. Hier finden Sie auch ein paar VISCO-SITY PRESETS (Honig, Öl und Wasser) für die ersten Gehversuche mit den Fluids. Wie sich die Flüssigkeit an den Domain-Grenzen ver-hält ❾, können Sie im Panel FLUID BOUNDARY ❺ beeinflussen.

Wenn Sie Fluids vom Typ PARTIKEL in Ihrer Domain verwenden, finden Sie im Panel FLUID PARTICLES ❻ die Optionen zur Erzeugung die-ser speziellen Fluid-Partikel.

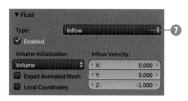

Für alle Fluid-Objekte finden Sie im Panel FLUID des PHYSICS-Tabs spezifische Einstellun-gen für die physikalische Simulation. Somit können Sie beispielsweise auf den Einlass (INFLOW ❼) oder ein Hindernis (OBSTACLE ❽) gezielt Einfluss nehmen.

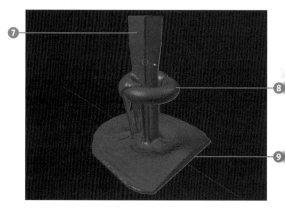

Sobald Sie die Einstellungen eines Fluid-Objekts verändert haben, ist eine Neuberechnung der Flüssigkeitssimulation über den Button BAKE ❸ notwendig. Arbeiten Sie daher während der Experimentierphase am besten mit geringen Auflösungen.

Smoke | SMOKE ⓫ ist ein von der Methodik her den Flüssigkeiten sehr ähnliches Physics-Modul für die Simulation von Rauch und auch Feuer.

Auch hier besteht der Aufbau wieder aus einer DOMAIN ⓬, die den Raum der Simulation vorgibt. Die darin befindlichen FLOW- ⓭ bzw. COLLISION-Objekte im Panel SMOKE ❿ sind für die Erzeugung von Rauch und Feuer bzw. für die Kollisionserkennung zuständig.

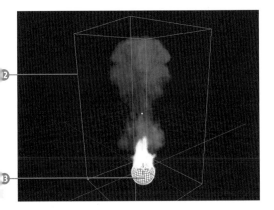

Wie auch schon bei den FLUIDS finden Sie alle wesentlichen zur Gestaltung der Rauch- und Feuersimulation benötigten Einstellungen in den Panels des PHYSICS-Tabs im PROPERTIES-EDITOR des DOMAIN-Objekts.

In den Panels SMOKE ⓮ bzw. SMOKE FLAMES ⓯ definieren Sie unter anderem die Auflösung (RESOLUTION), Menge, Geschwindigkeit (TEMP. DIFF.) und Verwirbelung (VORTICITY) des Rauchs und – falls im FLOW-Objekt ⓲ angelegt – der Flammen.

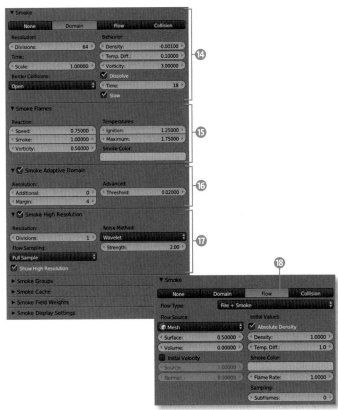

Um den zu berechnenden Teil der Domain automatisch auf den benötigten Bereich zu beschränken, aktivieren Sie das Panel SMOKE ADAPTIVE DOMAIN ⓰. Eine Verfeinerung des Rauchs durch zusätzliche Unterteilung erzielen Sie im Panel SMOKE HIGH RESOLUTION ⓱.

Weitere Panels beziehen sich auf die Erstellung eines Cache oder auch das Verhalten des Rauchs bzw. Feuers bei Einwirkung von Kräften (FORCE FIELDS) – analog zu den bekannten anderen Physics-Modulen.

Für die SMOKE-Simulation ist kein vorheriges Backen nötig, klicken Sie einfach auf den Abspielbutton oder die Tasten [Alt]+[A].

Bei der Erstellung einer Feuer bzw. Rauch-simulation mit SMOKE empfiehlt es sich, als Erstes den gewünschten Renderer einzustellen und anschließend die Basis über das Quick-Tool SMOKE ① anzulegen.

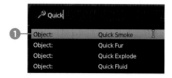

Rufen Sie dazu einfach über die Leertaste die Befehlssuche auf, und geben Sie »Quick« vor, um alle Quick-Tools angezeigt zu bekommen. Der Vorteil dabei: Das für das Rendering der SMOKE-Simulation benötigte Material ist gleich in korrekter Weise angelegt, und alle Anpassungen an DOMAIN- und FLOW-Objekt sind bereits erledigt.

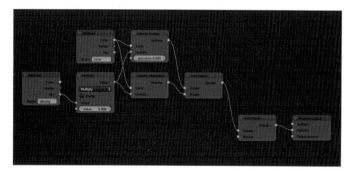

Dynamic Paint | Sehen wir uns zu guter Letzt noch das Physics-Modul DYNAMIC PAINT ❸ etwas genauer an. Wie der Name schon an-deutet, steht bei dieser Simulation das dyna-mische Malen im Mittelpunkt.

Neben dem naheliegendsten Anwendungs-beispiel, dem Bemalen eines Objekts wäh-rend der Animation, lassen sich aufgrund des mächtigen Funktionsumfangs zum Beispiel auch zerfließende Farben, Eindrücke (Spuren) und Einschläge auf einer Oberfläche oder auch Regentropfen auf einer Wasseroberflä-che per DYNAMIC PAINT generieren. Jedes an der DYNAMIC PAINT-Simulation beteiligte Ob-jekt – wahlweise Leinwand (CANVAS) oder Pin-

sel (BRUSH) – erhält über den PHYSICS-Tab ❷ in seinem PROPERTIES-EDITOR einen DYNAMIC PAINT-Modifier, dessen Typ Sie als Erstes im Panel DYNAMIC PAINT ❹ über den zugehörigen Button bestimmen und per ADD anlegen.

Sie können für eine CANVAS auch mehr als nur einen PAINT-Effekt anlegen ❺ und damit ver-schiedene Effekte gleichzeitig auf eine Lein-wand anwenden. Dafür stehen Ihnen im Panel DYNAMIC PAINT ADVANCED ❽ die SURFACE TYPES ❼ WAVES (Verformung mit Wellen), WEIGHT (Malen von Wichtungen), DISPLACE (Verformung) und PAINT (Farbe und Nässe)

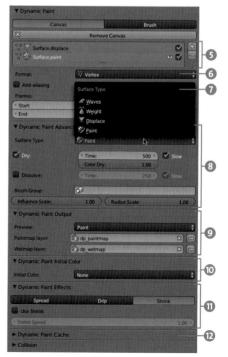

zur Verfügung. Die Entscheidung, was genau auf der Leinwand entsteht, fällen Sie über die Einstellung bei FORMAT ❻ im Panel DYNAMIC PAINT. IMAGE SEQUENCE gibt das DYNAMIC PAINTING als Bildsequenz aus, während VERTEX für Sie VERTEX COLOR-Ebenen generiert, die Sie anschließend in den Materialien der Objekte für das Rendering einbinden. Die Qualität bzw. Feinheit des Dynamic Paintings hängt bei der IMAGE SEQUENCE von der angegebenen Auflösung (RESOLUTION), bei der VERTEX COLOR von der Unterteilung des Canvas-Objekts ab.

Sie finden diese VERTEX COLOR-Ebenen im Panel DYNAMIC PAINT OUTPUT ❾. Sobald Sie keine Änderung mehr an der DYNAMIC PAINT-Simulation vornehmen, lassen Sie die benötigten Ebenen über den Button + erzeugen.

Um der Leinwand (CANVAS) eine Eigenfarbe zu verleihen, klappen Sie das Panel DYNAMIC PAINT INITIAL COLOR ❿ auf und wählen zwischen einer einfachen Farbe (COLOR), einer UV TEXTURE und einer VERTEX COLOR-Ebene.

Bei aktivierter SURFACE TYPE PAINT haben Sie im Panel DYNAMIC PAINT EFFECTS ⓫ noch drei Maleffekte zur Auswahl. Zum BACKEN der Simulation steht Ihnen, wie bei den Physics-Modulen üblich, das Panel DYNAMIC PAINT CACHE ⓬ zur Verfügung.

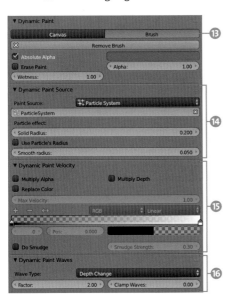

Wenden wir uns nun dem Pinsel (BRUSH) zu, mit dem Sie die Leinwand dynamisch bemalen (lassen). Nachdem Sie den DYNAMIC PAINT-Modifier zugewiesen, den BRUSH ⓭ im Panel DYNAMIC PAINT gewählt und angelegt haben, definieren Sie den Farbauftrag und im Panel DYNAMIC PAINT SOURCE ⓮ die Art des Pinsels.

Im Unterschied zu den gewohnten Brushes finden Sie dort im Menü PAINT SOURCE keine Werkzeugspitzen, sondern eine Auswahl an Objektquellen (SOURCES), die Sie für das dynamische Malen verwenden können: das Objekt-Volumen (MESH VOLUME) und/oder dessen Entfernung (PROXIMITY), den Abstand zum Mittelpunkt (OBJECT CENTER) sowie vom BRUSH-Objekt ⓱ emittierte Partikel ⓲ (PARTICLE SYSTEM).

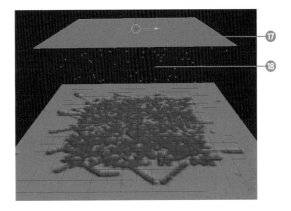

Weil es sich bei DYNAMIC PAINT letzten Endes um Animationen handelt, bei denen die Geschwindigkeit des Pinsels selten konstant ist, bietet das Panel DYNAMIC PAINT VELOCITY ⓯ zusätzliche Optionen zur Beeinflussung der Deckkraft (ALPHA), Verformung (DEPTH) und Farbe (COLOR) durch die Geschwindigkeit des Pinsels.

Sofern Sie mit dem BRUSH über den SURFACE TYPE WAVE auf der Leinwand-Oberfläche Wellen erzeugen möchten, finden Sie im Panel DYNAMIC PAINT WAVES ⓰ noch Einstellungen, mit denen Sie die vom Pinsel generierten Wellen verfeinern können.

Animation der Lokomotive

Constraints, Driver, Physics und Keyframes in der Praxis

Zunächst bauen wir aus den Antriebselementen einen animierbaren Antrieb für die Räder. Den qualmenden Schlot für unsere Lokomotive realisieren wir per Smoke und lassen die Lok schließlich ein paar Physics-Hindernisse wegräumen.

Vorbereitungen

Der Ausgangspunkt für diesen Workshop ist natürlich die mithilfe von Motion-Tracking erzeugte Szene. Öffnen Sie diese Blender-Datei über den Befehl OPEN (Tasten [Strg]/[Ctrl]+[O]).

Da wir uns am Anfang um den Antrieb der Lokomotive kümmern, wechseln Sie über die Taste [0] [Num] in die Ansicht der Viewport-Kamera und blenden das Footage-Material des Motion-Trackings über das PROPERTIES SHELF (Taste [N]) durch Deaktivieren des Panels BACKGROUND IMAGES ❶ aus.

Um sich voll auf die Lokomotive konzentrieren zu können, blenden Sie wahlweise im Viewport über die Taste [H] oder über die entsprechende Spalte ❷ im OUTLINER alle Elemente der Szene mit Ausnahme der Lok für den Viewport aus.

Stellen Sie sicher, dass sich das Empty ❸ der Lokomotive im Weltursprung befindet, und wechseln Sie über die Tasten [3] [Num] und [5] [Num] in die orthogonale Ansicht von links, um mit den Arbeiten am Antrieb beginnen zu können.

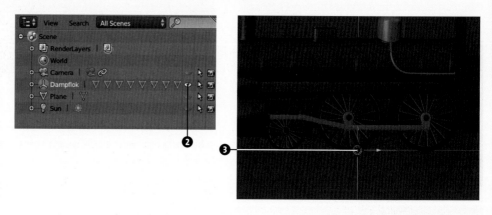

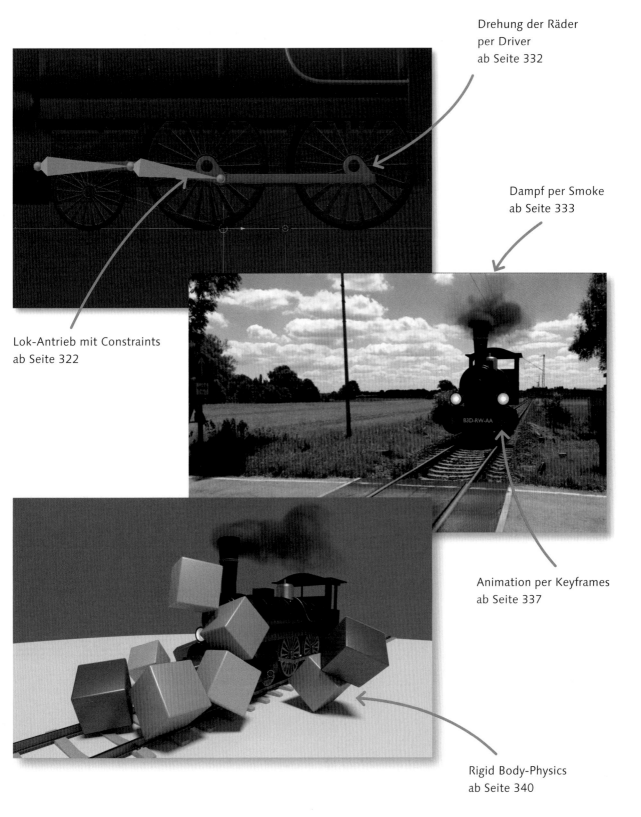

Drehung der Räder
per Driver
ab Seite 332

Dampf per Smoke
ab Seite 333

Lok-Antrieb mit Constraints
ab Seite 322

Animation per Keyframes
ab Seite 337

Rigid Body-Physics
ab Seite 340

Aufbau des Lok-Antriebs mit Constraints

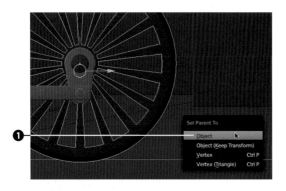

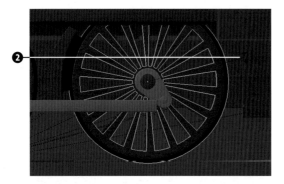

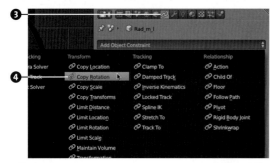

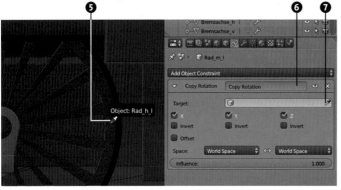

1 Rad, Kurbel, Verbinder und Achse per Parenting verbinden

Wir beginnen bei dem Rad links hinten und schaffen als Erstes eine bessere Verbindung zwischen den einzelnen Elementen. Wenn sich das Rad dreht, sollen sich schließlich auch die anderen mit ihm verbundenen Elemente mitdrehen. Dazu selektieren Sie nacheinander das Verbindungsstück, die Kurbel, die Achse und zuletzt das Rad, indem Sie die ⇧-Taste festhalten und die Elemente per Rechtsklick anwählen.

Rufen Sie über die Tasten Strg/Ctrl+ P den Befehl SET PARENT TO • OBJECT ❶ auf, und weisen Sie die selektierten rot gefärbten Elemente dem aktiven gelb gefärbten Rad als Child-Objekte zu. Wenn Sie nun das hintere linke Rad selektieren und über die Tasten R und X eine Rotation über die X-Achse durchführen ❷, drehen sich alle verbundenen Teile gemeinsam.

Führen Sie dieses Parenting auch bei den anderen fünf Rädern durch – um die Schubstangen kümmern wir uns später.

2 Constraint zuweisen

Die Drehung des hinteren Rads lassen wir über ein Constraint aus der Abteilung TRANSFORM direkt auf das mittlere Rad übertragen. Dazu wählen Sie das mittlere Rad auf der linken Seite aus und weisen ihm über den CONSTRAINT-Tab ❸ im PROPERTIES-EDITOR einen COPY ROTATION-Constraint ❹ zu.

In den zugehörigen Einstellungen zeigt der rot hinterlegte Constraint-Name ❻ an, dass noch ein Ziel (TARGET) für die Rotation definiert werden muss. Aktivieren Sie dazu die kleine Pipette ❼ in der TARGET-Zeile, und fahren Sie mit dem Mauszeiger in der 3D-VIEW über das hintere Rad. Klicken Sie mit der Pipette auf dieses Rad ❺, um es dem Constraint als TARGET-Objekt zuzuweisen.

3 Constraint einstellen

Mit dieser Pipetten-Auswahl wurde das hintere Rad als Zielvorgabe für die Rotation des mittleren Rads eingetragen ❽. Für uns von Belang ist ausschließlich die Rotation um die X-Achse ❾. Wir können daher die beiden Rotationsachsen Y und Z durch Deselektieren dieser Optionen sperren. Alle anderen Parameter bleiben auf den Standardeinstellungen.

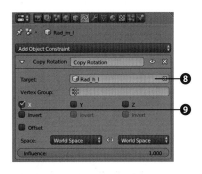

4 Constraints für die Räder auf der rechten Seite zuweisen

Natürlich bewegen sich auch die Räder auf der rechten Seite der Lok im Einklang mit der Drehung des hinteren Rads – lediglich spiegelverkehrt. Um die Rotation auch automatisch auf die andere Seite der Lok zu übertragen, weisen wir dem hinteren und mittleren Rad auf der rechten Seite jeweils ein CHILD OF-Constraint ❿ aus der Liste RELATIONSHIP zu.

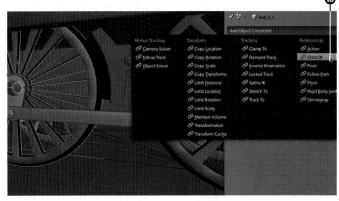

5 Constraints einstellen

Mit diesen Constraints benimmt sich das Träger-Objekt so, als wäre es dem Target-Objekt als Child untergeordnet. In den zugehörigen Einstellungen setzen wir als TARGET daher einfach den Objekt-Namen mit anderem Seiten-Suffix ein ⓫. Für die Übertragung erlauben wir wieder ausschließlich die Rotation über die X-Achse. Weisen Sie auch dem rechten vorderen Rad ein CHILD OF-Constraint mit den identischen Parametern zu, und orientieren Sie es am noch nicht angetriebenen linken vorderen Rad ⓬.

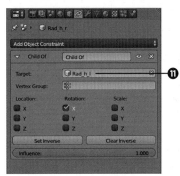
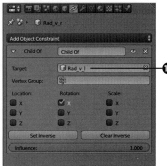

6 3D Cursor platzieren

Die großen Räder drehen sich nun zwar, doch die dazwischen befindliche Schubstange bleibt davon unberührt. Damit sie ebenfalls der Rotation der Räder folgt, binden wir sie mit einem Constraint an den Verbinder am mittleren Rad an. Selektieren Sie den Verbinder am mittleren Rad, und platzieren Sie dort den 3D Cursor ⓭ über den Befehl SNAP • CURSOR TO SELECTED ⓮ (Tasten ⇧+S).

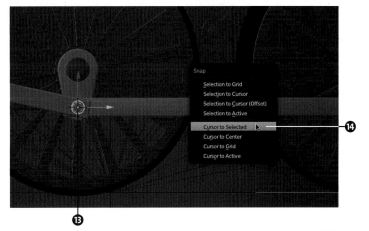

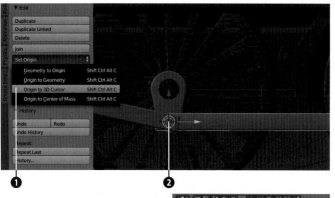

7 Ursprung versetzen

Unser Ziel ist jetzt, die zwischen den beiden großen Rädern befindliche Schubstange am Verbinder des mittleren Rads zu befestigen. Dabei wäre es praktisch, wenn sich der Ursprung der Schubstange mit dem Ursprung des Verbinders decken würde. Da der 3D Cursor schon an der richtigen Stelle sitzt, müssen wir dafür nur noch die Schubstange per Rechtsklick selektieren und ihren Ursprung über den Befehl SET ORIGIN • ORIGIN TO 3D CURSOR ❶ aus dem TOOL SHELF (Taste [T]) dorthin versetzen.

8 Constraints zuweisen

Um nun ausschließlich die Position und nicht die Rotation des Verbinders auf die Schubstange zu übertragen, weisen Sie der Schubstange im CONSTRAINT-Tab ❷ des PROPERTIES-EDITORS einen COPY LOCATION-Constraint ❸ zu. In den zugehörigen Einstellungen definieren Sie das mittlere Rad auf der linken Seite als TARGET ❹. An den restlichen Parametern müssen wir nichts ändern.

Da sich beide Räder synchron drehen, ist damit automatisch sichergestellt, dass das hintere Ende der Schubstange optisch wie am Verbinder des hinteren Rads befestigt wirkt. Selektieren Sie zur Kontrolle das hintere Rad per Rechtsklick, aktivieren Sie über die Tasten [R] und [X] die Rotation über die X-Achse, und drehen Sie das Rad testweise ❺. Nun sollten sich nicht nur beide Räder, sondern auch die Schubstange korrekt mitbewegen.

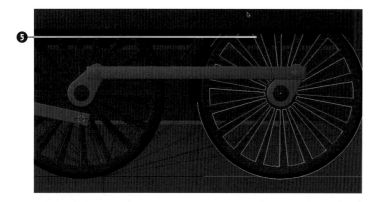

9 Andere Seite der Lok anpassen

Nachdem dieser Teilbereich der linken Lok-Seite funktioniert, wechseln Sie über die Tasten [Strg]/[Ctrl]+[3] [Num] auf die rechte Seite. Verbinden Sie die dortige Schubstange zwischen den großen Rädern wie eben durchgeführt über die Positionierung des 3D Cursors auf dem Verbinder, das Versetzen des Ursprungs der Schubstange und das Zuweisen des COPY LOCATION-Constraints.

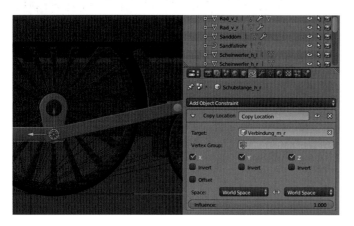

10 3D Cursor platzieren und Bone erzeugen

Die Animation der vorderen beiden Schubstangen wird etwas kniffliger. Die Aufgabe
ist, die zweite Schubstange am mittleren Rad
über die Drehung des Rads mitzubewegen
und dabei die in den Schubkasten führende
Schubstange in Y-Richtung vor- und zurück-
fahren zu lassen. Es handelt sich also um eine
einfache Form der INVERSE KINEMATIK. Wie
wir wissen, bietet Blender auch hierfür ein
Constraint, allerdings arbeitet es ausschließlich mit Bones zusammen. Doch diese kleine
Hürde ist schnell genommen.

Wechseln Sie über die Taste ③ [Num]
zurück auf die linke Seite, und platzieren Sie
den 3D Cursor auf dem vordersten Verbinder,
indem Sie den Verbinder selektieren und den
3D Cursor ❻ über den Befehl SNAP • CURSOR
TO SELECTED ❼ (Tasten ⇧+S) dorthin setzen lassen. Rufen Sie nun das Menü ADD •
ARMATURE über die Tasten ⇧+A auf, und
erzeugen Sie für die Armature einen SINGLE
BONE ❽ als Ausgangsbasis.

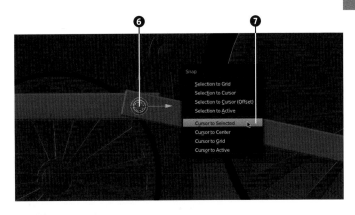

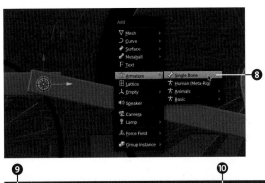

11 Bone verschieben und rotieren

Rotieren Sie den Bone über die Tasten R,
X und - ⑨ ⓪ negativ um 90° über die
X-Achse, damit der Bone exakt mit der vor-
dersten Schubstange übereinstimmt.

Verwenden Sie anschließend den grünen
Y-Achsgreifer, um den Bone ein Stück in den
Schubkasten zu versetzen ❾. Eine genauere
Positionierung des Bone-Heads ist ausnahms-
weise nicht erforderlich, wichtiger wird gleich
die korrekte Positionierung des Bone-Tails ❿.

Wie Sie bemerken, wird ein großer Teil
des Bones von der umliegenden Geometrie
verdeckt. Damit wir uns bei den nächsten
Arbeiten an der ARMATURE leichter tun, rufen
Sie den OBJECT DATA-Tab ⓫ der ARMATURE im
PROPERTIES-EDITOR auf und aktivieren im Panel
DISPLAY die Option X-RAY ⓬. Damit werden
die Bones der Armature nicht mehr verdeckt.

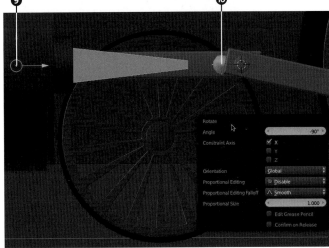

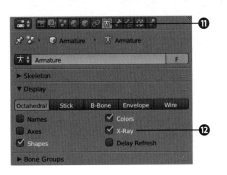

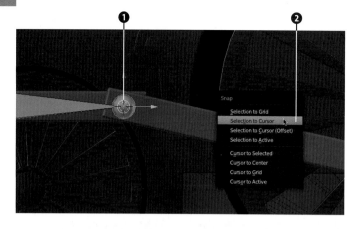

12 Bone-Tail auf Position des 3D Cursors versetzen

Der Tail des erstellten Bones muss exakt auf der Position des Verbinders liegen. Der 3D Cursor ist bereits an Ort und Stelle, um aber den Bone-Tail bearbeiten zu können, müssen wir zunächst über die Taste [⇆] in den EDIT MODE wechseln. Selektieren Sie den Bone-Tail per Rechtsklick ❶, und platzieren Sie den Tail über den Befehl SNAP • SELECTION TO CURSOR ❷ (Tasten [⇧]+[S]) dorthin.

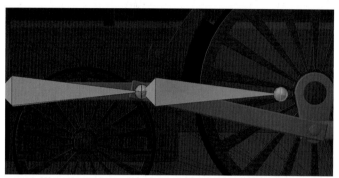

13 Zweiten Bone extrudieren

Für die zum mittleren Rad führende Schubstange benötigen wir einen zweiten, untergeordneten Bone.

Aktivieren Sie das EXTRUDE-Werkzeug (Taste [E]), und extrudieren Sie den zweiten Bone aus dem Bone-Tail des ersten Bones. Dessen Endposition legen wir gleich per SNAP-Tool fest, Sie können die Extrusion daher nach einem kurzen Stück per Linksklick bestätigen.

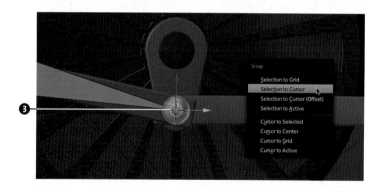

14 3D Cursor platzieren und Bone-Tail versetzen

Der Bone-Tail muss natürlich auf dem Verbinder des mittleren Rads liegen. Wechseln Sie dazu über die Taste [⇆] kurz in den OBJECT MODE, und selektieren Sie den Verbinder per Rechtsklick. Platzieren Sie den 3D Cursor über den Befehl SNAP • CURSOR TO SELECTED (Tasten [⇧]+[S]) dorthin. Wählen Sie per Rechtsklick wieder die Armature aus, und springen Sie über die Taste [⇆] zurück in den EDIT MODE, um den Bone-Tail über den Befehl SNAP • SELECTION TO CURSOR auf den 3D Cursor zu setzen ❸.

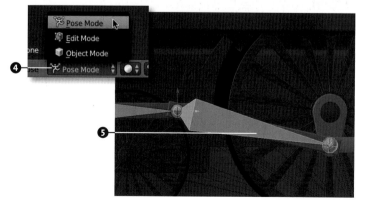

15 Bone im Pose Mode selektieren

Die beiden Bones sind damit korrekt platziert. Um sie einrichten zu können, wechseln Sie über das Menü der Arbeitsmodi in den POSE MODE ❹ und wählen als Erstes den zuletzt erzeugten, zweiten Bone ❺ per Rechtsklick aus.

16 IK-Constraint zuweisen und einrichten

Wie schon erwähnt, benötigen wir die Armature mit den beiden Bones, um die INVERSE KINEMATIK der Schubstangen aufzubauen. Dank POSE MODE ist es nun auch möglich, dem zuvor selektierten Bone den dafür benötigten IK-Constraint über den BONE CONSTRAINT-Tab ❻ im PROPERTIES-EDITOR der Armature zuzuweisen.

In den zugehörigen Einstellungen wählen Sie die Verbindung in der Mitte der linken Seite als TARGET ❼. Damit steuert das Verbinder-Objekt nun die von den Bones erzeugte IK-Kette, die durch eine gelbe Linie ❾ gekennzeichnet ist. Die bescheidene Kettenlänge (CHAIN LENGTH) ❽ von 2 müssen wir nicht extra definieren, da sie die komplette Bone-Kette umfasst. Die erweiterte Funktionalität des Bones ist außerdem an seiner Gelbfärbung ❿ zu erkennen.

17 Ausgangs-Bone einrichten

Die gewünschte INVERSE KINEMATIK ist damit gewährleistet, sodass wir uns nun um die aus dem Schubkasten ragende Schubstange kümmern. Hier müssen wir erreichen, dass sich der Bone-Tail ⓬ ausschließlich in Y-Richtung nach vorne und hinten bewegen kann, denn an den Bone-Tail knüpfen wir später die Schubstange.

Selektieren Sie den ersten Bone ⓫ der Kette, und öffnen Sie den BONE-Tab ⓭ im PROPERTIES-EDITOR. Klappen Sie das Panel INVERSE KINEMATICS auf, und sperren Sie alle drei Achsen über die X-, Y- und Z-Buttons ⓮.

Falls Sie sich fragen, wie der Bone-Tail sich denn überhaupt bewegen soll, wenn wir gar keine Achse dafür freigeben: Das Wandern des Tails in positive und negative Y-Richtung ermöglichen wir durch die Freigabe der Bone-Länge. Dazu finden Sie unterhalb der IK-Achsen den Parameter STRETCH ⓯. Setzen Sie seinen Wert auf 1, um die Länge des Bones komplett freizugeben.

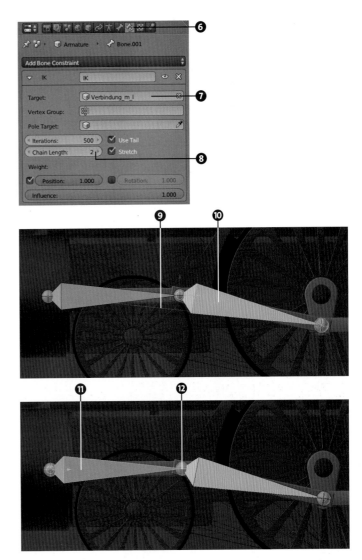

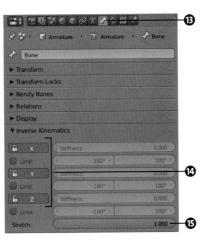

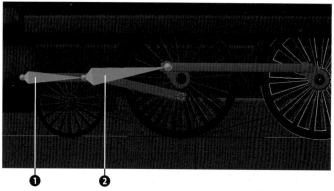

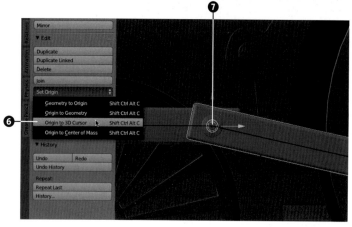

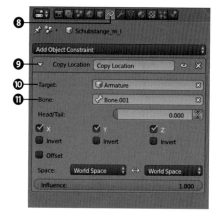

18 Inverse Kinematik testen

Mit dieser speziellen Eigenschaft des ersten Bones geben wir dem zweiten Bone ❷ die nötige Freiheit, um sich nicht nur drehen, sondern auch in Y-Richtung vor- und zurückbewegen zu können. Der erste Bone ❶ ändert automatisch seine Länge, je nachdem, wo sich die Schubstange mit dem steuernden Verbinder gerade befindet. Testen Sie die INVERSE KINEMATIK, indem Sie über die Taste ⌨ in den OBJECT MODE wechseln, das hintere Rad per Rechtsklick selektieren und per Tasten R und X über die X-Achse rotieren.

Funktioniert alles wie gewünscht, reduzieren wir vor dem Anbinden der Geometrie die nicht mehr benötigte Bone-Darstellung auf ein Minimum. Rufen Sie dazu das Panel DISPLAY im OBJECT DATA-Tab ❸ der Armature auf. Ändern Sie die Darstellung der Armature auf STICK ❹, um die Bones mit dünnen Stäben anzeigen zu lassen. Die Option NAMES ❺ ist oft praktisch, um bei den Zuweisungen nicht die falschen Bones auszuwählen.

19 3D Cursor platzieren und Ursprung versetzen

Beginnen wir beim Anbinden der Objekte mit der am mittleren Rad befestigten Schubstange. Selektieren Sie den vorderen Verbinder, und platzieren Sie den 3D Cursor über den Befehl SNAP • CURSOR TO SELECTED (Tasten ⇧+S) dorthin ❼. Wählen Sie per Rechtsklick die Schubstange aus, und versetzen Sie ihren Ursprung über den Befehl ORIGIN TO 3D CURSOR ❻ aus dem TOOL SHELF.

20 Ersten Constraint zuweisen

Um die Schubstange mit dem zweiten Bone zu verknüpfen und auszurichten, weisen Sie der Schubstange im CONSTRAINT-Tab ❽ des PROPERTIES-EDITORS einen COPY LOCATION-Constraint ❾ zu. In den Einstellungen definieren Sie die Armature als TARGET ❿ und den untergeordneten zweiten Bone als Bone-Ziel ⓫.

21 Zweiten Constraint zuweisen

Damit ist sichergestellt, dass die Schubstange stets auf der Position des Bones sitzt. Um zusätzlich die Drehung des Bones an die Schubstange zu übertragen, fügen Sie noch ein COPY ROTATION-Constraint ⑫ mit den identischen TARGET-Informationen hinzu. Jetzt stimmen Schubstange und zweiter Bone komplett überein.

22 Constraint für den Verbinder zuweisen

Da die Schubstange und der Verbinder nicht miteinander verknüpft oder per PARENTING verbunden sind, benötigt auch der Verbinder eine Anbindung – wahlweise an die Schubstange oder den zweiten Bone der Armature. Selektieren Sie dazu per Rechtsklick den Verbinder ⑬, und weisen Sie ihm im CONSTRAINT-Tab ⑭ des PROPERTIES-EDITORS einen COPY LOCATION-Constraint ⑮ zu. In den Einstellungen definieren Sie wieder die Armature als TARGET und den zweiten Bone als Bone-Ziel.

23 Ursprung versetzen

Nun fehlt uns noch die in den Schubkasten führende Schubstange. Selektieren Sie diese Schubstange per Rechtsklick, und versetzen Sie ihren Ursprung über den Befehl ORIGIN TO 3D CURSOR ⑯ aus dem TOOL SHELF. Den 3D Cursor selbst mussten wir nicht neu platzieren, weil er bereits an der richtigen Stelle sitzt.

24 Constraint zuweisen

Natürlich muss diese vordere Schubstange nicht die gleichen Strapazen wie der vordere Bone durchmachen. Es reicht, wenn wir ihre Position an der Position des Verbinders oder auch des Bones festmachen; eine Rotation ist dabei nicht vorgesehen. Weisen Sie der Schubstange einen COPY LOCATION-Constraint ⑰ zu, und definieren Sie den vorderen linken Verbinder ⑱ oder ein weiteres Mal den zweiten Bone als TARGET.

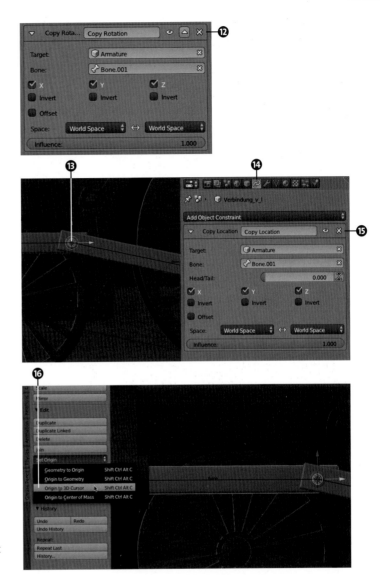

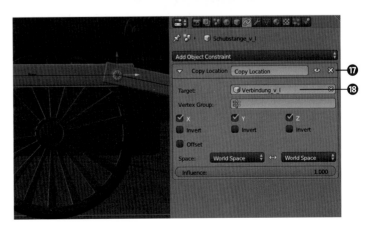

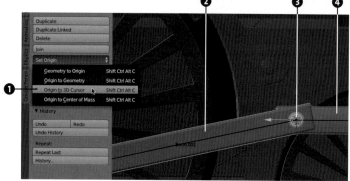

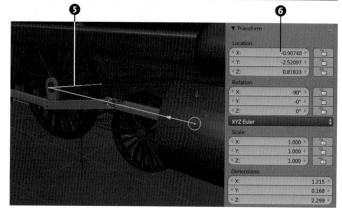

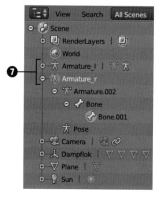

25 Antrieb testen

Nach diesem Schritt ist der Antrieb für die linke Seite fertiggestellt. Testen Sie den kompletten Rad- und Schubstangenantrieb, indem Sie das hintere Rad per Rechtsklick selektieren und über die Tasten R und X über die X-Achse rotieren. Funktioniert alles wie geplant, setzen Sie die testweise Transformation über die Esc-Taste wieder zurück, damit wir uns um die rechte Seite des Antriebs unserer Lok kümmern können.

26 Ursprung der beiden Schubstangen versetzen

Wechseln Sie dazu über die Tasten Strg/ Ctrl + 3 [Num] mit der Viewport-Ansicht auf die andere Seite der Lok. Bevor wir den IK-Antrieb auch dort installieren, gleichen wir die beiden Ursprünge der Schubstangen an die Position des Verbinders an.

Selektieren Sie dazu den Verbinder per Rechtsklick ❸, und platzieren Sie den 3D Cursor über den Befehl SNAP • CURSOR TO SELECTED (Tasten ⇧ + S) auf seine Position. Versetzen Sie den Ursprung für beide Schubstangen-Objekte (❷ und ❹) über den Befehl ORIGIN TO 3D CURSOR ❶ aus dem TOOL SHELF in diese Position.

27 Armature duplizieren und spiegeln

Da wir den Antrieb auf der rechten Seite mit dem gleichen IK-Bone-Konstrukt bewerkstelligen werden, duplizieren Sie sich die Armature der linken Seite über die Tasten ⇧ + D. Brechen Sie die anschließende Transformation mit der Esc-Taste ab, und spiegeln Sie die Armature stattdessen durch Änderung des Vorzeichens ❻ der X-Koordinate auf die rechte Seite der Lok.

Geben Sie den beiden Armatures ❼ über den OUTLINER per Suffix eine klare Seitenzuordnung, um die folgende Anpassung der Constraints ohne Verwechslungsgefahr durchführen zu können.

28 Bone-Target anpassen

Bevor wir uns aber um die Constraints kümmern, bringen wir die duplizierte Armature auf den korrekten Stand. Im Moment verweist der IK-Bone nämlich noch auf das auf der linken Seite befindliche Target: den mittleren Verbinder ❺. Aktivieren Sie über das Menü der Arbeitsmodi den POSE MODE, um den IK-Bone auf der rechten Seite auszuwählen und im PROPERTIES-EDITOR in seinem BONE CONSTRAINT-Tab ❽ das Target auf den Verbinder der rechten Seite ❾ zu ändern.

29 Constraints zuweisen und einrichten

Damit der IK-Antrieb auch auf der rechten Seite funktioniert, müssen wir noch die drei betroffenen Mesh-Objekte über Constraints anbinden – deren Ursprünge (ORIGINS) haben wir ja bereits vorbereitet.

Die am mittleren Rad befindliche Schubstange bekommt über den CONSTRAINT-Tab ❿ des PROPERTIES-EDITORS einen COPY LOCATION-Constraint ⓫ mit der rechten Armature als TARGET und dem untergeordneten, zweiten Bone als Bone-Ziel. Die Drehung des Bones überträgt ein COPY ROTATION-Constraint ⓬ mit den identischen TARGETS.

Selektieren Sie anschließend den vorderen, rechten Verbinder, und weisen Sie ihm einen COPY LOCATION-Constraint ⓭ zu. In den Einstellungen definieren Sie die rechte Armature als TARGET und den zweiten Bone als Bone-Ziel. Die vordere, rechte Schubstange erhält einen COPY LOCATION-Constraint ⓮ mit dem vorderen rechten Verbinder als TARGET.

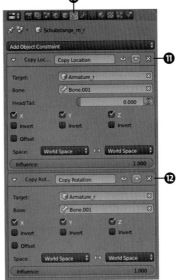

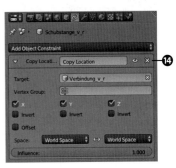

30 Armatures mit Parenting an die Dampflok anbinden

Die beiden Armatures erledigen nun den ihnen angedachten Job, doch sie gehören noch nicht zu den Elementen der Dampflok, die gemeinsam animiert werden sollen. Ziehen Sie daher die beiden Armatures ⓰ auf das EMPTY der Dampflok ⓯, um sie unterzuordnen.

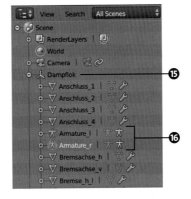

Drehung der Räder per Driver

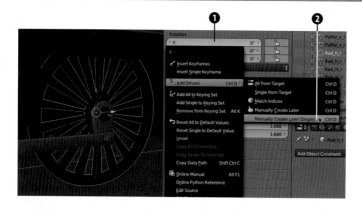

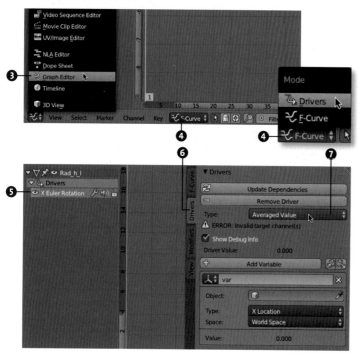

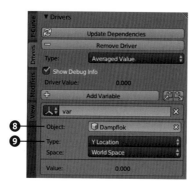

1 Driver erzeugen

Bislang haben wir die Drehung des linken hinteren Rads über eine Transformation selbst erzeugt und auf die Elemente des Antriebs bzw. die Räder weiter übertragen. Dabei wäre es doch viel praktischer, wenn sich das Rad automatisch drehen würde, sobald man es in Y-Richtung verschiebt. Dies lässt sich relativ schnell über einen sogenannten Driver (*Treiber*) realisieren.

Der Wert der X-Rotation des hinteren Rads ist vom Driver zu steuern. Selektieren Sie das Rad per Rechtsklick, und klicken Sie im Properties Shelf (Taste N) mit der rechten Maustaste auf das Feld ❶ für die Rotation in X-Richtung. Im geöffneten Kontextmenü erzeugen Sie über den Befehl Add Drivers • Manually Create Later (Single) ❷ einen Driver für diesen einzelnen Wert, den wir nun im Nachgang einrichten.

Um an den Driver zu gelangen, öffnen Sie sich über das Menü der Editoren den Graph-Editor ❸, beispielsweise im Fenster der Timeline. Im Graph-Editor wechseln Sie über das Menü der Modi ❹ in den Drivers-Mode.

2 Driver einrichten

In der linken Spalte des Graph-Editors finden wir nun den von uns erzeugten Driver für die X(Euler)-Rotation ❺ des hinteren linken Rads hinterlegt.

Um dem Driver mitzuteilen, was nun genau die X-Rotation beeinflussen soll, wechseln Sie im Properties Shelf des Graph-Editors auf den Tab Drivers ❻. Dort wählen Sie als Erstes den Typ des Drivers über das Menü Type, in unserem Fall Averaged Value ❼, einen Durchschnittswert.

Den Wert steuern soll in unserem Fall die Y-Koordinate der Dampflok, weshalb Sie als Object ❽ das Empty der Dampflok und als Type die Y Location ❾ definieren.

3 Modifier einbinden

Wenn Sie die Dampflok in der 3D-View über den Y-Achsanfasser vor- und zurückbewegen, fällt Ihnen auf, dass sich die großen Räder in die falsche Richtung drehen. Das ist ganz logisch, da sich die Lok in negativer Y-Richtung fortbewegt.

Der Wert im Driver muss also umgekehrt werden. Dies erreichen wir mit einem eigenen MODIFIER. Wechseln Sie dazu im PROPERTIES SHELF des GRAPH-EDITORS auf den Tab MODIFIER ❿, und wählen Sie einen GENERATOR ⓫ als MODIFIER-Typ. In den Einstellungen finden Sie damit eine mathematische Formel mit Wertefeldern. Da nur das Vorzeichen umzukehren ist, reicht es, im zweiten Feld vor dem X-Wert ⓬ ein »–« zu ergänzen.

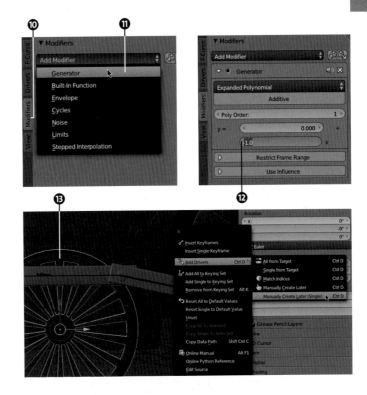

4 Driver für das kleine Rad erzeugen und einrichten

Da die Rotation des großen Rads aufgrund des unterschiedlichen Umfangs nicht zu den kleinen Rädern passt, benötigt das vordere linke Rad ⓭ einen eigenen Driver zur Ermittlung der für die zurückgelegte Distanz benötigte Drehung. Richten Sie für das linke vordere Rad den exakt identischen Driver für den Wert der X-Rotation ein.

Nun reicht es, die Dampflok in Y-Richtung zu bewegen, um den kompletten Antrieb der Lok korrekt mitzuführen.

Dampf für die Lokomotive per Smoke

1 3D Cursor platzieren

Um den Schlot der Lokomotive ordentlich qualmen zu lassen, erzeugen wir als Erstes ein neues Mesh-Objekt, das für die Rauchproduktion sorgt.

Selektieren Sie den Schlot per Rechtsklick, und setzen Sie den 3D Cursor über den Befehl SNAP • CURSOR TO SELECTED (Tasten ⇧ + S) auf diese Position ⓮.

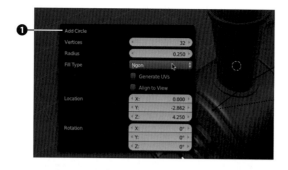

2 Circle erzeugen, einrichten und platzieren

Damit wir den Rauch gut in bzw. an den Schlot anpassen können, erzeugen Sie über das Menü ADD (Tasten ⌂+Ａ) einen Circle. Rufen Sie gleich das LAST OPERATOR-Menü (Taste F6) ❶ auf, um für den Anfang einen RADIUS von 0.250 und den FILL TYPE NGON für das Mesh-Objekt einzustellen.

3 Circle verschieben und Quick-Tool Smoke aufrufen

Greifen Sie den Circle am blauen Z-Achsanfasser ❷, und ziehen Sie ihn ein Stück nach oben. Die genaue Position und Größe bestimmen wir, sobald Rauch produziert wird.

Dazu rufen Sie über die Leertaste das Such-Menü auf und wählen dort nach Eingabe einiger Buchstaben den QUICK SMOKE ❸ aus.

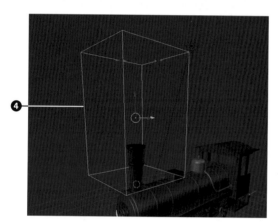

4 Smoke-Domain selektieren

Nach dem Aufruf dieses Befehls hat sich einiges getan. Der Circle wurde als Smoke Flow-Objekt angelegt und zusätzlich ein quaderförmiges Cube-Objekt als Smoke-Domain erzeugt.

Da der Cycles-Renderer gewählt ist, besitzt die Smoke-Domain nun bereits ein nodebasiertes Volumen-Material für den Rauch der Lokomotive. Selektieren Sie die Smoke-Domain ❹ per Rechtsklick, und wechseln Sie danach per ⇆-Taste in den EDIT MODE.

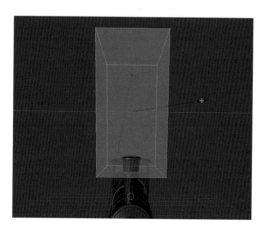

5 Position und Breite der Smoke-Domain anpassen

Da der Rauch ausschließlich in der Smoke-Domain entsteht, müssen wir dafür sorgen, dass die Domain auch groß genug ist, um den erzeugten Rauch aufzunehmen.

Selektieren Sie über die Taste Ａ alle Vertices der Domain, und schieben Sie die Vertices ein Stück nach oben. Rufen Sie über die Tasten Ｓ und Ｘ die Skalierung in X-Richtung auf, und verbreitern Sie die Domain nach Augenmaß oder die Eingabe ①.②.

6 Höhe und Länge der Smoke-Domain anpassen

Drehen Sie sich die Ansicht in der 3D-VIEW durch Ziehen mit gedrückter Mausrad-Taste so zurecht, dass Sie die Höhe und Länge der Domain gut abschätzen können.

Selektieren Sie die Vertices oder das Face ❺ an der Oberseite der Domain, und schieben Sie es per Achsgreifer oder G und Z zur Festlegung der Höhe des Rauchs nach oben. Anschließend wählen die Vertices bzw. das Face ❻ auf der hinteren Seite der Domain und verschieben Sie es per Achsgreifer oder G und Y nach hinten, um die Länge des Rauchs zu definieren. Die Domain sollte dabei mindestens die Länge der Lok aufweisen.

Sollten Sie die Domain nicht im EDIT MODE, sondern per Skalierung im OBJECT MODE bearbeitet haben, vergessen Sie nicht, die Skalierung über das Menü APPLY • SCALE ❼ (Strg/ Ctrl + A) anzuwenden, da der Rauch sonst nicht korrekt berechnet wird.

7 Smoke-Domain einrichten

Da die Smoke-Domain nun die geforderten Maße besitzt, öffnen Sie im PROPERTIES-EDITOR den PHYSICS-Tab ❽ für die Smoke-Domain, um ihre Parameter anzupassen.

Erhöhen Sie im Panel SMOKE ❾ die Auflösung (RESOLUTION) des Rauchs auf 64. Setzen Sie die VORTICITY auf 4, um den Rauch etwas mehr zu verwirbeln. Über die Option DIS-SOLVE erreichen wir, dass sich der Rauch nach der angegebenen Zeit (TIME) auflöst.

Zur Steigerung von Qualität und Rechnerperformance aktivieren Sie die Optionen der Panel SMOKE ADAPTIVE DOMAIN ❿ und SMOKE HIGH RESOLUTION ⓫. Die adaptive Domain sorgt dafür, dass nur der wirklich benötigte Teil der Domain berechnet wird.

Etwas versteckt im Panel SMOKE CACHE ⓬ sind die Parameter für Start und Ende der Rauchproduktion hinterlegt. Tragen Sie für das Ende den Wert 471 ein, um bis zum letzten Frame Rauch erzeugen zu lassen.

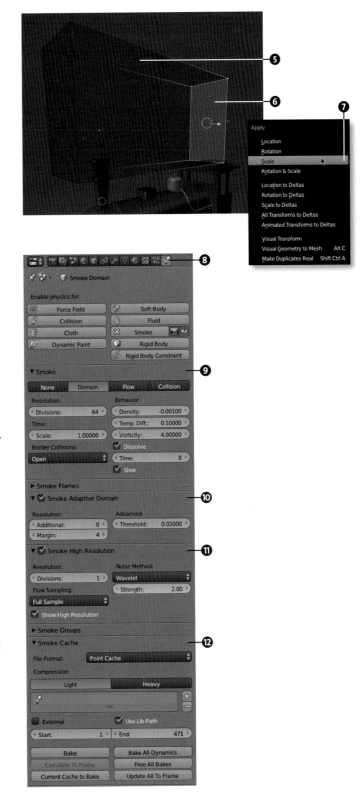

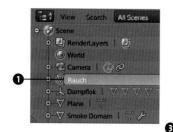

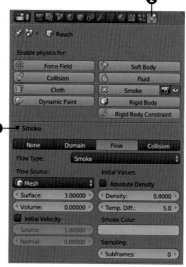

8 Smoke-Flow-Objekt einrichten und anpassen

Die eben eingerichtete Smoke-Domain ist unter diesem Namen auch im OUTLINER zu erkennen, den von uns für den Rauch bereitgestellten Circle benennen wir einfach selbst nach Doppelklick auf seinen Namen ❶ um.

Öffnen Sie nun im PROPERTIES-EDITOR den PHYSICS-Tab ❷ für den Rauch. Im Panel SMOKE ❸ wurde der frühere Circle als Flow-Objekt angelegt. Erhöhen Sie dort die Menge des ausgestoßenen Rauchs durch Anheben des SURFACE-Werts auf 3. Geben Sie dem Rauch eine Dichte (DENSITY) von 0.8, und steigern Sie die Geschwindigkeit des Rauchs durch eine Erhöhung der Temperatur-Differenz (TEMP. DIFF.) auf 5.0.

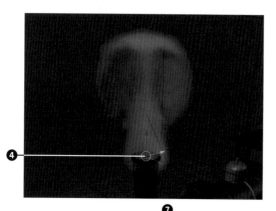

Testen Sie das Smoke-Modul durch Klicken auf den Abspielbutton in der TIMELINE bzw. über die Tasten [Alt]+[A]. Die Rauchsäule ist mit Sicherheit zu breit und stimmt auch von der Z-Position nicht ganz. Selektieren Sie also das Smoke-Flow-Objekt, und passen Sie den Rauch durch Skalieren und Verschieben des Smoke-Flow-Objekts so an, dass der Rauch glaubwürdig aus dem Ende des Schlots entsteigt ❹. Der Rauch darf ruhig ein bisschen über den Rand nach unten wirbeln, nicht umsonst haben wir beim Texturing die rote Verzierung mit Rauchspuren versehen.

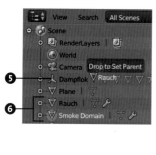

9 Smoke-Domain und Smoke-Flow-Objekt unterordnen

Da wir unsere Lokomotive animieren werden, müssen die beiden Smoke-Objekte natürlich ebenso zur Hierarchie der Dampflok-Objekte gehören, damit sie mitbewegt werden.

Ziehen Sie dazu das Smoke-Flow-Objekt sowie die Smoke-Domain ❻ im OUTLINER einfach auf das EMPTY ❺ der Lokomotive.

Wenn Sie sichergehen möchten, dass der Circle unseres Smoke-Flow-Objekts nicht sichtbar ist, deaktivieren Sie in seinem OBJECT-Tab ❼ im Panel CYCLES SETTINGS ❽ die RAY VISIBILITY.

10 Turbulenz erzeugen und einrichten

Sollte Ihnen der von unserer Lokomotive produzierte Rauch viel zu gleichförmig erscheinen, haben Sie nur auf die nun folgende Einbindung eines FORCE FIELDS gewartet. Rufen Sie dazu das Menü ADD • FORCE FIELD ❾ auf, und fügen Sie das Kraftfeld TURBULENCE in unsere Szene ein.

Das erzeugte FORCE FIELD besteht mehr oder weniger aus einem Empty mit einem zugewiesenen PHYSICS-Modifier vom Typ TURBULENCE. Öffnen Sie den PHYSICS-Tab ❿ im PROPERTIES-EDITOR, um an dessen Einstellungen zu gelangen. Erhöhen Sie hier die Stärke (STRENGTH) der Turbulenz auf 200 und den NOISE auf 10. Aktivieren Sie außerdem die Option GLOBAL, um den Modifier szenenweit wirken zu lassen. Weiter müssen Sie nichts an den Standardeinstellungen ändern.

Wenn Sie nun die Animation über den Abspielbutton in der TIMELINE bzw. über die Tasten [Alt]+[A] starten, wirkt der von unserer Lokomotive erzeugte Rauch schon wesentlich realistischer. Wir können uns also um die Animation der Lok kümmern.

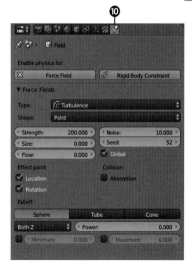

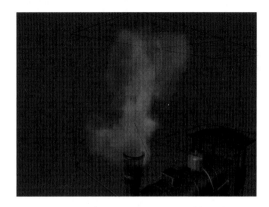

Animation der Lokomotive mit Keyframes

1 Lokomotive auf Endposition platzieren

Wechseln Sie mit der Taste [0] [Num] in die Ansicht der getrackten Kamera, und selektieren Sie über den OUTLINER das Empty der Lokomotive. Da sich der Antrieb automatisch bei Bewegung der Lok mitbewegt, müssen wir nur das Empty animieren. Rufen Sie das TRANSLATE-Tool in Y-Richtung (Tasten [G] und [Y]) auf, und verschieben Sie die Lok auf die gewünschte Endposition der Animation.

Versetzen Sie den grünen Zeitregler ⓬ in der TIMELINE mit der linken Maustaste oder über das Eingabefeld ⓫ auf FRAME 340.

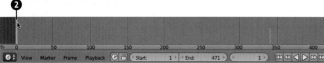

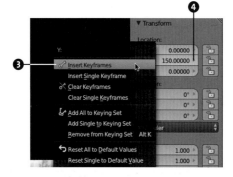

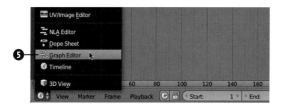

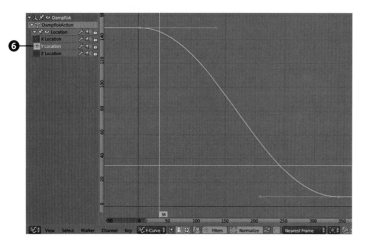

2 Keyframe für die Location erzeugen

Für den aktuellen Zeitpunkt Frame 340 möchten wir die vorliegende Position der Lokomotive in einem Keyframe festhalten.

Vergewissern Sie sich, dass das Empty der Lok noch selektiert ist, und drücken Sie die Taste ⎵I⎵. Aus dem geöffneten Menü INSERT KEYFRAME wählen Sie LOCATION ❶, um die Koordinaten der Lok in Keyframes zu schreiben.

3 Keyframe für die Ausgangsposition erzeugen

Der Endpunkt der Lok-Animation ist damit festgehalten, nun müssen wir noch die Ausgangsposition in einem Keyframe speichern. Zunächst versetzen wir den grünen Zeitregler auf FRAME 1 ❷, dort soll die Fahrt der Lok beginnen.

Verschieben Sie die gesamte Lok über den Y-Wert der LOCATION im PROPERTIES SHELF (Taste ⎵N⎵) auf 150 ❹. Klicken Sie mit der rechten Maustaste auf den geänderten Parameter, und wählen Sie aus dem Kontextmenü INSERT KEYFRAMES ❸, um den neuen Wert für die Lok in einem Keyframe zu hinterlegen.

4 F-Curve der Animation aufrufen

Die von uns erzeugte kurze Keyframe-Animation bringt unsere Lokomotive damit zwischen Frame 1 und 340 sicher von A nach B. Dabei beschleunigt die Lok anfangs und verlangsamt kurz vor dem Ende wieder. Diese weiche Interpolation eignet sich für viele Standardaufgaben, doch in unserem Fall ist zumindest die anfängliche Beschleunigung wenig hilfreich. Um dies an unsere Vorstellungen anzupassen, müssen wir die F-CURVES der Animation bearbeiten.

Sie können das Fenster der TIMELINE verwenden, um dort über das Editoren-Menü den GRAPH-EDITOR ❺ aufzurufen. Setzen Sie den Modus auf F-CURVE, und selektieren Sie über die Hierarchie der Dampflok-ACTION die F-CURVE der Y LOCATION ❻.

5 F-Curve anpassen

Die vorliegende Bewegungskurve ist vom Typ BEZIER, weswegen wir den Kurvenverlauf sehr elegant durch Ziehen an den Kontrollpunkten modifizieren können.

Greifen Sie den rechten Anfasser ❽ des Keyframes auf FRAME 1 mit der linken Maustaste, und ziehen Sie die Kurve weit nach unten in Richtung des Keyframes für die Endposition. Auf diese Weise bekommen wir am Anfang der Animation einen praktisch linearen Start, während wir die Bewegung zum Ende hin sogar etwas früher verlangsamen.

Die Animation der Lok selbst wäre damit erledigt, doch korrekterweise sollte sich beim Verlangsamen der Lok auch der Rauchausstoß verringern.

6 Rauchausstoß animieren

Laut F-CURVE ❼ beginnt die Verlangsamung der Lok in etwa bei FRAME 220, weshalb hier ein guter Zeitpunkt für den ersten Keyframe wäre. Versetzen Sie also den grünen Zeitregler auf FRAME 220 ⓫, und selektieren Sie das für den Rauch sorgende Smoke-Flow-Objekt. In seinem PHYSICS-Tab im PROPERTIES-EDITOR setzen Sie den Mauszeiger auf den Parameter SURFACE ❾ und drücken die Ⓘ-Taste, um den Wert in ein Keyframe zu schreiben. Setzen Sie den Zeitregler anschließend auf FRAME 340 ⓬, den Endpunkt der Fahrt, und ändern Sie den SURFACE-Wert auf 1 ❿, um den Rauchausstoß bleibend zu reduzieren. Speichern Sie diesen geänderten Wert über die Taste Ⓘ in ein Key für FRAME 340.

7 Erste fertige Animation der Lokomotive

Nach diesem Schritt ist die erste Animation unserer Lokomotive tatsächlich fertiggestellt. Testen Sie die Animation im Zusammenspiel mit dem von SMOKE erzeugten Rauch, und passen Sie gegebenenfalls die Smoke-Domain an, um dem Rauch auch sicher genügend Platz zu genehmigen.

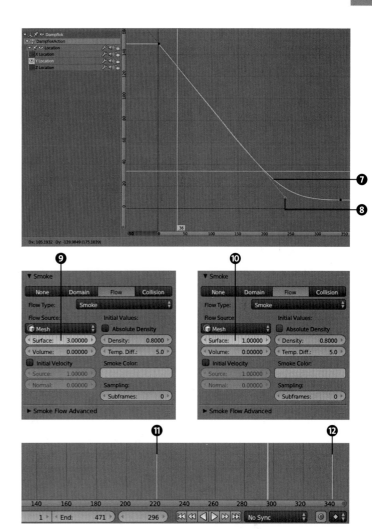

Simulation mit Rigid Body-Physics

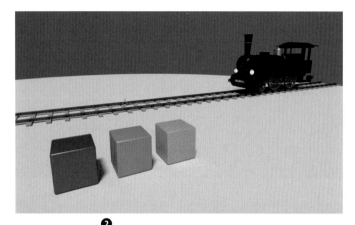

1 Szene öffnen

Da unsere Lokomotive im wahrsten Sinne des Wortes richtig in Fahrt ist, wechseln wir in diesem Workshop-Teil kurz die Szenerie, um ein wenig mit der Physics-Simulation der RIGID BODIES zu experimentieren.

Im Begleitmaterial zu diesem Buch finden Sie im Ordner ANIMATION die Blender-Datei »4_Ani_Dampflok_4_Physics.blend«. Öffnen Sie die Datei über den FILE BROWSER (Taste F1), um mit der Vergabe der physikalischen Eigenschaften beginnen können.

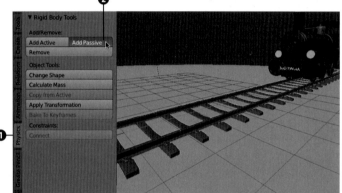

2 Passive Rigid Bodies definieren

In unserer Szene befinden sich mit dem Boden, den Schienen und den dazugehörigen Schwellen drei Elemente, die zwar an der physikalischen Simulation teilnehmen werden, sich dabei aber weder selbst bewegen noch von anderen Objekten bewegt werden können. Selektieren Sie diese drei Mesh-Objekte per Rechtsklick in der 3D-VIEW, und weisen Sie ihnen über das TOOL SHELF (Taste T) im Panel PHYSICS ➊ mit dem Button ADD PASSIVE ➋ diese Physics-Eigenschaft zu.

3 Boden und Schienen einrichten

Die Elemente besitzen nun jeweils Modifier vom Physics-Typ RIGID BODY, die wir über den PHYSICS-Tab ➎ des PROPERTIES-EDITORS einstellen.

Da der TYPE ➍ PASSIVE bereits über den gewählten Button voreingestellt ist, können wir uns auf das Panel RIGID BODY COLLISIONS ➌ konzentrieren. Für Boden und Schienen vergeben wir aufgrund der geringen Face-Anzahl MESH als hochwertige SHAPE (Kollisionsform). Während der Boden eine höhere Reibung (FRICTION) erhält, damit die später herabfallenden Cubes schneller zum Stehen kommen, ermöglicht die niedrigere FRICTION der Schienen ➏ leichtes Rutschen.

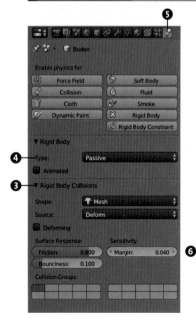

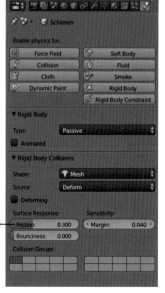

4 Mirror-Modifier der Schienen anwenden

Ich habe Ihnen die Szene für diesen Work-shop zwar weitestgehend vorbereitet, eine wichtige Anpassung möchte ich aber Ihnen überlassen, um Sie auf diese Eigenheit auf-merksam zu machen. Da die Schienen einen MIRROR-Modifier besitzen, funktioniert die Kollisionserkennung nicht richtig. Rufen Sie daher über den MODIFIER-Tab **7** im PROPER-TIES-EDITOR die Einstellungen des MIRROR-Modifiers **8** auf, und wenden Sie den Modi-fier per Klick auf den Button APPLY **9** an.

5 Schwellen einrichten

Die Schwellen des Gleises besitzen zwar einen ARRAY-Modifier, dies tut der Kollisions-erkennung aber keinen Abbruch. Wählen Sie hier unter den RIGID BODY COLLISIONS **10** die SHAPE CONVEX HULL und eine dem Boden ent-sprechende Reibung (FRICTION) von 0.8.

6 Aktives Rigid Body definieren und einrichten

Mit den drei Cubes existieren insgesamt drei aktive Rigid Bodies in unserer Szene. Um uns die Arbeit zu erleichtern, versehen wir zunächst einen der drei Cubes mit den phy-sikalischen Eigenschaften und kopieren diese anschließend auf die zwei anderen Cubes.

Selektieren Sie dazu einen der drei Cubes (in meinem Fall den violetten Würfel **12**) per Rechtsklick, und weisen Sie ihm über den Button ADD ACTIVE **11** im Panel PHYSICS des TOOL SHELFS die Eigenschaft als aktives Rigid Body zu. Im PHYSICS-Tab des Cubes ist dies auch sofort als TYPE ACTIVE **13** hinterlegt. Geben Sie dem Cube außerdem eine Masse (MASS) von 3. Bei SHAPE im Panel RIGID BODY COLLISIONS **14** können Sie aufgrund der einfa-chen Geometrie wenig verkehrt machen.

Im Panel RIGID BODY DYNAMICS **15** aktivieren Sie die Option ENABLE DEACTIVATION, damit die Cubes zum Stillstand kommen, wenn sie sich kaum mehr bewegen.

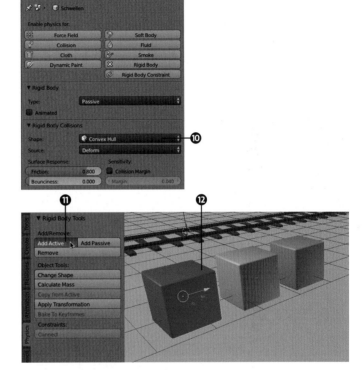

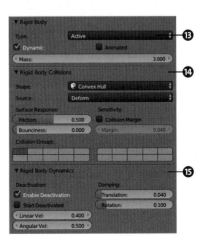

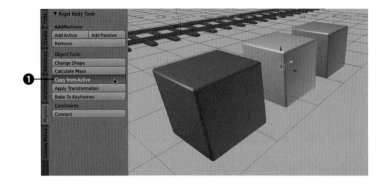

7 Physikalische Eigenschaften übertragen

Der erste der drei Cubes wäre damit eingerichtet. Kopieren wir nun die Physics-Eigenschaften des fertigen Cubes auf die zwei anderen Cubes.

Selektieren Sie dazu per Rechtsklick mit gedrückt gehaltener ⇧-Taste zunächst die beiden Cubes, welche die Eigenschaften übertragen bekommen sollen, und zuletzt den bereits eingerichteten Cube. Klicken Sie nun im PHYSICS-Tab des TOOL SHELFS (Taste T) auf den Button COPY FROM ACTIVE ❶, um alle Physics-Attribute zu vererben.

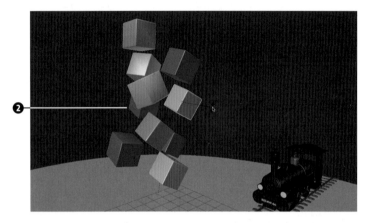

8 Cubes duplizieren, platzieren und rotieren

Natürlich haben Sie freie Hand, wie viele Cubes Sie sich duplizieren (Tasten ⇧+D) und anschließend ein gutes Stück nach oben versetzt über dem Ursprung der Szene platzieren (Taste G) ❷. Rotieren Sie die Cubes auch ein wenig (Taste R), um das Herabfallen der Cubes nicht zu gleichförmig zu gestalten.

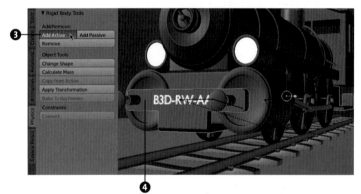

9 Animierte aktive Rigid Bodies definieren

Um die Lokomotive mit den herabfallenden Cubes kollidieren zu lassen, führen wir eine weitere Art der Rigid Bodies ein: aktive Rigid Bodies, die mit Keyframes animiert werden.

Selektieren Sie dazu das Fahrgestell der Lokomotive ❹, und weisen Sie ihm über den Button ADD ACTIVE ❸ im PHYSICS-Tab des TOOL SHELFS die Physics-Eigenschaften zu. Im zugehörigen PHYSICS-Tab aktivieren Sie im Panel RIGID BODY ❺ die Option ANIMATED, damit das Objekt animierbar wird. Vergeben Sie an diesen Lok-Teil eine Mass von 10, damit die Kollision entsprechend wuchtig ausfällt.

Im Panel RIGID BODY COLLISIONS ❻ wählen Sie als Kollisionsform die SHAPE CONVEX HULL und erhöhen den Reibungswert FRICTION auf 0.9, um die kollidierenden Objekte gleich ein wenig abzudämpfen.

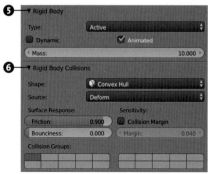

10 Physikalische Eigenschaften übertragen

Neben dem Fahrgestell besitzt die Lokomotive noch andere Mesh-Objekte, die ziemlich sicher einer Kollision mit den Cubes ausgesetzt sind: die Puffer, der Schieberkasten, die Scheinwerfer und die Vorderseite des Kessels.

Selektieren Sie diese Objekte per Rechtsklick mit gedrückt gehaltener ⬆-Taste sowie zuletzt das bereits eingerichtete Rigid Body-Objekt des Fahrgestells. Klicken Sie im PHYSICS-Tab des TOOL SHELFS auf den Button COPY FROM ACTIVE ❼, um die Physics-Attribute auf die anderen Lok-Teile zu übertragen.

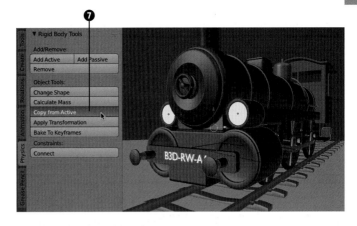

11 Lokomotive mit Keyframes animieren

Nun müssen wir nur noch das Empty mit den Elementen der Lokomotive mittels einer Keyframe-Animation in die Cubes fahren lassen.

Selektieren Sie dazu das Empty der Dampflok über den OUTLINER, und klicken Sie mit der rechten Maustaste im PROPERTIES SHELF (Taste N) in den Y-Wert ❽ der LOCATION. Speichern Sie den vorliegenden Y-Wert über den Befehl INSERT SINGLE KEYFRAME ❾ in ein Keyframe für das aktuelle FRAME 1.

Versetzen Sie anschließend den grünen Zeitregler in der TIMELINE durch Ziehen mit der linken Maustaste oder das Feld ⓬ auf Frame 100 ⓫. Ändern Sie den Y-Wert der Lok mit einem anderen Vorzeichen auf −13.0, und setzen Sie wieder über das Kontextmenü für den geänderten Y-Wert ein Keyframe.

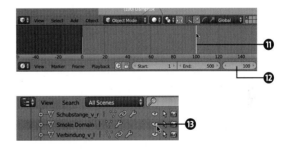

12 Zweite fertige Animation der Lokomotive

Die Animation der Lokomotive inklusive Physics-Simulation ist damit fertiggestellt. Wenn Sie die Lok qualmen lassen möchten, blenden Sie die Smoke-Domain in der Hierarchie der Dampflok einfach über das Auge-Symbol ⓭ im OUTLINER ein. Per Klick auf den Abspielbutton der TIMELINE oder den Kurzbefehl Alt+A starten Sie die Animation.

Animation einer Unterwasserwelt

Partikelsysteme, Cloth und Kraftfelder in der Praxis

Mit diesen beiden Workshops gestalten wir den Lebensraum unseres Oktopus noch lebendiger. Partikel dienen uns zur Realisierung aufsteigender Luftblasen, während wir mit Cloth von der Wasserströmung bewegte Pflanzen animieren.

Vorbereitungen

Mit diesen Workshops setzen wir unsere Arbeit an der Unterwasser-Szene fort, die wir im vorangegangenen Kapitel aufgebaut, ausgeleuchtet und texturiert haben. Öffnen Sie diese Blender-Datei über den Befehl OPEN (Tasten `Strg`/`Ctrl`+`O`).

Ebenso wie Sie bei der Gestaltung der Unterwasserwelt freie Hand hatten, dürfen Sie natürlich auch bei deren Animation ganz Ihren Vorstellungen nachgehen.

Partikelsysteme und Physics (in diesem Fall Cloth) sind relativ rechenintensive Simulationen. Beschränken Sie sich daher am besten auf die Bereiche der Szene, die tatsächlich von der Kamera eingefangen werden.

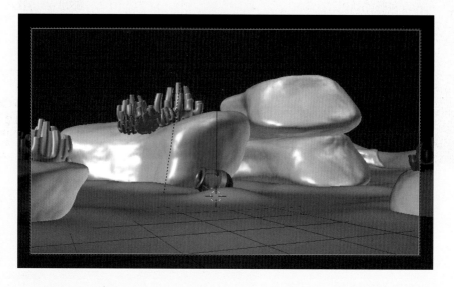

Luftblasen mit Partikeln
ab Seite 346

Bewegte Pflanzen mit Cloth
ab Seite 350

Simulation von Luftblasen mit Partikeln

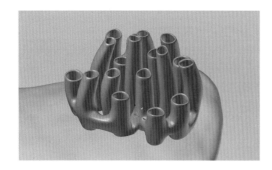

1 Meeresschwamm selektieren

Für die Produktion der Luftblasen bieten sich die Tuben unseres Meeresschwamms an. Die Luftblasen sollen dabei also nicht auf der Oberfläche des Schwamms entstehen, sondern direkt aus den Tuben in die Höhe steigen. Bevor wir das eigentliche Partikelsystem aufsetzen, bereiten wir den Meeresschwamm auf seine Aufgabe vor. Suchen Sie sich einen der in der Szene platzierten Schwämme aus, und selektieren Sie ihn per Rechtsklick.

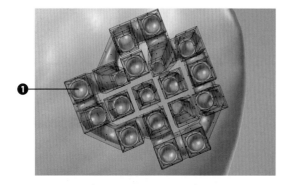

2 Faces selektieren und duplizieren

Wechseln Sie über die Tasten ⑦ Num und ⑤ Num in die orthogonale Ansicht von oben, und aktivieren Sie mit der ⇆-Taste den EDIT MODE.

Verwenden Sie den FACE SELECT-Mode aus dem Menü der Arbeitsmodi in der 3D-VIEW, um die in der Mitte befindlichen Faces der gerade nach oben stehenden Tuben ❶ nacheinander bei gedrückt gehaltener ⇧-Taste per Rechtsklick zu selektieren. Erzeugen Sie über die Tasten ⇧+Ⓓ ein Duplikat der Faces, und brechen Sie den Transformationsschritt über die Ⓔsc-Taste ab.

Stellen Sie über das Menü VIEWPORT SHADING in der Menüzeile der 3D-VIEW auf die Ansicht WIREFRAME um, damit Sie die duplizierten Faces ❷ gut erkennen können.

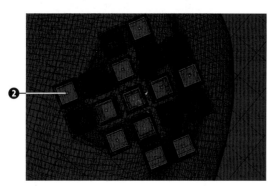

3 Faces skalieren

Damit die Emission der Luftblasen auch relativ exakt in der Mitte der Tuben stattfindet, skalieren wir nun die selektierten Faces, um den Spielraum zu begrenzen.

Wählen Sie im Menü PIVOT POINT ❸ der 3D-VIEW die Einstellung INDIVIDUAL ORIGINS, um jedes Face für sich zu skalieren.

Rufen Sie anschließend über die Taste Ⓢ das SCALE-Werkzeug auf, und verkleinern Sie die selektierten Faces ❹ stark zusammen.

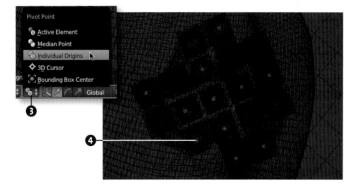

4 Faces in neuer Vertex Group speichern

Damit wir die duplizierten und skalierten Faces explizit für die Luftblasenproduktion auswählen können, rufen Sie über den Kurzbefehl `Strg`/`Ctrl`+`G` das Menü VERTEX GROUPS auf und weisen die Selektion über den Befehl ASSIGN TO NEW GROUP 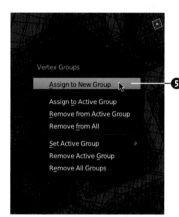 ❺ einer neuen VERTEX GROUP zu. Über den OBJECT DATA-Tab ❻ des PROPERTIES-EDITORS geben Sie im Panel VERTEX GROUPS der neu erstellten Gruppe nach Doppelklick einen Namen ❼.

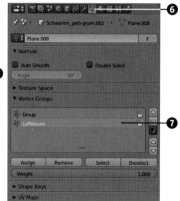

5 Partikelsystem anlegen

Nun ist der Meeresschwamm perfekt vorbereitet, sodass wir über den PARTICLE-Tab im PROPERTIES-EDITOR ❽ durch Klick auf den Button NEW ❾ ein Partikelsystem für das Mesh-Objekt anlegen können.

6 UV Sphere als Partikel erzeugen

Nun gilt es noch, ein Mesh-Objekt für die emittierten Partikel bereitzustellen, am besten natürlich eine UV Sphere.

Rufen Sie im OBJECT MODE mit `⇧`+`A` das Menü ADD ❿ auf, und erzeugen Sie ein Mesh-Objekt UV Sphere als unser späteres Partikel. Die Position der UV Sphere spielt an dieser Stelle keine Rolle, da nur das Mesh-Objekt selbst als Partikel herangezogen wird.

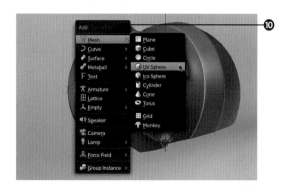

Verwenden Sie das LAST OPERATOR-Menü (Taste `F6`) bzw. das Panel LAST OPERATOR im TOOL SHELF (Taste `T`), um die Größe der UV Sphere auf 0.5 ⓬ zu reduzieren, um einen Durchmesser von 1 BU zu erhalten. Aktivieren Sie außerdem über den Button SMOOTH ⓫ das SMOOTH SHADING, um der UV Sphere eine glatte Oberfläche zu spendieren.

Weil wir uns unter Wasser befinden, liegt die Oberfläche der Luftblase im Inneren der UV Sphere. Um dies zu erreichen, wechseln Sie mit der `⇆`-Taste den EDIT MODE, selektieren alle Faces (Taste `A`) und drehen die Normalen über den Befehl FLIP NORMALS ⓭ aus dem Menü MESH • NORMALS um.

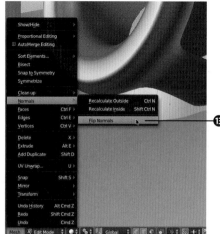

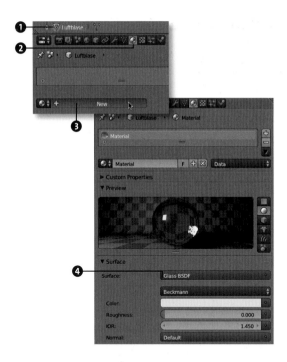

7 Material für das Partikel zuweisen

Die äußere Form des Partikels wäre damit festgelegt, vergeben Sie über den OUTLINER am besten gleich noch einen passenden Namen an das Mesh-Objekt **❶**.

Öffnen Sie anschließend den MATERIAL-Tab **❷** der Luftblase im PROPERTIES-EDITOR, und erzeugen Sie per Klick auf den Button NEW **❸** ein neues Material. Der Cycles-Renderer bietet für die Luftblase mit dem GLASS BSDF-Shader **❹** ein schnell erzeugtes, trotzdem aber hochwertiges transparentes Material, dessen Standardwerte wir direkt verwenden können.

8 Partikelsystem einrichten

Widmen wir uns den Einstellungen des Partikelsystems. Selektieren Sie dazu das Mesh-Objekt des Meeresschwamms, und öffnen Sie den PARTICLE-Tab **❺** im PROPERTIES-EDITOR; das Partikelsystem selbst **❻** hatten wir bereits angelegt.

Setzen Sie im Panel EMISSION **❼** die Anzahl (NUMBER) der emittierten Partikel auf 300, wobei die Emission bereits bei FRAME –120 starten soll, damit beim Start unserer Animation bereits genügend Partikel zu sehen sind. Ein Ende der Emission bei FRAME 500 sollte genügen, eine Lebenszeit (LIFETIME) der Partikel von 300 FRAMES ebenso. Wählen Sie FACES als Bezugspunkt der Emission und eine gleichmäßige Verteilung (EVEN DISTRIBUTION) der Partikel. Die Einstellungen im Panel VELOCITY **❽** bleiben unberührt, eine ROTATION **❾** ist bei runden Partikeln ohne Textur uninteressant.

Wählen Sie im Panel PHYSICS **❿** NEWTONIAN als Grundlage, und geben Sie den Partikeln eine Größe (SIZE) von 0.08 mit einem Zufallswert (RANDOM SIZE) von 1. Für die Masse (MASS) von 0.5 aktivieren Sie die Option MULTIPLY MASS WITH SIZE, um das Verhalten an die Partikelgröße zu binden. Durch eine Anhebung des BROWNIAN-Werts erhalten die Partikel mehr zufallsbasiertes Eigenleben, mittlere Dämpfung (DAMP) verlangsamt die Partikel.

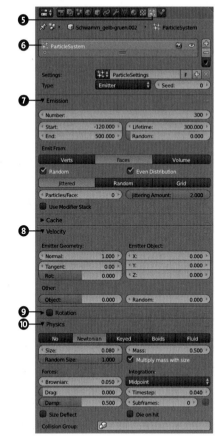

9 Partikel dem Partikelsystem zuweisen

In den nächsten Panels dreht sich alles um die Darstellung von Emitter und Partikel sowie das Verhalten der Partikel in Kombination mit Kraftfeldern (FORCE FIELDS).

Im Panel RENDER ⑪ aktivieren Sie EMITTER, damit unser Meeresschwamm mitgerendert wird. Außerdem möchten wir ein bestimmtes OBJECT als Partikel verwenden; die dafür erzeugte Luftblase ziehen oder wählen Sie in bzw. aus dem Feld DUPLI OBJECT. Die bereits im Panel PHYSICS hinterlegte variable Größe bestätigen wir durch Aktivieren der Option SCALE unter Angabe ebendieser Werte.

Würden wir nun das Partikelsystem starten, fielen die emittierten Luftblasen geradewegs nach unten, da auf sie die global herrschende Gravitation (GRAVITY) wirkt. Wir drehen den Spieß einfach um und öffnen das Panel FIELD WEIGHTS ⑫, wo wir die Gravitation durch ein geändertes Vorzeichen umkehren. Reduzieren Sie außerdem den Einfluss von TURBULENCE auf 0. Dieses spezielle FORCE FIELD wollen wir später ausschließlich auf Pflanzen wirken lassen. Im Panel VERTEX GROUPS ⑬ definieren wir die anfangs erstellte VERTEX GROUP für den Parameter DENSITY, um nur von diesen Faces Partikel zu emittieren.

Jetzt können Sie das fertige Partikelsystem per Klick auf den Abspielbutton der TIMELINE bzw. über den Kurzbefehl [Alt]+[A] starten.

10 UV Sphere ausblenden und Partikelsystem weitergeben

Die formgebende UV Sphere der Luftblase ist noch immer sichtbar. Damit sie beim Rendering nicht erscheint, weisen wir sie über die Taste [M] einem anderen LAYER ⑭ zu.

Um andere Meeresschwämme als Emitter abzustellen, bereiten Sie die Objekte wie gehabt mit einer VERTEX GROUP vor, legen ein Partikelsystem ⑮ an und wählen den Datenblock des Systems ⑯ in den SETTINGS aus, nur die VERTEX GROUP müssen Sie neu vergeben.

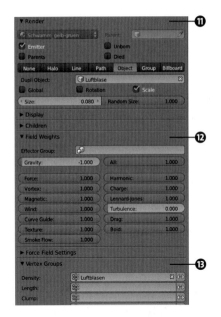

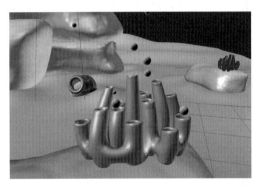

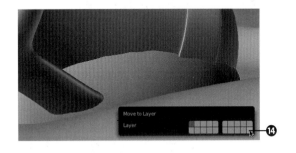

11 Fertige Luftblasen-Partikelsysteme

Dank des zeitlichen Vorlaufs unserer Partikelsysteme sind bereits bei FRAME 1 genügend Luftblasen-Partikel im Wasser.

Beim Test-Rendering im VIEWPORT SHADING RENDERED ist nun auch zu erkennen, warum wir die Normalen der UV Sphere umgedreht haben – die Partikel wirken tatsächlich wie Luftblasen und nicht wie Glaskugeln.

Simulation bewegter Pflanzen mit Cloth

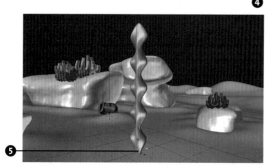

1 Blatt der Pflanze hinzuladen

Um noch etwas mehr Leben in die Unterwasserwelt zu bringen, lassen wir biegsame Pflanzen von der Wasserströmung hin- und herbewegen. Damit wir uns auf die Animation der Pflanze mit dem Physics-Modul CLOTH konzentrieren können, habe ich Ihnen in den Begleitmaterialien zu diesem Buch ein Blatt der späteren Pflanze in der Blender-Datei »4_Ani_Unterwasser_Pflanze.blend« ❶ im Verzeichnis ANIMATION bereitgestellt.

Öffnen Sie über den Befehl APPEND aus dem Menü FILE den FILE BROWSER, und navigieren Sie per Doppelklick auf die Datei zu den Datenblöcken. Im Ordner OBJECT ❷ finden Sie das Mesh-Objekt BLATT ❸, das Sie über einen weiteren Doppelklick bzw. über den Button APPEND FROM LIBRARY ❹ in die Szene holen. Verschieben Sie das Mesh-Objekt über die Achsgreifer ❺ an eine freie Stelle in der Szene, um das Objekt vorbereiten zu können.

2 Vertex Group erzeugen

Für einen festen Stand erzeugen wir am unteren Ende eine VERTEX GROUP. Wechseln Sie mit der 🔄-Taste in den EDIT MODE, und selektieren Sie die Vertices der unteren zwei Ebenen ❼. Über den Befehl ASSIGN TO NEW GROUP ❻ (Tasten Strg/Ctrl+G) speichern Sie die Vertices in einer VERTEX GROUP.

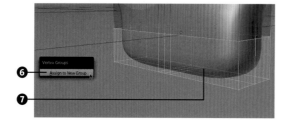

3 Vertex Group benennen

Diese VERTEX GROUP dient dazu, die Krafteinwirkung des späteren FORCE FIELDS auf das Blatt an diesen Stellen zu unterbinden.

Sie finden die VERTEX GROUP im OBJECT DATA-Tab ❽ des PROPERTIES-EDITORS. Klappen Sie das Panel VERTEX GROUPS ❾ auf, und geben Sie den Vertices nach Doppelklick auf den Eintrag ❿ den Namen »Pinning«.

4 Cloth-Physics zuweisen und einrichten

Bevor wir das Blatt zu einer Pflanze duplizieren, richten wir die Physics ein. Öffnen Sie dazu den PHYSICS-Tab ⓫ im PROPERTIES-EDITOR für das Blatt, und klicken Sie auf den Button CLOTH ⓬, um die CLOTH-Physics zuzuweisen.

Im Panel CLOTH ⓭ interessieren uns in erster Linie die MATERIAL-Einstellungen. Geben Sie dem Blatt eine Masse (MASS) von 1, eine Struktur-Festigkeit (STRUCTURAL) von 10 und eine Biegefestigkeit (BENDING) von 30. Aktivieren Sie das PINNING, damit wir die gleichnamige VERTEX GROUP als unbeeinflussten Bereich des Blattes hinterlegen können.

Belassen Sie die CLOTH COLLISION ⓮ aktiviert, um Überschneidungen zu vermeiden. Im Panel CLOTH FIELD WEIGHTS ⓯ schließlich reduzieren Sie die GRAVITY auf 0, damit die global herrschende Gravitationskraft keine Wirkung auf unser CLOTH-Blatt hat.

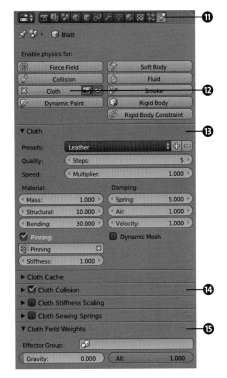

5 Turbulence erzeugen und einrichten

Statt der Gravitation soll eine TURBULENCE für die Bewegung des Blattes sorgen. Wechseln Sie über die ⇆-Taste in den OBJECT MODE, und erzeugen Sie über das Menü ADD • FORCE FIELD ⓰ eine TURBULENCE.

Im PHYSICS-Tab ⓱ des PROPERTIES-EDITORS erhöhen Sie deren Stärke (STRENGTH) auf 500 bei einer Größe (SIZE) von 0.1 und einem NOISE von 5. Lassen Sie die TURBULENCE mit einem FLOW von 10 windähnlich und über die Option GLOBAL szenenweit wirken.

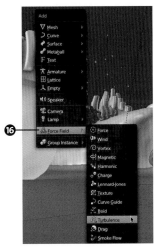

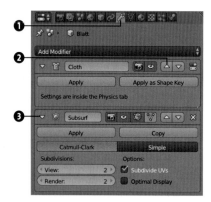

6 Reihenfolge im Modifier-Stack anpassen

Das Blatt ist damit mit den für die Simulation benötigten Physics-Eigenschaften ausgestattet. Es ist aber noch eine kleine, für die Qualität und Performance wichtige Anpassung nötig. Durch die nachträgliche Zuweisung des CLOTH-Modifiers rangiert dieser MODIFIER im Modifier-Stack des MODIFIER-Tabs ❶ nach dem SUBSURF-Modifier ❸, der für eine glättende Unterteilung des Blattes sorgt.

Ändern Sie die Reihenfolge, indem Sie den CLOTH-Modifier über dessen Pfeil-Button ❷ nach oben setzen. Nun erfolgt die CLOTH-Berechnung, bevor die Oberfläche des Blattes geglättet wird. Für die Glättung reicht beim RENDERING ein Wert von 2, um die Performance in der 3D-VIEW zu beschleunigen, können Sie den Wert für VIEW auch herabsetzen.

Testen Sie nun das per CLOTH-Physics animierte Blatt durch Klick auf den Abspielbutton bzw. die Tasten [Alt]+[A].

7 Start und Ende der Cloth-Simulation definieren

Bemühen wir uns noch einmal in den PHYSICS-Tab im PROPERTIES-EDITOR und klappen das Panel CLOTH CACHE ❹ auf. Damit die Blätter nicht anfangs starr stehen und erst dann in Bewegung und in eine natürliche Haltung kommen, geben Sie der Simulation im Feld START mit – 10 FRAMES etwas Vorlauf, ein Ende bei Frame 500 sollte reichen.

8 Blätter duplizieren und zu einer Pflanze formieren

Setzen Sie den Zeitregler auf FRAME 1 zurück, und fertigen Sie über den Befehl DUPLICATE (Tasten [⇧]+[D]) mehrere Duplikate des Blattes an, die Sie in zwei oder mehr Ringen kreisförmig zu einer Pflanze formieren. Setzen Sie dazu den PIVOT POINT für die Transformation auf ACTIVE ELEMENT ❺, damit Sie die Blätter vom unten liegenden Ursprung aus rotieren (Taste [R]) und skalieren (Taste [S]) können.

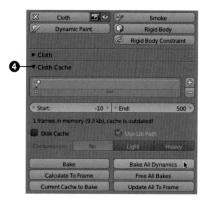

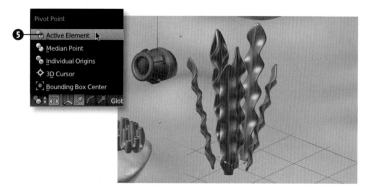

9 Empty erzeugen

Mit wie vielen Blättern Sie die Pflanze dabei gestalten, ist wieder völlig Ihnen überlassen. Ich habe mich dazu entschlossen, die Blätter dieser ersten fertige Pflanze einem Empty-Objekt als PARENT unterzuordnen, um im nächsten Schritt die gesamte Pflanze duplizieren und positionieren zu können. Sie erzeugen das Empty wie gewohnt über das Menü ADD • EMPTY ❻ (Tasten ⇧+A).

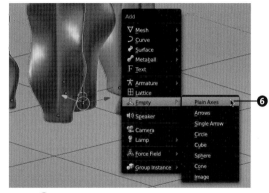

10 Blätter dem Empty als Children unterordnen

Um die Blätter nun auch hierarchisch zu einer Pflanze zusammenzufassen, selektieren Sie zunächst alle Blätter per Rechtsklick mit gedrückt gehaltener ⇧-Taste. Anschließend nehmen Sie noch das Empty-Objekt zur Auswahl hinzu. Über den Befehl SET PARENT TO • OBJECT ❽ (Tasten Strg/Ctrl+P) weisen Sie die Blätter dem zuletzt selektierten Empty als CHILDREN zu.

Im OUTLINER sollten nun alle Blatt-Objekte dem Empty-Objekt ❼ untergeordnet sein. Geben Sie dem Empty nach Doppelklick auf dessen Namen eine passende Bezeichnung als Pflanze, damit Sie den Überblick nicht verlieren. Um nun das Pflanzen-Empty mit allen enthaltenen Blättern zu selektieren, können Sie recht elegant den Befehl SELECT MORE/LESS • EXTEND CHILD ❾ aus dem Menü SELECT des 3D-VIEW-EDITORS verwenden.

Duplizieren Sie die Pflanze mit den Tasten ⇧+D, und setzen Sie das Duplikat über das TRANSLATE-Tool (Taste G) an eine geeignete Stelle. Verwenden Sie das Werkzeug ROTATE (Taste R), um die zweite Pflanze zu drehen und näher zur ersten Pflanze zu schieben ❿.

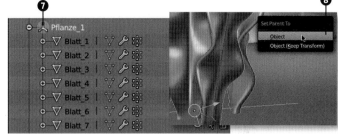

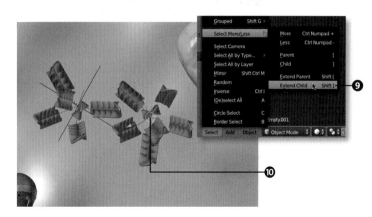

11 Fertige animierte Unterwasserwelt

Nach diesem Schritt ist unsere Unterwasserwelt fertiggestellt. Noch mehr Leben kommt mit dem nächsten Workshop in die Szene, wenn unser Oktopus endlich einzieht.

Character-Animation des Oktopus

Mit Bones, Constraints und Shape Keys Leben einhauchen

In diesem Workshop darf unser Oktopus endlich in seine Unterwasserwelt einziehen. Zunächst erhält er aber ein Character-Rig aus verschiedenen Bones, Constraints und Kontrollobjekten, mit dem sich der Oktopus animieren lässt.

Vorbereitungen

Bevor wir wieder in die Unterwasserwelt eintauchen, wenden wir uns noch einmal dem modellierten und texturierten Oktopus zu. Damit wir uns voll auf das Rigging des Kraken konzentrieren können, verwenden wir diesen Workshop-Zwischenstand als Ausgangspunkt und importieren danach den fertig gerigten Character in die Unterwasser-Szene.

Öffnen Sie also Ihre letzte Blender-Datei des Oktopus über den Befehl OPEN (Tasten `Strg`/`Ctrl`+`O`).

Damit die Arbeit im Viewport möglichst flüssig vonstatten geht, selektieren Sie den Oktopus, um im MODIFIER-Tab ❶ des PROPERTIES-EDITORS den SUBDIVISION SURFACE-Modifier ❷ aufzuklappen. Reduzieren Sie dort die Anzahl der Unterteilungen (SUBDIVISIONS) für die VIEW auf 1. Für die anstehende Arbeit mit Bones ist dies vollkommen ausreichend, das Rendering bleibt bei drei Unterteilungen.

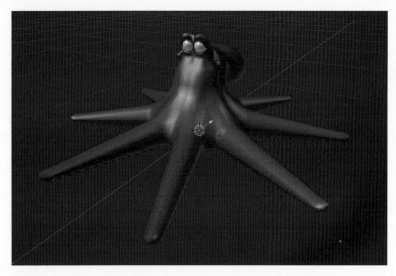

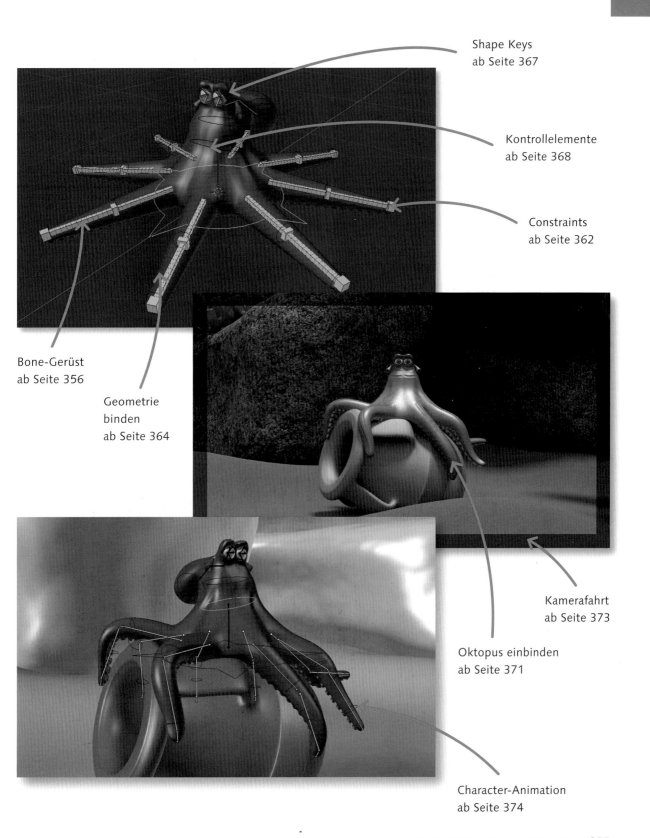

Shape Keys
ab Seite 367

Kontrollelemente
ab Seite 368

Constraints
ab Seite 362

Bone-Gerüst
ab Seite 356

Geometrie
binden
ab Seite 364

Kamerafahrt
ab Seite 373

Oktopus einbinden
ab Seite 371

Character-Animation
ab Seite 374

Aufbau des Bone-Gerüsts

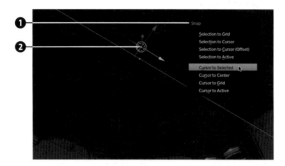

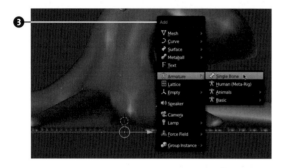

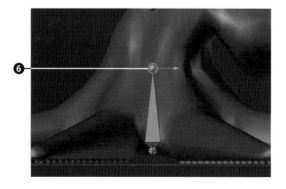

1 3D Cursor platzieren

Bevor wir den ersten Bone für unseren Oktopus erzeugen, bringen wir den 3D Cursor an die gewünschte Position. Drehen Sie sich den Oktopus in der 3D-View, um an die Vertices auf der Unterseite zu gelangen. Wechseln Sie über die ⮆-Taste in den EDIT MODE, und aktivieren Sie den VERTEX SELECT-Mode, um den Vertex in der exakten Mitte der Unterseite ❷ per Rechtsklick auszuwählen.

Rufen Sie über die Tasten ⇧+S das Menü SNAP ❶ auf, und bringen Sie den 3D Cursor mit dem Befehl CURSOR TO SELECTED auf die Position des selektierten Vertex.

2 Armature mit Bone erzeugen

Wechseln Sie über die Tasten 3 [Num] und 5 [Num] in die orthogonale Seitenansicht, und aktivieren Sie mit der ⮆-Taste den OBJECT MODE, um den ersten Bone zusammen mit der Armature zu erzeugen. Aus dem Menü ADD • ARMATURE ❸ (Tasten ⇧+A) wählen Sie dabei den SINGLE BONE.

Leider verdeckt die Geometrie unseres Oktopus einen Großteil des eben erzeugten Bones. Damit wir an den Bones weiterarbeiten können, öffnen Sie im PROPERTIES-EDITOR den OBJECT-Tab ❹ der Armature und klappen das Panel DISPLAY ❺ auf. Aktivieren Sie dort die Option X-RAY, um die Bones durch die umliegende Geometrie scheinen zu lassen.

3 Ersten Bone anpassen

Die nun folgende Arbeit an den Bones erfolgt im EDIT MODE, zu dem Sie über die ⮆-Taste zurückwechseln. Dieser erste von uns erzeugte Bone soll für den Bereich des Rumpfes zuständig sein. Um den Bone in seiner Länge anzupassen, selektieren Sie den Bone-Tail an der spitzen Seite des Bones per Rechtsklick ❻ und ziehen ihn mit dem Z-Achsgreifer bis zur Körpermitte nach oben.

4 Bones bis zum Kopf extrudieren

Ausgehend von diesem ersten Bone, bauen wir die Haupt-Bone-Kette bis zum Kopf des Oktopus auf. Um einen weiteren, hierarchisch untergeordneten Bone zu extrudieren, verwenden Sie genau diesen Befehl, den Sie mit der Taste ⌷E⌷ aufrufen. Ziehen Sie diesen zweiten Bone ❾ für den Brustbereich nach oben, und schieben Sie den Bone-Tail, der Körperlinie folgend, etwas in Y-Richtung nach rechts. Hängen Sie auf diese Weise noch einen Bone für den Hals ❽ sowie einen Bone für den Kopf ❼ an die Bone-Kette.

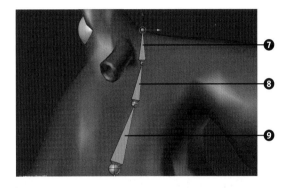

5 Bones für den Trichter extrudieren

Nach dieser Haupt-Bone-Kette fügen wir eine weitere Bone-Kette für den Trichter an. Als Ausgangspunkt verwenden Sie den Bone-Tail des Hals-Bones ❿. Selektieren Sie dieses Bone-Element per Rechtsklick, und erzeugen Sie durch insgesamt vier Extrusionen und jeweiliges Verschieben der Bone-Tails eine viergliedrige Bone-Kette, die zur Spitze des Oktopus-Trichters führt.

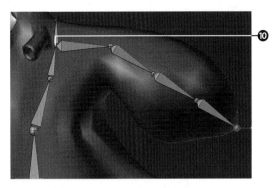

6 Bones benennen

Alle bis dato erzeugten Bones besitzen im Namen lediglich eine numerische Ergänzung, die wenig Aufschluss über die Funktion im Bone-Gerüst gibt. Klappen Sie daher im OUTLINER das ARMATURE-Objekt ⓫ auf, und geben Sie den einzelnen Bones nach Doppelklick sprechende Namen ⓬.

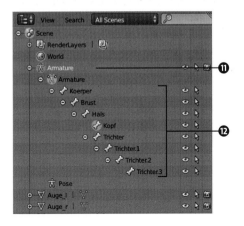

7 3D Cursor platzieren

Schieben Sie gegebenenfalls den Bone-Tail des Kopfes etwas in Y-Richtung nach vorne ⓮, um das Mesh um die Augen besser zu erfassen. Um nun neue Bones für die Augen und Augenlider zu erzeugen, wechseln Sie mit der ⌷⇆⌷-Taste kurz in den OBJECT MODE, um das Mesh-Objekt des Auges zu selektieren und dort den 3D Cursor ⓯ über das Menü SNAP ⓭ (Tasten ⌷⇧⌷+⌷S⌷) zu platzieren.

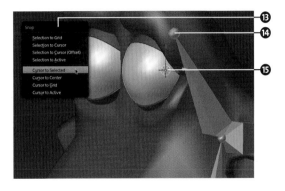

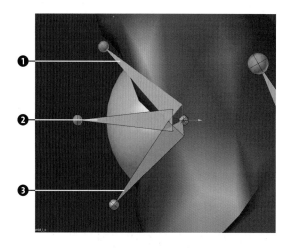

8 Bones für die Augen und Augenlider erzeugen

Da das Auge als auch die Augenlider diese Position als gemeinsamen Mittelpunkt haben, können wir den 3D Cursor für die Platzierung der zugehörigen Bones weiterverwenden.

Selektieren Sie wieder die Armature, und wechseln Sie mit der ⇆-Taste in den EDIT MODE. Erzeugen Sie für die Armature einen neuen Bone, indem Sie die Tasten ⇧+Ⓐ drücken. Kippen Sie den Bone über die Tasten Ⓡ, Ⓧ und 9 0 für das Auge nach vorne ❷. Erzeugen Sie auf diese Weise noch zwei weitere Bones, die Sie mit dem Werkzeug ROTATE über die X-Achse am oberen ❶ bzw. unteren ❸ Augenlid ausrichten.

9 Deformation ausschalten

Da diese drei Bones ausschließlich als PARENTS für die Augen und Augenlider dienen, schalten wir im PROPERTIES-EDITOR über den BONE-Tab ❹ die Option DEFORM ❺ für alle drei Bones aus.

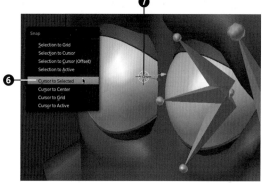

10 3D Cursor platzieren

Natürlich können wir die drei Bones auch direkt für das andere Auge verwenden. Um den 3D Cursor auf den Mittelpunkt des rechten Auges zu bringen, aktivieren Sie mit der ⇆-Taste den OBJECT MODE und selektieren das rechte Auge per Rechtsklick ❼. Über den Befehl CURSOR TO SELECTED ❻ aus dem Menü SNAP (Tasten ⇧+Ⓢ) setzen Sie den 3D Cursor anschließend zum rechten Auge.

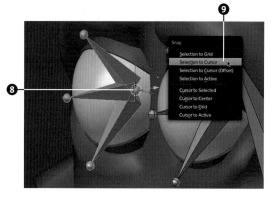

11 Duplikat der Bones erzeugen und versetzen

Selektieren Sie die Armature, und wechseln Sie mit der ⇆-Taste in den EDIT MODE. Duplizieren Sie die drei Bones des linken Auges (Taste Ⓓ), und brechen Sie die nachfolgende Transformation ab. Stattdessen wenden Sie den Befehl SELECTION TO CURSOR ❾ aus dem Menü SNAP (Tasten ⇧+Ⓢ) an, um die Bones auf die andere Seite ❽ zu bringen.

12 Augen-Bones dem Kopf-Bone unterordnen

Die linken und rechten Bones für die Augen und Augenlider sind damit platziert. Nun gilt es, diese Bones von ihrer Funktion her einem Bone unterzuordnen. Da die Augen natürlich jeder Bewegung des Kopfes folgen sollen, eignet sich der Kopf-Bone ❿ für diese Aufgabe am besten.

Selektieren Sie zunächst die insgesamt sechs Augen-Bones durch Rechtsklick mit gedrückt gehaltener ⇧-Taste, und nehmen Sie zuletzt noch den Kopf-Bone der Oktopus-Bone-Kette als aktives Objekt hinzu. Rufen Sie anschließend über die Tasten Strg/Ctrl+P den Befehl MAKE PARENT auf, und ordnen Sie die Augen-Bones dem Kopf-Bone unter Beibehaltung des Versatzes (KEEP OFFSET) ⓫ als CHILDREN unter. Ein Blick in den OUTLINER zeigt das korrekte PARENTING ⓬. Nutzen Sie doch die Gelegenheit, um die sechs Augen-Bones nach ihrer Funktion und Lage zu benennen.

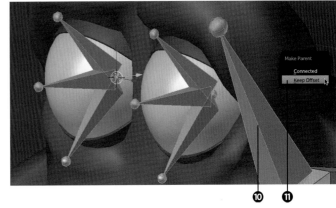

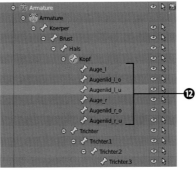

13 Erster Bone für den Arm

Im Bone-Skelett des Oktopus fehlen nun noch die Arme. Setzen Sie den 3D Cursor über die Tasten ⇧+C auf den Welturssprung zurück, und erzeugen Sie mit den Tasten ⇧+A einen neuen Bone.

Um diesen Bone am ersten Arm vorne auszurichten, drehen Sie den Bone zunächst über R, X und 9 0 um 90° nach vorne und danach mit R, Z und 2 2 . 5 um 22,5° nach rechts (der Winkel zwischen den Armen beträgt 45°).

14 Bone für den Arm anpassen

Wechseln Sie mit den Tasten 7 [Num] und 5 [Num] am besten in die orthogonale Ansicht von oben, um den Bone für den Arm in seiner Länge und seiner Position an die Geometrie des Oktopus anzupassen. Verwenden Sie die TRANSFORM ORIENTATION LOCAL, um den Bone am grünen Y-Achsgreifer ⓭ in Richtung des Körpers zu verschieben.

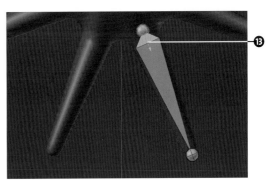

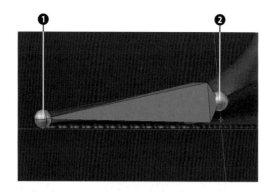

15 Bone für den Arm anpassen

Um den Bone auch in der vertikalen Lage in den Arm des Oktopus einzupassen, wechseln Sie mit den Tasten [3] [Num] und [5] Num kurz in die orthogonale Seitenansicht. Verschieben Sie nacheinander TAIL ❶ und HEAD ❷ des Bones entlang der lokalen Z-Achse, bis der Bone optimal im Arm unseres Kraken sitzt.

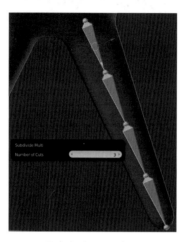

16 Bone unterteilen

Natürlich kann ein Oktopus-Arm mit nur einem Bone nicht wirklich gelenkig sein, weshalb wir den Bone im ersten Schritt in mehrere Teilstücke aufgliedern.

Selektieren Sie den kompletten Bone durch Rechtsklick auf den Bone-BODY ❸, und rufen Sie das Menü SPECIALS auf, indem Sie den bekannten Befehl SUBDIVIDE finden. Führen Sie diesen Befehl aus, und holen Sie das LAST OPERATOR-Menü (Taste [F6]) hervor, um die Anzahl der Unterteilungen (NUMBER OF CUTS) auf insgesamt drei zu erhöhen.

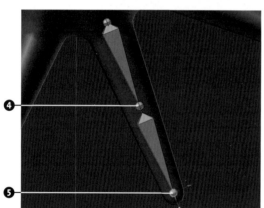

17 Bones in der Länge anpassen

Aus den vier gleich langen Bones erstellen wir uns zwei längere Teilstücke, die für die Verformung der Geometrie verantwortlich sein werden, sowie zwei sehr kurze Teilstücke für die Steuerung des Arms.

Schieben Sie dazu den Tail ❹ des ersten Bones entlang der lokalen Y-Achse in die Mitte, bis nur noch ein sehr kleines Stück vom zweiten Bone übrig ist. Verfahren Sie mit dem Tail ❺ des dritten Bones genauso – schieben Sie ihn nach vorne, bis an der Armspitze nur noch ein kleines Bone-Stück übrig bleibt.

18 Auf B-Bones umstellen

Die längeren Teilstücke funktionieren wir nun zu BENDY BONES, also biegsamen Knochen, um. Damit dies korrekt angezeigt wird, stellen Sie für die Armature im ARMATURE-Tab ❻ des PROPERTIES-EDITORS unter DISPLAY ❼ auf die Ansicht B-BONE um.

19 B-Bones skalieren

Die Ansicht B-Bones stellt alle Bones als Quader dar, allerdings eher selten in einer zur Geometrie passenden Größe. Sie können den Umfang der Quader aber problemlos nach Drücken der Tasten [Strg]/[Ctrl]+[Alt]+[S] anpassen. Skalieren Sie die beiden Bones ❾ der beiden längeren Teilstücke etwas dünner, die beiden Bones ❽ für die Steuerung dagegen etwas dicker, damit sie in der 3D-View gut zu unterscheiden sind.

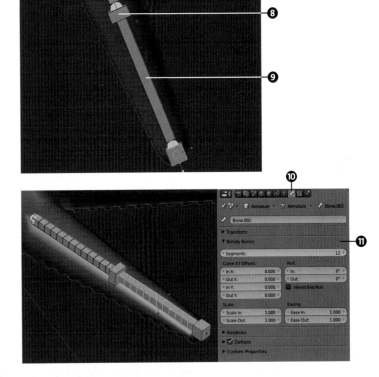

20 Bendy Bones aktivieren

Selektieren Sie den ersten der beiden längeren Bones per Rechtsklick, und öffnen Sie den Bone-Tab ❿ im Properties-Editor. Im Panel Bendy Bones ⓫ können Sie nun die Anzahl der Segments festlegen, die für die Biegung des Bones zur Verfügung stehen sollen. Geben Sie dem Bone am oberen Arm 13, dem Bone am unteren Arm 12 Segmente.

Bevor wir uns an die Steuerung der fertigen Bone-Kette machen, geben Sie den vier Bones des ersten Arms ⓬ passende Namen. Hängen Sie den beiden Steuer-Bones die Endung »_ctrl« an, um sie klar zu kennzeichnen.

21 Steuer-Bones duplizieren

Die Steuer-Bones gehören zur Bone-Kette, weshalb wir sie für die Einbindung einer IK-Funktion nicht herausnehmen dürfen. Stattdessen erzeugen wir Duplikate dieser Steuer-Bones, die außerhalb der Bone-Kette bleiben und sich zudem transformieren lassen.

Selektieren Sie dazu die beiden Steuer-Bones per Rechtsklick mit gedrückt gehaltener [⇧]-Taste, und duplizieren Sie die beiden Bones mit den Tasten [⇧]+[D]. Brechen Sie die folgende Transformation über die [Esc]-Taste ab, und lösen Sie das Parenting über den Befehl Clear Parent ⓭ (Tasten [Alt]+[P]). Da Original und Duplikat übereinanderliegen, skalieren Sie die Duplikate ([Strg]/[Ctrl]+[Alt]+[S]) in X- und Z-Richtung ⓮, um sie von den Originalen abzuheben.

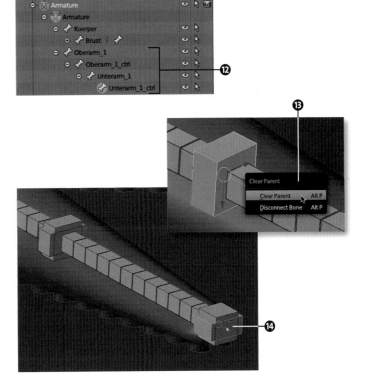

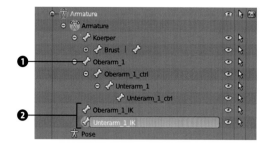

22 Duplikate umbenennen

Durch den Befehl CLEAR PARENT befinden sich die Duplikate der Steuer-Bones auf der gleichen Hierarchieebene wie der Oberarm ❶. Tauschen Sie bei diesen Bones ❷ die Endung gegen ein »_IK«, um klarzumachen, dass diese Bones für die INVERSE KINEMATIK-Funktion als Ziele abgestellt sind.

Constraints zuweisen und Arm-Bones duplizieren

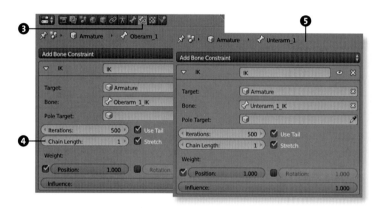

1 Constraints zuweisen und einrichten

Neben der Biegsamkeit dank Bendy Bones verleihen wir den beiden langen Bones eine IK-Funktionalität, damit wir die Arme mit IK-Zielen (TARGETS) und nicht über nichtssagende Parameter-Werte steuern können.

Um BONE-Constraints zuweisen zu können, benötigen wir den POSE MODE, den Sie über das Menü der Arbeitsmodi in der 3D-VIEW erreichen. Selektieren Sie nun zunächst das IK-Ziel OBERARM_1_IK per Rechtsklick, und halten Sie die ⇧-Taste gedrückt, um den Bendy Bone OBERARM_1 zur Auswahl hinzuzunehmen. Die Zuweisung des IK-Constraints erledigen wir elegant über den Kurzbefehl ADD IK (Tasten ⇧+I). Im BONE CONSTRAINT-Tab ❸ des PROPERTIES-EDITORS müssen Sie anschließend nur noch die CHAIN LENGTH ❹ auf 1 setzen. Verfahren Sie mit dem Bendy Bone und IK-Ziel für den Unterarm ❺ analog.

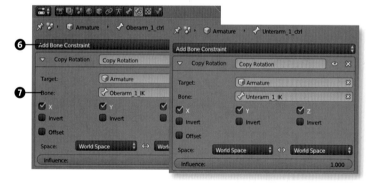

Damit die beiden Steuer-Bones die Rotation unserer IK-Ziele übernehmen, weisen wir ihnen über das Auswahlmenü ❻ jeweils ein COPY ROTATION-Constraint mit dem zugehörigen IK-Ziel ❼ zu.

Zu guter Letzt öffnen Sie für alle vier Steuer-Bones und IK-Ziele den BONE-Tab im PROPERTIES-EDITOR ❽ und schalten dort die Option DEFORM ❾ aus, damit diese Bones bei der in Kürze folgenden Wichtung des Oktopus keine Berücksichtigung finden.

2 Animierbarkeit der Bone-Kette testen

Mit der fertig eingerichteten Bone-Kette können wir nun endlich auch deren Funktionalität testen. Bleiben Sie im POSE MODE, und selektieren und verschieben bzw. drehen Sie die IK-Ziele (graue B-BONES ❿), um die Bendy Bones und die INVERSE KINEMATIK-Funktion auszuprobieren. Selektieren Sie danach durch zweimaliges Drücken der Taste A alle Bones, und setzen Sie deren Position (Tasten Alt + G) sowie deren Rotation (Tasten Alt + R) in den Ausgangszustand zurück.

3 Bone-Kette duplizieren und rotieren

Weil unser Oktopus acht Arme hat, benötigen wir nun noch ganze sieben Duplikate dieses fertig eingerichteten Arms. Versetzen Sie zunächst den 3D Cursor über die Tasten ⇧ + C in den Welturspung ⓫, und wechseln Sie über die Taste ⇆ in den EDIT MODE.

Setzen Sie den PIVOT POINT über das Menü ⓬ kurzzeitig auf 3D CURSOR, um den Arm um diesen Punkt zu rotieren. Selektieren Sie alle Bones des Arms und erzeugen Sie über die Tasten ⇧ + D ein Duplikat, dessen Transformation Sie mit der Esc -Taste abbrechen. Mit den Tasten R, Z und 4 5 rotieren Sie dann die Bone-Kette zum nächsten Arm ⓭.

4 Bone-Roll korrigieren

Wer genau hinsieht, bemerkt bei der duplizierten Bone-Kette einen leichten Drall um die lokale Y-Achse ⓮. Um diesen unerwünschten Effekt zu korrigieren, lassen wir den BONE-ROLL, also die anliegenden Drehwinkel der Bones, automatisch korrigieren.

Rufen Sie über die Tasten Strg / Ctrl + N das Menü RECALCULATE ROLL ⓯ auf, und lassen Sie den Roll global über die positive Z-Achse korrigieren.

Duplizieren, rotieren und korrigieren Sie auf diese Weise die sechs weiteren Bone-Ketten für die anderen Arme des Oktopus.

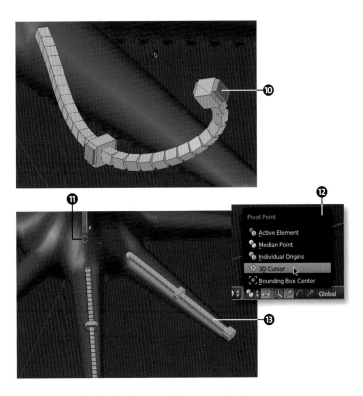

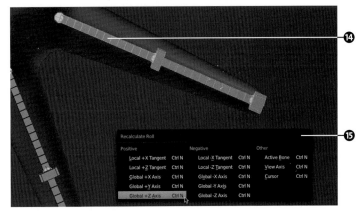

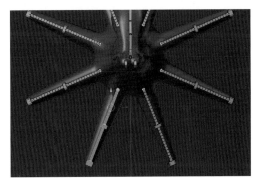

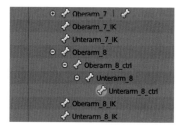

5 Duplizierte Bone-Ketten umbenennen

Nun ist ein bisschen Fleißarbeit gefragt, denn die duplizierten Bone-Gruppen sollten einen zur Nummer des Oktopus-Arms passenden Namen erhalten, damit wir den Überblick über die Arme nicht verlieren.

Binden der Geometrie an das Bone-Gerüst

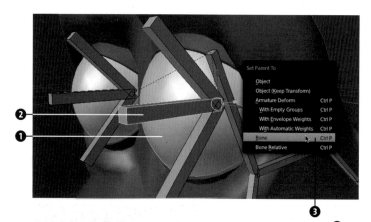

1 Augen und Augenlider als Children binden

Das Bone-Gerüst ist zwar komplett, hat aber noch keinerlei Einfluss auf die Mesh-Objekte des Oktopus. Wir beginnen bei den Augen und Augenlidern, die sich sehr einfach an die jeweils zuständigen Bones binden lassen.

Wechseln Sie über das Menü der Arbeitsmodi in den POSE MODE, und selektieren Sie mit gedrückt gehaltener ⬆-Taste nacheinander das Mesh-Objekt des linken Auges ❶ und den zugehörigen Bone ❷. Rufen Sie nun über die Tasten [Strg]/[Ctrl]+[P] den Befehl SET PARENT TO auf, und wählen Sie aus den Optionen ARMATURE DEFORM • BONE ❸. Das Mesh-Objekt soll sich wie ein Unterobjekt des Bones verhalten. Wenden Sie dieses PARENTING auch auf das andere Auge und die Augenlider mit den dafür abgestellten Bones an.

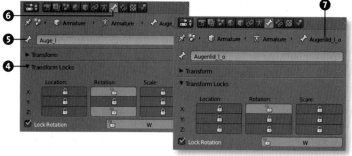

2 Transform Locks einstellen

Wir können für die Augen und Augenlider Beschränkungen einrichten, um ein versehentliches Verdrehen in schmerzhafte Posen zu unterbinden.

Sie finden diese TRANSFORM LOCKS für jeden Bone unter dem gleichnamigen Panel ❹ im BONE-Tab ❻ des PROPERTIES-EDITORS. Für die Augen ❺ verbieten Sie bis auf die Rotation um die X- und Z-Achse alle anderen Transformationen, die Augenlider ❼ müssen sich nur um die X-Achse drehen lassen. Testen Sie, ob alle Augen-Bones korrekt funktionieren.

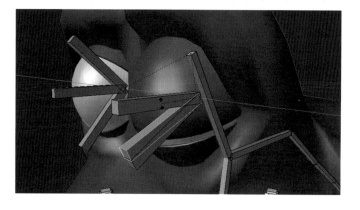

3 Mesh des Oktopus über Weights binden

Da das Mesh unseres Oktopus und auch das dafür vorbereitete Bone-Rig wesentlich komplexer als die Augenpartie sind, benötigen wir an dieser Stelle eine vertexbasierte Bindung über Wichtungen (WEIGHTS).

Selektieren Sie dazu mit gedrückt gehaltener ⌂-Taste nacheinander das Mesh-Objekt des Oktopus ❽ und anschließend das komplette Bone-Rig ❾. Da wir für alle Bones, die keine Deformation hervorrufen sollen, vorsorglich die entsprechende Option gesetzt haben, werden diese Bones bei den WEIGHTS ausgespart. Rufen Sie nun über die Tasten Strg/Ctrl+P den Befehl SET PARENT TO auf, und wählen Sie aus den Optionen ARMATURE DEFORM • WIGH AUTOMATIC WEIGHTS ❿. Damit erzeugt Blender automatisch gewichtete VERTEX MAPS für die einzelnen Bones.

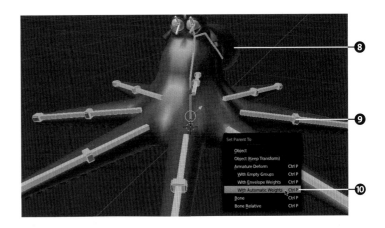

4 Modifier-Stack anpassen

Weil wir die Armature für den Oktopus erst bei der Animation erzeugt haben, liegt der ARMATURE-Modifier im Modifier-Stack in der Reihenfolge nach dem SUBDIVISION SURFACE-Modifier. Dabei wäre es wesentlich sinnvoller, die Glättung erst nach der Deformation vornehmen zu lassen.

Öffnen Sie daher den MODIFIER-Tab ⓫ des Oktopus im PROPERTIES-EDITOR, und setzen Sie den ARMATURE-Modifier über den Pfeilbutton ⓬ über den SUBSURF-Modifier. Nun können Sie das Rig des Oktopus testen.

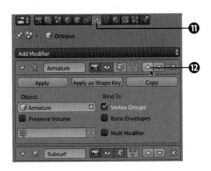

5 Vertex Group der Brust auswählen

Setzen Sie nach dem Test die Position (Tasten Alt+G) und Rotation (Tasten Alt+R) aller Bones in den Ausgangszustand zurück.

Sehen wir uns nun die automatisch erzeugten Wichtungen an und verbessern diese, wo nötig. Klappen Sie im OBJECT DATA-Tab ⓭ des PROPERTIES-EDITORS das Panel VERTEX GROUPS ⓮ auf, und selektieren Sie die Group BRUST.

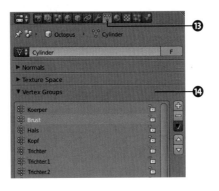

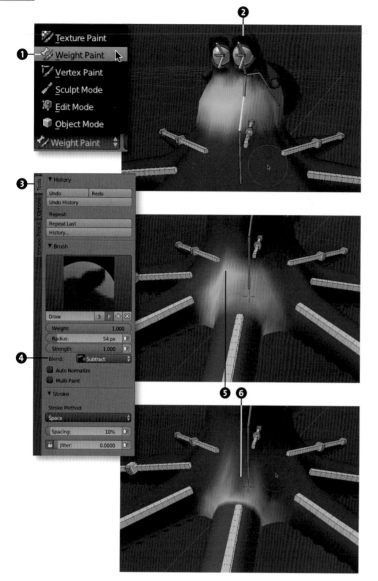

6 Weighting des Brust-Bones korrigieren

Um sich die Wichtung des Brust-Bones farbig in der 3D-VIEW anzeigen zu lassen, aktivieren Sie über das Menü der Arbeitsmodi den WEIGHT PAINT-Mode ❶. Alle vom Brust-Bone unbeeinflussten Bereiche des Meshs sind dabei dunkelblau ❷ gekennzeichnet. Kontrollieren Sie die WEIGHT MAP des Brust-Bones rund um den Oktopus auf fälschlich zugewiesene Bereiche, beispielsweise an den Augen oder im unteren Rumpfbereich.

Im Tab TOOLS ❸ des TOOL SHELFS (Taste Ⓣ) finden Sie die Einstellungen des WEIGHT MAP-Pinsels, dessen BLEND-Modus ❹ Sie auf SUBTRACT setzen, um Wichtungen durch Übermalen zu löschen. Die Größe des Pinsels passen Sie ebenfalls dort über den Parameter RADIUS oder über die Taste Ⓕ mit einer Mausbewegung an. Löschen Sie die ungewollt mitgewichteten Bereiche des Brust-Bones.

7 Weighting der Arm-Bones korrigieren

Wenden Sie sich nun den Armen des Oktopus zu. Durch die große Lücke zwischen dem Rumpf-Bone und den Oberarm-Bones ist hier zu viel Einfluss am Arm ❺ gewichtet worden. Reduzieren Sie den Bereich ❻ durch Übermalen mit dem WEIGHT MAP-Pinsel. Setzen Sie dessen Stärke (STRENGTH) herab, wenn Sie etwas vorsichtiger zu Werke gehen möchten.

8 Weighting der Trichter-Bones korrigieren

Für die Arbeit an symmetrischen Stellen des Meshs empfiehlt sich die Option X MIRROR ❽ im Tab OPTIONS ❼ des TOOL SHELFS. Vergessen Sie nicht, diese Option bei der Arbeit an asymmetrischem Mesh wieder auszuschalten.

Nehmen Sie sich anschließend die Trichter-Bones vor, und prüfen Sie, ob deren Einfluss zu der umliegenden Geometrie passt. Setzen Sie den BLEND-Modus auf ADD, um Wichtungen zu ergänzen anstatt zu löschen.

9 Weighting in der Armmitte weicher gestalten

Kurze WEIGHT MAP-Gradienten ermöglichen entsprechend exakt abknickende Geometrie zwischen den Bones. Damit das Mesh am Übergang zwischen Oberarm und Unterarm dagegen eher weich deformiert wird, können Sie dort am Oberarm-Bone ❾ mit dem WEIGHT MAP-Pinsel im BLEND-Mode BLUR ❿ die harten Übergänge noch etwas aufweichen.

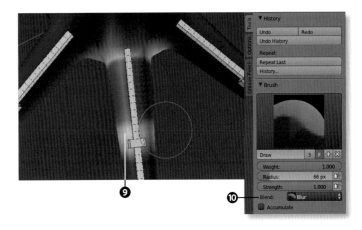

Shape Keys für die Animation der Stirn

1 Ansicht einstellen und Object Mode aktivieren

Fast alle Körperbereiche des Oktopus sind nun mit den eingerichteten Bones animierbar. Auch der Bereich über den Augen wäre leicht mit zusätzlichen Bones auszustatten, doch an dieser Stelle wollen wir Shape Keys einsetzen, um auch diese Art der Deformation von Geometrie kennenzulernen. Um eine gute Ausgangsposition zu haben, wechseln Sie über die Tasten ⬚ 1 [Num] und ⬚ 5 [Num] in die orthogonale Frontansicht. Für das Anlegen von Shape Keys benötigen wir den OBJECT MODE.

2 Shape Key für die linke Seite anlegen

Öffnen Sie den OBJECT DATA-Tab ⓫ im PROPERTIES-EDITOR des Oktopus, und klappen Sie dort das Panel SHAPE KEYS ⓬ auf. Klicken Sie dreimal auf den +-Button ⓭, um zunächst einen Basis-Key für das vorliegende Mesh und darauf zwei weitere Keys für zwei Posen anzulegen. Geben Sie den Keys nach Doppelklick auf deren Einträge passende Namen ⓮, und setzen Sie den Wert für die linke Stirnseite (VALUE) ⓯ auf 1.000, also auf vollen Einfluss für die Arbeit am Mesh. Damit dies auch im EDIT MODE stattfinden kann, aktivieren Sie den dafür nötigen Button ⓰.

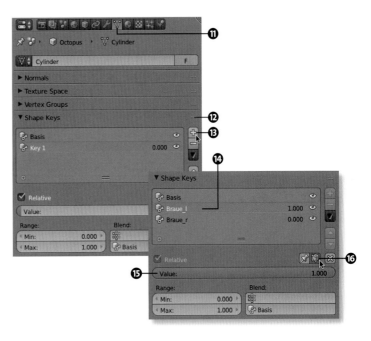

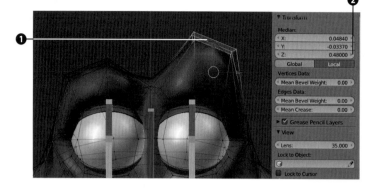

3 Shape Keys gestalten

Wechseln Sie nun mit der ⭾-Taste in besagten EDIT MODE sowie in den VERTEX- oder FACE SELECT-Mode, um das Mesh bearbeiten zu können. Für ein Hochziehen der linken Stirnseite über diesen Shape Key selektieren Sie zunächst die betroffenen Vertices und verschieben die Selektion in Z-Richtung zum Extrempunkt der hochgezogenen Stirnseite nach oben ❶. Kopieren Sie sich den Z-Wert ❷ im PROPERTIES SHELF (Taste Ⓝ) für die andere Seite der Stirn.

Für das Hochziehen der rechten Stirnseite hatten wir bereits einen zweiten Shape Key angelegt. Wechseln Sie über den PROPERTIES-EDITOR zu diesem zweiten Shape Key, und setzen Sie seinen Wert (VALUE) auf 1.000. Nun müssen Sie nur noch die Vertices auf der rechten Stirnseite selektieren und über den kopierten Z-Wert nach oben setzen. Die spätere Animation der Oktopus-Stirn läuft über die Werte (VALUES) ❸ dieser beiden Shape Keys.

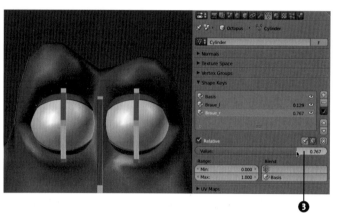

Ausarbeiten der Kontrollelemente für die Animation

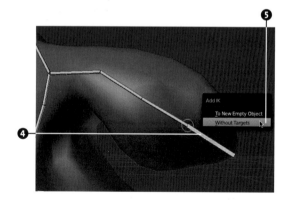

1 IK-Constraint für den Trichter

Kümmern wir uns um eine möglichst einfache Steuerung der Animationselemente. Wir beginnen beim Trichter, der über den letzten Bone der Kette dirigiert werden soll.

Selektieren Sie die Armature, und wechseln Sie über das Menü der Arbeitsmodi in den POSE MODE. Damit der komplette Trichter auf Bewegungen des letzten Bones reagiert, fügen wir hier ein IK-Constraint an. Wählen Sie dazu den letzten Bone der Kette ❹ per Rechtsklick aus, und rufen Sie den Befehl ADD IK • WITHOUT TARGETS ❺ mit den Tasten ⇧+Ⓘ auf.

Im BONE CONSTRAINT-Tab ❻ des PROPERTIES-EDITORS bestätigt sich, dass kein TARGET ❼ vorliegt. Erhöhen Sie nur noch die Kettenlänge (CHAIN LENGTH) ❽ auf 4, damit die Inverse Kinematik nur bis zum Hals-Bone wirkt.

2 IK-Constraint ohne Ziel

Die Vorteile einer IK-Kette ohne Ziel (TARGET): Es muss zum einen kein zusätzlicher Bone außerhalb der Kette mitgeführt werden, zum anderen lassen sich die anderen Elemente der Bone-Kette weiterhin einzeln und damit per Forward Kinematik bewegen und animieren. Sie erkennen einen Bone mit zugewiesenem IK-Constraint ohne Target an seiner orange Färbung ❾.

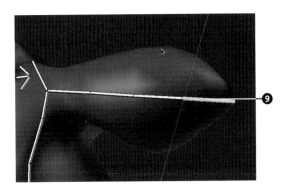

3 Root-Bone für das komplette Bone-Gerüst erzeugen

Der Oktopus besitzt zwar zahlreiche Bone-Ketten für die verschiedenen Körperbereiche, allerdings keinen übergeordneten sogenannten Root-Bone, mit dem sich der komplette Oktopus als Ganzes transformieren ließe.

Versetzen Sie dazu den 3D Cursor über die Tasten ⬆+C auf den Welturprung, und erzeugen Sie dort ⓫ über die Tasten ⬆+A einen neuen Bone, den Sie als »Root« benennen. Legen Sie den PIVOT POINT für die Transformation temporär auf 3D CURSOR, um den Bone über die Tasten R, X und 9 0 nach vorne zu kippen. Setzen Sie den PIVOT POINT auf ACTIVE ELEMENT, und selektieren Sie den Bone-Tail ❿, um den Root-Bone durch Verschieben des Tails in Y-Richtung zu skalieren.

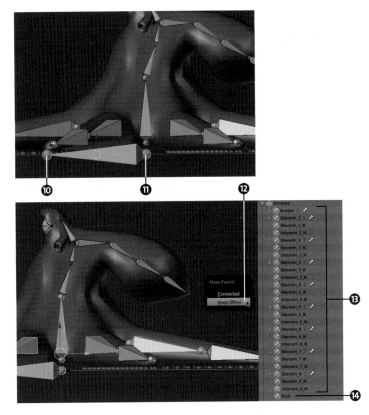

4 Bone-Ketten dem Root-Bone als Children unterordnen

Dieser Root-Bone soll nun als Parent für alle Bone-Ketten und IK-Ziele dienen. Dabei ist jedoch Vorsicht geboten: Wenn Sie in der 3D-VIEW alle Bones selektieren und anschließend das PARENTING zum Root-Bone anstoßen, werden alle Bones zu direkten CHILDREN des Root-Bones. Um also die Hierarchie der Ketten nicht zu verlieren, selektieren Sie die Bones ⓭ lieber im OUTLINER bei gedrückter ⬆-Taste, den Root-Bone ⓮ dabei zuletzt. Rufen Sie über die Tasten Strg/Ctrl+P den Befehl MAKE PARENT • KEEP OFFSET ⓬ auf, um den Root-Bone als PARENT zu deklarieren.

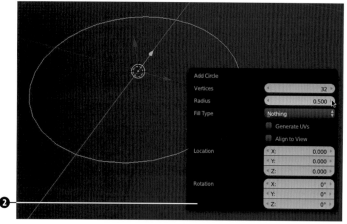

5 Circle-Objekte für die Custom Shapes erzeugen

Um das Character-Rig des Oktopus übersichtlicher zu gestalten, weisen wir allen Kontroll-Bones sogenannte *Custom Shapes* zu, also Formen zur Darstellung in der 3D-View. Bevor wir die Bones aber damit ausstatten können, benötigen wir mindestens zwei dieser Objekte: ein Shape für normale Kontroll-Bones und ein spezielles Shape für den Root-Bone.

Weil wir unsere 3D-View nicht auch noch mit den Objekten der Shapes überladen möchten, wechseln wir für die Gestaltung der Custom Shapes in den OBJECT MODE und per Klick auf den letzten LAYER-Button ❶ zum letzten LAYER der Szene.

Erzeugen Sie über das Menü ADD (Tasten ⇧+Ⓐ) einen Circle, und rufen Sie über die Taste F6 direkt das LAST OPERATOR-Menü ❷ auf, um ihn zu definieren. Setzen Sie den RADIUS des Circles auf 0.5, alle anderen Parameter bleiben unberührt. Fertigen Sie von diesem Circle-Objekt über die Tasten ⇧+Ⓓ ein Duplikat an, dessen Transformation Sie abbrechen. Benennen Sie die Circles in »Controller_Shape« bzw. »Master_Shape« um ❸.

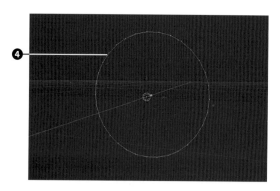

6 Custom Shapes gestalten

Wie die Custom Shapes aussehen sollen, bleibt letztlich Ihnen überlassen. Für die normalen Controller bietet es sich an, beim Circle zu bleiben. Weil der Custom Shape stets senkrecht zur Y-Achse eingesetzt wird, wechseln Sie in den EDIT MODE (Taste ⇆), selektieren alle Vertices und rotieren diese über die Tasten Ⓡ, Ⓧ und 9 0 nach vorne ❹.

Ein Custom Shape für den Master-Controller besitzt meist Pfeile, um zu signalisieren, dass das komplette Rig über diesen Controller gesteuert wird. Skalieren Sie dafür bei diesem Circle einfach die auf den X- und Y-Achsen liegenden Vertices ❺ ein Stück nach außen.

Unsere Custom Shapes sind damit erstellt, sodass wir zurück in den ersten Layer ❻ wechseln können.

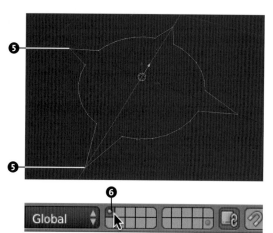

7 Custom Shapes zuweisen und anpassen

Beginnen wir beim Zuweisen der Custom Shapes mit dem Root-Bone, er soll das »Master_Shape« bekommen. Wechseln Sie am besten in den POSE MODE, und selektieren Sie den Root-Bone per Rechtsklick. Öffnen Sie den BONE-Tab ❼ in seinem PROPERTIES-EDITOR, und klappen Sie das Panel DISPLAY ❽ auf. Aktivieren Sie die Option WIREFRAME, und setzen Sie im Auswahlmenü CUSTOM SHAPE den »Master_Shape« ein. Über den Parameter SCALE regulieren Sie seine Größe im Viewport.

Die insgesamt 16 IK-Ziele ❾ der Oktopus-Arme sowie der Brust-, der Hals- und der Trichter-IK-Bone erhalten dagegen das »Controller_Shape« mit entsprechend angepasster Größe.

Endlich ist unser Oktopus bereit für seinen Einsatz in der Unterwasserwelt. Speichern Sie die Blender-Datei noch einmal über den Befehl SAVE ([Strg]/[Ctrl]+[S]).

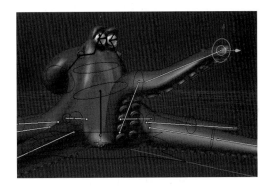

Einbinden des geriggten Oktopus in die Unterwasserwelt

1 Objekte des Oktopus per Link hinzuladen

Um unsere Unterwasserwelt möglichst schlank zu halten, importieren wir nur solche Daten komplett, die auch wirklich lokal benötigt werden. Öffnen Sie dafür zunächst die Blender-Datei unserer Unterwasserwelt und rufen Sie anschließend den Befehl LINK ❿ aus dem Menü FILE auf.

Im FILE BROWSER navigieren Sie zur Blender-Datei des geriggten Oktopus und öffnen dort das Datenblock-Verzeichnis OBJECT ⓫. Wählen Sie durch Drücken der Taste [A] alle Einträge in diesem Verzeichnis aus ⓭, und klicken Sie anschließend auf den Button LINK FROM LIBRARY ⓬, um die Objekte der Blender-Datei des Oktopus verlinkt in die Unterwasserwelt zu importieren.

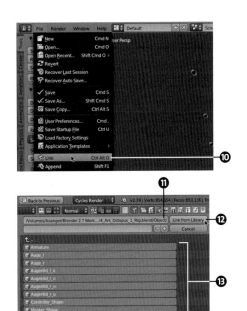

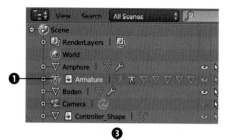

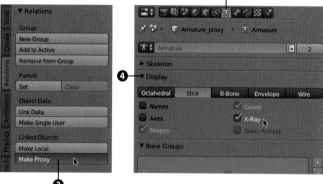

2 Armature in Proxy umwandeln

Wie nicht anders zu erwarten, wurden neben allen Mesh-Objekten des Oktopus auch die Armature sowie die beiden Custom Shapes in unsere Unterwasser-Szene übernommen. Da all diese Objekte aber lediglich als LINKS importiert wurden, lassen sie sich weder bearbeiten noch transformieren.

Für die Animation des Oktopus über sein Bone-Gerüst ist das nicht ausreichend, weshalb wir die Armature in ein PROXY umwandeln müssen, um ihre Elemente zumindest transformieren zu können. Selektieren Sie dazu das ARMATURE-Objekt über den OUTLINER ❶, öffnen Sie das Panel RELATIONS im TOOL SHELF (Taste ⊤), und klicken Sie dort auf den Button MAKE PROXY ❷. Im ARMATURE-Tab ❸ des PROPERTIES-EDITORS klappen Sie anschließend noch das Panel DISPLAY ❹ auf, um sich über die Option STICK die enthaltenen Bones als dünne Stäbe anzeigen zu lassen. Aktivieren Sie außerdem die Option X-RAY, um die Bones durch die Geometrie des Oktopus durchscheinen zu lassen.

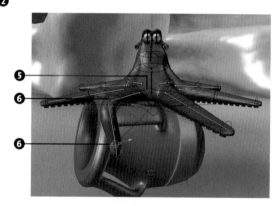

3 Grundpose für den Oktopus erzeugen

Der Oktopus mitsamt Armature befindet sich seit dem Hinzuladen noch im Welturschrung unserer Unterwasser-Szene. Aktivieren Sie den POSE MODE, um den Oktopus auf die Amphore zu setzen und in Kamerarichtung nach vorne zu drehen. Verwenden Sie dazu den MASTER-CONTROLLER ❺, den Sie per Rechtsklick auf sein Custom Shape selektieren.

Platzieren Sie den Oktopus auf der Amphore, und achten Sie darauf, dass seine Körperunterseite gut auf der Oberseite der Amphore aufliegt. Nun können Sie anfangen, jeden der acht Oktopus-Arme mithilfe der zugehörigen CONTROLLER ❻ an die Form der Amphore anzupassen. Variieren Sie die Haltung der Arme etwas, um dem Oktopus ein entspanntes Sitzen für die in Kürze folgende Character-Animation zu ermöglichen.

Animation der Kamerafahrt

1 Ausgangsposition der Kamera definieren

Als Einleitung für unsere Character-Animation soll eine Kamerafahrt zunächst alle Unterwasser-Elemente zeigen und anschließend auf den Oktopus zoomen. Die Ausgangsposition hatten wir bereits beim Workshop zur Ausleuchtung und Inszenierung festgelegt. Wechseln Sie über die Taste [0] [Num] zu dieser Kamera, und prüfen Sie sicherheitshalber, ob die Perspektive noch zur Blickrichtung des Oktopus passt.

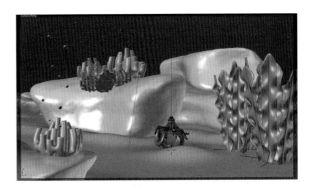

2 Ausgangsposition der Kamera in Keyframes speichern

Für die Ausgangsposition legen wir die ersten Keys für die Kamerafahrt an. Selektieren Sie dazu das CAMERA-Objekt über den OUTLINER, um sich im PROPERTIES SHELF (Taste [N]) unter TRANSFORM • LOCATION **8** die Koordinaten der CAMERA anzeigen zu lassen. Vergewissern Sie sich in der TIMELINE, dass sich der Zeitregler bei Frame 1 befindet, und klicken Sie mit der rechten Maustaste auf einen der drei LOCATION-Werte, um das Kontextmenü **7** aufzurufen. Wählen Sie INSERT KEYFRAMES, um alle drei Werte in Keys zu speichern.

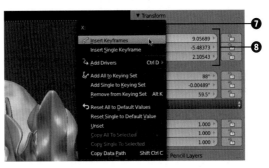

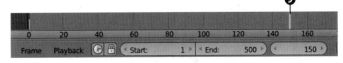

3 Endposition der Kamera festlegen und in Keyframes speichern

Die Kamerafahrt soll bis Frame 150 dauern, weshalb wir den Zeitregler durch Verschieben mit der rechten Maustaste auf diesen Zeitpunkt **9** setzen. Aktivieren Sie im Panel VIEW des PROPERTIES SHELFS die Option LOCK CAMERA TO VIEW **11**, wenn Sie die Endposition mit der Viewport-Steuerung finden möchten. Haben Sie für die CAMERA eine gute Endposition gefunden, fahren Sie mit dem Mauszeiger über die LOCATION-Werte der CAMERA und drücken die Taste [I], um dort für die neuen Werte Keyframes anzulegen **10**.

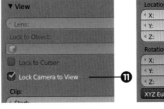

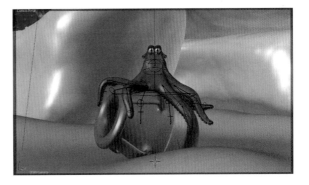

Character-Animation des Oktopus

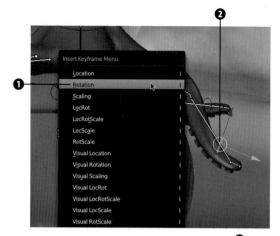

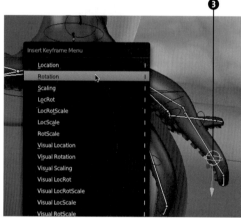

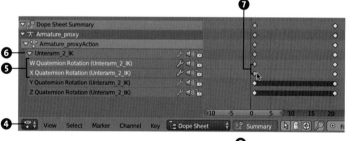

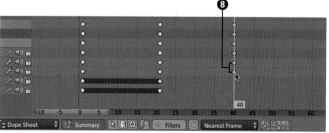

1 Wippen eines Arms in Keyframes speichern

Wir beginnen die Character-Animation des Oktopus mit einer beiläufigen Armbewegung, einem Wippen, das der Oktopus über den gesamten Verlauf unserer Animation zeigen soll.

Setzen Sie den Zeitregler in der Timeline wieder auf Frame 1 zurück, und selektieren Sie den vorderen Controller eines für das Wippen geeigneten Oktopus-Arms per Rechtsklick ❷. Rufen Sie nun über die Taste Ⓘ das Menü Insert Keyframe auf. Die Animation des Wippens erfolgt durch einfache Rotation des Controllers, weshalb wir uns mit Keyframes für die Rotation ❶ begnügen.

Versetzen Sie den grünen Zeitregler anschließend auf Frame 21. Dort nehmen wir den anderen Extrempunkt des Wippens auf. Aktivieren Sie über die Taste Ⓡ das Werkzeug Rotate und gegebenenfalls eine Rotationsachse. Drehen Sie den vorderen Armbereich des Oktopus etwas ❸, um die Ausgangspose zu kontern. Nehmen Sie diese Rotationswerte nach Drücken der Taste Ⓘ für Frame 21 in Keyframes auf.

2 Keyframes duplizieren

Um nun aus diesen zwei Keyframes eine zyklisch ablaufende Animation zu generieren, tauschen Sie kurzzeitig die Timeline über das Editoren-Menü gegen den Dope Sheet-Editor ❹. Wir sehen, dass unsere Animation des Unterarm-IK-Ziels ❻ mit der Standardeinstellung Quaternion erzeugt wurde und in den Channels W und X ❺ zwischen Frame 1 und 21 Wertänderungen vorliegen. Um das Wippen abzuschließen, benötigen wir bei Frame 40 Keys, die mit Frame 1 identisch sind.

Selektieren Sie dazu die W- und X-Keys von Frame 1 ❼, duplizieren Sie diese über die Tasten ⇧ + Ⓓ, und schieben Sie die Keys ❽ durch Ziehen mit der Maus zu Frame 40.

3 In den F-Curve-Modus wechseln

Wir haben also nun einen kompletten Durchlauf des Wippens erzeugt, der insgesamt 40 Frames lang ist. Eigentlich möchten wir das Wippen über die ganze Laufzeit der Animation ausdehnen, doch es wäre viel zu umständlich, die Keyframes etliche Male zu duplizieren und zu verschieben.

Stattdessen weisen wir den Animations-(F-) Kurven einen MODIFIER zu, der dies automatisch für uns erledigt. Wechseln Sie dazu über das Editoren-Menü in den GRAPH-EDITOR ❾, und wählen Sie dort den Modus F-CURVE ❿. Statt Keyframe-Kästchen sehen wir nun die Animationskurven der beiden CHANNELS ⓫.

4 F-Curve-Modifier zuweisen

Um diese beiden F-CURVES zu einer zyklischen Animation auszuweiten, weisen wir ihnen einen sogenannten F-MODIFIER zu. Achten Sie dabei darauf, dass Sie die beiden Animationskurven selektiert haben, und rufen Sie den Befehl MAKE CYCLIC (F-MODIFIER) ⓬ aus dem Menü CHANNEL • EXTRAPOLATION MODE des GRAPH-EDITORS auf.

Am zyklischen Kurvenverlauf der beiden F-CURVES ⓭ erkennen Sie, dass sich die gewünschte wiederkehrende Animation des Wippens nun über die gesamte Laufzeit unserer Animation zieht.

5 Start-Keyframes für eine Körperdrehung setzen

Eine auf einen Oktopus zufahrende Kamera sorgt meist für Irritation, weshalb der Oktopus nach einer Fluchtmöglichkeit Ausschau halten soll. Die Kamerafahrt endet bei Frame 150, sodass die Animation des Oktopus bei Frame 180 starten kann. Setzen Sie den Zeitregler per Linksklick in die wieder hervorgeholte TIMELINE dorthin ⓮. Für die Körperdrehung sind Rumpf- und Hals-Bone zuständig. Selektieren Sie die beiden Bones per Rechtsklick ⓯, und setzen Sie über das Menü INSERT KEYFRAME ⓰ (Taste ⒤) Keys für die Rotation.

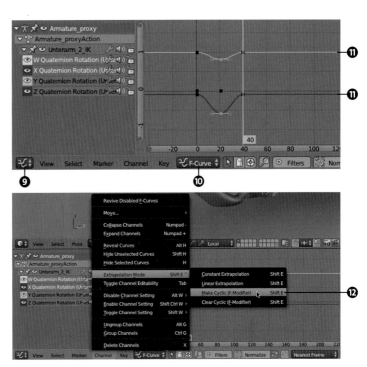

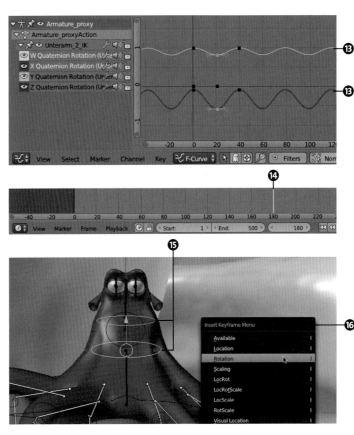

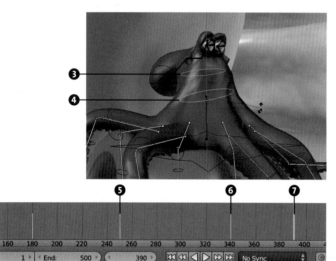

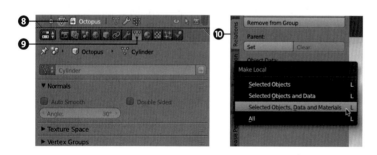

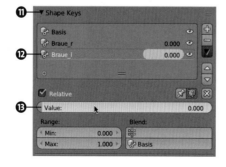

6 Keyframes für die Körper-drehung nach links setzen

Unser Oktopus soll sich aus Kamera-Sicht nach links und nach rechts wenden. Setzen Sie für die Drehung nach links den Zeitregler auf Frame 250 ❺. Rotieren Sie als Erstes den Rumpf-Bone ❷ mit dem Werkzeug ROTATE über die Z-Achse (Tasten R und Z) ein Stück nach links, danach den Hals-Bone ❶ ein weiteres Stück. Setzen Sie bei Frame 250 über die Taste I Keys für die geänderten Rotationswerte beider Bones.

7 Keyframes für die Körperdrehung nach rechts setzen

Versetzen Sie den Zeitregler auf Frame 340 ❻, um dort die Drehung nach rechts enden zu lassen. Rotieren Sie wieder als Erstes den Rumpf-Bone ❹ über das Werkzeug ROTATE über die Z-Achse (Tasten R und Z) ein Stück nach links, danach den Hals-Bone ❸ ein weiteres Stück. Über die Taste I generieren Sie Keyframes für die Rotation der Bones.

Beenden Sie die Körperdrehung des Oktopus bei Frame 390 ❼. Setzen Sie dort Keys, sobald Sie den Oktopus über die beiden Bones wieder nach vorne ausgerichtet haben.

8 Link des Oktopus auflösen

Nachdem sich unser Oktopus gegen eine Flucht entschieden hat, lassen wir ihn durch Hochziehen der Stirn zumindest Skepsis ausdrücken. Da das Mesh-Objekt des Oktopus als LINK ❽ importiert wurde, haben wir über den OBJECT DATA-Tab ❾ im PROPERTIES-EDITOR keinen Zugriff auf die angelegten Shape Keys. Um die Verlinkung aufzulösen, klicken Sie im Tab RELATIONS ❿ des TOOL SHELFS (Taste T) auf den Button MAKE LOCAL und wählen dort die Option SELECTED OBJECTS, DATA AND MATERIALS. Nun können Sie das Panel SHAPE KEYS ⓫ aufklappen und für eine Stirnseite ⓬ für Frame 390 durch Drücken der Taste I auf dem VALUE-Feld ⓭ die Ausgangs-Keys setzen.

9 Keyframes für Hochziehen der Stirnseite setzen

Versetzen Sie den Zeitregler auf Frame 400, um dort das Keyframe für die hochgezogene Stirnseite zu setzen. Erhöhen Sie den Wert (Value) des Shape Keys für die Stirnseite auf etwa 0.65 **⓮**, und drücken Sie die Taste Ⓘ, um diesen Wert in einen Key aufzunehmen.

Ich habe mich dafür entschieden, die hochgezogene Stirn bis Frame 460 in einem Key zu halten, um sie dann bei Frame 480 per Key wieder zu senken.

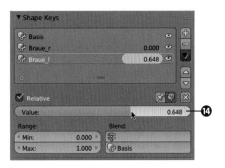

10 Keyframes für das Blinzeln setzen

Kurz nach dem Hochziehen der Stirn soll unser Oktopus zu guter Letzt auch noch kurz blinzeln. Versetzen Sie dazu den Zeitregler auf Frame 420, und selektieren Sie über die Armature die insgesamt vier für die Animation der Augenlider zuständigen Bones **⓯** per Rechtsklick mit gedrückt gehaltener ⓰-Taste. Erzeugen Sie über das Menü Insert Keyframes (Taste Ⓘ) **⓰** bei Frame 420 **⓳** sowie bei Frame 440 **㉑** Keyframes für die Rotation. Zwischen diesen Keyframes, bei Frame 430 **⓴**, sollen die Augen für das Blinzeln geschlossen sein. Setzen Sie also zum Schluss den Zeitregler auf Frame 430, und rotieren Sie zunächst die beiden unteren Augenlider und anschließend die beiden oberen Augenlider gemeinsam nach oben bzw. unten, um die Augen des Oktopus zu schließen **⓱**. Für alle vier Augenlid-Bones nehmen Sie anschließend über das Menü Insert Keyframes (Taste Ⓘ) bei Frame 430 Keys für die Rotation **⓲** auf.

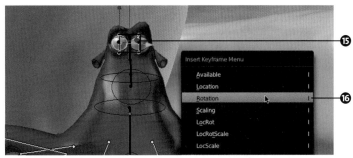

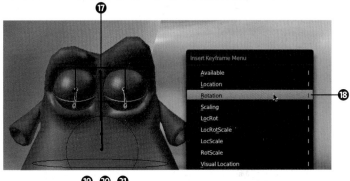

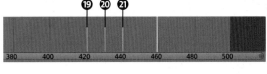

11 Fertige Character-Animation

Mit diesen letzten Keyframes ist unsere Character-Animation des Oktopus fertiggestellt. Lassen Sie sich aber nicht davon abhalten, wenn Sie noch weiter mit den Möglichkeiten des Character-Rigs experimentieren und dem Oktopus noch mehr Leben einhauchen möchten.

Kapitel 6
Rendering und Compositing

Mit dem Rendering, der digitalen Berechnung des bzw. der Bilder, beginnt die Finalisierung Ihres Projekts. Dabei geht es zum einen darum, die Qualität der Ergebnisse durch die vielfältigen Optionen zu maximieren, zum anderen sollen gleichzeitig die Renderzeiten im erträglichen Rahmen bleiben.

Dieses Kapitel beginnt mit den verschiedenen in Blender verfügbaren Renderern und den gebotenen Möglichkeiten. Anschließend widmen wir uns dem Thema Compositing, also der Arbeit mit Render-Layern, Passes und neuen Nodes. Hier bekommen Ihre Szenen nicht nur den letzten Schliff, sondern auch oft das entscheidende Quäntchen Realismus verliehen. Ein kurzer Streifzug über den eingebauten Video Sequenz Editor zeigt auf, wie Sie Ihre Filme direkt in Blender schneiden, mit Effekten versehen und vertonen.

In den abschließenden Workshops dieses Buchs folgt das große Finale: mit Rendering, Compositing und Vertonung die Ausgabe Ihrer eigenen 3D-Animationen.

Rendering
Bilder und Animationen berechnen 380

Compositing
Feintuning der Renderings mit Layern, Passes und Nodes 389

GRUNDLAGENEXKURS: Bildformate und Bildraten
Auswahl der richtigen Auflösung und Abspielgeschwindigkeit 393

Schnitt und Ton
Editing mit dem Video Sequence-Editor 394

Ausgabe der Lok-Animation
Compositing, Rendering und Vertonung der Tracking-Szene 396

    Anpassen der Render-Einstellungen 398
    Vorbereiten der Render-Layer 399
    Compositing der Render-Layer mit dem Hintergrund 401
    Bewegungsunschärfe und Schärfentiefe einbinden 404
    Finale Farbanpassung per Color Management 406
    Vertonung des Films 406
    Finales Rendering der vertonten Animation 409

Ausgabe der Oktopus-Animation
Compositing und Rendering der Unterwasser-Szene 410

    Anpassen der Render-Einstellungen 412
    Nebel und Schärfentiefe einbinden 414
    Finales Rendering der Animation 417

Rendering

Bilder und Animationen berechnen

Das Thema Rendering begleitet uns schon seit geraumer Zeit in diesem Buch. Wir haben uns beim Shading bzw. Texturing für einen bestimmten Renderer entschieden, und auch die Ausleuchtung mit den Lichtquellen wird maßgeblich von der gewählten Render-Engine ➊ beeinflusst.

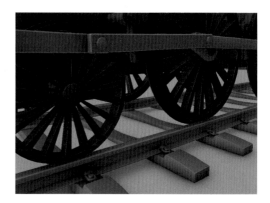

Nun soll es darum gehen, Ihre 3D-Szenen und -Animationen durch das Rendering in 2D-Bilder (STILLS) bzw. Filme auszugeben.

OpenGL-Renderer | Eigentlich ist das, was Sie in Ihrer 3D-VIEW sehen, bereits ein Renderergebnis, nämlich das des eingebauten OpenGL-Renderers. Dabei konnten Sie über das Menü VIEWPORT SHADING stets definieren, welche Ausprägung diese Voransicht haben sollte.

Im Panel SHADING des PROPERTIES SHELFS (Taste N) finden Sie außerdem die Option AMBIENT OCCLUSION ➋, über die Sie Ihre Objekte in der Viewport-Ansicht mittels Verschattung noch ein Stück dreidimensionaler wirken lassen.

Der OpenGL-Renderer bietet sich besonders für Test-Renderings von Animationen an, da hier weniger die realistische Darstellung, sondern die schnelle Berechnung eine Rolle spielt. OpenGL-Rendering ist außerdem die einzige Render-Methode, für die Sie keine CAMERA in der Szene platziert haben müssen.

Um das Rendering der Szene bzw. der Animation per OpenGL anzustoßen, klicken Sie auf die Buttons OPENGL RENDER ACTIVE VIEWPORT – wahlweise für das aktuelle Bild ➌ oder den Animationsbereich ➍ der TIMELINE. Beide Befehle finden Sie, zusammen mit einigen OpenGL-Render-Einstellungen ➏, im Menü RENDER ➎ des INFO-EDITORS.

Allgemeine Render-Einstellungen | Um ein Rendering mit dem internen Blender-Renderer oder dem Cycles-Renderer zu starten, wählen Sie den Befehl RENDER IMAGE (Taste F12) bzw. RENDER ANIMATION (Tasten Strg/Ctrl+F12) aus dem Menü RENDER des INFO-EDITORS. Das Rendering zeigt Ihnen der UV/IMAGE-EDITOR an, der den Platz der 3D-VIEW einnimmt. Über die Esc-Taste gelangen Sie zurück in die 3D-VIEW.

Bevor wir uns die Besonderheiten der beiden hochwertigen Render-Engines von Blender kümmern, sehen wir uns zunächst deren Gemeinsamkeiten in Form der übergreifenden Render-Einstellungen an, die Sie im RENDER-Tab ❼ des PROPERTIES-EDITORS finden.

Im Panel DIMENSIONS ❽ legen Sie zunächst die Auflösung (RESOLUTION) Ihres Renderings fest. Das Menü RENDER PRESETS bietet Ihnen dazu einige gebräuchliche Formate an. Um für Test-Renderings nicht ständig die RESOLUTION umrechnen zu müssen, bietet Ihnen der Prozent-Regler darunter eine einfache Möglichkeit, die Größe zeitweise zu reduzieren. Wenn Sie statt quadratischer Pixel ein anderes Pixel-Seitenverhältnis benötigen, verändern Sie die ASPECT RATIO entsprechend. Über die Option BORDER beschränken Sie das Rendering auf einen Auswahlbereich, den dafür benötigten Rahmen ziehen Sie aus der gewünschten Ansicht der CAMERA über den Kurzbefehl Strg/Ctrl+B auf. Die Zusatzoption CROP beschneidet das Rendering direkt auf den Bereich des Rahmens.

Für das Rendering von Animationen sind die Angaben auf der rechten Seite relevant. Über START und END FRAME definieren Sie den zu rendernden Animationsbereich (FRAME RANGE) Ihrer Szene, während Sie mit der FRAME RATE die Abspielgeschwindigkeit Ihrer Animation in Bildern pro Sekunde (FRAMES PER SECOND; FPS) festlegen. Sollten Sie die Länge Ihrer Animation nachträglich skalieren wollen, verwenden Sie das TIME REMAPPING.

Speziell für Abstimmungs-Durchgänge ist die Option STAMP OUTPUT interessant, die Sie im Panel METADATA ❾ finden. Hier lassen sich zahlreiche Metadata-Informationen über Ihre Szene und Ihren Rechner auswählen, um sie über das eigentliche Rendering einzublenden.

Im Panel OUTPUT ❿ definieren Sie den Verzeichnispfad, einen Dateinamen und das Speicherformat der Ausgabedatei. Für das Rendering selbst bestimmen Sie, ob ein Graustufenbild (BW), ein Farbbild (RGB) oder ein Farbbild mit Alpha-Kanal (RGBA) ausgegeben wird. Für die Farbtiefe (COLOR DEPTH) können Sie zwischen 8 und 16 Bit wählen.

Das Panel BAKE ⓫, über das Sie Shading-Informationen als Texturen generieren, kennen Sie bereits aus Kapitel 3, »Texturing«.

UV/Image-Editor | Sobald das Rendering fertiggestellt ist, haben Sie im UV/IMAGE-EDITOR einige Möglichkeiten, das Ergebnis zu analysieren. Im Tab SCOPES ❶ des TOOL SHELFS (Taste T) finden Sie dazu unter anderem ein HISTOGRAMM oder auch eine Wellenform (WAVEFORM)-Ansicht über die Farbinformationen des Bildes.

Je nach gewählten Render-Optionen und den im Bild enthaltenen Informationen können die Menüs und Symbole im UV/IMAGE-EDITOR variieren.

Zu guter Letzt können Sie das angezeigte Renderergebnis natürlich auch speichern. Sie finden die zugehörigen Befehle im Menü IMAGE ❷ und ❻ des UV/IMAGE-EDITORS.

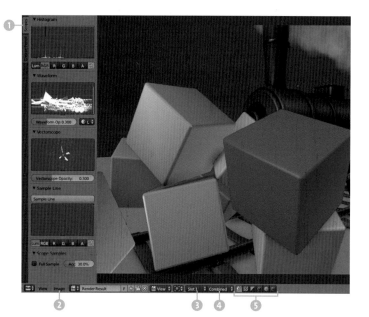

Damit Sie unterschiedliche Renderings miteinander vergleichen können, bietet Ihnen der UV/IMAGE-EDITOR bis zu acht Speicher-Slots. Wählen Sie dazu vor dem erneuten Rendering einen anderen Slot, um das nächste Renderergebnis dorthin abzulegen. Über das SLOT-Menü ❸ schalten Sie anschließend komfortabel zwischen den Render-Versionen hin und her. Das Menü PASSES ❹ lässt Sie schnell zwischen verschiedenen RENDER-PASSES wechseln. Mehr zu diesem Thema sowie zum Thema RENDER-LAYER erfahren Sie im nächsten Abschnitt »Compositing«.

Über die kleinen Symbole ❺ am unteren Rand greifen Sie auf die FARBKANÄLE des gerenderten Bildes zu. Neben Farbe und Alpha bzw. beiden in getrennter Version greifen Sie einzeln auf die Kanäle Rot, Grün und Blau zu.

Blender-Internal-Renderer (BI)

Der BI-Renderer ist bereits älteren Datums, was ihn zu einem sehr ausgereiften und schnellen Renderer macht. Viele moderne Features wie RAYTRACING oder GI (GLOBAL ILLUMINATION) wurden erst nachträglich eingebaut, weshalb Sie diese Optionen bei Bedarf erst im WORLD-Tab des PROPERTIES-EDITORS explizit aktivieren müssen (siehe Kapitel 4, »Ausleuchtung und Inszenierung«).

Widmen wir uns den Einstellungen, die uns der BI-Renderer im RENDER-Tab des PROPERTIES-EDITORS ❼ bietet. Im Panel RENDER ❽ entscheiden Sie, ob Sie das Rendering für das aktuelle Bild (RENDER), für den Animationsbereich der Szene (ANIMATION) oder für einen über den VIDEO SEQUENCE-EDITOR erzeugten Audio-Track (AUDIO) starten möchten. Im Menü DISPLAY legen Sie dabei außerdem fest, ob und in welchem Editor Ihnen das Rendering präsentiert wird.

Um unerwünschte Treppeneffekte an den Kanten von Objekten zu vermeiden, aktivieren Sie über das Panel ANTI-ALIASING ❾ die Kantenglättung. Je höher die Anzahl der Anti-Aliasing-Samples, desto länger benötigt der BI-Renderer für seine Arbeit.

Über das Panel SAMPLED MOTION BLUR ⑩ aktivieren Sie eine szenenweite Bewegungsunschärfe. Der SHUTTER-Wert bestimmt dabei die Verschlusszeit in Bildern (FRAMES), die Anzahl an MOTION SAMPLES die Unterteilung.

Im Panel SHADING ⑪ haben Sie die Möglichkeit, bestimmte Shading-Optionen wie Texturen (TEXTURES) oder Schatten (SHADOWS) global zu deaktivieren, um bei einem Test-Rendering Rechenzeit einzusparen.

Das Panel PERFORMANCE ⑫ ist dafür gedacht, dem Renderer durch eine Anpassung an die verfügbaren Prozessoren bzw. Prozessor-Kerne sowie der vorliegenden Szene auf die Sprünge zu helfen. Das Rendering wird in Kacheln (TILES) abgearbeitet, die je einem Render-THREAD entsprechen. Mit der Option AUTO-DETECT überlassen Sie die Erkennung der optimalen Thread-Anzahl Blender, bei der Größe der Kacheln (TILE SIZE) kann sich Experimentieren durchaus lohnen. Im Panel POST PROCESSING ⑬ entscheiden Sie, ob das Ren-

derergebnis gleich an ein vorliegendes COMPOSITING bzw. den SEQUENCER weitergegeben wird. Mehr dazu in Kürze.

Cycles

Der Cycles-Renderer ist ein relativ junger und moderner Renderer, der nicht nur alle aktuellen Render-Features wie GLOBAL ILLUMINATION (GI) oder auch CAUSTICS beherrscht, sondern diese auch standardmäßig aktiviert hat. Die Standardeinstellungen von Cycles, die Sie natürlich ebenfalls im RENDER-Tab des PROPERTIES-EDITORS finden, bieten einen recht guten Ausgangspunkt, um das spätere finale Rendering durch Feintuning der Parameter in Qualität und Rechenzeit zu optimieren.

Auch der Cycles-Renderer führt in seinem Panel RENDER ⑭ die bekannten Buttons für den Start des Renderings. Besitzer einer Grafikkarte, die CUDA unterstützt, können das Rendering über die GPU laufen lassen.

Im Panel SAMPLING ⑮ legen Sie die Anzahl von Samples fest, die dem Renderer pro Pixel des Bildes zur Verfügung stehen. Mit steigender Sample-Zahl wird das Bild zunehmend rauschfrei, die Rechenzeit nimmt zu. Über die beiden CLAMP-Werte begrenzen Sie die maximale Helligkeit eines Pixels, um sogenannte *Fireflies*, überhelle Pixel, zu vermeiden.

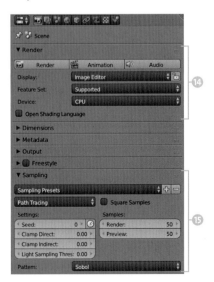

Für das Rendering von Animationen ist der SEED-Wert, also der Initialwert für das zufallsgenerierte Rauschen, in Cycles von besonderer Bedeutung. Damit das unvermeidbare Rauschen natürlich wirkt, animieren Sie den SEED-Wert über den kleinen Button ❷ abhängig vom Bild (FRAME) automatisch.

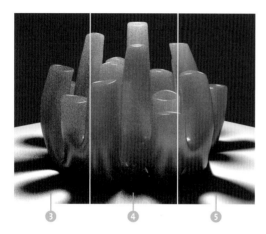

Obige Abbildung zeigt das abnehmende Rauschen mit steigender Sample-Zahl deutlich. Links ❸ liegt eine Sample-Zahl von 10, in der Mitte ❹ von 50 und rechts ❺ von 100 vor. Im Gegensatz zur bisher betrachteten Methode PATH TRACING ❶ können Sie das Sampling über die Einstellung BRANCHED PATH TRACING ❻ wesentlich spezifischer vornehmen.

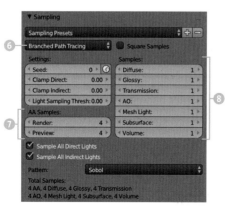

Bei dieser Methode übernimmt ein Render-Strahl die Abfrage mehrerer Ereignisse bei der Verfolgung der Komponenten. Entsprechend dezidiert können Sie in den Samples-Einstellungen ❽ für jede einzelne Komponente vorgeben, wie viele Samples Cycles jeweils dafür aufwenden soll. Auf diese Weise konzentrieren Sie die Sample-Zahl auf die Komponenten, die beim Rendering Ihrer Szene auch die meisten Samples benötigen.

Über die AA SAMPLES ❼ für PREVIEW und RENDER geben Sie den Faktor für die Errechnung der ANTIALIASING-SAMPLES pro Pixel an. Haben Sie also beispielsweise 5 GLOSSY-Samples unter 4 AA-Samples definiert, stehen insgesamt 20 Samples pro Pixel für die GLOSSY-Komponente zur Verfügung.

Volumetrische Effekte wie Rauch oder Nebel sowie das Rendering von Hair-Partikeln behandelt das Panel GEOMETRY ❿. Für die Volumen-Effekte legen Sie unter VOLUME SAMPLING die Anzahl (MAX STEPS) sowie den Abstand (STEP SIZE) der Samples fest. Das Hair-Rendering aktivieren Sie über den Button USE HAIR und geben zusätzlich über die Parameter PRIMITIVE und SHAPE an, welche Art und Form das Haar-Partikel besitzen soll.

Die Reflexion der Strahlen des ausgesendeten Lichts ist für die in Cycles vorherrschende GLOBAL ILLUMINATION verantwortlich. Die Anzahl (BOUNCES), wie oft ein Lichtstrahl je Komponente reflektiert wird, legen Sie im Panel LIGHT PATHS ⓫ fest. Sind die BOUNCES zu niedrig angesetzt, fällt der Strahl aus.

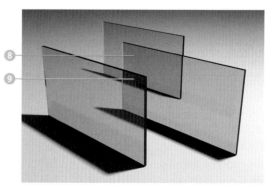

Für die Durchdringung aller Glasscheiben im Beispiel benötigt der Lichtstrahl sicher sechs TRANSMISSION-BOUNCES, da für den Ein- und Austritt aus jeder Scheibe jeweils zwei BOUNCES fällig sind. Da für das Rendering aber nur vier BOUNCES gestattet wurden, funktioniert das Rendering zwar bei zwei hintereinanderliegenden Scheiben ⑧, bei drei hintereinanderliegenden Scheiben ⑨ jedoch nicht mehr.

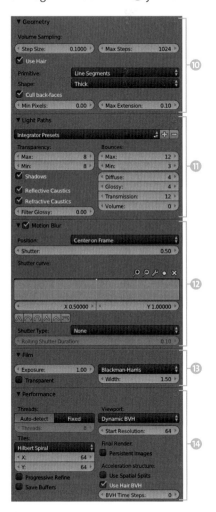

Im Panel LIGHT PATHS ⑪ können Sie außerdem die aufwendige Berechnung von CAUSTICS deaktivieren sowie über FILTER GLOSSY die Glossy-Reflexionen weichzeichnen. Beide Optionen sind probate Mittel bei der Vermeidung der Fireflies.

Auch Cycles bietet Ihnen das Rendering einer Bewegungsunschärfe an. Dazu aktivieren Sie das Panel MOTION BLUR ⑫ und legen in den zugehörigen Einstellungen die Verschlusszeit über den Parameter SHUTTER fest. Neben der POSITION der Unschärfe können Sie ihren Verlauf über eine SHUTTER CURVE definieren.

Das Panel FILM ⑬ orientiert sich am Charakter eines realen belichteten Films. Hier können Sie die Belichtungszeit (EXPOSURE) und auch einen Weichzeichnungsfilter einstellen. Die Option TRANSPARENT sorgt dafür, dass der Hintergrund der Szene transparent gerendert wird. Ansonsten kommt der im WORLD-Tab hinterlegte Hintergrund zum Einsatz.

Das Panel PERFORMANCE ⑭ ist uns bereits vom internen Renderer bekannt. Allerdings bietet Cycles ein paar zusätzliche Optionen, um die Performance im Viewport und beim finalen Rendering zu verbessern. DYNAMIC BVH (*Bounding Volume Hierarchy*) arbeitet langsamer, kann aber Änderungen an Objekten schneller darstellen. STATIC BVH ist schneller, solange keine Änderungen vorliegen. Die Option PERSISTENT IMAGES behält alle zum Rendern verwendeten Daten im Speicher, um ein Neu-Rendern zu beschleunigen.

Denoising | Cycles bietet mit DENOISING eine hervorragende Möglichkeit, das Rauschen zu reduzieren, ohne die Sample-Zahl zu erhöhen. Im unten gezeigten Beispiel wurden wie in ④ 50 Samples verwendet, das Rendering aber zusätzlich über DENOISING gefiltert.

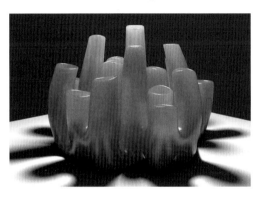

Sie finden das Panel DENOISING ❷ im LAYER-Tab ❶ des PROPERTIES-EDITORS. Nach dem Aktivieren von DENOISING geben Sie für den Filter einen Radius und die gewünschte Stärke für die Nachbar-Pixel (STRENGTH) und das Rauschen selbst (FEATURE STRENGTH) vor. Höhere Werte erzielen zwar weichere Ergebnisse, lassen dabei aber zunehmend Details vermissen.

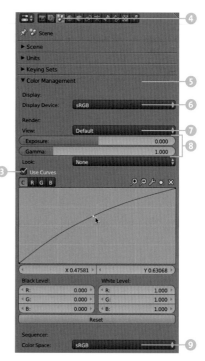

Das Denoising lässt sich separat für direkte und indirekte Licht-Reflexionen auf DIFFUSE-, GLOSSY-, TRANSMISSION- und SUBSURFACE-Komponenten anwenden.

Color Management

Einen kleinen Vorgeschmack auf das COMPOSITING, der Nachbearbeitung und Finalisierung Ihrer Renderings, bietet das Panel COLOR MANAGEMENT ❺ im SCENE-Tab ❹ des PROPERTIES-EDITORS. Grundsätzlich geht es beim Color Management darum, im Idealfall auf allen Ausgabegeräten ein identisches Ergebnis zu bekommen. In Blender haben Sie die Möglichkeit, den FARBRAUM für das DISPLAY ❻, das Rendering ❼ und den SEQUENCER ❾ separat anzugeben.

Um das Renderergebnis direkt zu beeinflussen, stehen Ihnen neben der Änderung der Belichtungszeit (EXPOSURE) bzw. des GAMMA-Werts ❽ nach Aktivierung der Option USE CURVES ❸ sogar RGB-Kurven zur Verfügung, mit denen Sie die Farbkanäle gezielt steuern können.

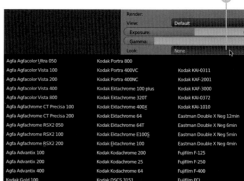

Um Ihren Renderings einen besonderen Look zu verpassen, werfen Sie einen Blick in das gleichnamige Menü ❿. Hier finden Sie etliche Voreinstellungen, die den Look der Zeiten des analogen Films imitieren.

Einfluss auf das Rendering durch Transformation des Farbraums können Sie außerdem über das Menü VIEW ❼ nehmen. Einige der sogenannten VIEW TRANSFORMS wie RAW und LOG eignen sich eher zur Bildanalyse, andere wie FILMIC geben dem Rendering eine ganz andere Dynamik auf dem Weg zum Fotorealismus.

In den folgenden Abbildungen wurde zunächst keine VIEW TRANSFORMATION (DEFAULT) ⑫, FILMIC mit Standard-Kontrast ⑬ sowie FILMIC mit hohem Kontrast (HIGH CONTRAST) ⑭ verwendet.

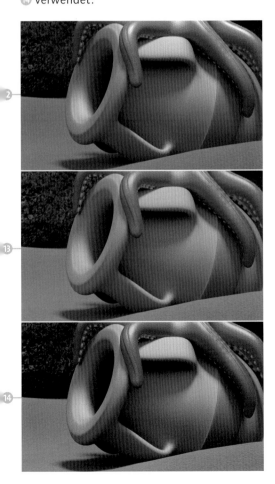

Non-Photorealistic-Rendering mit Freestyle

Wie der Name schon andeutet, geht es beim NON-PHOTOREALISTIC-RENDERING (NPR) ausdrücklich darum, keine fotorealistischen Bilder oder Animationen zu generieren, sondern den Renderings einen comichaften, oft auch zeichnerischen Look zu verleihen.

Das Modul FREESTYLE steht Ihnen sowohl in Blender Internal als auch in Cycles zur Verfügung. Während Sie mit Freestyle über verschiedene LAYER und LINE SETS die zu zeichnenden Linien definieren und gestalten, benötigen Ihre Objekte ein adäquates Shading, um zu den gezeichneten Konturen zu passen. Hier empfehlen sich die TOON-Shader, die Sie in beiden Renderern finden.

Sie aktivieren FREESTYLE über das gleichnamige Panel ⑯ im RENDER-Tab ⑮ des PROPERTIES-EDITORS. Hier legen Sie zunächst fest, ob die Linienstärke (LINE THICKNESS) über den angegebenen Pixel-Wert ABSOLUTE gelten soll oder ausgehend von einer Y-Höhe des Renderings von 480 skaliert wird. Sie haben recht, dies sind sehr wenig Einstellmöglichkeiten.

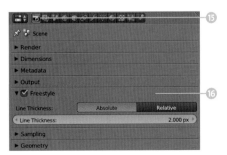

Ein Blick in den LAYER-Tab ❶ des PROPERTIES-EDITORS dürfte Sie beruhigen, Freestyle bietet tatsächlich eine Unmenge an Parametern.

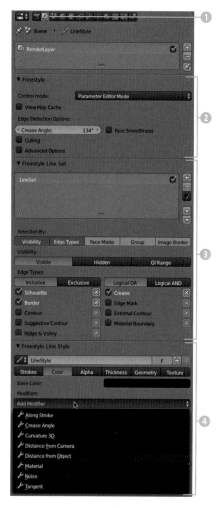

Dabei ist es kein Zufall, dass Sie die Freestyle-Parameter dort finden, denn dem RENDER-LAYER ist auch die sogenannte *Viewmap* zugewiesen, welche Ihre Objekte über die im Panel FREESTYLE ❷ hinterlegten Einstellungen analysiert und anhand des vorliegenden Winkels (CREASE ANGLE) jeweils entscheidet, ob ein Linienzug entsteht oder nicht.

Im Panel FREESTYLE LINE SET ❸ sind dann Sie am Zug. Hier können Sie verschiedene LINE SETS anlegen und über die VISIBILITY- und EDGE TYPE-Vorgaben festlegen, welche Linien des Objekts tatsächlich beim Rendering erscheinen sollen.

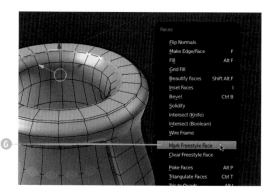

Sollten Sie bestimmte prägnante Linienzüge vermissen, die Sie von Freestyle zeichnen lassen wollen, erzeugen Sie eine Selektion im EDGE SELECT-Mode und rufen über die Tasten [Strg]/[Ctrl]+[F] den Befehl MARK FREESTYLE FACE ❻ auf, um diese Edges manuell zu markieren.

Ihre kreative Ader ist anschließend im Panel FREESTYLE LINE STYLE ❹ gefragt. Hier gestalten Sie die Art, den LINE STYLE, des Linienzugs. Dabei können Sie Einfluss auf die Linienart (STROKES, ❺), auf die Farbe der Linie (COLOR), die Transparenz (ALPHA), die Dicke (THICKNESS) und die Nachverfolgung der Geometrie (GEO-METRY) nehmen bzw. eine Textur als Pinsel definieren (TEXTURE).

In vielen Bereichen stehen Ihnen MODIFIER zur Verfügung, um den Zeichenstil zu modifizieren oder auch zu verfremden.

Compositing

Feintuning der Renderings mit Layern, Passes und Nodes

Im Idealfall bekommen Sie, nachdem Sie die Render-Einstellungen getestet und justiert haben, nach Klick auf den Render-Button ein perfektes Bild bzw. eine ansprechende Animation berechnet.

Sobald jedoch eine nachträgliche Änderung, und sei es lediglich eine leichte Farbmodifikation, vonnöten ist, müssen Sie dies erst behutsam in Ihrer Szene bewerkstelligen und schließlich erneut rendern. Compositing bietet hier viel mehr Flexibilität, denn indem Sie Ihren Render-Output in verschiedene Ebenen aufteilen, lässt sich hinterher auch jede Ebene separat modifizieren.

Während Compositing allein für die Nachbearbeitung der Renderings ein Segen ist, kommen Sie bei der Kombination von 3D-Objekten und 2D-Filmen schlichtweg nicht um diese Technik herum. Beim Compositing geht es zunächst um die Bestimmung der verschiedenen Ebenen (*Layer*). Bestimmte

Funktionen wie Schatten, Tiefen- oder Bewegungsunschärfe benötigen sogenannte *Passes*, spezifische Informationen aus dem gerenderten Ergebnis, die Sie gezielt extrahieren können. Der Zusammenbau erfolgt schließlich über NODES im bekannten NODE-EDITOR.

Layer | Ich habe mir das Thema LAYER bewusst bis hierhin aufgespart, damit die Unterschiede zu den RENDER-LAYERN klar und die Zusammenarbeit logisch erscheint.

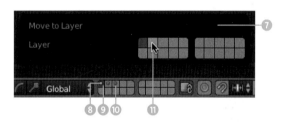

Über die Menüzeile der 3D-VIEW stehen Ihnen insgesamt 20 Layer zur Verfügung, die Sie Objekten zuweisen können, um sie beispielsweise gezielt auszublenden, damit Ordnung herrscht. Layer mit enthaltenen Objekten erkennen Sie an kleinen Punkten ⑩, wobei ein orangefarbener Punkt ⑧ den Layer mit dem aktiven Objekt markiert. Sichtbar sind nur die dunkelgrau hinterlegten Layer ⑨. Um also die Objekte unterschiedlicher Layer gleichzeitig einzublenden, halten Sie die ⟨⇧⟩-Taste gedrückt und klicken auf alle Layer, die eingeblendet werden sollen.

Um ein Objekt einem bestimmten Layer zuzuweisen, selektieren Sie das Objekt per Rechtsklick und drücken die Taste ⟨M⟩. Im MOVE TO LAYER-Menü ⑦ markieren Sie anschließend alle Layer ⑪, in welchen das Objekt zu finden sein soll.

Es liegt auf der Hand, dass Sie diese Layer nicht nur verwenden können, um Objekte der Übersichtlichkeit halber auszublenden, sondern auch, um bestimmte Konstellationen damit zu erstellen, beispielsweise um ein Objekt im Vordergrund vom Hintergrund zu trennen.

Render-Layer | Hier kommen die sogenannten *Render-Layer* ins Spiel. Mit den Render-Layern erzeugen und konfigurieren Sie die Zusammenstellung von sichtbaren, unsichtbaren oder auch maskierten Layern zu den Ebenen, die Sie später per Compositing zusammenfügen möchten.

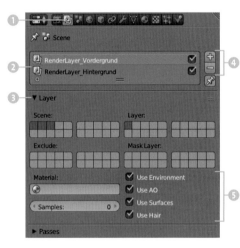

Sie finden die Render-Layer im LAYER-Tab des PROPERTIES-EDITORS ❶. Sie können die Liste ❷ der Render-Layer jederzeit durch Klick auf den +-Button erweitern bzw. bestehende Render-Layer über den –-Button löschen ❹.

Für jeden Render-Layer stellen Sie nun über vier verschiedene Layer-Ansichten ein, welche Layer in der 3D-VIEW und beim Rendering sichtbar sein sollen (SCENE), welche Layer für den Render-Layer gerendert werden (LAYER) und welche Layer dabei als Maske dienen sollen (MASK LAYER). In Cycles haben Sie zudem die Möglichkeit, über EXCLUDE bestimmte Layer ausschließlich vom jeweiligen Render-Layer auszunehmen.

Im unteren Bereich des Panels LAYER ❺ finden Sie außerdem je nach gewähltem Renderer Render-Optionen, die Sie für den Render-Layer an- bzw. ausschalten können.

Render-Passes | Nicht alle für das Compositing wünschenswerten Informationen lassen sich mittels Layern zusammenstellen. Bestimmte Szenen bzw. Objekt-Daten wie die Tiefe, Schatten oder auch Ambient Occlusion und vieles mehr lassen sich dafür über die sogenannten *Render-Passes* gewinnen, die im Panel PASSES des LAYER-Tabs je nach Renderer (Blender Internal ❻ bzw. Cycles ❼) mit unterschiedlichen Einträgen hinterlegt sind.

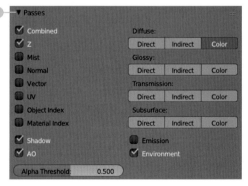

Der Pass COMBINED entspricht dem aus allen einzelnen RENDER-PASSES zusammengestellten Renderergebnis. Der Z- bzw. DEPTH-PASS enthält die Information über die Tiefe, ge-

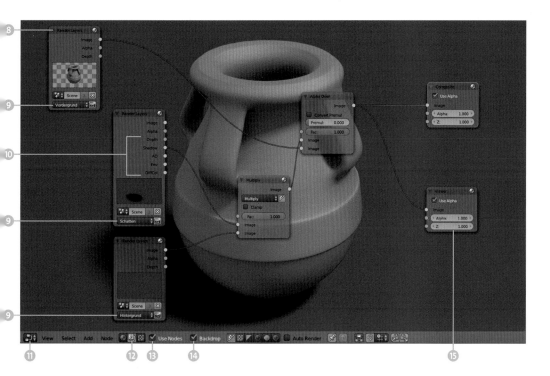

nauer gesagt, die Entfernung der Objekte zur Kamera. Für die Generierung von Bewegungsunschärfe wird der VECTOR-PASS benötigt, während Sie über den MIST-PASS den im WORLD-Tab angelegten Nebel realisieren.

Viele weitere objekt- und materialspezifische PASSES ermöglichen eine sehr umfangreiche Modifikation Ihrer Renderergebnisse. Möchten Sie nachträglich einen weiteren Pass hinzufügen, so aktivieren Sie den benötigten Pass für den RENDER-LAYER und starten erneut das Rendering. Erst nach diesem Schritt liegen die aktuellen Informationen am jeweiligen NODE-SOCKET vor.

Node-Editor | Womit wir auch schon beim NODE-EDITOR wären, dem Hauptaktionsbereich, sobald Sie mit der Zusammenstellung der RENDER-LAYER und PASSES fertig sind und ein erstes Rendering angestoßen haben.

Der NODE-EDITOR ist Ihnen bereits seit Kapitel 3, »Texturing«, in Fleisch und Blut übergegangen, auch für das Compositing erreichen Sie ihn über das Editoren-Menü ⑪.

Im Gegensatz zur Arbeit mit Materialien und Shadern benötigen wir für das Compositing die Compositing-Nodes, die Sie über den Button ⑫ einblenden. Falls noch nicht geschehen, aktivieren Sie die Option USE NODES ⑬, um die für das Compositing vorgesehenen Nodes im Editor zu sehen.

Eine besonders praktische Funktion beim Compositing im NODE-EDITOR ist der BACK-DROP ⑭. Sie können sich damit das aktuelle Compositing-Resultat oder auch den Inhalt eines Passes im Editor-Hintergrund anzeigen lassen. Holen Sie sich dazu über das Menü ADD • OUTPUT (Tasten ⇧+A) einen VIEWER-Node ⑮ in den Editor, und verbinden Sie ihn mit dem gewünschten Ausgangs-Socket.

Wie sind nun die von uns sorgfältig angelegten Render-Layer und -Passes im NODE-EDITOR zu integrieren? Für die Render-Layer benötigen Sie einen RENDER LAYER-Node ⑧, den Sie im Menü ADD • INPUT finden, den jeweiligen Render-Layer wählen Sie über das Menü ⑨ aus. Da die von uns selektierten PASSES ⑩ ebenfalls zum Render-Layer gehören, erscheinen sie automatisch im RENDER LAYER-Node, sobald die Information durch das Rendering vorliegt.

Sollen Sie ohne zuvor akribisch erstellte Render-Layer und -Passes einfach nur ein wenig an den Gradationskurven des Renderings arbeiten wollen, können Sie nach dem Rendering direkt in den NODE-EDITOR wechseln. Der RENDER LAYER-Node ❶ wurde nämlich als Basis bereits erzeugt und mit dem IMAGE-Socket des COMPOSITE-Nodes ❸ verbunden. Nun fehlt nur noch ein RGB CURVES-Node ❷ aus dem Menü ADD • COLOR (Tasten ⇧+Ⓐ), um an den RGB-Kurven zu feilen.

Im Untermenü der COLOR-Nodes finden Sie eine ganze Reihe von Nodes, die Sie zur Modifikation der Farbwerte verwenden. Von der Farbsättigung über die Gamma-Korrektur bis hin zu Blend-Modi mit dem MIX-Node ist alles vorhanden.

Mit den CONVERTER-Nodes können Sie Bildinformationen nicht nur in andere Farbräume konvertieren, sondern auch in Farbkanäle separieren oder miteinander kombinieren.

Verschiedene Effekte wie Weichzeichnung (BLUR) sowie Unschärfe (DEFOCUS) oder auch Sonnenstrahlen (SUN BEAMS) finden sich bei den FILTER-Nodes.

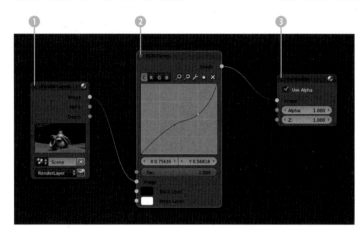

Wie Sie es bereits von den SHADER-Nodes beim Texturing kennen, ist auch der Umfang der COMPOSITING-Nodes, die Ihnen über das Menü ADD ❹ bereitstehen, von beachtlicher Größe.

Unter den INPUT-Nodes befinden sich alle Compositing-Nodes, mit welchen Sie Daten wie Bilder (IMAGES), Filme (MOVIE CLIPS), Texturen, Masken und einiges mehr als Datenquelle bereitstellen. Auch der RENDER LAYER-Node gehört hierzu.

Von den OUTPUT-Nodes kennen Sie bereits den COMPOSITE- und VIEWER-Node, mit ihnen lassen sich an Ausgangs-Sockets anliegende Ergebnisse und Inhalte anzeigen oder auch, wie mit dem enthaltenen FILE OUTPUT-Node, extern speichern.

Mit den VECTOR-Nodes adaptieren Sie nicht passende bzw. nicht darstellbare Bildinformationen. So benötigen Sie den NORMALIZE-Node, um sich den Z(DEPTH)-PASS anzusehen.

Die MATTE-Nodes stellen Ihnen viele Funktionen für das Keying von Filmmaterial, beispielsweise für die Arbeit mit GREEN SCREENS, bereit.

Möchten Sie Bilddaten beschneiden, rotieren, skalieren, transformieren oder anderweitig verzerren, werden Sie im Menü DISTORT sicher fündig.

Die Nodes in den Untermenüs GROUP bzw. LAYOUT sind identisch mit den gleichnamigen Shader-Nodes und dazu da, funktionelle Node-Gruppen zusammenzufassen und für Ordnung zu sorgen.

Bildformate und Bildraten

Auswahl der richtigen Auflösung und Abspielgeschwindigkeit

Beim finalen Rendering definieren Sie im RENDER-Tab ❺ des PROPERTIES-EDITORS unter dem Panel DIMENSIONS ❻ die gewünschte Auflösung (RESOLUTION) für das Renderergebnis. Je nachdem, ob Sie das Rendering für die Ansicht am Bildschirm, für den Druck oder als Video benötigen, ist eine Anpassung der Auflösung notwendig.

Sollten Sie Ihr Bild oder Ihre Animation unabhängig von Ausgabegeräten wie Monitoren oder Druckern rendern, stellen Sie einfach die passende Größe in Pixeln ein ❽ und wählen im Fall eines Films zusätzlich die zur Animation passende Bildrate (FRAME RATE) ❾. Eine Bildrate von 24 Bildern pro Sekunde (*Frames per second; fps*) ist die klassische Kinoqualität. Komfortabler in der Handhabung sind Bildraten von 25 oder 30 Bildern pro Sekunde, da die Umrechnung bzw. Arbeit in der TIMELINE (100 Bilder entsprechen 4 Sekunden Animation bei 25 fps) leichter fällt.

Für die Ausgabe für ein bestimmtes Fernseh- bzw. Videosystem empfiehlt sich die Verwendung der Render-Presets ❼. Hier sind die gebräuchlichsten HD- und SD-Standards, erkennbar an ihrer Vertikalauflösung bzw. ihrem Seitenverhältnis, hinterlegt. Gleichzeitig wird dabei auch automatisch die Bildrate (FRAME RATE) ❾ korrekt angepasst; so sind im PAL-System 25 fps, im NTSC-System dagegen 29.97 fps vorgeschrieben. Die Bildraten bis 30 fps sind übrigens Vollbild-Frequenzen (ein kleines »p« hinter der Vertikalauflösung), während die doppelt so hohen Bildraten für die Halbbild-Darstellung stehen (kleines »i«).

Bei der Ausgabe für die spätere Verarbeitung im Druck ist etwas mehr Rechenarbeit erforderlich. Für den qualitativ hochwertigen

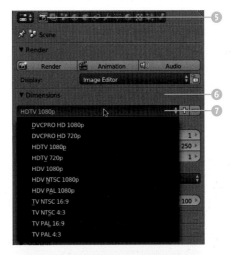

Vierfarbdruck ist allgemein eine Auflösung von 300 ppi (*Pixel per Inch*, Pixel pro Zoll) üblich. Geben Sie Ihrem Rendering also eine Render-Auflösung von 3000 × 3000 Pixeln, so erhalten Sie für das Bild eine Druckauflösung von 10 × 10 Zoll, entsprechend 25,4 × 25,4 Zentimetern. Je nach Betrachtungsabstand (zum Beispiel Plakatwand) kann diese Auflösung aber auch niedriger angesetzt werden.

Schnitt und Ton

Editing mit dem Video Sequence-Editor

Mit dem VIDEO SEQUENCE-EDITOR (VSE) beweist Blender einmal mehr seine Vielseitigkeit. Um aus Ihren Renderings Filme zu schneiden, sie zu vertonen oder mit letzten Farbanpassungen den finalen Look zu verleihen, benötigen Sie keine zusätzliche Software.

Sie können diese Aufgaben auch innerhalb von Blender, genauer gesagt, im VIDEO SEQUENCE-EDITOR, erledigen. Dabei bietet es sich an, für das Editing in das Layout VIDEO EDITING zu wechseln. Dort ist der VIDEO SEQUENCE-EDITOR in zwei Arbeitsmodi präsent. In seiner SEQUENCER VIEW ❸ bereitet der VSE alle importierten Szenen, Filme, Bilder, Sounds, Masken oder auch Effekte in Form von STRIPS ❷ in unterschiedlichen Kanälen (CHANNELS) auf. Die IMAGE PREVIEW ❺ des VSE zeigt Ihnen eine Vorschau der Inhalte der auf dem aktuellen Frame befindlichen Strips. Neben diesen beiden Editoren enthält das

Layout VIDEO EDITING außerdem einen GRAPH-EDITOR ❹ zur Bearbeitung von Animationskurven sowie die TIMELINE ❶, um jederzeit den Überblick zu behalten.

Strips | Um Inhalte in den VIDEO SEQUENCE-EDITOR zu laden und damit einen Strip zu erzeugen, verwenden Sie den Befehl ADD (Tasten ⇧+A) und wählen den gewünschten Strip-Typ aus dem Menü ❻ aus. Je nach Typ öffnet sich der FILE BROWSER oder ein Untermenü, über das Sie Ihre Inhalte in den VSE laden. Der neue Strip entsteht an der aktuellen Position des grünen Zeitreglers.

Die Arbeit im Editor läuft, wie Sie es von Blender gewohnt sind. Um Strips zu selektieren, verwenden Sie die rechte Maustaste, das Verschieben von Strips erfolgt, während Sie die rechte Maustaste gedrückt halten bzw. über den Befehl TRANSLATE (Taste G).

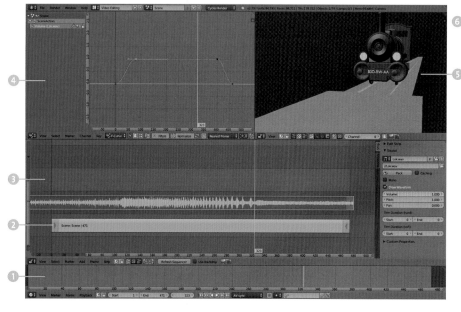

Möchten Sie Strips skalieren, rufen Sie den Befehl SCALE (Taste S) auf, für das Duplizieren von Strips ist der Befehl DUPLICATE (Tasten ⇧+D) zuständig. Sie können Strips als Ganzes oder auch am mit Pfeilen ❾ versehenen Anfang bzw. Ende anfassen und modifizieren.

Beachten Sie bei der Organisation der Strips in den Channels, dass die Kanal-Ebenen analog zu einer Bildbearbeitung von oben nach unten abgearbeitet werden.

Wichtig beim Umgang mit Movie-Strips ist die eingestellte Bildrate. Beim Import des Films passt Blender dessen Bildrate an die im RENDER-Tab des PROPERTIES-EDITORS hinterlegte FRAME RATE an.

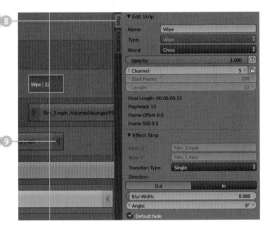

An die Eigenschaften der unterschiedlichen Strips gelangen Sie über den STRIP-Tab ❽ im PROPERTIES SHELF (Taste N) des VIDEO SEQUENCE EDITORS. Je nach Typ des Strips stehen hier die zugehörigen Parameter zur Modifikation oder auch zur Animation bereit.

Modifier und Effekte | Neben den einzelnen Parametern der Strips haben Sie über die Modifier eine sehr praktische und zudem nicht-destruktive Möglichkeit, Farbanpassungen am Inhalt der Strips vorzunehmen. Sie finden die Modifier im gleichnamigen Tab ❿ des PROPERTIES SHELFS. Dabei wird Sie nicht überraschen, dass auch die im Modifier hinterlegten Parameter problemlos animierbar sind.

Blender bietet Ihnen außerdem eine ganze Reihe von Effekten an, die Sie auf einzelne Strips bzw. auf zwei Strips anwenden – im letzteren Fall beispielsweise, um eine Überblendung zu erzeugen.

Dazu selektieren Sie den bzw. die gewünschten Strips per Rechtsklick und weisen dem bzw. den Strips über das Menü ADD (Tasten ⇧+A) den EFFECT-Strip ❼ zu. Beachten Sie hierbei die Reihenfolge ihrer Selektion, denn in dieser Reihenfolge erfolgt auch die Überblendung. Die Auswahl unterschiedlicher Effekte kann sich durchaus sehen lassen: von Bildbearbeitungs-Effekten (unter anderem ADD, COLOR, SUBTRACT, MULTIPLY) und verschiedenen Überblendungen (CROSS, GAMMA CROSS, WIPE) bis hin zu Transformationen und Zeit-Effekten (SPEED CONTROL).

Preview | Mit steigender Komplexität geht auch die Bildrate in der PREVIEW in die Knie. Über die in der TIMELINE verfügbaren SYNC MODES ⓫ helfen Sie Blender auf die Sprünge, indem Sie FRAMES notfalls verwerfen (FRAME DROPPING) bzw. das Abspielen ganz an den eingebundenen Sounds (AV-SYNC) ausrichten.

Ausgabe der Lok-Animation

Compositing, Rendering und Vertonung der Tracking-Szene

In diesem abschließenden Workshop zur Lokomotiven-Animation kümmern wir uns zunächst um das Compositing von 3D-Animation und 2D-Film. Im Video Sequence-Editor erhält unsere Lok danach noch eine passende Tonspur.

Vorbereitungen

Der Ausgangspunkt für diesen Workshop ist natürlich die Blender-Datei der animierten Dampflokomotive. Öffnen Sie diese Datei über den Befehl OPEN (Tasten Strg/Ctrl+O).

Lassen Sie die Animation einmal testweise von Anfang an abspielen (Tasten Alt+A), und stoppen Sie die Animation etwa bei Frame 300. Zu diesem Zeitpunkt ist die Lokomotive zum Stillstand gekommen und sehr nah an unserer Kamera, sodass wir mit den ersten Renderings beginnen können.

Render-Einstellungen
ab Seite 398

Render-Layer
ab Seite 399

Vertonung
ab Seite 406

Compositing
ab Seite 401

Farbanpassung
ab Seite 406

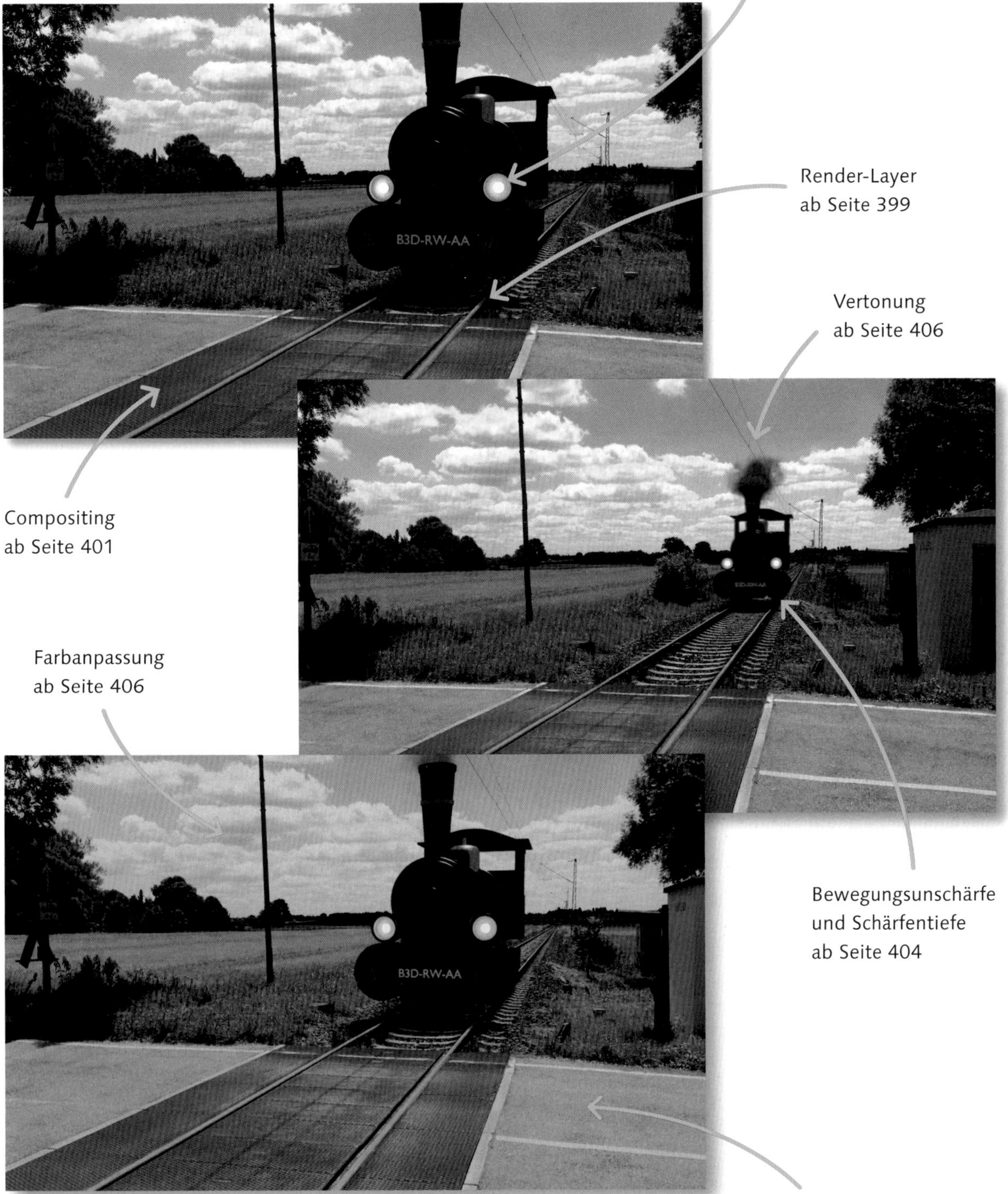

Bewegungsunschärfe
und Schärfentiefe
ab Seite 404

Finales Rendering
ab Seite 409

Anpassen der Render-Einstellungen

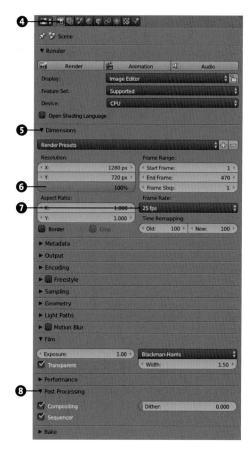

1 Szene analysieren

Im VIEWPORT SHADING RENDERED können wir feststellen, dass die wichtigen Elemente unserer Szene wie gewünscht funktionieren. Im Hintergrund liegt der getrackte 2D-Film, die Lok als das einzige 3D-Element der Szene ist passend ausgeleuchtet, und der von ihr geworfene Schatten ist an Ort und Stelle.

Wer allerdings etwas genauer hinsieht, bemerkt, dass der per SHADOW CATCHER definierte Schatten auf dem Gleis-Nachbau komplett schwarz ist ❷, während die von den Bäumen geworfenen Schatten einen leichten Blauton besitzen ❶.

Als kritisch für das Rendering machen sich bereits in dieser PREVIEW die sehr rauschigen MESH-LIGHTS der Scheinwerfer ❸ bemerkbar, außerdem zeigt die Lok recht scharfe Glanzlichter. Weil die anderen Elemente trotz der niedrigen Sample-Zahl der PREVIEW relativ gut aussehen, versuchen wir, das Sampling an den MESH-LIGHTS gezielt höher einzustellen.

2 Bildformat und -rate einstellen, Compositing aktivieren

Beginnen wir beim Einstellen der Render-Parameter bei den Eckdaten für unseren späteren Film. Öffnen Sie dazu den RENDER-Tab ❹ im PROPERTIES-EDITOR, und klappen Sie das Panel DIMENSIONS ❺ auf.

Für die RESOLUTION ist hier die Auflösung des getrackten 2D-Films hinterlegt. Wenn Sie den Film in einer anderen Größe rendern möchten, ändern Sie diese Werte – behalten dabei aber das Seitenverhältnis bei. Erhöhen Sie die prozentuale Render-Größe ❻ für das finale Rendering auf 100 %.

Setzen Sie die Bildrate (FRAME RATE) auf 25 Bilder pro Sekunde (FPS) ❼, und klappen Sie kurz noch das Panel POST PROCESSING ❽ auf, um sicherzustellen, dass unser Rendering an das COMPOSITING weitergegeben wird.

3 Sampling und Light Paths einstellen

Nach diesen eher formalen Render-Einstellungen kümmern wir uns um die für das qualitativ hochwertige Rendering wichtigen SAMPLING- und LIGHT PATH-Parameter.

Öffnen Sie das Panel SAMPLING ❾, und wählen Sie BRANCHED PATH TRACING ❿ als SAMPLING-Methode. Dies gibt uns die Möglichkeit, direkt auf die anfangs erwähnten Problemstellen einzugehen. Setzen Sie unter AA SAMPLES den Faktor der RENDER-SAMPLES ⓮ auf 100. In den zugehörigen SAMPLE-Einstellungen erhöhen Sie GLOSSY ⓬ auf 10, für DIFFUSE und TRANSMISSION reicht 1. Für AO und für das ebenfalls kritische MESH-LIGHT ⓭ erhöhen Sie die Samples auf 3. Besonders wichtig beim Rendering von Filmen ist die Animation des SEED-Werts, der für das Rauschen im Rendering zuständig ist. Dazu müssen Sie lediglich auf das kleine Stoppuhr-Symbol ⓫ neben dem SEED-Wert klicken.

Im Panel LIGHT PATHS ⓯ können Sie die Standardwerte weitgehend beibehalten. Deaktivieren Sie die CAUSTICS ⓰, und reduzieren Sie die in unserer Szene kaum relevanten TRANSPARENCY-Werte, und fügen Sie noch einen leichten FILTER für GLOSSY ⓱ an.

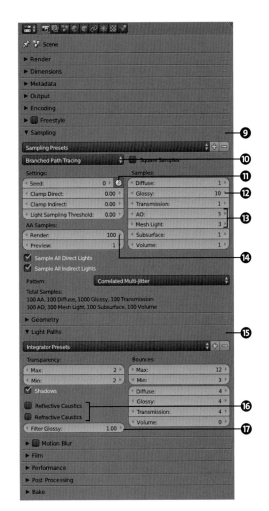

Vorbereiten der Render-Layer

1 Schatten-Plane auf andere Ebene legen

Damit wir den Schatten der Lok separat bearbeiten können, verwenden wir zwei Render-Layer. Der erste Render-Layer ist der Vordergrund mit der 3D-Lokomotive, der zweite Layer der von ihr geworfene Schatten. Selektieren Sie dazu die Schatten-Plane per Rechtsklick, und rufen Sie über die Taste M den Befehl MOVE TO LAYER auf. Wählen Sie für die Schatten-Plane den direkt unterhalb des ersten Layers befindlichen LAYER.

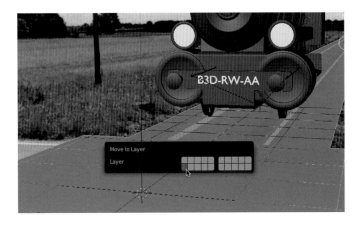

2 Render-Layer einstellen

Alle Elemente der Dampflokomotive befinden sich standardmäßig auf der ersten Ebene, weshalb wir hier gar nicht Hand anlegen müssen.

Öffnen Sie den LAYER-Tab ❶ im PROPERTIES-EDITOR, um den Render-Layer für den Vordergrund einzurichten. Klicken Sie doppelt auf den Layer-Namen ❷, um die Ebene »Vordergrund« taufen zu können. Im Panel LAYER wählen Sie für das Rendering ausschließlich den ersten Layer ❸. Damit wir der Lokomotive beim Compositing noch Schärfentiefe und Bewegungsunschärfe spendieren können, wählen Sie im Panel PASSES ❹ neben dem COMBINED-Pass auch den Z(DEPTH)-Pass sowie den VECTOR-Pass. Da wir an den kritischen

Stellen eine sehr hohe Auflösung fahren, wäre ein Denoising eher kontraproduktiv, weshalb wir diese Option für den Vordergrund deaktiviert ❺ lassen.

Für die Ebene des Schattens legen Sie zunächst über den +-Button ❿ einen zweiten Render-Layer an, den Sie entsprechend benennen ❻. Im Panel LAYER kommt für das Rendering nur der zweite, untere Layer ❼ zum Einsatz. Ohne den von uns eingesetzten SHADOW CATCHER wären für diesen Render-Layer die Passes ❽ SHADOW und AO obligatorisch gewesen – dies nur als Information. Aktivieren Sie für den Render-Layer des Schattens das DENOISING ❾. Reduzieren Sie den RADIUS auf 4, und erhöhen Sie die Stärke (STRENGTH) auf 0.8.

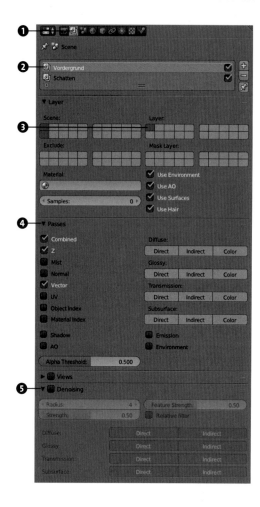

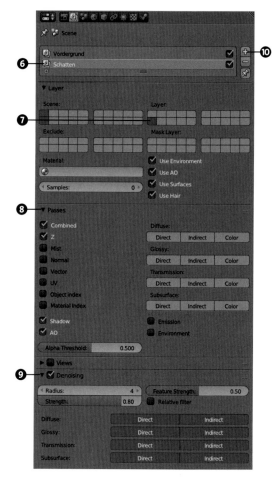

3 Erstes Rendering erzeugen

Damit sind alle Render-Voreinstellungen getätigt, sodass wir uns endlich einem ersten Rendering widmen können. Drücken Sie dazu entweder die Taste `F12`, oder rufen Sie den Befehl RENDER IMAGE ⑪ im Menü RENDER auf, um das Rendering zu starten.

4 Rendering im UV/Image-Editor überprüfen

Falls nicht anders eingestellt, öffnet Blender den UV/IMAGE-EDITOR im aktuellen Fenster und baut das Rendering kachelweise auf. Nach einer – je nach Rechnerpower – mehr oder weniger langen Wartezeit ist das Rendering abgeschlossen.

Prüfen Sie über das Menü LAYER ⑫ des UV/IMAGE-EDITORS, ob die beiden Render-Layer als Ebene für die Lok und als Ebene für den Schatten wunschgemäß erzeugt wurden.

Compositing der Render-Layer mit dem Hintergrund

1 In den Node-Editor wechseln

Sollten Sie sich gefragt haben, wo unser 2D-Film abgeblieben ist: Da der Film lediglich im Hintergrund als BACKGROUND IMAGE eingeblendet wurde, war er natürlich auch nicht Bestandteil unserer Szene und damit auch nicht Teil unseres Renderings. Die Einbindung des 2D-Films wird die erste Aufgabe beim Compositing sein.

Drücken Sie die `Esc`-Taste, um vom UV/IMAGE-EDITOR zurück zur 3D-VIEW zu gelangen, und wechseln Sie über das Editoren-Menü in den NODE-EDITOR ⑬. Damit Sie dort die richtigen Nodes sehen, aktivieren Sie die Ansicht der COMPOSITING-Nodes ⑯ sowie die Optionen USE NODES ⑰ und BACKDROP ⑱.

Im Moment ist im NODE-EDITOR nur der RENDER-LAYER des Vordergrunds als Node ⑭ zu sehen, der seinen Inhalt an den COMPO-SITE-Node ⑮ für die Ausgabe weitergibt.

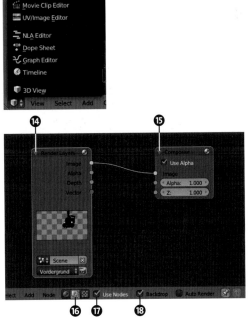

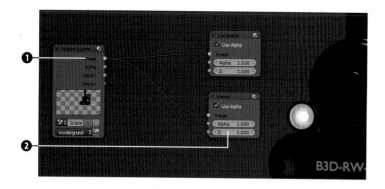

2 Compositing-Resultat über Viewer-Node anzeigen

Die Option BACKDROP gibt uns die Möglichkeit, das Ergebnis unserer Compositing-Arbeit im NODE-EDITOR anzeigen zu lassen.

Holen Sie sich dazu einen VIEWER-Node ❷ aus dem Menü ADD • OUTPUT (Tasten ⌂+A) und verbinden Sie seinen IMAGE-Eingangs-Socket mit dem IMAGE-Ausgangs-Socket des RENDER LAYER-Nodes ❶. Ich habe hier auf die Anzeige des BACKDROPS verzichtet, damit die Abbildungen besser lesbar sind.

3 2D-Film als Movie Clip-Node erzeugen und anbinden

Um unseren 2D-Film in den Hintergrund des Compositings einzubinden, benötigen wir einen MOVIE CLIP-Node. Holen Sie sich den Node aus dem Menü ADD • INPUT ❸, und setzen Sie ihn links vom RENDER LAYER-Node.

Normalerweise sollte der MOVIE CLIP-Node automatisch den verwendeten 2D-Film als Inhalt übernehmen ❼. Ansonsten können Sie dies über die Datenblock-Auswahl ❻ des Nodes erledigen. Damit sich der eingebundene 2D-Film automatisch an die Render-Auflösung anpasst, holen Sie einen SCALE-Node ❽ aus dem Menü ADD • DISTORT ❺ und wählen für den Node die Option RENDER SIZE.

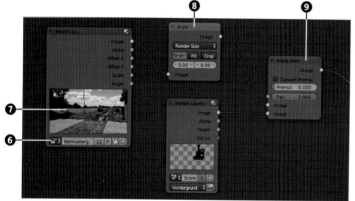

Um nun die Lok im Vordergrund über den 2D-Film als Hintergrund zu legen, erzeugen Sie über das Menü ADD • COLOR ❹ einen ALPHA OVER-Node ❾. Verbinden Sie den IMAGE-Socket des RENDER LAYER-Nodes mit dem unteren IMAGE-Socket des ALPHA OVER-Nodes. An den oberen IMAGE-Socket hängen Sie den per SCALE-Node angepassten 2D-Film.

4 Schatten-Layer als Node anlegen

Um auch den Schatten in das Compositing einzubinden, benötigen wir einen zweiten RENDER LAYER-Node. Duplizieren Sie sich den RENDER LAYER-Node des Vordergrunds ❿ über die Tasten ⌂+D, und setzen Sie den Layer beim Duplikat auf den »Schatten« ⓫.

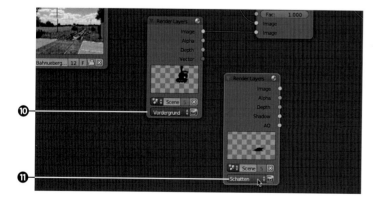

5 Schatten-Layer einbinden

Der Render-Layer des Schattens wird wie auch der Render-Layer des Vordergrunds über einen ALPHA OVER-Node **13** eingebunden. Holen Sie sich diesen Node aus dem Menü ADD • COLOR, und setzen Sie ihn vor den ALPHA OVER-Node des Vordergrunds **14**. Nun können Sie den RENDER LAYER-Node des Schattens **12** an den unteren IMAGE-Eingangs-Socket des ALPHA OVER-Nodes anbinden.

Nach diesem Schritt ist das Compositing für das Rendererergebnis komplett. Wie man am Rendering der MESH-LIGHTS **15** sieht, sind auch die Render-Einstellungen so weit in Ordnung. Kümmern wir uns um die Farbe des Schattens.

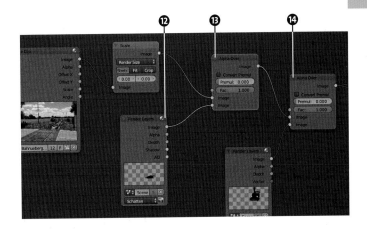

6 Nodes zur Färbung einbinden

Genau genommen werden wir nicht den Schatten, sondern den Hintergrund einfärben, dabei dient uns der Alpha des Schattens als Maske. Erzeugen Sie dazu einen RGB-Node **16** über das Menü ADD • INPUT, und wählen Sie ein dunkles Blaugrau als Farbe. Diese Farbe multiplizieren wir mit dem Hintergrund, dafür ist der MIX-Node aus dem Menü ADD • COLOR im Modus MULTIPLY **17** prädestiniert.

Da wir für die Färbung aber nur den Alpha-Pass des Schatten-Layers brauchen, hängen wir an den RENDER LAYER-Node des Schattens einen SET ALPHA-Node **20** sowie einen ALPHA CONVERT-Node **21** (beide aus dem Menü ADD • CONVERTER) im Modus STRAIGHT TO PREMULTIPLIED, um Farbverfälschungen zu verhindern.

Bespeist wird der SET ALPHA-Node vom ALPHA-Socket **19** des RENDER LAYER-Nodes vom Schatten. Da dieses kleine Färbe-Konstrukt ja lediglich für den Schatten gelten soll, hängt der ALPHA CONVERT-Node **21** am ersten ALPHA OVER-Node **22**, während der danach folgende ALPHA OVER-Node **23** für den »richtigen« Hintergrund nun vom IMAGE-Ausgangs-Socket des SCALE-Nodes **18** bespielt wird, da wir hier natürlich keinen blau gefärbten Hintergrundfilm möchten.

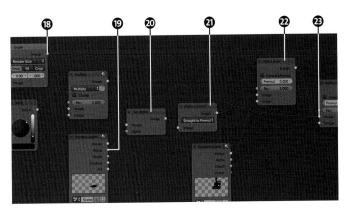

7 **Farbe des Schattens prüfen und gegebenenfalls anpassen**

Vielleicht mögen Ihnen die vielen Nodes etwas übertrieben erscheinen, nur um dem Schatten eine leichte Färbung zu verpassen. Doch es sind oft die Details, die ein Rendering glaubwürdig erscheinen lassen.

Justieren Sie gegebenenfalls noch die blaugraue Farbe im RGB-Node etwas nach, um die Farbe des Schattens im 2D-Film ❶ möglichst genau zu treffen ❷.

Bewegungsunschärfe und Schärfentiefe einbinden

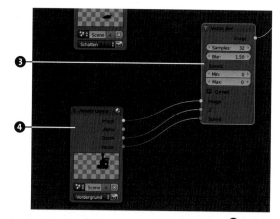

1 Vector Blur-Node erzeugen und einbinden

Zwei weitere Faktoren für die Glaubwürdigkeit eines Renderings sind die Bewegungsunschärfe, auch *Motion-Blur* genannt, sowie die Schärfentiefe, meistens als *DOF (Depth of Field)* bezeichnet. Alle dafür nötigen Informationen haben wir bei den Render-Einstellungen bereits berücksichtigt.

Holen Sie sich für die Bewegungsunschärfe einen Vector Blur-Node ❸ aus dem Menü Add • Filter (Tasten ⇧+A), und hängen Sie ihn an den Render Layer-Node des Vordergrunds ❹. Verbinden Sie dazu die beiden Image-Sockets, für die Tiefeninformation den Depth- mit dem Z-Socket sowie für die Bewegung den Vector- mit dem Speed-Socket.

2 Bewegungsunschärfe rendern

Um die Bewegungsunschärfe aussagekräftig rendern zu können, lassen Sie die Animation bis Frame 230 ablaufen und halten die Animation dort an ❺. Drücken Sie die Taste F12, um ein neues Rendering mit der neuen Position der Lokomotive anzustoßen.

Der von uns integrierte Vector Blur-Node sorgt nun dafür, dass die Bewegung der Lok und der Kamera sich als leichte Unschärfe auf der Lokomotive abzeichnen.

3 Fokusdistanz einstellen

Während die Bewegungsunschärfe ihre Informationen aus Tiefe und Geschwindigkeit herausliest, benötigt die Schärfentiefe neben der Tiefe noch Angaben zur Blende und zur *Fokusdistanz*.

Um eine Entfernung anzugeben, ab der die gerenderten Elemente langsam in die Unschärfe abgleiten, selektieren Sie das CAMERA-Objekt im OUTLINER und rufen den dazugehörigen CAMERA-Tab ❻ im PROPERTIES-EDITOR auf. Im Panel DEPTH OF FIELD ❼ finden Sie unter FOCUS den Parameter DISTANCE ❽. Geben Sie hier einen Wert von 6.00 an, um Blender mitzuteilen, dass alle Elemente bis zu einer Entfernung von 6 Metern von der Kamera im scharfen Bereich sind.

4 Defocus-Node einbinden und einrichten

Zurück im NODE-EDITOR benötigen wir einen Node, um die Schärfentiefe einzubinden. Im Menü ADD • FILTER (Tasten ⇧+A) finden Sie dazu den DEFOCUS-Node.

Setzen Sie den DEFOCUS-Node ❿ in der Reihenfolge hinter den VECTOR BLUR-Node ❾, damit zunächst die Bewegungsunschärfe berechnet wird. Verbinden Sie beide Nodes über deren IMAGE-Sockets, und bespeisen Sie den Z-Socket des DEFOCUS-Nodes mit dem DEPTH-Socket ⓫ des RENDER LAYER-Nodes unseres Vordergrunds.

Die Stärke der Unschärfe regulieren Sie im DEFOCUS-Node ❿ über den Parameter F-STOP, also der Größe der Blende. Deaktivieren Sie die Option PREVIEW, um die Unschärfe auf die gerenderte Version anzuwenden, und wählen Sie die SCENE für den Input. Da wir die Unschärfe nicht numerisch, sondern über den Z(DEPTH)-Wert regulieren möchten, aktivieren Sie die Option USE Z-BUFFER. Je weiter die Lok von der Kamera entfernt ist, desto unschärfer erscheint sie im Rendering. Testen Sie die Parameter von VECTOR BLUR- und DEFOCUS-Node, um deren Wirkung zu beobachten.

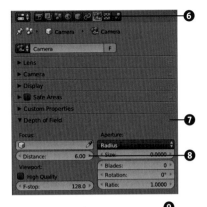

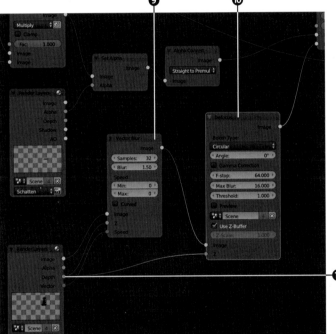

Finale Farbanpassung per Color Management

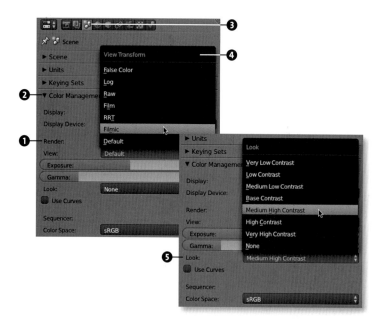

1 Filmic View-Transform wählen

Unser Compositing der Lokomotiven-Animation ist damit eigentlich fertiggestellt. Ich möchte Ihnen aber an dieser Stelle noch eine Möglichkeit zeigen, um eine letzte Farbanpassung für die komplette Szene anzubringen, um den realistischen Look noch etwas zu erhöhen.

Öffnen Sie dazu den SCENE-Tab ❸ im PROPERTIES-EDITOR, und klappen Sie das Panel COLOR MANAGEMENT ❷ auf. Unter dem Punkt RENDER ❶ haben Sie über das Menü VIEW TRANSFORM ❹ einige Optionen, um die Farbdarstellung anzupassen. Wir wählen die Option FILMIC, ein in Blender kürzlich implementiertes und mit großer Begeisterung aufgenommenes Farbanpassungs-Modul, das dem Rendering eine höhere Dynamik verleiht und den Look entscheidend verbessern kann.

2 Look auswählen

Womit wir schon beim Menü LOOK ❺ wären, das Ihnen zusätzlich verschiedene CONTRAST-Einstellungen bietet, um die FILMIC-Farbanpassung zu verfeinern.

Experimentieren Sie mit diesen unterschiedlichen LOOKS (durchaus auch einmal ohne Einsatz von FILMIC), bis Sie das finale farbliche Erscheinungsbild Ihres Renderings gefunden haben.

Vertonung des Films

1 In das Video Editing-Layout wechseln

Damit unsere Dampflokomotive nicht lautlos durch die Szene fahren muss, spendieren wir unserem Film noch eine Tonspur. Wechseln Sie dazu über das Menü der SCREEN LAYOUTS ❻ in das Layout VIDEO EDITING.

2 Voreinstellungen für den VSE

Bevor wir mit der Arbeit im VIDEO SEQUENCE-EDITOR (VSE) beginnen, passen wir noch zwei Voreinstellungen an.

Deaktivieren Sie für den VSE über das Menü VIEW ❼ die Option SHOW SECONDS, um stattdessen FRAMES angezeigt zu bekommen.

Ändern Sie außerdem über das Menü SYNC MODE ❽ der TIMELINE die Abspieloption auf AV-SYNC, um sicherzustellen, dass der Ton synchron zur abgespielten Animation läuft.

3 Scene als Strip einbinden

Eine der Besonderheiten des VSE ist, dass Sie die Blender-Szene selbst als Strip anlegen können, ohne sie vorher gerendert zu haben. Deshalb können wir jetzt auch schon mit der Vertonung beginnen. Das Rendering erledigen wir dann zum Schluss – zusammen mit dem unterlegten Ton.

Um die SCENE als ersten STRIP in den VSE zu importieren, setzen Sie den grünen Zeitregler zurück auf Frame 1 und rufen das Menü ADD • SCENE (Tasten ⇧+A) auf, das unsere gleichnamige Szene bereitstellt ❾.

4 Sound als Strip einbinden

Unsere Lokomotiven-Animation ist damit als Ganzes in den VSE importiert, sodass nun nur noch der passende Ton fehlt.

Rufen Sie erneut das Menü ADD auf, und wählen Sie diesmal den Eintrag SOUND ❿, um einen neuen Strip für eine Sound-Datei anzulegen.

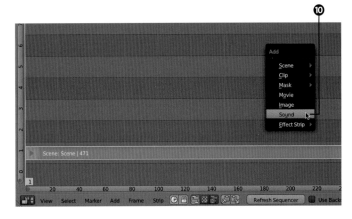

Blender öffnet automatisch den FILE BROWSER, um Sie zum gewünschten Sound-File navigieren zu lassen. Im Verzeichnis RENDERING+COMPOSITING der Begleitmaterialien zu diesem Buch finden Sie die WAVE-Datei »Lok.wav« mit dem Sound einer herannahenden und schließlich stoppenden Dampflokomotive. Erzeugen Sie wahlweise durch Doppelklick auf die Datei im FILE BROWSER ⓫ oder durch Klick auf den Button ADD SOUND STRIP ⓬ einen Strip für den Lok-Sound.

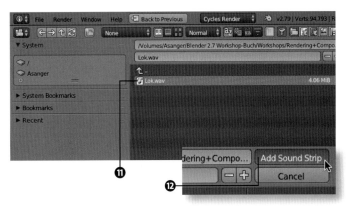

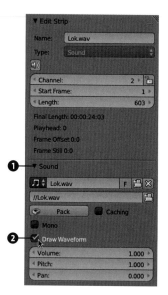

5 Sound-Strip abspielen und Waveform-Anzeige aktivieren

Sowohl der im ersten Schritt importierte STRIP der Scene als auch der eben importierte SOUND-STRIP starten bei FRAME 1. Sie können Ihre mit Sound untermalte Animation gerne testweise durch Klick auf den Abspielbutton der TIMELINE bzw. durch die Tasten ⎇Alt+A abspielen.

Natürlich passt der importierte Sound im Moment noch nicht zur Animation. Wir können aber als Bezugspunkt das letzte vernehmliche Stampfen im Lok-Sound verwenden und diesen Abspiel-Zeitpunkt mit dem Stillstand der Lok in Einklang bringen. Um sich dafür die Tonspur auch visuell anzeigen zu lassen, selektieren Sie den SOUND-STRIP per Rechtsklick, klappen das Panel SOUND ❶ im PROPERTIES SHELF (Taste N) des VIDEO SEQUENCE-EDITORS auf und aktivieren die Option DRAW WAVEFORM ❷.

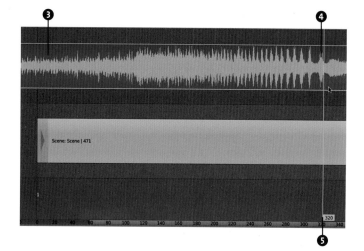

6 Sound-Strip verschieben

Verschieben Sie nun den SOUND-STRIP ❸ durch Ziehen mit der Maus bei gedrückt gehaltener rechter Maustaste (kurz festhalten reicht) so weit nach links, bis das letzte hörbare Stampfen ❹ bei Frame 320 ❺ beendet ist. Bei diesem Zeitpunkt ist die Lokomotive in unserer Animation nämlich zum Stehen gekommen.

7 Lautstärke animieren

Für Synchronität von Animation und Sound ist gesorgt, nun lassen wir ihn noch ein- bzw. ausfaden, um den Anfang und das Ende des Sounds weicher zu gestalten.

Im Panel SOUND ❻ finden Sie dazu den Parameter VOLUME ❼. Setzen Sie dessen Wert bei Frame 1 auf 0, und fügen Sie mit der Taste I ein Keyframe ein. Bei Frame 80 erzeugen Sie auf die gleiche Weise einen Key für den Wert 1 ❽ ebenso bei Frame 400. Bei Frame 460 setzen Sie den Wert zurück auf 0 und erzeugen ein letztes Keyframe.

8 Animationskurven der fertigen Vertonung

Im GRAPH-EDITOR des VIDEO EDITING SCREEN LAYOUTS sehen wir die standardmäßige weiche Ein- und Ausblendung der Lautstärke am Verlauf der F-CURVE.

Der eingebundene Sound enthält bereits das Herannahen einer Dampflokomotive, weshalb wir ansonsten keine weiteren Modifikationen vornehmen müssen und direkt zum finalen Rendering übergehen können.

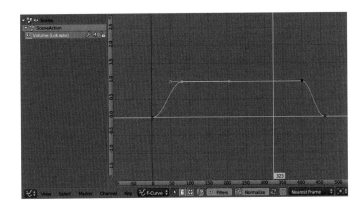

Finales Rendering der vertonten Animation

1 In das Default-Layout wechseln

Nachdem die Arbeiten im VSE abgeschlossen sind, wechseln wir über das Menü der SCREEN LAYOUTS für das finale Rendering wieder zurück in das DEFAULT-Layout ❾.

2 Ausgabe-Pfad und Dateiformat festlegen und Rendern starten

Für das Rendering müssen wir im RENDER-Tab ❿ des PROPERTIES-EDITORS nur noch den gewünschten Ausgabe-Pfad sowie das Ausgabe-Dateiformat definieren.

Klappen Sie dazu das Panel OUTPUT ⓫ auf, und navigieren Sie über den Verzeichnis-Button ⓬ zum Ausgabe-Verzeichnis Ihrer Wahl. Da wir sowohl Film als auch Ton in einem Durchgang als Video rendern möchten, setzen Sie das Ausgabe-Format auf FFMPEG VIDEO ⓭.

Das Panel ENCODING ⓮ bietet uns nun einige PRESETS für die Video-Ausgabe an. Ich habe mich für das Encoding MPEG-4 mit verlustfreier (LOSSLESS) Qualität entschieden. Durch leichtes Heraufsetzen des Keyframe-Intervalls ⓯ erreichen Sie kleinere Dateigrößen bei ähnlich guter Qualität. Für die Einbindung des Sounds nehmen Sie den Codec MP3 ⓰.

Jetzt können Sie über den Button ANIMATION ⓱ im Panel RENDER das finale Rendering Ihres Films starten.

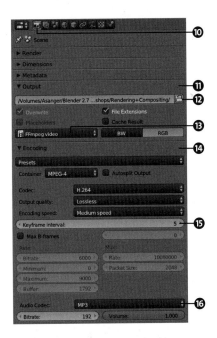

Ausgabe der Oktopus-Animation

Compositing und Rendering der Unterwasser-Szene

Im abschließenden Workshop zur Unterwasserwelt und Oktopus-Animation geht es zuerst an die Render-Einstellungen. Danach ergänzen wir unsere Szene noch um etwas Nebel und Schärfentiefe, bevor es an das finale Rendering geht.

Vorbereitungen

Als Ausgangspunkt für diesen Workshop verwenden wir die Blender-Datei der animierten Oktopus-/Unterwasser-Szene. Öffnen Sie diese Datei über den Befehl OPEN (Tasten ⎇Strg⎇/⎇Ctrl⎇+⎇O⎇).

Damit wir beim gleich folgenden Rendering der Animation keine Überraschungen mit den physikalischen Simulationen erleben, backen wir diese Animationen zuvor sicherheitshalber in einen CACHE.

Rufen Sie dazu über den PARTICLE SYSTEM-Tab ❶ im PROPERTIES-EDITOR eines der animierten Meeresschwämme die Einstellungen des Luftblasen-Partikelsystems auf und öffnen Sie das Panel CACHE ❷. Setzen Sie den Zeitregler der TIMELINE auf Frame 0, und klicken Sie auf den Button BAKE ALL DYNAMICS ❸, um neben den Luftblasen auch die Cloth-Simulation der bewegten Pflanzen in den Cache zu backen.

Spielen Sie die komplette Animation noch einmal testweise von Anfang an ab (Tasten ⎇Alt⎇+⎇A⎇), und setzen Sie den Zeitregler der TIMELINE anschließend wieder auf Frame 1 zurück. Für unser erstes Test-Rendering benötigen wir nämlich alle Elemente der Unterwasser-Szene im Überblick.

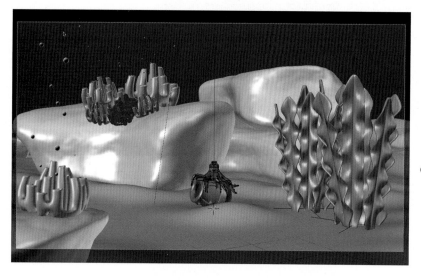
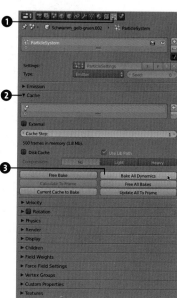

Render-Einstellungen
ab Seite 412

Nebel und Schärfentiefe
ab Seite 414

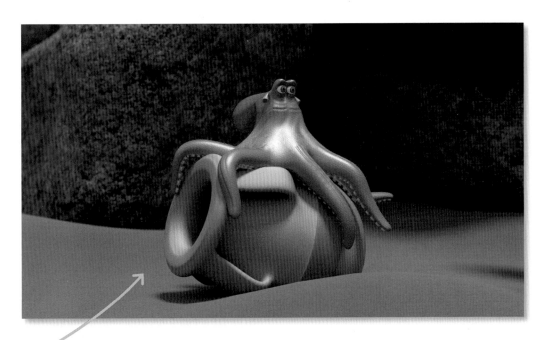

Finales Rendering
ab Seite 417

Anpassen der Render-Einstellungen

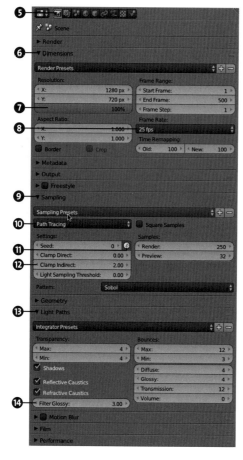

1 Szene analysieren

Sehen wir uns die Szene im Ganzen an und versuchen, die kritischen Stellen zu finden. Aktivieren Sie dazu in der 3D-View das Viewport Shading Rendered, oder drücken Sie die Taste F12, um ein Test-Rendering mit den Standardeinstellungen durchzuführen.

Als eher unproblematisch, auch bei dieser niedrigen Sampling-Auflösung, stellen sich unser Oktopus ❸ und die Felsen heraus. Bei den Pflanzen rechts ❹ ist leichtes Rauschen zu erkennen, dies sollte sich aber mit einer Erhöhung des Samplings bzw. durch gezieltes Entrauschen (Denoising) beheben lassen.

Die Problemstellen in unserer Szene sind ganz klar die Meeresschwämme (❶ und ❷). Hier sehen wir starkes Rauschen, gespickt mit einigen extrem hellen Pixeln. Auf diese Stellen sollten wir also erhöhtes Augenmerk bei den Render-Einstellungen legen.

2 Bildformat, Bildrate und Samplings einstellen

Öffnen Sie dazu den Render-Tab ❺ im Properties-Editor, und klappen Sie das Panel Dimensions ❻ auf. Bei der Resolution geben Sie das gewünschte Bildformat an, erhöhen Sie außerdem die prozentuale Render-Größe ❼ für das finale Rendering auf 100 %. Setzen Sie die Bildrate (Frame Rate) ❽ auf 25 Bilder pro Sekunde (fps), somit dauert unsere 500 Frames umfassende Animation 20 Sekunden.

Im Panel Sampling ❾ wählen Sie Path Tracing ❿ als Sampling-Methode, dazu geben Sie 250 Samples für Rendering vor. Klicken Sie auf die kleine Stoppuhr ⓫ neben dem Seed-Wert, um das Rauschen zu animieren.

Im Panel Light Paths ⓭ behalten Sie im Prinzip die Standardwerte bei. Setzen Sie Filter Glossy ⓮ auf 3.00, um zusammen mit Clamp Indirect ⓬ überhelle Pixel in den Meeresschwämmen zu reduzieren.

3 Render-Passes und Denoising einstellen

Im Moment wird unsere Unterwasser-Szene auch nach dem finalen Rendering noch keinerlei Wassertrübung aufweisen. Alle Elemente werden zudem gestochen scharf gerendert. Damit wir später beim Compositing noch etwas NEBEL (MIST) und Schärfentiefe (*DOF, Depth of Field*) anbringen können, öffnen Sie den LAYER-Tab ⓯ im PROPERTIES-EDITOR, und wählen Sie im Panel PASSES ⓰ neben dem COMBINED-Pass auch den Z(DEPTH)-Pass sowie den MIST-Pass.

Als zusätzliche Maßnahme gegen das unerwünschte Rauschen aktivieren Sie DENOISING ⓱ über das gleichnamige Panel. Ein RADIUS von 8 ist dabei mehr als ausreichend.

4 Nebel und Fokusdistanz definieren

Damit der MIST und die Schärfentiefe auch korrekt berechnet werden können, müssen wir noch ein paar Vorgaben liefern. Öffnen Sie dazu den OBJECT DATA-Tab ⓳ der CAMERA im PROPERTIES-EDITOR, und klappen Sie das Panel DISPLAY ⓴ auf, um über die Optionen LIMITS und MIST den Fokuspunkt ㉔ und die Nebelausdehnung ㉓ in der 3D-VIEW anzuzeigen. Und da wir schon im OBJECT DATA-Tab sind, öffnen Sie das Panel DEPTH OF FIELD ⓲ und geben der CAMERA über den Parameter DISTANCE eine Fokusdistanz von ca. 3.1 Metern vor. Gleich verrate ich Ihnen mehr dazu.

Die Einstellungen für den Nebel (MIST) finden wir im WORLD-Tab ㉑ des PROPERTIES-EDITORS als Panel MIST PASS ㉒. Für den Start des Nebels habe ich im Prinzip die Fokusdistanz übernommen. Ab dieser Entfernung von der CAMERA ㉕ soll der Nebel quadratisch zunehmen. Der Parameter DEPTH definiert die Distanz ㉓ bis zur völlig undurchsichtigen Nebelwand. Da diese Zahlen schwer einzuordnen sind, kontrollieren Sie in Ihrer Szene die Nebelausdehnung am besten in der Ansicht von oben (Tasten ⑦ [Num] und ⑤ [Num]).

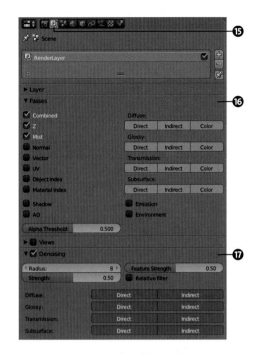

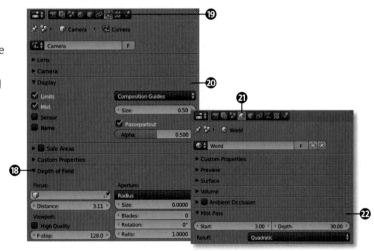

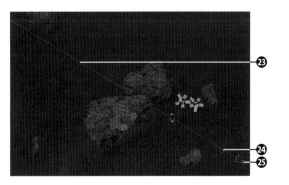

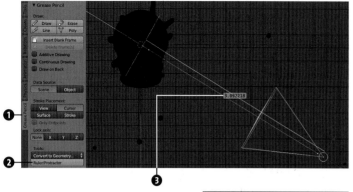

5 Fokusdistanz überprüfen

Nun hatte ich Ihnen versprochen, die von mir vorgegebene Fokusdistanz zu erklären. Für unsere Animation sollte dies die Entfernung zwischen CAMERA und Oktopus sein, nachdem die Kamerafahrt beendet ist.

Sie können nun die Fokusdistanz durch Ändern des DISTANCE-Werts der CAMERA mit Blick auf die LIMITS in der Ansicht von oben (Tasten 7 [Num] und 5 [Num]) ermitteln. Alternativ aktivieren Sie im GREASE PENCIL-Tab ❶ des TOOL SHELFS (Taste T) das Tool RULER/PROTRACTOR ❷. Dieses virtuelle Maßband ziehen Sie in der 3D-VIEW vom Oktopus bis zur CAMERA auf und bekommen genau die Entfernung zwischen beiden Objekten angezeigt ❸, die Sie als DISTANCE-Wert angeben sollten.

Damit der Meeresschwamm vorne links zu Anfang im Schärfebereich liegt, habe ich ihn kurzerhand etwas zur Kamera verschoben.

6 Erstes Rendering erzeugen

Gehen wir das erste Rendering an. Drücken Sie entweder die Taste F12, oder rufen Sie den Befehl RENDER IMAGE ❹ im Menü RENDER auf, um das Rendering zu starten.

Nach einer mehr oder weniger langen Wartezeit präsentiert sich das Rendering im UV/IMAGE-EDITOR, sodass wir uns darauf basierend um das Einbinden des Nebels und der Schärfentiefe kümmern können.

Nebel und Schärfentiefe einbinden

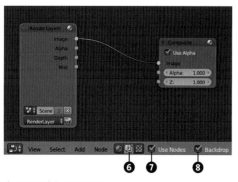

1 In den Node-Editor wechseln

Über die Esc-Taste gelangen Sie vom UV/IMAGE-EDITOR zurück zur 3D-VIEW. Wechseln Sie nun über das Editoren-Menü in den NODE-EDITOR ❺, um mit dem Compositing zu beginnen. Damit Sie dort die richtigen Nodes angezeigt bekommen, aktivieren Sie die Ansicht der COMPOSITING-Nodes ❻ sowie die Optionen USE NODES ❼ und BACKDROP ❽.

2 Compositing-Resultat über Viewer-Node anzeigen

Mit der Option BACKDROP lassen Sie sich das Ergebnis der Compositing-Arbeit im NODE-EDITOR anzeigen.

Holen Sie sich dazu einen VIEWER-Node ❿ aus dem Menü ADD • OUTPUT (Tasten ⇧+A), und verbinden Sie seinen IMAGE-Eingangs-Socket mit dem IMAGE-Ausgangs-Socket des RENDER LAYER-Nodes ❾. Ich habe im Weiteren hin und wieder zugunsten der Lesbarkeit auf die Anzeige des BACKDROPS verzichtet.

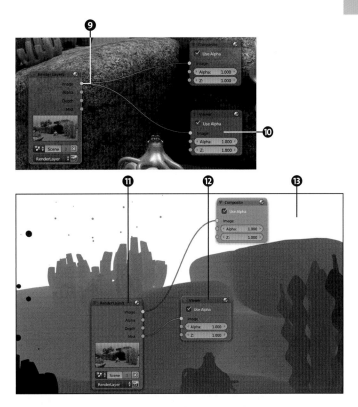

3 Mist-Pass anzeigen

Sehen wir uns als Erstes das Ergebnis des MIST-Passes an, das wir für die Trübung in unserer Unterwasser-Szene benötigen. Verbinden Sie dazu den MIST-Socket des RENDER LAYER-Nodes ⓫ mit dem IMAGE-Socket des VIEWER-Nodes ⓬.

Der Nebel zieht sich recht schön über die Elemente unserer Szene, doch leider wird unser Hintergrund aufgrund des Nebels überhaupt nicht mehr erscheinen, hier ist der MIST-Pass logischerweise komplett weiß ⓭.

4 Mist-Pass per Map Value-Node korrigieren

Wir können dies recht schnell beheben, indem wir den MIST-Pass in seinem Werteumfang anpassen.

Sie benötigen dazu einen MAP VALUE-Node ⓮ aus dem Menü ADD • VECTOR (Tasten ⇧+A), den Sie zunächst zwischen den RENDER LAYER- und den VIEWER-Node setzen, um seine Wirkung gut erkennen zu können. Setzen Sie den Parameter SIZE im MAP VALUE-Node ⓯ auf 0.4, um den gesamten Wertebereich des MIST-Passes mit 0.4 zu multiplizieren.

Alle Bereiche des MIST-Passes fallen dunkler aus, der zuvor völlig weiße Hintergrundbereich ist nun grau und kann durch die Nebelwand durchschimmern.

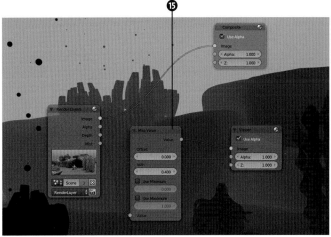

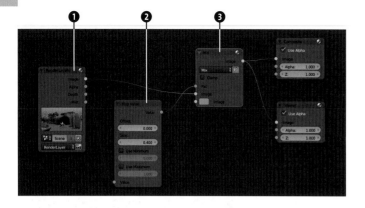

5 Farbe des Nebels mit Mix-Node definieren

Nun haben wir zwar genau festgelegt, wo und wie stark sich der Nebel in unserer Szene ausbreiten soll, doch wir brauchen noch eine Farbinformation, damit sich der Nebel wirklich in unserer Szene niederschlagen kann.

Holen Sie sich dazu einen Mix-Node ❸ aus dem Menü Add • Color (Tasten ⌂+Ⓐ), dessen Image-Ausgangs-Socket Sie mit dem Composite-Node und dem Viewer-Node verbinden. Den Fac-Eingangs-Socket des Mix-Nodes bespeisen Sie aus dem Value-Ausgangs-Socket des Map Value-Nodes ❷. Am oberen Image-Eingangs-Socket des Mix-Nodes schließen Sie den Image-Ausgangs-Socket des Render Layer-Nodes ❶ an. Die Farbe des Nebels definieren Sie über den Farb-Chip des anderen Image-Eingangs. Hier wählen Sie eine zum Hintergrund passende blaugraue Farbe. Ein Blick auf das Compositing-Ergebnis zeigt, dass der Nebel seine Wirkung genau an den Stellen entfaltet, wo wir sie brauchen. Die zuvor arg klare Sicht wird wie gewünscht leicht bläulich eingetrübt.

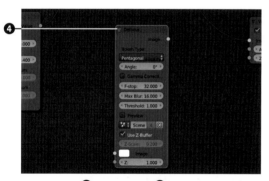

6 Defocus-Node einbinden und einrichten

Noch mehr Natürlichkeit bringt uns Schärfentiefe. Im Menü Add • Filter (Tasten ⌂+Ⓐ) finden Sie dazu den Defocus-Node ❹.

Die Unschärfe steuern Sie über den F-Stop-Wert, mit dem Bokeh Type Pentagonal erhalten unscharfe Glanzlichter eine fünfeckige Form. Deaktivieren Sie die Option Preview, um die Unschärfe auf die gerenderte Version anzuwenden, und wählen Sie die Scene für den Input. Um die Unschärfe nicht numerisch, sondern über den Z(Depth)-Wert zu regulieren, aktivieren Sie Use Z-Buffer.

Setzen Sie den Defocus-Node ❼ hinter den Mix-Node ❻, und versorgen Sie seinen Z-Eingangs-Socket für die Tiefeninformation mit dem Depth-Ausgangs-Socket aus dem Render Layer-Node ❺.

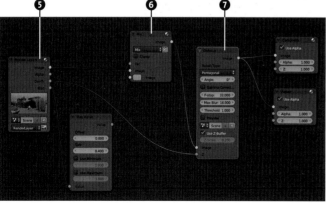

7 Nebel und Schärfentiefe über den Verlauf der Animation testen

Nach diesem Schritt wirkt unsere Unterwasser-Szene noch einmal ein Stück glaubwürdiger. Die Schärfentiefe zeichnet die unscharfen Bereiche nicht zu stark weich.

Ein schöner Nebeneffekt sind die Bokehs aus den Glanzlichtern der Meeresschwämme **9** und auch bei entfernter liegenden Luftblasen. Sollten Sie statt der relativ üblichen pentagonalen Form lieber eine andere BOKEH-Form bevorzugen, können Sie dies leicht im DEFOCUS-Node ändern. Experimentieren Sie ruhig etwas mit den Einstellungen des Nebels und der Schärfentiefe, um beide Effekte optimal an Ihre Szene anzupassen.

Dabei sollten Sie natürlich auch nicht vergessen, die anderen Zeitpunkte der Animation zu betrachten. Springen Sie deshalb auch einmal zu einem FRAME der Character-Animation, und vergewissern Sie sich, dass der Oktopus im Fokusbereich liegt, die umliegenden Elemente dagegen schon leicht unscharf sind.

Finales Rendering der Animation

1 Ausgabe-Pfad und Dateiformat festlegen

Für das Rendering geben Sie im Panel OUTPUT **11** des RENDER-Tabs **10** den Ausgabe-Pfad und das Dateiformat an.

Um einen fertigen Film zu erhalten, setzen Sie das Ausgabe-Format auf FFMPEG VIDEO. Im Panel ENCODING **12** habe ich mich wieder für das Encoding MPEG-4 mit verlustfreier (LOSSLESS) Qualität entschieden. Durch Heraufsetzen des Keyframe-Intervalls erreichen Sie kleinere Dateien bei ähnlich guter Qualität.

2 Rendern starten

Jetzt starten Sie über den Button ANIMATION **13** im Panel RENDER das finale Rendering Ihres Films.

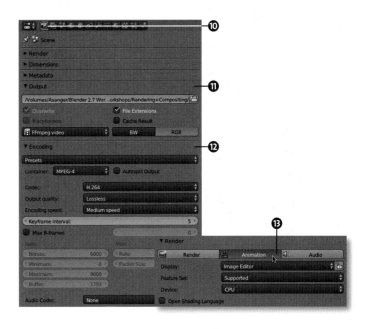

Index

2D-Painting 232
3D Cursor 21
 zurücksetzen 22, 74
3D Markers to Mesh 257
3D-Painting 233
3D-View 15, 19
3D-View-Editor 15, 19
3-Punkt-Beleuchtung 248
3-Tasten-Maus 19, 40
 emulieren 40

A

Abspielgeschwindigkeit 381
Abspielsteuerung 291
Achsanfasser 24
Achsen sperren 25
Action-Editor 293
Action Strip 295
Active Element 26
Add-ons 40
Aktionsachse 252
Aktiv 27
Aktive Rigid Bodies 312, 341
Alles selektieren 28
Alpha Convert-Node 403
Alpha Over-Node 402, 403
Ambient Occlusion 245, 247, 380
Anisotrophic BSDF-Shader 190
Ansicht an die Kamera über-
 tragen 287
Ansichtsmodus 20
 orthogonal 20
 perspektivisch 20
Anti-Aliasing 382
 Samples 384
Append 35, 266, 268, 276, 277,
 278, 350
Apply 99
Apply Scale 89
Arbeitsmodi 27
Arbeitsoberfläche 14
Area-Lamp 242
Armature 298, 356

Armature Deform 301, 364, 365
Armature-Modifier 59, 365
Array-Modifier 59, 341
Aspect Ratio 381
Atmosphere 244
Audio-Track 382
Auflösung 381, 393, 398
Aufnahmebutton 291
Ausblenden 157
Ausgabe-Dateiformat 409
Ausgabe-Pfad 409
Ausleuchtung 240, 288
Auto Depth 39
Automatic Weights 365
Auto Save 41
AV-sync 395

B

Backdrop 391, 401, 414
Backen 227, 319
Backface Culling 167
Background Images 266
Background-Node 284
Background-Shader 247
Back-Licht 249
Bake from Multires 227
Bake-Panel 227
B-Bones 299, 360
 skalieren 361
Bedienoberfläche 14
Belichtungszeit 385, 386
Bendy Bones 299, 360
Bevel-Modifier 59
Bevel-Werkzeug 68
Bewegungsunschärfe 385, 404
Bibliotheken 35
Bidirectional Scattering Function 179
Bildformat 393, 398, 412
Bildrate 393, 398, 412
Bind Camera to Markers 251
Bisect 133
Bitmap-Texturen 173, 209
Blende 251

Blender
 einrichten 39
Blender-Einheiten 61
Blender Internal-Renderer (BI) 382
Blender-Units 61
Blend Sky 244
Boids 307
Bokeh Type 416
Bone-Constraints 303
Bone Groups 299
Bone-Roll 363
Bones 299
 unterteilen 360
Border Select 28, 52, 157
Bounces 245, 384
Bounding Box Center 26
Branched Path Tracing 384, 399
Brechungsindex 169
Brennweite 251, 256, 264
Bridge Edge Loops 87, 91
Bridge Edge Tools 133
Bright/Contrast-Node 286
Brush-Panel 56
BSDF 179
Buffer Shadow 243
Bump-Map 181, 195, 203, 211, 286
Bump-Map (BI) 171
Bump-Node 195, 203, 211, 234

C

Cache 260, 308, 312, 313, 319
Camera Solver-Constraint 264
Camera-Tracking 254
Canvas 318
Cast Shadow 246
Catmull-Clark 125
Caustics 383, 399
Chain Length 327, 362, 368
Channels 394
Character-Animation 298
Checker Deselect 119
Child-Objekte 31
Child Of-Constraint 323

Children 30
Circle Select 28, 52
Clamp Overlap 92
Clamp-Werte 383
Clear Parent 31, 361
Clip laden 254
Clipping 250
Cloth 315, 350
   Cache 352
   Collision 315
Cloth-Modifier 315, 352
Collision 312
Color Management 386, 406
Color-Nodes 180, 392
ColorRamp-Node 203, 211, 284
Colors-Panel (BI) 171
Composite-Node 392
Compositing 378, 389
Compositing-Nodes 391, 401
Constraints 302, 362
Converter-Nodes 392
Convertor-Nodes 180
Copy from Active 342
Copy Location-Constraint 324
Copy Rotation-Constraint 322,
   329, 362
CUDA 383
Cursor Depth 39
Cursor to Selected 93, 100, 197
Curves 48
Custom Shapes 300, 370, 371
Cycles 383
Cycles Hair Settings 311

D

Daten
   speichern 34
Datenblöcke 32
Datenmanagement 34
Datenverlust 32
Defocus-Node 405, 416
Deform-Modifier 57
Delete 47, 149
Denoising 385, 400, 412, 413
Density 310, 349
Depth of Field 251, 252
Depth-Pass 390
Diffuse BSDF-Shader 180, 208
Diffuse-Panel (BI) 169
Dimension 22

Displacement-Map (BI) 171
Displace-Modifier 60, 127
Distort-Nodes 392
DOF (Depth of Field) 404, 413
Dokumentation 38
Domain 316
Dope Sheet 18, 256, 292
Driver 295, 332
Druckauflösung 393
Duplicate 90, 152
Duplicate Linked 29
Dupli Object 349
DVar 171
Dynamic BVH 385
Dynamic Paint 318
Dynamic Paint-Modifier 318
DynTopo 55

E

Easing 294
Edges 45
Edge Select 45
Edge Split-Modifier 69
Editing 39
Edit Mode 27, 52
Editoren 16
Effect-Strips 395
Einblenden 158
Einheiten 61
Emission 308, 348
Emission (Cycles) 180
Emission-Shader 196, 198, 247
Emitter 307
Emitter-System 307
Empty 51, 258
Enable Deactivation 341
Encoding 409, 417
Envelope 299
Environment Lighting 244
Error-Wert 256
Explode-Modifier 306
Exposure 385, 386
Extrude Region 67
   Vertex Normals 67, 88, 143

F

Face Normal 46
Faces 45
Face Select 45

Fac-Wert 185
Fake-User 33
Falloff 243, 309
Farbkanäle 382
Farbraum 386
F-Curve-Modifier 294, 375
F-Curve-Modus 375
F-Curves 293, 338
Features 265
Fenster 16
   anpassen 16
   erweitern 16
   vereinen 16
Festkörper 312
Field Weights 349
File Browser 17, 34, 276
File Output-Node 392
Film 273, 385
Filmic 386, 406
Filter-Nodes 392
Fireflies 383, 385
Flat Shading 44
Flip Normals 46, 347
Flow-Objekt 317
Fluid Boundary 316
Fluid-Domain 315
Fluid-Modifier 315
Fluid-Objekte 316
Fluids 315
Fluid World 316
Flüssigkeitssimulation 315
Fly Navigation 20
Focal Length 251, 256, 264
Fokusdistanz 405, 413, 414
Follow Path 296
Footer 18
Force Fields 309, 312, 317, 349
Forward Kinematik 304, 369
Frame 290
Frame Dropping 395
Frame Range 290, 381
Frame Rate 290, 381, 393, 398, 412
Freestyle 387
Fresnel 287
Fresnel (BI) 169
Fresnel (Cycles) 213
From Dupli (BI) 172
F-stop 251
Füll-Licht 249

G

Gamma-Wert 386
Gather 245
Generate-Modifier 57
Ghost 299
Gimbal 24
Glass BSDF-Shader 348
Global Illumination 244, 382, 383, 384
Glossy BSDF-Shader 180, 208
GLSL 167
GPU-Rendering 41
Grab 25
Gradient Texture-Node 284
Gradient Texture-Shader 193
Graph-Ansicht 256
Graph-Editor 18, 293
Gravity 312
Grease Pencil 297
Grid Fill 145, 148
Grid Floor 19
Group-Nodes 180

H

Hair 310
Hair Dynamics 310
Hair-Rendering 384
Hair-System 307, 310
Halo (BI) 169, 243
Haupt-Licht 248
Header 18
Hemi-Lamp 242, 247
Hilfefunktion 38
Hintergrund 265, 283
Histogramm 382
History 37
Horizon Color 244

I

IK-Constraint 303, 305, 327, 362, 368
IK-Kette 305
IK-Ziele 362
Image Mapping-Panel (BI) 173
Image-Panel (BI) 173
Image Preview 394
Image Sampling-Panel (BI) 173
Image Texture-Node 181, 209, 230

Indirect Lighting 244
Indirekte Beleuchtung 249
Individual Origins 26
Influence-Panel (BI) 171
Info-Editor 14
Input 40
Input-Nodes 180, 392
Insert Keyframes 373
Inset Faces 72, 76, 151
Inszenierung 240, 252
Interface 39
International Fonts 41
Interpolation Mode 294
Interpolationsart 293
Inverse Kinematik 305, 325, 327
Invert-Node 235
IOR 169

K

Kameradaten zuweisen 264
Kameraführung 252
Kamera-Parameter 251
Kameras 250
Kamerawechsel 251
Keep UV and edit mode mesh selection in sync 175, 225
Keyframe-Animation 290
Keyframes 290, 291
    duplizieren 374
Keyframe Types 291
Keying Sets 291
Key-Licht 248
Keys 290
Klone 119
Kollisionen 312
Konvertierung zu Mesh-Objekten 49
Kräfte 309
Kraftfelder 309
Kurzbefehl 36

L

Lamp 191, 242
Lasso-Selektion 28
Last Operator 37
Lautstärke 408
Layer 349, 370, 389
Layer Weight-Node 213, 218
Layout-Nodes 180
Lichtquellen 242

Light Paths 385, 399, 412
Limit Selection to Visible 45, 86, 149
Line Sets 387
Line Style 388
Link 32, 35, 371
    auflösen 376
Link Empty to Track 257
Linsenverzerrung 256
Lock Camera to View 287, 373
Logic-Editor 17
Loop Cut and Slide 64, 154

M

Make Cyclic (F-Modifier) 375
Make Edge/Face 158
Make Links 168, 186, 187
Make Local 35, 376
Make Parent 359, 369
Make Proxy 35, 372
Manipulator-Widget 39
Manual 38
Mapping (BI) 171
Mapping-Node 193, 196, 285
Mapping-Panel (BI) 171, 175
Map Value 415
Marker 292
Marker (Motion-Tracking) 255, 262
Mark Freestyle Face 388
Masken 257
Matcaps 167
Match-Moving 254
Materialien 166
    definieren 168
    erzeugen 167
    zuweisen 167
Materialien (Cycles) 179
Material Output 191
Material-Tab 167
Math-Node 194, 196, 234
Matte-Nodes 392
Maximum Draw Type 167, 316
Median Point 26
Memory Cache Limit 260
Merge 134
Mesh-Daten 47
Mesh-Lights 197, 247
Mesh-Primitives 44
Mesh Tools 53
Metaballs 50
Metallic 286

Meta Strips 295
Mirror 98
Mirror-Modifier 149
Mirror-Panel (BI) 169
Mist 245, 413
Mist-Pass 391, 413, 415
Mix-Node 392, 403, 416
MixRGB-Node 203, 213
MixRGB-Shader 238
Mix-Shader 180, 181
Modelling 42
Modelling-Tools 52
Modifier 57, 294, 306, 333, 395
  anwenden 159
Modifier Stack 58, 59, 127
Modifier-Tab 57
Motion-Blur 385, 404
Motion model 261
Motion Path 300
Motion Samples 383
Motion-Tracking 254
  ausblenden 268
Motion Tracking-Layout 260
Move to Layer 399
Movie Clip-Editor 17, 254, 260
Movie Clip-Node 402
Multiple Importance 246
Multiresolution-Modifier 56,
  227, 159
Musgrave Texture-Node 201, 234
Mute-Schaltung 178

N

Navigation 19
  mit der Maus 19
  mit der Tastatur 20
N-Gons 45
Nicht-destruktives Modelling 57
NLA-Editor 18, 294
Node-Editor 17, 177, 391
Nodes 177
  bearbeiten 178
  erzeugen 178
Noise Texture-Node 286
Noise Texture-Shader 193
Non-Photorealistic-Rendering 387
Normale 45
Normalen-Textur 227
Normalize-Node 392
Normal-Map 226

Normal Map-Node 230
NPR 387
NTSC-System 393
Nummernblock 19, 40
  emulieren 40
Nurbs 49

O

Object-Constraints 303
Object Data 47
Object Mode 26, 52
Object-Tracking 254
Objektarten 44
Objekte
  definieren 22
  duplizieren 29
  erstellen 21
  gruppieren 30
  per Tastatur rotieren 24
  per Tastatur skalieren 24
  per Tastatur verschieben 24
  rotieren 24
  skalieren 24
  verschieben 23
Objekt-Koordinaten 23
Ocean-Modifier 306
Onion Skin 299
OpenGL-Renderer 380
Operator-Suche 36
Options-Panel (BI) 169
Orientation 265
Origin to Geometry 112
Outliner 15, 17, 89
Output 381
Output-Nodes 180, 392
Over-the-Shoulder-Shot 252

P

Paint Curve-Panel 232
Paint-Mode 231
Paint Source 319
Paint Stroke-Panel 232
PAL-System 393
Panels 16, 18
Paper Sky 244
Parallaxenverschiebung 256
Parent-/Child-Verbindung 104
Parenting 30, 120
Particle Edit-Mode 311

Particle System-Modifier 306
Partikel 346
Partikelsysteme 307, 346
Passepartout 250
Passive Rigid Bodies 312, 340
Path Animation 296
Path Tracing 384, 412
Pattern Size 255
Persistent Images 385
Pfad-Animationen 296
Pfadvorgaben 41
Physics 312
Physics-Tab 312
Pinning 315, 351
Pivot Point 96, 114, 116, 143
Pivot-Punkt 25
Pixel-Seitenverhältnis 381
Plain Axes 258
Point-Lamp 242
Polygon-Normale 45
Polygon-Objekte 44
Pose Mode 299
Pose Position 300
Post Processing 383, 398
Prefetch 254, 260
Preview-Panel 171
Previous frame 261
Principled BSDF-Shader 179, 285
Properties-Editor 15, 17, 22
Properties Shelf 15, 22
Proportional Editing 54, 130
Proxy 372
Proxy-Objekt 35
Prozedurale Texturen 173
Python Console 17

Q

QMC-Sampling 243
Quaternion 374
Quick Smoke 334
Quick-Tools 318, 334

R

Rauschen 384, 412
Ray Shadow 243
Raytracing 243, 244, 382
Real Sky 244
Recalculate Outside 46
Recalculate Roll 363

Redo 37
Refine 264
Rekonstruktion 256
Relationship-Constraints 303
Remove Doubles 136
Render
    Looks 386, 406
    Passes 390
    Presets 393
    Thread 383
Render-Einstellungen 398, 412
    allgemein 381
Rendering 378, 380
Render-Layer 390, 399
Render Layer-Node 391
Repeat Last 37, 70, 91, 138
Resolution 115, 393, 398, 412
RGB Curves-Node 211, 392
RGB-Node 403
RGB to Intensity 171
Rigid Body 312
    Collisions 313
    Constraints 314
    Dynamics 313
    Physics 340
    World 312
Rigify 305
Root-Bone 305, 369
Rotate 53
Rotation 22
Roughness 286
Ruler/Protractor 414

S

Safe Area 251
Sampled Motion Blur 383
Samples 384
Sampling 243, 383, 399, 412
Save as Image 176, 234
Scale 22, 53
Scale-Node 402
Scene-Tab 61, 250
Schärfentiefe 251, 404, 413, 414
Schatten 243, 270
Schatten-Puffer 243
Schattenwurf 283
Schnitt 394
Schwebende Fenster 17
Screen Layouts 15, 18
Script-Nodes 180

Sculpting 55, 159
Sculpting-Pinsel 160
Sculpt Mode 52, 160
Seams 174, 222
Search Size 255
Seed-Wert 384, 399, 412
Selection to Cursor 101
Select Mode 28
Select More 192
Select More/Less 70
Selektion 27
    aufheben 28
    invertieren 129
Sensorgröße 251
Sensorweite 264
Separate 70, 110, 119
Sequencer View 394
Set Alpha-Node 403
Set as Background 257, 265
Set Origin 23, 71, 92, 112
Set Scale 257
Set Scene Frames 254, 261
Settings-Panel (Cycles) 179
Setup Tracking Scene 257
Shader-Nodes 180
Shading 166
    im Viewport 31
Shading-Panel (BI) 169
Shadow Catcher 273, 398, 400
Shadow-Panel (BI) 169
Shape Key-Editor 293
Shape Keys 302, 367, 376
Shortest Path 222
Shrinkwrap-Modifier 75
Shutter 383, 385
Sichern 34
Simple Deform-Modifier 58
Simulate-Modifier 306
Simulation 306
Size (Lamp) 246
Skinning 300
Sky 244
Sky Texture 247
Slots 167
Smoke 317, 333
    Adaptive Domain 317, 335
    Cache 335
    Collision 317
    Domain 317, 318, 334
    Flames 317
    Flow-Objekt 336

    Flow-Objekte 317
    High Resolution 317, 335
Smooth Shading 44, 132
Snap Element 55
Snapping 54
Snap Target 55
Sockets 177
Soft Body 313
    Edges 313
    Goal 313
    Self Collision 314
    Solver 314
Solve 256, 264
Solve Camera Motion 256, 264
Solve error 264
Sound-Strip 408
Specials-Menü 54, 75
Specular-Panel (BI) 169
Speichern 34
Speicher-Slots 382
Spin 135
Spot-Lamp 242
Static BVH 385
Stencil (BI) 171
Sticks 299, 328
Straight to Premultiplied 403
Strand-Panel (BI) 169
Strips 295, 394
Subdivisions 60, 125, 144
Subdivision Surface-Modifier 59,
    228, 125
Subsurface Scattering (Cycles) 179
Subsurface Scattering-Panel (BI) 169
Subsurface Scattering-Shader 216
Subsurf-Modifier 59
Sun-Lamp 191, 209, 242, 282
Surface-Panel (Cycles) 179
Surfaces 49
Surface Type 318
Symmetry-Panel 233
Sync Mode 395, 407
System 41
Szenen ausleuchten 248

T

Tastenkürzel 36
Text 50
Text-Editor 17
Text-Objekt 117

Texture Coordinate-Node 181, 193, 196, 204, 210, 231, 234, 285
Texturen
 definieren 169
Texture-Nodes 180
Texture Painting 176, 231
Texture Paint-Mode 231
Texture-Tab 170
Texturing 164
Textur-Koordinaten 171
Textur-Projektion 172
Themes 40
Tiles 383
Timeline 15, 18, 290
Time Remapping 381
Ton 394
Tool Shelf 15, 21
Tooltips 38
Tracking 262
Tracking-Constraints 303
Tracking-Punkte 254
Tracks
 erzeugen 261
 löschen 263
 reaktivieren 263
Transform 53
Transformation 25
 einschränken 25
 übernehmen 26
 zurücksetzen 26
Transformation Manipulator 24
Transformation Orientation 24, 112
Transform-Constraints 303
Transform Locks 300
Transform Orientation 111, 154, 156
Transform Snapping 54
Transition Strips 295
Translate 53
Translation 25
Transparency-Panel (BI) 169
Transparent 273, 385
Transparent BSDF-Shader 196
Turbulence 337, 351

U

Überobjekt 30
Übersystem 26
Umgebungsbeleuchtung 247, 270, 283
Undo 37, 39
Unit Presets 61
Units-Panel 61
Unterteilungsstufe 60
Unwrap 224
Unwrapping 174
Ursprung 23
Use Nodes 177, 179, 246, 391, 401, 414
User 32
User Preferences 17, 39
Use Z-Buffer 405, 416
UV-Abwicklung 174, 222
UV/Image-Editor 17, 175, 225, 232
UV-Map 174, 225
UV-Mapping 174, 220

V

Vector Blur-Node 404
Vector-Nodes 180, 392
Vector-Pass 391, 400
Verknüpfungen 32
Verlorene Tracks 262
Verschlusszeit 383, 385
Vertex Groups 131
Vertex Select 45
Vertex Weights 300
Vertices 45
Video Editing 394, 406
Video Sequence-Editor 17, 394
Viewer-Node 392
Viewport 19, 21, 39
Viewport Color 184
Viewport Shading 31, 166
 Bounding Box 166
 Material 166

 Rendered 167
 Solid 166
 Texture 166
 Wireframe 166
View Transforms 386, 406
Volume Scatter (Cycles) 179
Volume Scatter-Shader 247
Volumetrisches Licht 247
Voronoi Texture-Node 234
VSE 394

W

Walk Navigation 20
Wave Texture-Node 195, 286
Weichkörper 313
Weighting 366
Weight Painting 301
Weight Paint-Mode 301, 311, 366
Wellenform-(Waveform)-Ansicht 382
Welt-Koordinatensystem 19, 22
Wire 299
Wireframe 31
World 244, 247, 270, 283

X

X-Axis Mirror 298
X Mirror 366
X-Ray 325, 356
XYZ-Koordinatensystem 19

Z

Z(Depth)-Pass 390, 400, 413
Zenith Color 244
Zweitmonitor 17

Wir hoffen, dass Sie Freude an diesem Buch haben und sich Ihre Erwartungen erfüllen. Ihre Anregungen und Kommentare sind uns jederzeit willkommen. Bitte bewerten Sie doch das Buch auf unserer Website unter **www.rheinwerk-verlag.de/feedback**.

An diesem Buch haben viele mitgewirkt, insbesondere:

Lektorat Ariane Podacker
Korrektorat Marita Böhm, München
Herstellung Janina Brönner
Einbandgestaltung Julia Schuster
Coverbilder Blender Foundation; Andreas Asanger; Shutterstock: 135521291 © nav
Satz Andreas Asanger
Druck Firmengruppe Appl, Wemding

Dieses Buch wurde gesetzt aus der Linotype Syntax (9 pt/13 pt) in Adobe InDesign CC.
Gedruckt wurde es auf matt gestrichenem Bilderdruckpapier (115 g/m²).
Hergestellt in Deutschland.

Bibliografische Information der Deutschen Nationalbibliothek:
Die Deutsche Nationalbibliothek verzeichnet diese Publikation in der Deutschen Nationalbibliografie; detaillierte bibliografische Daten sind im Internet über *http://dnb.d-nb.de* abrufbar.

ISBN 978-3-8362-4508-1

1. Auflage 2018
© Rheinwerk Verlag, Bonn 2018

Informationen zu unserem Verlag und Kontaktmöglichkeiten finden Sie auf unserer Verlagswebsite **www.rheinwerk-verlag.de**. Dort können Sie sich auch umfassend über unser aktuelles Programm informieren und unsere Bücher und E-Books bestellen.

Das E-Book zum Buch

Sie haben das Buch gekauft und möchten es zusätzlich auch elektronisch lesen? Dann nutzen Sie Ihren Vorteil.
Zum Preis von nur 5 Euro bekommen Sie zum Buch zusätzlich das E-Book hinzu.

Dieses Angebot ist unverbindlich und gilt nur für Käufer der Buchausgabe.

So erhalten Sie das E-Book

1. Gehen Sie im Rheinwerk-Webshop auf die Seite: www.rheinwerk-verlag.de/E-Book-zum-Buch

2. Geben Sie dort den untenstehenden Registrierungscode ein.

3. Legen Sie dann das E-Book in den Warenkorb, und gehen Sie zur Kasse.

Ihr Registrierungscode

T08X-NPBK-D37N-EF9S-3T

Sie haben noch Fragen? Dann lesen Sie weiter unter: www.rheinwerk-verlag.de/E-Book-zum-Buch